新变革 新动能

上海国内贸易流通体制改革发展综合试点报告

上海国内贸易流通体制改革发展
综合试点领导小组

·编著·

格致出版社　上海人民出版社

编委会名单

上海国内贸易流通体制改革发展综合试点
领导小组成员单位

上海市商务委员会   上海市质量技术监督局

上海市发展和改革委员会 上海市统计局

上海市经济和信息化委员会 上海市政府法制办公室

上海市科学技术委员会 上海市金融服务办公室

上海市公安局   上海市口岸服务办公室

上海市财政局   上海市食品药品监督管理局

上海市交通委员会   上海市邮政管理局

上海市规划和国土资源管理局 上海市机构编制委员会办公室

上海市国有资产监督管理委员会 中国（上海）自由贸易试验区管理委员会

上海市地方税务局   上海市工商业联合会

上海市工商行政管理局

2016 年 11 月 10 日，时任上海市常务副市长应勇、副市长周波主持召开上海国内贸易流通体制改革发展综合试点领导小组工作会议，指出要着眼于增强内贸流通服务上海经济发展全局的能力，加快形成"贸易更发达、流通更便捷、市场更完善"的内外贸一体化大市场。

2016 年 4 月 22 日，商务部在沪召开国内贸易流通体制改革发展综合试点现场会。时任上海市副市长周波代表上海介绍了试点推进情况及取得的阶段性成果。上海试点中期成果获得商务部专家评估组高度评价。

2014 年 12 月 11 日，"推进长三角区域市场一体化发展会议暨合作签约仪式"在上海顺利召开。会上，三省一市商务部门签署了"推进长三角区域市场一体化发展合作协议"，明确了规则体系共建、创新模式共推、市场监管共治、流通设施互联、市场信息互通、信用体系互认的"三共三互"的合作内容。

2015 年 11 月 11 日，时任上海市副市长周波带队调研上海二手车交易中心并召开上海汽车流通业重点企业座谈会。市商务委、市经济信息化委、市交通委、市公安局、市环保局、市税务局、嘉定区政府相关负责同志陪同调研。

2016 年 1 月 20 日，商务部流通业发展司副司长王选庆一行来沪调研上海内贸流通体制改革发展综合试点工作，高度肯定上海在构建以商务信用为核心的现代流通治理模式方面的经验做法。

2 月 8 日，上海市商务委主任尚玉英带队赴奉贤区调研上海物流标准化工作，指出上海要聚焦重点领域，首推快推租赁式托盘循环共用模式，进一步促进流通业降本增效。

2016 年 9 月 27 日，商务部召开内贸流通体制改革试点经验复制推广工作视频会议。上海市商务委主任尚玉英在会上就上海试点经验与成果向全国作交流发言。

试点期间，上海市商务委组建了"内贸流通改革青年工作组"，具体负责推进各项改革试点任务。工作组于 2016 年 4 月被授予"上海市青年五四奖章集体"称号。

序

砥砺奋进，一朝梦圆。

2015 年 7 月，国务院批准在上海等 9 个城市开展国内贸易流通体制改革发展综合试点，标志着我国内贸流通体制领域的全面深化改革正式启动。经过一年多的紧张试点，上海内贸流通体制改革发展综合试点取得显著成效，全面完成了 12 个方面 37 项改革任务，取得了 8 项在全国复制推广的经验成果，充分体现出上海内贸改革试点的综合性、示范性及引领性。

万商云集、商通天下。上海作为 9 个试点城市中最具有综合优势特色的大城市、我国最重要的贸易中心城市之一，内贸流通在经济提质增效、转型升级过程中一直发挥着引导生产、促进消费、扩大就业、推动创新的重要作用，2016 年全市商品销售总额突破 10 万亿元，社会消费品零售总额再次超过 1 万亿元。围绕党的十八届三中全会提出的建设统一开放、竞争有序的市场体系要求，上海试点始终坚持以建设法治化营商环境为主线，以流通技术为引擎，以制度创新为支撑，在上海转型发展的关键窗口期，聚焦"流通创新、市场规则、市场治理"三大领域集成改革举措，为新时期内贸流通制度创新、降本增效，建设法治化营商环境探索了方法与路径。

今天，随着供给侧结构性改革不断深入推进，我国全面建成小康社会进入决胜阶段，中国特色社会主义进入新时代。我国已经明确提出了"十三五"时期内贸流通发展目标：到 2020 年，现代化、法治化、国际化的大流通、大市场体系基本形成，流通新领域、新模式、新功能充分发展，市场对资源配置的决定性作用增强，流通先导功能充分发挥，现代流通业成为国民经济的战略性支柱产业。上海所取得的这些经验成果，通过向全国的复制推广，对进一步完善内贸流通体制机制，建设法治化营商环境，加快构建现代流通体系具有重要意义。与此同时，上海所取得的这些经验成果，离不开中国（上海）自由贸易试验区试点经验的复制推广，在上海加快"四个中心"和具有全球影响力的科创中心建设的今天，它们对探索互联网经济下国际贸易中心建设的新内涵、新模式、新抓手，积极发挥供给侧结构性改革中流通新引擎作用，也必将起到助推信息化时代国际贸易中心建设的积极作用。

改革永远在路上。上海将以内贸改革试点经验复制推广为契机，依托上海自贸试验区建设和具有全球影响力的科创中心建设，深化内贸流通供给侧结构性改革，深化长三角区域市场一体发展合作，积极推进供应链创新与应用，打响"上海购物"品牌，加快国际消费城市建设，营造法治化、便利化、国际化营商环境，助推我国由流通大国迈向流通强国。

2018 年 1 月

目　录

第一篇　试点总体工作　　　　　　　　　　　　　　　　　　　　　　　1

第一章　国内贸易流通体制改革发展综合试点　　　　　　　　　　　　3

　　第一节　国家试点背景　　　　　　　　　　　　　　　　　　　　4

　　第二节　国家试点方案　　　　　　　　　　　　　　　　　　　　7

　　第三节　主要内容要求　　　　　　　　　　　　　　　　　　　　12

第二章　上海内贸流通体制改革发展综合试点工作情况　　　　　　　　18

　　第一节　上海试点工作　　　　　　　　　　　　　　　　　　　　18

　　第二节　上海试点方案　　　　　　　　　　　　　　　　　　　　21

　　第三节　各区试点内容　　　　　　　　　　　　　　　　　　　　30

　　第四节　上海内贸改革发展综合试点的意义与特点　　　　　　　　61

第二篇　试点内容案例　　　　　　　　　　　　　　　　　　　　　　65

第三章　上海内贸流通改革试点内容　　　　　　　　　　　　　　　　67

　　第一节　建设开放创新的流通发展体系　　　　　　　　　　　　　67

　　第二节　构建公开透明的市场规则体系　　　　　　　　　　　　　76

　　第三节　形成高效统一的市场治理体系　　　　　　　　　　　　　81

第四章　试点中的典型案例　　　　　　　　　　　　　　　　　　　　96

　　第一节　工作案例　　　　　　　　　　　　　　　　　　　　　　96

第二节　企业案例　　　　　　　　　　　　　　141

第三篇　试点总结评估　　　　　　　　　　179

第五章　上海内贸流通改革试点经验总结　　　181
　　第一节　可复制推广成果　　　　　　　　181
　　第二节　改革发展的展望　　　　　　　　208
第六章　上海内贸流通改革试点评估　　　　　217
　　第一节　试点工作的总体评估　　　　　　217
　　第二节　试点面临的主要问题　　　　　　223
　　第三节　深化上海内贸改革的方向和建议　226

附录一　相关文件及政策制度汇编　　　　245

关于同意在上海等 9 个城市开展国内贸易流通体制改革发展综合
　　试点的复函　　　　　　　　　　　　　247
关于推进国内贸易流通现代化建设法治化营商环境的意见　　251
关于复制推广国内贸易流通体制改革发展综合试点经验的通知　261
上海市国内贸易流通体制改革发展综合试点方案　　269
上海深化内贸流通供给侧结构性改革实施方案　　276
市场流通创新专项行动计划　　　　　　　　282
新消费引领专项行动计划　　　　　　　　　286
生活性服务业提质专项行动计划　　　　　　294
关于加快上海商业转型升级提高商业综合竞争力的若干意见　298
关于促进本市生活性服务业发展的若干意见　　306
本市生活性服务业重点领域服务质量提升三年行动计划
　　（2017—2019 年）　　　　　　　　　　312

关于促进本市跨境电子商务发展的若干意见 318

关于上海加快推动平台经济发展的指导意见 323

上海市鼓励企业设立服务全国面向世界的贸易型总部若干意见 327

关于鼓励跨国公司设立地区总部规定实施意见的补充规定 331

关于促进本市老字号改革创新发展的实施意见 335

上海市食用农产品批发和零售市场发展规划（2013—2020 年） 341

上海市食品安全信息追溯管理办法 349

上海市商务信用信息管理试行办法 356

中国（上海）自由贸易试验区大宗商品现货市场交易管理规定 360

中国（上海）自由贸易试验区大宗商品现货市场交易管理规则（试行） 362

上海市政府部门公示企业信息管理办法 371

中国（上海）自由贸易试验区经营者集中反垄断审查工作办法 375

中国（上海）自由贸易试验区反垄断工作联席会议制度方案 379

关于《上海市酒类商品产销管理条例》行政处罚裁量基准的适用规则 381

本市托盘标准化及社会化循环共用推广专项行动计划 387

上海市跨境电子商务示范园区认定办法 390

电子商务服务平台入驻商户管理规范 392

电子商务服务平台售后服务规范 397

上海"两网协同"回收网点设置与管理规范 402

附录二　加快完善上海现代市场体系研究报告 407

第一篇　试点总体工作

第一章
国内贸易流通体制改革发展综合试点

中共十八届三中全会《中共中央关于全面深化改革若干问题的决定》提出"推进国内贸易流通体制改革，建设法治化营商环境"，这标志着中央重视与启动新一轮的全面深化流通体制改革。2015年7月，习近平总书记主持召开中央政治局常委会议，专题审议内贸流通体制改革问题。2015年7月29日，国务院印发《国内贸易流通体制改革发展综合试点方案》(国办函〔2015〕88号)，批准在上海等9个城市开展国内贸易流通体制改革发展综合试点。为配合试点工作，国务院于同年8月出台《关于推进国内贸易流通现代化建设法治化营商环境的意见》(国发〔2015〕49号)。同年11月，国务院召开了全国推进内贸流通现代化电视电话会议，李克强总理作出重要批示，汪洋副总理出席会议并作重要讲话，对推进内贸流通现代化进行安排部署。在具体落实中，中央全面深化改革领导小组将内贸流通体制改革的任务交由商务部牵头组织实施。通过为期一年的改革发展试点，取得预期成效，经过总结评估形成37项可复制推广的经验和模式，商务部等9部门于2017年7月联合印发《关于复制推广国内贸易流通体制改革发展综合试点经验的通知》(商流通函〔2017〕

514 号），将 37 项经验在全国推广。

第一节　国家试点背景

现代市场流通连接生产与消费，为国民经济运行提供交易平台和网络，承担着引导生产、扩大消费、改善民生的重要职能，是决定经济运行速度、质量和效益的基础性、先导性产业，对稳增长、调结构、惠民生、保稳定都有不可替代的作用。改革开放以来，我国流通改革发展取得重大成就，国内贸易流通是我国改革开放最早、市场化程度最高的领域之一，无论从流通主体、渠道、方式、业态看，还是从流通管理体制、运行机制看，都有根本性改变。目前已经初步形成主体多元、方式多样、开放竞争的格局，对国民经济的基础性支撑作用和先导性引领作用日益增强，有力支撑和引领了国民经济发展，极大方便了人民群众生产生活。在新的贸易开放环境、新的消费需求结构、新的技术规则条件下，进一步做大做强现代流通业这个国民经济大产业，可以对接生产和消费，促进结构优化和发展方式转变。

2015 年 7 月 28 日，经中央政治局常委会议、国务院常务会议审议通过，国务院批复在上海等 9 个城市开展内贸流通改革试点并印发试点方案。此次国内贸易流通体制改革发展综合试点着眼于贯彻中央全面深化改革的总体战略，着眼于重点解决内贸流通的体制机制问题，着眼于服务经济社会发展大局，以市场化改革为方向、以建设法治化营商环境为主线、以新的流通创新为引领，坚持问题导向，着重从体制改革、制度创新入手，围绕流通创新发展促进机制、市场规制体系、基础设施发展模式、流通管理体制等方面进行改革探索，力图通过顶层设计与基层探索相结合、整体推进与重点突出相结合的方式，推动十八届三中全会对于"推进国内贸易流通体制改革，建设法治化营商环境"

的部署。习近平总书记指示内贸流通改革试点要为稳增长、调结构、惠民生服务。试点过程中，李克强总理批示要求：加快推进内贸流通现代化，对于更好对接生产和消费、扩大国内有效需求、提升人民生活质量具有重要意义。各地区、各有关部门要按照国务院决策部署，大力改革创新，完善支持政策，进一步清除妨碍全国统一大市场建设的"路障"，打破地区封锁，畅通市场"经脉"，切实降低流通成本。2015年8月25日，汪洋副总理在京主持召开内贸流通体制改革发展综合试点工作会议，要求各试点城市要大胆试、大胆闯、自主改，结合自身实际，完善细化试点方案，明确重点任务和主攻方向，力争用一年左右时间，形成一批既有共性又有特色的改革成果。要重点推进七项工作：一是探索建立统一高效的内贸流通管理体制，充分体现市场在资源配置中的决定性作用和更好发挥政府作用；二是探索农产品流通基础设施建设、运营和管理模式，提高公益性基础设施保障能力；三是加快流通信息化标准化建设，提高流通效率；四是营造线上线下公平竞争的环境，促进电子商务与实体商业协同发展；五是探索内贸流通综合执法体制，创新执法模式；六是加强诚信体系建设，营造法治化营商环境；七是统筹规划城乡商业网点建设，构建农产品、工业品双向畅通的流通网络。

按照国务院部署要求，内贸流通改革要主动适应和引领经济发展新常态，坚持问题导向与超前谋划相结合、顶层设计与基层探索相结合、整体推进与重点突破相结合，加快法治建设，推动体制机制创新，优化发展环境，完善治理体系，促进内贸流通发展方式转变，推动我国从流通大国向流通强国转变，更好地服务经济社会发展。为全面贯彻党中央、国务院的决策部署，推进国内贸易流通体制改革，建设法治化营商环境，促进流通产业发展，提高对经济发展的拉动力，商务部积极推动开展内贸流通改革试点，力图通过在部分地区大胆探索、积累经验，找出解决这些问题的共性办法和一般规律。商务部成立了专门的工作班子，对内贸流通体制改革工作从三个方面加以推进：一是疏理总结以往内贸流通体制改革的经验教训，借鉴国外先进的流通管理方法，以建设法治健全的营商环境为主要目标，形成内贸流通体制改革的总体思路。二是按照总体思路为国务院代起草内贸流通体制改革指导文件，上报国务院审改后正式发布。这次内贸流通体制改革，超越以往仅涉及内贸自身发展的局限，强调贸易服务经济全局的基础性、先导性定位；重点在流通主体、客体、载体及行业管理上依法立规矩；加快推进政府内贸管理转变职能、搞好服务。三是开展内贸流通体制改革试点。考虑到中国国内贸易在立法上的缺失，此次法治化营商环境建设又是改革的主线即中心任务，商务部拟选择若干个有地方立法权的城市开展试点，要求每个试点城市选择1—2项条件较为成熟的改革内容重点突破，为面上的改革创造可资借鉴的经验。试点周期一般为1—2年，难度较大的改革项目可酌情适度延长。改革的关键环节和最终目标，是在整个内贸流通领域基本理顺政府内贸行政与国内市场、与参与流通的企业、与涉商社团组织及服务机构的关系，形成流通领域各个主体依法参与流通治理，统一开放、竞争有序的内贸流通格局及法治化的营商环境，为中国经济转型升级和民生改善提供正能量和新动力。在商务部指导下，上海、南京、青岛、厦门、广州、成都、黄石等一批城市分别完成改革试点方案的起草，各城市的试点方案赴京汇报并通过专家论证。其中，上海的试点方案围绕"四个中心"和科技创新中心建设，以法治化营商环境为主线，以现代信息技术为引擎，以制度体制创新为支撑，着力增强创新驱动发展动力，改革流通管理体制，推动建立"市场决定、政府有为、社会协同"三位一体的现代流通治理模式。聚焦"流通创新发展、市场规则体系、市场治理体系"三大领域，提出12个方面37项具体任务，重点在建立支持流通创新发展联动机制、推进流通管理体制创新、改革市场综合监管体制、完善社会公共信用体系、推进流通标准化建设等5个方面实现突破。在全面推进试点任务的基础上，上海还将强化区域市场一体化合作机制作为探索地方流通改革的特色。

第二节　国家试点方案

2015年8月初，国务院办公厅印发《关于同意在上海等9个城市开展国内贸易流通体制改革发展综合试点的复函》，正式拉开新一轮内贸流通体制改革的序幕。

一、试点范围要求

国务院同意在上海、南京、郑州、广州、成都、厦门、青岛、黄石和义乌9个城市开展国内贸易流通体制改革发展综合试点。9个城市试点城市选取比较周全、代表性强，既有东部城市，也有中部和西部城市；既有上海、广州等一线大城市，也有黄石、义乌这样的小城市。试点城市人民政府要根据《国内贸易流通体制改革发展综合试点方案》，围绕探索建立创新驱动的流通发展机制、建设法治化营商环境、建立流通基础设施发展模式、健全统一高效的流通管理体制等主要任务，结合实际，突出特色，制订该市试点工作方案，报商务部备案。试点城市要加强对试点工作的组织领导，搞好综合协调，强化政策保障，认真落实各项试点任务，及时总结报送试点工作进展及取得的经验。商务部要会同发展改革委、工业和信息化部、财政部、交通运输部、工商总局、质检总局、邮政局和供销合作总社做好宏观指导和督查落实，适时开展考核评估，并将考核结果报国务院。

二、试点总体目标

力争通过一年左右的探索，在流通创新发展促进机制、市场规制体系、基础设施发展模式、管理体制等方面形成一批可复制推广的经验和模式，为全国统一市场建设打好基础，为出台国内贸易流通体制改革总体意见和全面深化改革提供有益借鉴。需要出台法规规章的试点地区，试点时间可适当延长。

三、主要试点任务

1. 探索建立创新驱动的流通发展机制。支持电子商务企业拓展业务领域和范围，创新电子商务发展模式，完善政府监管方式，营造有利于电子商务发展的良好环境。支持电子商务、连锁经营、物流配送等现代流通方式相互融合，促进线上线下互动发展，创新批发、零售供应链管理，推动传统流通企业加快转型升级。加强商贸物流网络建设，提升物流专业化、信息化、社会化、标准化水平，提高流通效率。统筹规划城乡商业网点建设，构建农产品、工业品双向畅通的流通网络，促进城乡一体化发展。推动建立内外贸统一的管理方式、结算方式和标准体系，构建内外贸一体化的商品流通体系。

2. 探索建设法治化营商环境。推进地方流通法规建设，依法确立流通设施、流通秩序、市场监管以及促进流通产业发展等方面的基本制度。深化流通领域市场监管体制改革，利用现代信息技术提升监管执法效能，加强行政执法和刑事司法衔接，建立监管互认、执法互助、信息共享的综合监管与联合执法机制。建立以行政管理信息共享、社会化综合信用评价、第三方专业信用服务为核心的内贸流通信用体系。

3. 探索建立流通基础设施发展模式。对于公益性农产品批发市场建设，通过多种形式建立投资保障、运营管理和监督管理机制，增强应对突发事件和市场异常波动的功能；对于微利经营的社区居民生活服务网点等设施，通过完善扶持政策，支持其加快发展；对于完全市场化的大型商场等设施，通过加强规划、建立预警机制和听证制度等，引导其合理布局、有序发展。

4. 探索健全统一高效的流通管理体制。进一步转变政府职能，加快简政放权，优化职责分工，加强部门协作，建立适应大流通、大市场发展需要的新型流通管理体制。建立健全内贸流通行政管理权力清单、部门责任清单和市场准入负面清单，提高行政审批便利化水平，支持大众创业、万众创新。完善规范性文件合法性审查程序，加强行政垄断案件查处，建立打破地区封锁和行业垄断的长效机制，促进商品、要素自由流动和企业公平竞争。推动流通行业协会改革，制订政府职能转移目录、服务采购目录、行业组织资质目录，将部分工作事项交由行业协会承担，加大政府购买服务力度，推动行业协会与行政机关脱钩，充分发挥行业协会作用。适时推进药品流通领域改革。

四、城市特色

上海、南京、郑州、广州、成都、厦门、青岛、黄石和义乌9个城市根据上述要求细化试点方案，这些城市涵盖东、中、西部地区，有直辖市、省会城市、计划单列市、地级市和县级市。各城市主要领导亲自挂帅，制定了各具特色的试点方案。如南京探索公益性基础设施发展模式；郑州创新多式联运物流网络体系；广州以体制机制创新推动流通业转型升级；成都聚焦城乡流通一体化发展；厦门突出对台流通合作；青岛探索加强地方立法；黄石深化流通领域大部制和综合配套改革；义乌推动商品市场内外贸一体化发展。在全面推进落实四项试点任务的同时，结合自身实际突出1—2个方面重点工作，结合本地优势和基础，突出特色，形成可在全国复制推广的改革经验。

上海内贸流通试点主要围绕国际经济中心、国际金融中心、国际航运中心、国际贸易中心"四个中心"以及具有全球影响力的科技创新中心建设，发挥上海自贸区改革溢出效应，建设开放创新的流通发展体系。依托上海市场优势，建立长三角区域互动合作机制，推进长三角一体化市场建设。运用互联网、云计算等现代信息技术，全面整合产业链，融合价值链，推动传统实体商品交易市场转向商品、要素和服务更加融合的商品市场"升级版"。引导商业企业实现线上线下业务、品牌、渠道等资源整合，开展精准化和个性化服务，探索多渠道融合发展新模式，构建国际大都市商业发展新格局。

南京从长江经济带发展的战略高度出发，主要在商业流通、农村流通、跨境电商以及社区商业等流通模式创新上实现突破。推动有条件的商业企业"走出去"，通过新建、并购、参股、增资等方式建立海外分销中心、展示中心等营销网络和物流服务网络。以南京农副产品物流中心为重点，支持农产品流通龙头企业发展生产、加工、销售和物流配送一体化业务。积极探索和实践"集货、集商、服务"三位一体的跨境电商新模式，提高跨境电商运行效率。以"宜居幸福圈"为目标，打造集一站式消费、外联消费、政务代办等为主要内容的居民消费服务综合平台。

郑州地处中原，省会城市、中西部城市、内陆城市标签鲜明，2012年入选商务部中小商贸流通企业公共服务平台建设试点，成效显著。在这次内贸流通改革综合试点中，郑州继续提升中小商贸流通企业公共服务平台，打造成全国的典范。完善服务体系功能，提供信息咨询、市场开拓、融资服务、科技应用等全方位、公益性服务。培育服务平台品牌，提高服务质量，规范服务体系管理运营，形成高效的服务机制。打造智慧型服务载体，运用信息化技术创新公共平台服务能力，推进一站式服务和云服务。整合资源，形成互联互通、开放共享的综合服务平台。

广州地处珠三角经济圈，国际商贸中心建设风生水起。这次内贸流通试点强调在培育和规范社会组织发展方面实现突破。培育社会组织发展，推动政府向社会组织转移职能、购买服务，探索行业组织承接政府职能的竞争性分配机制。理清政府与社会组织关系，大力推进行业组织去行政化改革，实现社会组织与主管行政部门在职能、机构、人员、资产、财务、办公场所等方面的真正"脱钩"。引导社会组织健康有序发展，制定出台行业组织内部治理引导及章程示范文本，全面提升行业组织内部治理质量。

成都是唯一一个入选试点的西部城市，是全国城乡统筹综合配套改革试验区，构建城乡一体化流通体系有望在这次试点中形成可复制可推广的经验。加强城乡商贸流通体系双向互动和融合，统筹城乡商业网点规划，以城带乡、以乡促城，推动城乡间商品、资源和服务的顺畅流通。构建覆盖县、镇、村三级的生活消费品流通、农产品流通、农业生产资料流通和信息服务等四大农村商贸流通网络，深入开展电子商务进农村试点，实现农产品进城与工业品下乡双向顺畅流通、流通企业与农户和谐共生，城乡市场一体化发展、统一开放。

厦门依托海峡西岸经济区中心城市优势，聚焦内贸流通治理体制改革，尤其突出公益性流通设施建设。制定出台公益性流通设施建设规划，发布鼓励类流通设施目录。对于公益性农产品批发市场建设，多渠道建立投资保障、运营管理和监督管理机制；根据城区人口数量和市场规模，重点在已规划的物流园区内建设城市物流配送分拨中心，强化资源整合，贯通城市交通枢纽和对外交通节点、分拨与城市配送方式之间的衔接。加大政府对公益性流通基础设施建设的投入力度，建立和实行市场化的公益性流通基础设施运营管理机制。

青岛重点围绕商贸流通行业法制建设等突出问题，从影响商贸流通发展的重点领域和薄弱环节入手，集中力量突破制约流通发展的瓶颈约束，加强商贸法规建设。自2013年开始，青岛市就着力开展商贸流通地方立法，推进《青岛市商品流通条例（草案）》立法进程，制定实施商贸流通特种行业管理、行业诚信建设、大宗商品交易市场管理等行业政策法规，构建商贸流通行业管理政策法规制度框架。

黄石抢抓国家黄金水道建设、加快长江中游城市群发展的重要战略机遇，重点突出部门协同和产业联动机制建设。推进"商旅文"融合发展，发挥市商委统筹全市服务业、旅游业发展和部门联动的职能优势，以综合开发为重点、融合发展为模式，建立商务、旅游、文化联动发展的"大融合"机制，推进产业布局一体化、项目建设一体化、城乡联动一体化、策划营销一体化，突破传统分工和部门界限，合理规划布局和定位，促进城市功能分区和产业融合，形成优势互补的"商旅文"一体产业链。

义乌是唯一一个承担改革试点任务的县级市，发挥义乌国际化市场快速发展优势，以小商品市场为依托，聚焦于推进内外贸一体化的内贸流通体制改革。积极搭建进口平台，打造全球日用消费品进入中国桥头堡、全国重要的进口日用消费品集散中心。加快"义乌系"市场网络布局和海外仓建设，扩大进口商品渠道和国内分销渠道，构建进口商品网络。稳定开展义新欧班列，支持开通更多国家货运班列、直飞航线，构建联结全球主要市场的贸易和物流大通道。

第三节　主要内容要求

为配合试点，国务院颁布《关于推进国内贸易流通现代化建设法治化营商环境的意见》，从健全内贸流通统一开放的发展体系、提升内贸流通创新驱动水平、增强内贸流通稳定运行的保障能力、健全内贸流通规范有序的规制体系四个方面，对国内贸易流通法治化营商环境建设提出了具体意见，其内容也成为各地内贸改革发展试点的重要依据。其主要包括：

一、健全内贸流通统一开放的发展体系

1. 加强全国统一市场建设、降低社会流通总成本。消除市场分割，清理和废除妨碍全国统一市场、公平竞争的各种规定及做法。推动建立区域合作协调机制，探索建立区域合作利益分享机制。打破行政垄断，完善反垄断执法机制，禁止利用市场优势地位收取不合理费用或强制设置不合理的交易条件，规范零售商供应商交易关系。

2. 统筹规划全国流通网络建设，推动区域、城乡协调发展。推进大流通

网络建设，打造一批连接国内国际市场、发展潜力较大的重要支点城市，形成畅通高效的全国骨干流通网络。推进区域市场一体化，推进京津冀流通产业协同发展，打造长江商贸走廊，实施全国流通节点城市布局规划，加强区域衔接。推进城乡流通网络一体化，统筹规划城乡商业网点的功能和布局，提高流通设施利用效率和商业服务便利化水平。创新流通规划编制实施机制，县级以上地方人民政府要将内贸流通纳入同级国民经济和社会发展规划编制内容，做好流通规划与当地土地利用总体规划和城乡规划的衔接。探索建立跨区域流通设施规划编制协调机制。

3. 构建开放融合的流通体系，提高利用国际国内两个市场、两种资源的能力。实施流通"走出去"战略，加大对流通企业境外投资的支持，统筹规划商贸物流型境外经济贸易合作区建设，打造全球供应链体系。鼓励流通企业与制造业企业集群式"走出去"，鼓励电子商务企业"走出去"，提升互联网信息服务国际化水平。创建内外贸融合发展平台，服务"一带一路"建设，促进国内外市场互联互通，打造内外贸融合发展的流通网络。培育一批经营模式、交易模式与国际接轨的商品交易市场。进一步提高内贸流通领域对外开放水平，放开商贸物流等领域外资准入限制，鼓励跨国公司在华设立采购、营销等功能性区域中心。

4. 完善流通设施建设管理体系，加强流通领域重大基础设施建设。创新基础性流通设施建设模式，对于公益性农产品批发市场建设，通过多种形式建立投资保障、运营和监督管理新模式，增强应对突发事件和市场异常波动的功能。完善微利经营的流通设施建设保障制度，落实新建社区商业和综合服务设施面积占社区总建筑面积的比例不得低于10%的政策，优先保障农贸市场、社区菜市场和家政、养老、再生资源回收等设施用地需求。改进市场化商业设施建设引导方式。支持有条件的城市开展城市商业面积监测预警，定期发布大型商业设施供给信息，合理引导市场预期。统筹大型实体和网络商品交易市场建设，避免盲目重复建设。

二、提升内贸流通创新驱动水平

1. 强化内贸流通创新的市场导向。推动新兴流通方式创新，积极推进"互联网＋"流通行动，加快流通网络化、数字化、智能化建设。引导电子商务企业拓展服务领域和功能，促进农产品电子商务发展。推动传统流通企业转型模式创新，支持流通企业利用电子商务平台创新服务模式，鼓励流通企业发挥线下实体店的物流、服务、体验等优势，与线上商流、资金流、信息流融合，形成优势互补。通过兼并、特许经营等方式，扩大连锁经营规模，提高经营管理水平。推动绿色循环低碳发展模式创新，鼓励绿色商品消费，鼓励旧货市场规范发展，加快推进再生资源回收与垃圾清运处理网络体系融合，促进商贸流通网络与逆向物流体系。推动文化培育传播形式创新。弘扬诚信文化，加强以诚信兴商为主的商业文化建设，推动现代商业与传统文化融合创新。

2. 加强内贸流通创新的支撑能力。完善财政金融支持政策。加快设立国家中小企业发展基金，加大对包括流通领域在内的各领域初创期成长型中小企业创新创业的支持。支持发展创业投资基金、天使投资群体，引导社会资金和金融资本加大对流通创新领域的投资。健全支撑服务体系。推动现代物流、在线支付等电子商务服务体系建设，研究建立流通创新示范基地，鼓励创业创新基地提高对中小流通企业的公共服务能力和水平。推动流通企业改革创新。加快发展内贸流通领域混合所有制经济。各地可根据实际情况，依法完善相关政策，按照主体自愿的原则，引导有条件的个体工商户转为企业。

3. 加大内贸流通创新的保护力度。加强知识产权保护。严厉打击制造售卖侵权假冒商品行为，加大对反复侵权、恶意侵权等行为的处罚力度。完善知识产权保护制度，研究商业模式等新形态创新成果的知识产权保护办法。引导电子商务平台健康发展。推动电子商务平台企业健全交易规则、管理制度、信用体系和服务标准，构建良好的电子商务生态圈。

三、增强内贸流通稳定运行的保障能力

1. 完善信息服务体系。强化大数据在政府内贸流通信息服务中的应用，推进部门间信息共享和信息资源开放，建立政府与社会紧密互动的大数据采集机制，形成高效率的内贸流通综合数据平台。推动内贸流通行业中介组织开展大数据的推广应用，鼓励流通企业开展大数据的创新应用，引导建立数据交换交易的规范与标准，规范数据交易行为。

2. 创新市场应急调控机制。完善市场应急调控管理体系，按照统一协调、分级负责、快速响应的原则，健全市场应急供应管理制度和协调机制。健全突发事件市场应急保供预案，细化自然灾害、事故灾害、公共卫生事件、社会安全事件等各类突发事件情况下市场应急保供预案及措施。完善商品应急储备体系，建立中央储备与地方储备、政府储备与商业储备相结合的商品应急储备体系。增强市场应急保供能力。

3. 构建重要商品追溯体系。建设重要商品追溯体系，利用物联网等信息技术建设来源可追、去向可查、责任可究的信息链条，逐步增加可追溯商品品种。完善重要商品追溯体系的管理体制，建设统一的重要商品追溯信息服务体系，形成全国上下一体、协同运作的重要商品追溯体系管理体制。扩大重要商品追溯体系应用范围，完善重要商品追溯大数据分析与智能化应用机制。

四、健全内贸流通规范有序的规制体系

1. 加快推进流通立法。完善流通法律制度，加快推进商品流通法立法进程，确立流通设施建设、商品流通保障、流通秩序维护、流通行业发展以及市场监管等基本制度。健全流通法规规章，完善反垄断、反不正当竞争法律的配套法规制度，强化对市场竞争行为和监督执法行为的规范。加快制订内贸流通

各行业领域的行政法规和规章。推进流通领域地方立法，坚持中央立法与地方立法相结合，鼓励地方在立法权限范围内先行先试。

2. 提升监管执法效能。加强流通领域执法，创新管理机制，加强执法队伍建设，合理配置执法立法，严格落实执法人员持证上岗和资格管理制度。开展商务综合行政执法体制改革试点。推进行政执法与刑事司法衔接。建立信息共享、案情通报和案件移送制度。创新市场监督方式。加强事中事后监督，坚持日常监管与专项治理相结合。

3. 加强流通标准化建设。健全流通标准体系。加快构建国家标准、行业标准、团体标准、地方标准和企业标准相互配套、相互补充的内贸流通标准体系。强化流通标准实施应用，建立政府支持引导、社会中介组织推动、骨干企业示范应用的内贸流通标准实施应用机制。完善流通标准管理，加快内贸流通标准管理信息化建设，简化行业标准制修订程序、缩短制订修订周期。

4. 加快流通信用体系建设。推动建立行政管理信息共享机制，以统一社会信用代码为基础，推动各地建设流通企业信用信息系统并纳入全国统一的信用信息共享交换平台，实现信息互通共享。引导建立市场化综合信用评价机制，支持建立第三方信用评价机制。

五、健全内贸流通协调高效的管理体制

1. 处理好政府与市场的关系。明确政府职责，加强内贸流通领域发展战略、规划、法规、规章、政策、标准的制订和实施，深化行政审批制度改革，依法界定内贸流通领域经营活动审批、资格许可和认定等管理事项，取消涉及内贸流通的非行政许可审批，结合市场准入制度改革，推行内贸流通领域负面清单制度。严格依法履职，建立健全内贸流通行政管理权力清单、部门责任清单等制度。

2. 合理划分中央与地方政府权责。发挥中央政府宏观指导作用，国务院

有关部门要研究制订内贸流通领域全国性法律法规、战略、规划、政策和标准。强化地方人民政府行政管理职责，结合当地特点，制定本地区的规划、政策和标准。

3. 完善部门间协作机制。进一步理顺部门职责分工。商务主管部门要履行好内贸流通工作综合统筹职责，加强与有关部门的沟通协调，完善工作机制，形成合力。探索建立内贸流通领域管理制度制定、执行与监督既相互制约又相互协调的行政运行机制。探索建立大流通工作机制。鼓励有条件的地方整合和优化内贸流通管理职责，加强对电子商务、商贸物流、农产品市场建设等重点领域规划和政策的统筹协调。

4. 充分发挥行业协会商会作用。推进行业协会商会改革，创新行业协会商会管理体制和运行机制，推动建立政府与行业协会商会的新型合作关系。支持行业协会商会加快发展。

第二章
上海内贸流通体制改革发展综合试点
工作情况

第一节 上海试点工作

根据党的十八届三中全会精神，上海市委、市政府将"深化市场流通体制改革"列入《中共上海市委全面深化改革领导小组 2014 年工作要点》，并提出要"制定完善本市现代市场体系的意见"，高度重视并启动加快完善上海现代市场体系的有关工作。在知悉商务部将在部分地区先行开展"国内贸易流通体制改革和发展综合试点"后，上海市商务委会同上海市政府发展研究中心先后召集相关政府部门、企业和科研机构的负责同志进行座谈，开展实地调研，梳理了上海国内贸易流通体制改革和发展领域存在的问题，以及为完善内贸流通体制出台的相关政策和实践案例。在此基础上，拟订了《上海国内贸易流通体制改革发展综合试点方案》（以下简称《试点方案》）。市领导先后召开市政府常务会议、市政府专题会议，研究推进试点工作。2015 年 7 月 14 日，上海市政府召开专题会议，就《试点方案》（征求意见稿）征求了相关委办意见。8 月

31 日，上海市政府常务会议审议通过《试点方案》。上海成立上海国内贸易流通体制改革发展综合试点领导小组，由常务副市长担任组长，商务、发改、经信、科技、公安、财政、交通、税务、工商、质监、金融、审改、邮政等 21 家单位参加。领导小组办公室设在市商务委，负责具体工作推进。12 月 3 日，上海市政府印发《试点方案》（沪府发〔2015〕66 号）和 37 项改革发展任务清单。市领导主持召开全市启动大会，进行动员部署，明确各委办、各区县责任。

试点过程中，上海市领导带队，围绕大宗贸易、平台经济、汽车流通三大重点专题开展调研，协调政策层面创新突破。其中，中国（上海）自由贸易试验区（以下简称"自贸试验区"）大宗商品现货市场建设列入"关于推进面向国际的金融市场建设的指导意见"重要任务之一，平台经济发展也在全市层面建立了工作推进机制。市商务委先后与市发改、工商、质监等部门召开试点工作对接会，研究推进负面清单管理模式、信用体系建设、新业态新模式准入、事中事后监管及流通标准化建设等重点任务。先后赴百联、光明等大企业集团进行调研，指导商业转型升级、内外贸一体化大平台等项目建设。在商务部驻上海特派办的协调下，推动易贸集团跨区域合作。

作为试点的具体实施部门，上海市商务委成立了由主要领导牵头的工作推进机制，由市商务委领导牵头定期召开联络员工作会议，并通过联络员队伍，建立与全市 21 家单位和 16 个区的工作联络机制。上海坚持问题导向，聚焦瓶颈突破；坚持委办协同，形成工作合力；坚持市区联手，推进项目落地。把着力点落在制度和体制机制创新上，争取试点出实效。主要推进工作包括：

1. 深入调查研究，做好内贸改革发展顶层设计。试点伊始，为积极贯彻党的十八届三中全会关于建立统一开放、竞争有序的现代市场体系要求，上海从做好顶层设计的角度出发，在全市层面开展了加快完善上海现代市场体系的专项调研，找准市场体系建设中存在的薄弱环节。在此基础上，先行先试制定了上海的试点方案，明确了"流通创新发展、市场规则体系、市场治理体系"三大领域、十二项改革任务和六大重点工程，探索我国内贸流通体制改革方向和路径。

2. 领导高度重视，全力破解改革瓶颈。全市成立了由常务副市长担任组长，分管副市长担任常务副组长，商务、发改等 21 家单位组成的试点领导小组。市政府印发《试点方案》，明确部门职责，合力推进 37 项改革任务。聚焦长期影响内贸发展全局的关键领域和薄弱环节，推动市商务、发改、经信、质监等部门形成合力，通过重大项目建设，实现制度创新。市人大将促进商业转型升级列入年度重点督察项目，将商务诚信体系建设的制度规范纳入社会信用立法。

3. 借鉴自贸试验区经验，构建现代流通治理模式。上海内贸改革试点充分利用自贸试验区改革先行先试的制度优势，立足对标国际先进的流通理念、发展模式和治理体系，着力解决互联网时代下的流通发展、规则和治理问题，从点上突破，面上集成，在内贸流通领域复制引入负面清单管理模式，并创新地提出市场、政府和社会协同创建以商务信用为核心的现代流通治理模式，充分发挥市场在资源配置中的决定性作用和更好发挥政府作用，从而建设国内外市场开放融合的法治化营商环境。

4. 坚持市区联手，发挥重点项目示范引领作用。结合试点明确的重点工程，上海依托各区和行业龙头企业，培育了一批具有示范性、引领性的项目。如浦东新区率先试点将商务执法纳入市场综合执法，黄浦区、静安区积极推进"国际消费城市"示范区建设，长宁区、普陀区、宝山区、金山区打造"互联网＋"创新实践区。百联集团转型发展创建全渠道商业模式，中外运、苏宁、京东、顺丰、城市超市等企业创新实践城市物流服务标准。通过各类示范试点，先后制定发布各类促进流通业发展的制度 40 余项，其中 50% 以上为国内首发，为下一步复制推广积累经验。

5. 加强区域合作，放大内贸流通体制改革效应。根据党中央、国务院关于全国统一大市场建设要求，上海率先提出关于构建长三角区域市场一体化发展合作机制的构想，以及"三共三互"（规则体系共建、创新模式共推、市场监管共治、流通设施互联、市场信息互通、信用体系互认）的合作倡议，得到苏浙皖赣四省的积极响应。目前，已形成每年由轮值省市商务部门牵头，以"示范项目带动、产业链条联动、政府管理互动"为特色的合作模式。长三角区域市场一体化发展合作机制被商务部评价为全国统一大市场建设的"重要制度创新和实践创新"，并在全国进行推广。

6. 突出系统集成，总结提炼可复制推广经验。根据习近平总书记关于上海要着力加强全面深化改革开放各项措施系统集成的指示精神，上海坚持边试点边总结，先后委托商务部研究院、上海社科院等国家级智库对试点开展综合评估，对试点中涌现出的典型案例进行剖析，对新模式进行梳理。站在国家全面深化改革和上海"四个中心"和具有全球影响力的科技创新中心建设的全局，系统集成一年试点中各项改革任务取得的突破与成功经验，总结提炼出涵盖"流通创新发展、市场规则体系、市场治理体系"三大领域的9项试点成果，为全国内贸流通体制改革和发展探索可复制、可推广的路径和经验。

为期一年的内贸流通综合试点虽已结束，但是内贸流通改革发展的工作仍在持续推进。2016 年，上海市领导专门召开内贸流通体制改革专题会，总结一年的经验成果，要求各部门要积极支持内贸流通的发展，各区县要切实加强对内贸流通工作的重视，企业、商协会等市场主体和中介组织要发挥好自身作用，进一步形成全市合力，努力把这项工作做得更好。

第二节　上海试点方案

为贯彻落实《国务院关于推进国内贸易流通现代化建设法治化营商环境的意见》(国发〔2015〕49 号)，加快推进国内贸易流通体制改革，建设法治化营商环境，根据《国务院办公厅关于同意在上海等 9 个城市开展国内贸易流通体制改革发展综合试点的复函》(国办函〔2015〕88号)和上海市委全面深化改革领导小组2015年工作要点,上海市政府于2015年12月正式印发《上海市国内贸易流通体制改革发展综合试点方案》。

按照国务院部署要求,上海坚持以建设法治化营商环境为主线,围绕上海"四个中心"和具有全球影响力的科技创新中心建设,推广上海自贸试验区可复制改革试点经验,以流通技术为引擎,以制度创新为支撑,理顺内贸流通领域中政府与市场、企业、社会之间的关系,创新流通发展模式,建立适应大流通、大市场发展需要的新型流通管理体制,构建区域一体化大市场,为全国统一市场建设、为全国内贸流通体制改革和发展方式转变探索可复制、可推广的路径和经验。在改革方面,要建立"市场决定、政府有为、社会协同"三位一体的现代流通治理模式,推动形成法规制度健全、规则公开透明、竞争规范有序、管理体制顺畅高效的法治化营商环境。在发展方面,要以创新转型为引领,激发市场活力和企业内在动力,提升流通信息化、品牌化、标准化、国际化水平,增强流通业服务经济社会发展全局的能力,加快步入国际消费城市行列,加快建成国际贸易中心,带动形成区域一体化大市场。

上海试点方案聚焦"流通创新、市场规则、市场治理"三个方面,提出了12项任务:一是建设开放创新的流通发展体系。推动形成统一开放大市场、引导激活消费需求升级、促进流通业先进技术应用创新、创新流通基础设施发展模式。二是建立公开透明的市场规则体系。改革市场准入制度和退出机制、健全流通关键领域法规规章、注重发展战略和规划布局引导、加强商贸流通标准化建设。三是建立高效统一的市场治理体系。促进市场公平竞争、加强事中事后监管、建立健全市场信用体系、发展流通领域公共服务。同时,明确六大重点工程:区域市场一体化、流通创新发展示范区、流通标准化试点、流通领域公共服务平台、信用信息服务平台、市场综合监管平台。最后,提出四大保障措施:加强组织领导、建立工作机制、强化政策保障、实行跟踪问效。

一、总体目标

上海国内贸易流通体制改革发展综合试点方案要实现改革与发展双重目标。改革目标是：经过一年的改革发展，建立"市场决定、政府有为、社会协同"三位一体的现代流通治理模式，推动形成法规制度健全、规则公开透明、竞争规范有序、管理体制顺畅高效的法治化营商环境。发展目标是：以创新转型为引领，激发市场活力和企业内在动力，提升流通信息化、品牌化、标准化、国际化水平，增强流通业服务经济社会发展全局的能力，加快步入国际消费城市行列，加快建成国际贸易中心，带动形成区域一体化大市场。

二、三大领域 12 项主要任务

（一）建设开放创新的流通发展体系

1. 推动形成统一开放大市场。实施"互联网＋流通"计划，大力发展平台经济，依托上海自贸试验区，探索新型交易方式，拓展国内外市场，整合产业链、服务链，促进商品、要素自由流动，提高市场资源配置效率。支持传统商品交易市场转型，培育一批在国内外具有辐射力、竞争力的商品、服务交易中心和平台企业。完善长三角区域合作机制，配合国家部委建立长江经济带地方政府协商合作机制，推动商品市场信息共享、农产品产销对接、物流资源优化配置，构建区域一体化大市场。在上海自贸试验区内探索设立面向国际的金属、能源、化工、农产品等大宗商品现货交易市场，开展大宗商品现货保税交易，试点以实物为标的的"仓单、提单、订单"交易，构建内外贸一体化的商品流通体系。

2. 引导激活消费需求升级。大力发展电子商务，推进电子商务示范城市建设，促进网络购物发展。完善推动商业转型升级政策措施，支持商业企业提升核心竞争力，加快发展自有品牌，积极探索新业态、新模式。大力发展线上线下互动，支持实体店通过互联网展示、销售商品和服务，提升线下体验、配送和售后等服务。鼓励企业通过品牌交易，盘活无形资产。合理增加进口消费，鼓励发展跨境电商、保税展示销售、进口商品直销等新型贸易方式，推进"国家进口贸易创新示范区"和平行进口汽车公共服务平台建设。完善会商旅文体联动发展，以核心商圈、特色街区、重点功能区、旅游度假区和重大体育赛事为重点，促进商旅休闲、文化创意、时尚设计、特色演艺、商务会展和体育竞技等相互融合。创新发展社区商业，探索建设集创业工作、居家生活和休闲娱乐于一体的复合型社区商业，完善创新创业宜居环境。建立社区生活服务业联动发展机制，鼓励生活服务业商业模式创新，引导各类生活服务平台进入社区。

3. 促进流通业先进技术应用创新。大力推广应用现代管理方式和先进技术，带动流通效率大幅提升。健全支持流通企业创新投入的政策，推进流通领域技术先进型服务企业建设和认定工作。布局一批物联网和供应链管理技术应用重大战略项目，实施流通业流程再造。重点推进基于大数据的精准信息服务、基于第三方支付及互联网金融的支付服务、基于城市智慧物流配送服务等技术的示范应用。开展智慧商圈建设，实现重点商圈无线网络全覆盖，发展智能交通引导、移动支付、商圈 VIP 移动服务平台等现代技术，打造线上线下协同发展的信息化智能型商业街区。

4. 创新流通基础设施发展模式。破解流通基础设施建设缺乏长效投入机制、投融资模式单一等问题，统筹规划、土地、资金等政策，支持公益性农产品流通基础设施和生活性服务业基本设施建设，通过多种形式，建立投资保障、运营管理和监督管理机制，增强应对市场波动和保障群众基本生活需要的能力。大力发展面向长三角城市群的共同配送，建设服务全国、连接国际的，以"重点物流园区分拨中心、公共及专业配送中心、城市末端配送网点"为架构的城市配送物流三级服务网络，推广"网订店（点）取"等服务模式及新能源城市配送车辆应用，整合存量配送资源，建设城市末端配送节点网络。建立全市统一的大型商业设施建设、运营和预警信息服务平台。探索建立大型商业网点建设项目的听证、意见征询等制度，落实商业、商业办公用地的全生命周期管理制度。

（二）建立公开透明的市场规则体系

5. 改革市场准入制度和退出机制。进一步放宽内贸流通市场准入，凡符合法律规定的条件，不属于法律法规规章禁止或限制的情形，均可自由进入；对影响市场主体权益或增加其义务的决定，均需有法律法规规章的依据。在国内贸易领域，实施负面清单管理模式。推进商事制度改革，完善鼓励新模式、新业态企业市场准入机制，全面推行"三证合一""一址多照"，提升工商注册便利化水平。推进网上营业执照公示。试点市场主体简易注销程序，完善市场主体退出机制。梳理国内贸易流通行政权力和行政责任事项，建立行政权力和行政责任清单，推进行政权力标准化管理。

6. 健全流通关键领域法规规章。顺应国内贸易流通新业态、新模式快速发展需要，依法确立促进流通发展的基本制度。研究起草促进和规范会展业发展的地方性法规，研究启动《上海市商品交易市场管理条例》修订工作。针对国内贸易流通发展的新情况、新问题，开展电子商务、农产品流通、商务信用、单用途商业预付卡、商业保理等领域的立法研究。研究流通业发展遇到的财税政策问题，完善大型连锁商业企业总分支机构汇总纳税和财力分配办法，扩大电子发票试点范围，探索开展会计档案电子化，研究大宗商品交易、二手车交易和再生资源回收等税收政策，提出改革建议方案。

7. 注重发展战略和规划布局引导。对接国家和上海城市发展战略，研究加快完善现代市场体系、建设国际消费城市以及实施长江经济带战略、推进长三角区域市场一体化、发展现代物流业的思路和主要任务，形成"十三五"专项规划思路。加强商业布局规划与城市总体规划的衔接，加强城市商业布局规划与各区县编制单元规划和控制性详细规划的衔接，组织实施好《上海市商业网点布局规划（2014—2020 年）》《上海市食用农产品批发和零售市场发展规划（2013—2020 年）》等。

8. 加强商贸流通标准化建设。优化商贸领域地方标准体系，重点研制电子商务、农产品流通、家政服务、物流快递等领域的标准。推进商业服务、电子商务、家政服务、物流等领域的标准化建设，提升管理和服务水平。发挥社会组织作用，协调相关市场主体共同制订满足市场创新和发展需求的团体标准。探索建立商贸服务企业服务标准自我声明公开机制。开展国家物流标准化试点，推进托盘标准化循环共用、农产品物流包装标准化、城市配送公共基础设施标准化、物流设备设施标准化，建立相应的公共信息服务平台，构建城市物流标准体系。支持鼓励商贸流通企业在各级标准制订中积极采用国际标准和国外先进标准，推动建立内外贸统一的标准体系。

（三）建立高效统一的市场治理体系

9. 促进市场公平竞争。建立打破地区封锁和行业垄断的长效机制，促进商品、要素自由流动和企业公平竞争。支持非公有制经济主体平等进入各类市场领域，在重大项目、新兴业态等准入方面降低门槛。消除市场竞争中招投标、信息公开、政策扶持等方面的差别化待遇。继续清理和废除歧视外省市商品和服务、实行地方保护的各类规定和政策。研究建立包含审查清理制度、考核评价机制、社会监督机制在内的长效机制。健全完善反不正当竞争、反垄断工作机制，加强部门协同配合，信息互通，协调推进重大案件的审查及执法。

10. 加强事中事后监管。推动市场监管互认、执法互助、信息共享，形成权责一致、运转高效的市场综合监管体系。在内贸流通领域推进行业监管与综合执法相衔接，在浦东新区等有条件的区县先行试点，将商务执法纳入综合执法中。启动建设上海自贸试验区大宗商品第三方仓单公示平台和资金清算平台、商业保理协同监管信息平台，推广应用动产质押信息服务平台，完善食品安全信息追溯管理平台。引入消费品质量风险和产品伤害预警机制，开展电子商务等消费品质量提升行动。发挥计量、检测、认证等专业服务机构在市场监管中服务、沟通、鉴证、监督等功能。推动长三角内贸流通领域质量、计量监管和检测互认。推进内贸流通领域诚信计量示范社（街）区创建活动。在内贸流通领域试点推动建立法律顾问制度。进一步健全打击侵权假冒工作机制，加大知识产权保护力度。推进行政执法和刑事司法相衔接。

11．建立健全市场信用体系。贯彻落实国务院《企业信息公示暂行条例》和《上海市公共信用信息归集和使用管理试行办法》，推进流通领域登记类、资质类、监管类、违约类等信用相关信息向市公共信用信息平台和企业信用信息公示系统归集。加快形成"事前告知承诺、事中评估分类、事后联动奖惩"的全过程信用管理模式。建立完善流通领域信用信息的征集、评价和应用标准规范。探索建立以行政管理信息共享、社会化综合信用评价、第三方专业信用服务为核心的内贸流通信用体系。加快培育信用经济，发展与信用有关的新型服务业。扩大商业保理试点范围，鼓励有条件的大型零售企业开展直接面向消费者的信用消费。

12．发展流通领域公共服务。按照《上海市行业协会商会规范化建设评估标准》，加强流通行业协会服务规范化建设，支持行业组织提高服务能力并承接部分政府服务职能。积极发挥"上海市中小商贸流通企业公共服务平台"作用，开展小微企业创业创新基地城市示范工作，完善服务于中小商贸流通企业的融资、诚信、"走出去"、电子商务拓展的支持政策。鼓励金融机构创新金融产品和服务，发展动产质押、供应链融资、国内贸易信用保险、商业保理等业务，构建多层次的金融服务体系，促进中小商贸流通企业创新发展。研究提出反映上海内贸流通发展新情况、新趋势的评价性指标，加强市场运行监测和统计分析，向社会发布市场运行信息、大宗商品"上海价格"和"上海指数"、上海时装周"时尚指数"。

三、六大重点工程

1. 区域市场一体化。依托长三角地区合作与发展联席会议制度，在苏浙皖沪三省一市签署的"推进长三角区域市场一体化发展合作协议"基础上，由三省一市及江西省商务部门牵头，进一步深化长三角区域市场一体化发展工作机制，聚焦规则体系共建、创新模式共推、市场监管共治、流通设施互联、市场信息互通、信用体系互认等，着力打破地区封锁和行业垄断，探索建立长三角现代市场体系联动发展机制。

2. 流通创新发展示范区。在浦东新区、普陀区、长宁区、宝山区等区域，试点建设平台经济创新发展示范区，推动企业运用互联网、物联网技术集群式发展，打造一批"虚实结合、二三融合、区域联动、内外连接"的资源配置型平台。在黄浦区、静安区、徐汇区、杨浦区等区域，试点建设商业转型升级示范区，培育一批具有时代特征的新颖经营方式和商业模式，满足个性化消费需求，提升消费能级。打造具有国际影响力的"上海时装周"，建设国际时尚之都。

3. 流通标准化试点。以财政部、商务部、国家标准委在上海开展物流标准化试点为契机，聚焦快消品、农产品两大领域，推进以托盘社会化循环共用为重点的托盘标准化，开展以新能源车辆为载体的城市末端配送服务标准化，实施农产品物流包装标准化，推进长三角区域物流标准化应用，降低物流成本，提高流通效率。设立上海市物流标准化技术委员会。实施农产品批发市场、菜市场管理规范；完善电子商务服务规范；深化生活性服务业重点行业规范。

4. 流通领域公共服务平台。建设"上海市中小商贸流通企业公共服务平台"，为企业提供融资、法律咨询、信息技术应用等服务。贯彻"人才强商"战略，加快推动内贸流通领域人才引进和培养。建设"上海市商业网点地理信息系统"，为宏观调控提供科学依据，为投资者提供决策参考。建设"上海市商务产业公共监测服务平台"，加强产业运行分析和预测预警。建设"上海经贸仲裁中心"平台，维护企业权益，规范行业发展。

5. 信用信息服务平台。在全市推进基于数据、应用和行为"三清单"的全过程信用管理模式，全面提升市公共信用信息服务平台服务能级。启动国家"商务诚信公众服务平台建设"试点工作，着力培育一批以平台型企业为代表的市场化信息子平台，以及第三方信用服务机构为代表的专业化信息子平台，逐步形成商务诚信体系建设的基本框架。

6. 市场综合监管平台。根据统一社会信用代码、企业信息公示和区县市场监管等改革要求，进一步加强市法人库数据管理能力，提升法人库数据质量，提高政府行业管理和协同监管效能。在大宗商品现货市场领域，先行在上海自贸试验区试点依托第三方清算机构和第三方仓单公示平台等，建立市场综合监管平台。升级完善集信息发布、涉嫌案件移送、案件咨询、案件统计等功能于一体的行政执法与刑事司法衔接工作信息共享平台，优化案件移送、受理、反馈、监督、公开等工作机制。

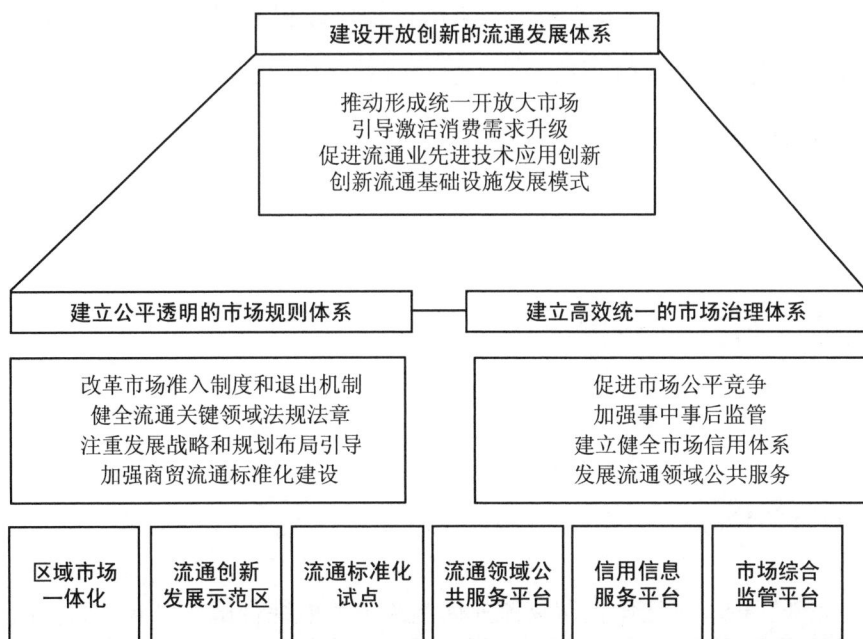

```
┌─────────────────────────────────┐
│     建设开放创新的流通发展体系       │
│  ┌───────────────────────────┐  │
│  │   推动形成统一开放大市场       │  │
│  │   引导激活消费需求升级        │  │
│  │   促进流通业先进技术应用创新   │  │
│  │   创新流通基础设施发展模式     │  │
│  └───────────────────────────┘  │
└─────────────────────────────────┘

┌──────────────────────┐  ┌──────────────────────┐
│  建立公平透明的市场规则体系 │  │  建立高效统一的市场治理体系 │
│                      │  │                      │
│  改革市场准入制度和退出机制 │  │     促进市场公平竞争     │
│  健全流通关键领域法规法章   │  │     加强事中事后监管     │
│  注重发展战略和规划布局引导 │  │   建立健全市场信用体系   │
│  加强商贸流通标准化建设    │  │   发展流通领域公共服务   │
└──────────────────────┘  └──────────────────────┘

┌──────┐┌──────┐┌──────┐┌──────┐┌──────┐┌──────┐
│区域市场 ││流通创新 ││流通标准化││流通领域公││信用信息 ││市场综合 │
│一体化  ││发展示范区││试点    ││共服务平台││服务平台 ││监管平台 │
└──────┘└──────┘└──────┘└──────┘└──────┘└──────┘
```

图 2.1　上海国内贸易流通体制改革发展综合试点：三大领域、十二项任务和六大工程

四、保障措施

1. 加强组织领导。成立上海市国内贸易流通体制改革发展综合试点领导小组（以下简称"领导小组"），统筹协调重大问题，由上海市政府领导担任组长，市商务委、市发展改革委、市经济信息化委等部门和单位参加。领导小组下设办公室（设在市商务委），负责具体工作推进。

2. 建立工作机制。建立与商务部深化国内贸易流通体制改革领导小组的工作会商机制，定期或不定期召开协商会议，解决试点过程中的重大问题。建立试点信息通报制度，定期向商务部报送试点进展等情况。

3. 强化政策保障。在土地、财政政策等方面，加大对流通业的支持力度。对于流通业的公益性基础设施建设用地予以重点保障。在资金投入、银行贷款、业绩考核等方面研究出台相关鼓励流通企业加快技术进步政策。落实国家相关税收政策，支持流通业发展。

4. 实行跟踪问效。根据确定的试点目标任务和进度安排，邀请第三方定期对试点情况进行阶段性评估，及时总结试点工作中的做法和经验以及试点过程中出现的问题。

第三节　各区试点内容

一、浦东新区

浦东新区成立新区国内贸易流通体制改革发展综合试点协调小组，由分管区领导牵头，区商务委、区发改委、区编办、区审改办、区市场监管局、自贸试验区管委会等相关单位参加。定期或不定期召开会议，解决试点过程中的重大问题。建立信息通报制度，定期向市领导小组报送试点进展等情况。

1. 推动大宗商品现货市场发展，探索创新驱动的发展机制。制定《浦东新区关于加快推进大宗商品现货市场建设的实施意见》，实施分类、分区域管理模式。在自贸试验区内探索设立面向国际的金属、能源、化工、农产品等大宗商品现货交易市场，开展大宗商品现货保税交易，试点以实物为标的的"仓单、提单、订单"交易。推动成立大宗商品现货交易市场行业协会，制定《浦东新区大宗商品现货市场业务规则备案合规性审查办法》等市场准入、监管制度，聘用专业人员研究大宗商品现货市场风险控制机制。

2. 积极开展长江经济带农产品流通市场联动，促进区域市场合作。利用上海沿海和沿长江独特的地理环境，充分发挥自贸试验区在制度创新方面的优势，依托长江黄金水道，通过长江经济带主要城市农产品批发市场的连接，实现商品互通、功能互补、区域互动。成立沿长江城市行业管理部门间农产品流通体系建设联席会议和"沿长江城市农产品流通企业联盟"。打造冷链物流，建立和完善农产品流通安全追溯系统。开展江海联运，突现国内外贸易无缝衔接，突破阻碍农产品进出口贸易的瓶颈，打破区域壁垒，促进区域市场一体化。

3. 推动商业模式创新和旅游会展发展，提高消费能级和服务质量。做好并组织实施浦东商贸业"十三五"规划和网点布局规划。主城区加大城市更新力度，开展智慧商圈建设，打造线上线下协同发展的信息化智能商业街区。大力发展电子商务（推进电子商务示范城市建设），促进网购发展。完善推动商业转型升级政策措施，支持商业企业探索新业态、新模式。合理增加进口消费，鼓励发展跨境电商、保税展示交易、进口商品直销等新型贸易方式。增加境外旅客购物离境退税商店。保障迪士尼项目有序运营，加强新区旅游资源整体联动，发挥对周边地区的带动效应，建设世界级国际旅游度假目的地。

4. 建设法治化营商环境，探索流通管理新体制。简政放权，深化行政审批制度和商事制度改革。进一步完善政府权力清单和责任清单，减少行政审批事项，优化审批流程，提高透明度，建成网上政务大厅；实现政府部门信息全面共享，推动政府监管信息向社会公开，加大部门协同监管力度，加强政府与市场、社会共同监管。探索浦东新区商贸领域综合执法体制改革试点，进一步拓展综合执法的新领域。深化"证照分离"改革，通过改革审批方式、加强综合监管，进一步完善市场准入，使企业办事更加便捷高效。

二、黄浦区

1. 以时尚产业引领，促进区域经济发展。黄浦发展时尚产业以"3 + 3 + 4"产业体系为主导，旨在实现多产业的融合联动和跨产业的提炼延伸。黄浦时尚产业要站在引领上海时尚之都建设的高度，聚焦"1 + 2 + 4"三板块工作，即建立一个黄浦时尚产业发展促进办公室，牵头推进黄浦时尚产业发展各项工作，构筑和完善工作机制。与相关媒体、机构合作，开展两项时尚产业专题研究，推出黄浦时尚发展蓝皮书和时尚指数体系两项产业研究成果。整合四条产业链，即以"时装周"为代表的传统时尚主体产业链、以"两街"数字商圈为代表的现代科技产业链、以传统手工革新为代表的手工产业链、以五大创新领域为代表的创意产业链。

2. 以数字商圈建设，实现商业空间、公共空间、数字空间"三维空间"的融合。开展智慧商圈建设，淮海中路、南京西路商圈已被市经信委、市商务委正式认定为上海首批智慧商圈创建活动试点区域。重点推动三方面工作：一是完善自媒体运营服务，为消费者提供数字新生活。二是建设商场商家核心业务系统，把大数据平台和自媒体平台产生的数据结合起来，用于智能导购、精准营销等公共服务。三是联合各街道构建社群商业，为两街营造数字新生态。开展"两街"公共空间建设三年焕新计划，将商业街整体作为购物中心考虑，从大动线设计、交通道路探索、公共设施改造、店招店牌重塑等作为切入点，重塑"两街"公共空间，达到商圈整体全社交、全数字、全生态，提高商业动线的可达性和便捷度，打造尺度宜人的开放空间，将功能布局、"互联网＋"、创意概念、时尚形象融入街区公共空间，实现实体商业空间、公共空间、数字空间"三维空间"的融合，进一步打造符合现代商业发展的商业生态圈。

3. 以黄金珠宝功能区建设，实现商旅文融合发展。黄金珠宝产业领域以文化旅游商业的深层次互动为抓手，优化区域性产业生态系统。推动老凤祥、老庙等传统品牌加大对时尚设计和新工艺的资源投入，推动老庙、天宝龙凤、藏宝楼等运用互联网＋等新商业模式，推动老凤祥、老庙等传统品牌对接资本市场，提升产业能级。推动上海宝玉石交易中心和宝玉石保税仓库等平台性功能性项目落地黄浦，推进兰生大厦上海宝玉石交易中心保税仓库设立。同时，全区抓住迪士尼开园契机，深化商旅文联动。以商业为基础，旅游为载体，文化为支撑，培育特色突出、优势互补的产业产品链。办好上海旅游节开幕大巡游、豫园新春民俗艺术灯会等全市有影响的大型活动，通过组织形成商旅文联动"上海游"产品，开展"黄浦最上海"整体营销等活动，深化具有黄浦特色的商旅文融合发展模式。

4. 以新一轮品牌发展战略，推动老品牌企业创新发展。积极探索以文化创意、科技创新为方向的自主品牌发展，聚焦五个方面：一是成立由区商务委、区国资委、区市场监管局、区财政局、区科委、区创新办、相关企业集团代表、区"四新"领军企业代表、第三方专业机构组成的自主品牌发展课题组，组织专题调研，强化品牌发展工作研究，谋划发展方向。二是组织开展"上海伴手礼"活动，力争2—3个老字号产品能成为"上海礼品"。三是制定区"十三五"品牌发展战略和品牌发展三年行动计划。四是在继续设立每年总额3000万元的黄浦区品牌创新发展专项资金的基础上，就推进大品牌格局的形成，进一步完善、优化《黄浦区品牌创新发展专项资金扶持办法》。五是以新世界集团为重点，加大老字号企业混合所有制改革试点工作力度。

5. 以优化企业服务平台，激活创新发展要素。充分重视线上服务平台的功能建设与提升，进一步放大其在汇聚资源、交互发现、市场融合等方面的作用。一是深化平台内涵，实现由建到用的转变。进一步打造 2.0 版的升级平台，金融、人才公共服务平台通过评审验收。二是拓展平台功能，实现服务外延的扩展。拓展已建成的金融服务、人才服务平台功能，新建知识产权、科技中介两大服务平台，形成融资服务、资本对接、人力资源服务、知识产权保护及评估、"互联网＋"应用服务、科技成果转化及中介服务、法律服务、财务服务等八大系列百项服务。三是完善平台周边，实现服务效能的提升。在重视线上平台开发应用的同时，加大线下平台和其他载体的建设发展力度。编纂《黄浦区自主创新政策服务指南（2016 版）》，加快推出《自主创新服务效能手册》，实现线上线下服务同步发展。四是强化平台应用，实现触手可及的服务。根据企业、协作部门的需求，充分运用移动信息技术手段，开发服务平台的移动应用端，进一步实现平台的便利化和人性化。

6. 以改善民生服务，实现社区商业创新。加强标准化菜场建设，确保副食品供应充足、价格稳定、食品安全。黄浦菜市场监管工作在满足"三个基本"，做到"三个确保"的基础上，力争达到"一个优化""两个探索""三个强化"。即继续优化区域菜市场规划布局，推动制订区新一轮菜市场布局规划。探索菜市场公益化实现途径，推动在东江阴街菜市场实行零租金等公益化运作模式；探索继续提升菜市场整体形象和管理服务水平。强化马路摊贩入室、强化追溯系统运行维护、强化平价示范工作。在满足社区居民基本需求的基础上，推进社区商业连锁化、品牌化发展，推动更多国内外知名品牌进入社区。推广新邻生活站等社区型购物中心新模式，以商业为载体，引领社区消费新时尚。加快社区商业服务 O2O 模式推广，推动社区实体店和网络零售商之间的优势互补和相互融合。推动社区商业新模式，不断提升"10 分钟 ＋ 24 小时"便民生活圈品质。

7. 强化政策支持。加大政策引导、支持的力度，用好《黄浦区关于促进商业结构调整引导资金使用办法》《黄浦区促进时尚产业发展专项资金使用和管理办法》《黄浦区文化创意产业发展引导资金管理办法》等已有政策资源，对在商业结构调整、时尚产业发展、文创产业发展等领域有突出表现的企业给予支持，以此来鼓励区内更多的企业勇于创新、追求突破，形成整体商业良性氛围。加强政府服务与监管。深化对接自贸区扩区并体现黄浦自身特色的"双自联动"，以制度创新为核心，加快转变政府职能，强化政府监管职责，探索创新政府服务与监管模式，加快培育高效、诚信、文明的法治化营商环境。制定完善相关规划。结合"十三五"规划以及《黄浦区时尚产业发展规划》等集聚上海时装周、巴黎 PV 展等最具影响力的时尚活动，同时推动建设最具影响力的行业平台，筹建具有全球影响力的权威时尚设计学院，集聚吸引各类基金和金融资本。

三、静安区

1. 以"品牌消费集聚区"建设为抓手，助推国际时尚之都示范区建设。2013 年初，静安区被商务部批准成为全国首批四家"品牌消费集聚区"之一，品牌消费聚集区的建设推动了区域品牌的发展，营造了良好的品牌发展环境，为国际时尚之都示范区的建设奠定了基础。构筑自主品牌集群。引导企业加大品牌创新，提高品牌管理能力，形成一批品牌发展战略清晰、研发设计能力较强、产品质量水平较高的知名品牌企业，创建一批拥有自主知识产权、营销渠道完善、市场影响力较大的知名品牌，促进优势资源向品牌企业集中，发挥品牌企业在行业中的影响力和带动力，提升品牌经营规模，全方位构筑具有竞争力的城市时尚品牌群。完善品牌运营推广体系。建设"自主品牌推广网站"，集中展示自主品牌，帮助企业进行市场推广，拓宽市场；举办自主品牌展示周，联合老字号及自主品牌开展联合营销促销活动；成立"自主品牌运营中心"，为品牌企业提供品牌价值评估、知识产权保护及品牌交易、转让、合作等方面专业服务。借助中欧顶级品牌论坛和福布斯·静安南京路论坛，为自主品牌营造国际化营销渠道，推动本土时尚产品和品牌走向世界。

2. 依托中欧·静安国际时尚产业研究中心，引领上海时尚产业的发展。2014年静安携手中国最强的商学院——中欧国际工商学院，成立了中欧·静安国际时尚产业研究中心，致力于为在中国的时尚产业相关人士提供一个学习、展示、交流和互动的广阔平台。顶级品牌高峰论坛每年举办一次，邀请国际知名品牌、商界、学术界的专家学者和行业精英，共同研究顶级品牌和国家时尚产业发展趋势，为中国品牌的国际化发展提供发展路径和思考。中欧·静安国际时尚产业研究中心结合静安实际情况，开展区域时尚产业发展规划研究，为区域时尚产业的发展提供思路，为国际时尚之都示范区建设奠定基础。

3. 依托上海时装周，构建时尚中心核心区。静安一直在探索尝试具有静安特色的时尚道路，2015年起，"上海时装周·静安"以崭新的表现形式亮相国际时尚舞台。时装周以上海展览中心为主阵地，以国际高端时尚品牌展示发布为定位，以国际四大时装周为标榜，呈现静安南京路高端时尚展示发布的新格局，力争将上海展览中心打造为南京路时尚地标，助力静安区国际时尚之都示范区建设。举办"设计之都活动周"，提升时尚设计影响力。

4. 以文带旅，以旅兴商，夯实时尚之都文化积淀。充分挖掘静安区每条商业街的历史和文化内涵，加强独特性和差异化塑造，依托静安南京路和相关专业街，完善时尚品牌结构，吸引国内外知名时尚品牌、奢侈与高中档品牌、自主设计时尚品牌入驻，丰富时尚品牌种类，满足多样化消费需求，提升精细化服务。

5. 结合智慧商圈建设，推动时尚产业与互联网相融合。结合静安区智慧商圈建设，依托互联网、移动互联网和社交媒体新技术，整合区域的商业资源、文化资源、旅游资源，促进线上线下良性互动，着力优化商圈的购物体验，全面提升商圈能级，为静安的消费者提供更加便利、更加优质、更富有时代感的一站式服务。同时，鼓励时尚企业与互联网完美融合，连接各种商业渠道，将线下与线上结合起来，让互联网成为线下产品的交易、推广和展示平台。

6. 进一步推进全国知名品牌示范区创建工作，为时尚之都建设助力。为响应中央提出的"推动中国制造向中国创造转变，中国速度向中国质量转变，中国产品向中国品牌转变"的要求，静安区正积极推动"全国知名品牌创建示范区"创建工作。

四、徐汇区

徐汇区积极对接上海内贸流通体制改革发展试点工作，以区行政服务中心建设为切入点，复制上海自贸试验区的改革经验，集中、集成全区的行政服务和行政资源，推行"单一窗口"模式，全面落实"三证合一、一照一证"改革举措，取得初步成效。徐汇区行政服务中心（以下简称中心）2015 年 5 月正式建成并运行，中心坚持"简政放权、放管结合、优化服务"相统一，因地制宜地持续推进行政审批、政务服务和效能监督"三个优化"。加强与社区事务受理服务中心的联动，构建"政务服务集中办理、民生服务下沉社区"的格局，努力让企业、群众就近获取提供公开、便利、高效的政务服务。

1. 中心集成区内政务资源、集中提供政务服务，汇合了原先分散在区内的 18 处行政审批服务场所，共有 24 个职能部门入驻，开设 145 个窗口，办理 336 个审批和服务事项。结合建设过程，通过对"应进必进、进则必优"事项的全面梳理，同步调整和优化了 164 项审批和服务事项，压缩了 60% 的窗口。中心复制自贸试验区改革经验，推行前台集中受理、后台协同办理的"单一窗口"模式。全面落实"三证合一、一照一证"改革举措，并扩展到商务委、数字证书、食品许可等服务事项，实行"一表申请、一口受理、信息共享、一口发证"，将办理时限压缩到 4 个工作日以内。截至 2015 年 10 月 31 日，徐汇区共有企业 35242 家，较去年同期增长 9.34%；总注册资本 2483 亿元，较去年同期增长 24.64%，平均每个工作日有 17 家企业成立。中心围绕科创中心建设，不断优化公共服务，为政策落地提供保障。区委组织部在中心设立高层次人才服务窗口，为区内人才创新创业、安居乐业提供全方位的"保姆式"服务。整合人才服务与用工管理服务内容，实现上海人、外地人和外国人用工管理的集中办理，推出大客户预约和专窗接待制度，减少等候时间和往返次数。通过增设外国人出入境业务，率先实现外国人就业许可证与工作类签证的联动办理。对于创新创业、"互联网＋"等新型企业，在企业名称核准、经营范围登记等事项上给予便利，对创客空间、孵化器给予集中登记、"一址多照"的支持。以政务云为载体，将"单一窗口"服务延伸到漕河泾开发区园区综合服务中心。与法宝、中智等企业签约合作，探索"企业服务企业"机制，推动公共服务与市场服务相衔接，激发了大众创业、万众创新的热情。

2. 中心探索"互联网＋政务"模式，开展线上线下一体化的政务服务。运用大数据、云计算手段，将市工商、市质监、市房管、市税务 12 条专网、71 个区县联动系统、2 个区自建系统接入数据中心，推动跨部门、跨层级的数据共享与协同，构建"市区联动、全区共享"的政务大数据中心。同步开通网站、微信、APP，目前已实现入驻事项、办事指南、表格下载、网上预约、进度查询 100% 上网和 50% 入驻事项网上填报，开通网上支付服务，相关审批流程的进度与待办时间在网上政务大厅实时公示。另外，徐汇区行政服务中心从物理空间、管理职能和运作机制上，实现与区城市网格化综合管理中心一体化运行，推动政府公共服务、城市动态监管和社会治理有效衔接，强化"1 ＋ 1 ＞ 2"的协同效应。

五、长宁区

1. 大力发展平台经济。加快重点集聚区的能级提升。根据平台企业的集聚性和系统生态性的特点，立足于"关联性强、集中度大、集约度高"的建设思路，坚持合理规划、科学定位的原则，加快长宁平台经济重点集聚区的能级提升，即：（1）依托长宁现有交易平台优势，将虹桥临空经济园区打造成为集聚平台经济龙头企业的载体。（2）依托中国联通移动互联网创业中心和禾创空间等资源，将上海工程技术大学国家科技园区作为成长型中小平台企业的主战场，形成移动互联网企业整合创新的集聚地。（3）依托多媒体产业基础，在长宁多媒体产业园建设形成媒体相关平台集聚园。

2. 加快重点企业的创新发展。（1）着力培育本区龙头企业，重点聚集服务类平台和媒体类平台。鼓励拥有自主品牌、掌握核心技术和资源的龙头企业做大规模，围绕龙头平台型企业，形成区域范围内相关产业的上下游企业的集聚。（2）加强对重点企业的引进，针对长宁特色，进行有针对性的重点企业引进。依托长宁三大平台经济园区，引导临空园区着力引进成熟的重点平台型企业；多媒体园区着力引进已经起步，且较有特色的平台型企业；工技大园区着力引进还未正式起步、产业评估有前景的平台型企业。

3. 加快重点项目推进打造。依托现有平台型龙头企业，聚集重点平台项目，积极探索创新，更好地发挥平台在智慧服务、共享共赢、集聚辐射等方面的综合效应。（1）探索大宗商品跨境交易平台联动模式。依托易贸投资集团旗下全资公司易通电子商务有限公司多年以来积累的数千企业客户以及近四年对于 O2O 平台交易模式的探索，将易通分别参股的上海自贸试验区化工品国际交易中心与境内上海化工品交易市场的国际与国内大宗化工线上交易进行有机结合，同时可以为客户提供境内外美金、人民币交易清算、结算，保税仓单公示及货代，物流，境内、外融资等全流程一站式服务。积极研发境内、外仓单、提单、订单交易的无缝对接。（2）推动携程机票＋X 项目。进一步完善携程的机票相关服务功能，提供更多用户购买机票出行时的多样化服务，如贵宾休息室、快速安检通道、停车场、接送机等服务。通过服务的提升和完善，增强携程在机票领域的平台作用。

4. 完善社会信用体系。加强信用制度建设强化信用制度的约束机制，建立数据标准，加强数据共享制度建设，制定流通领域信用应用范围与操作细则，落实黑名单发布与管理制度。加强基础信用数据建设。建立流通领域信用信息数据清单、应用清单和行为清单标准规范；推进流通领域登记类、资质类、监管类、违约类等信用信息定期向区信用公共服务平台归集，实现流通领域信用信息的跨部门全共享；探索建立以政务信用信息、金融信用信息、社会信用信息等为核心的内贸流通的多维信用评价体系。加强信用信息应用。在国内贸易流通领域的行政管理中依法使用企业信用记录和信用报告，推行企业信用分级分类监管，对诚信级别高的企业优先实施贸易监管的便利化举措；推进"事前告知承诺、事中评估分类、事后联动奖惩"的全过程信用管理模式；探索推进信用电子商务信用体系建设，探索利用信用数据联手加强对流通领域企业的信用监管，建立健全企业经营异常名录、失信企业和个人的"黑名单"制度及跨部门联合惩戒机制；鼓励市场运营主体建立入驻商户、供应商、从业人员的信用评价机制，鼓励市场运营主体根据服务对象的信用等级提供差异化服务；加快培育信用经济，发展与信用有关的新型服务业，鼓励信用服务机构创新信用产品和服务，推进社会信用信息共享，构建完善的社会信用服务体系。加强信用信息平台建设。进一步加强长宁区公共信用信息服务平台建设，加大国内贸易领域信息用信息的归集力度，基本实现基础信息全面归集，监管信息充分共享；以长宁区公共信用信息服务平台为核心，以市场化信用大数据支撑，打造"商务诚信公众服务子平台"。

六、普陀区

普陀区以互联网为引擎、以委区合作为基础、以项目为导向，完善顶层设计，发挥禀赋优势，改造一批传统项目，引进一批新型项目，释放消费潜力、激发行业活力、增加就业机会。

1. 加快"商务创新实践区"建设，促进"互联网＋"创新应用。依托上海市商务委员会和普陀区人民政府签订的《关于共同推进普陀区"互联网＋"商务创新实践区建设的合作协议》，围绕建设"产城深度融合，发展低碳绿色，城市设计人性化"的"桃浦科技智慧城",打造面向未来的智慧城区。主动对接自贸试验区制度创新和行政审批改革,加快自贸示范区建设,开展跨境电子商务试点和保税展示等工作。抓紧完善、提升诚信建设、人才培训、监测统计等基础工作,不断提升基础设施网络服务能力。以国家电子商务示范基地建设等为载体,开展重点区域和特色领域电子商务创新应用,加快电子商务生态链建设,促进流通产业转型升级。

2. 提升流通产业能级水平,强化相关产业互动融合。发挥科技创新引领作用,加快贸易结构优化升级,促进流通产业发展与城市功能深度融合、协同提升。聚焦发展科技、商贸、金融、专业、文化等服务业,支持"互联网＋"新业态发展,着力形成"5＋X"现代服务业体系,增强对区域经济发展的支撑作用。积极引进证券保险、信托投资、资产管理、融资租赁等相关行业。促进第三方支付、移动支付、金融资讯等互联网金融发展。积极发展电商技术服务等特色信息服务业。加快"四新"经济发展,培育形成智能制造、智慧安防、节能环保等领域的新优势。推动文化艺术与现代科技及商业的融合,促进高端文化创意产业集聚,推动形成经济转型升级的新亮点。

3. 促进跨境电商发展,拓展海外市场。加快建立健全适应跨境电子商务的监管与综合服务体系,促进贸易便利,加快自贸示范区建设。加强知识产权和消费者权益保护,协同推进综合服务体系建设,提高服务便利化水平。开展涉外会展平台电子商务服务,培育跨国采购会展中心等新型交易平台。支持区内电子商务企业走出去建立海外营销渠道,创立自有品牌,多渠道、多方式建立海外仓储设施,提升全球化经营能力。

4. 推动实体商业转型升级,激发消费潜力。推进商业转型升级,支持大型商贸、餐饮、家政、健康、养老、旅游等生活性服务企业利用电子商务平台开展网订店取、预约上门服务等业务,为消费者提供全过程全方位的智能化"一站式消费体验"。支持中环商贸区打造国家电子商务示范基地、智慧商圈,探索传统商贸区域的转型升级。发挥大型商贸企业总部集聚、相关技术服务企业集聚的优势，支持国内外具有行业特色和优势的电子商务企业入驻。

5. 建立流通领域公共服务平台和市场综合监管平台。建设中小商贸流通企业公共服务平台，为广大流通企业提供融资、法律咨询、信息技术应用等服务。贯彻"人才强商"战略，加快推动内贸流通领域人才引进和培养。升级完善集信息发布、涉嫌案件移送、案件咨询、案件统计等功能为一体的行政执法与刑事司法衔接工作信息共享平台，优化案件移送、受理、反馈、监督、公开等工作机制。

七、虹口区

1. 注重规划的战略布局与引导。对接国家和上海发展战略，研究加快和完善现代商贸发展的思路和主要任务，形成"十三五"期间的商贸流通发展思路。结合《上海市商业网点布局规划（2014—2020 年）》《上海市虹口区国民经济与社会发展第十三个五年发展纲要》《虹口区中部地区"十三五"发展规划》等的实施，以区域经济社会发展为基础，结合重点项目推进，加强商业布局的规划与业态引导。

2. 建设创新多元的流通体系。大力发展电子商务，推进电子商务示范项目申报。鼓励发展自有品牌，积极探索新业态、新模式。大力发展线上线下互动，支持实体店通过互联网展示、销售商品和服务，提升线下体验、配送和售后等服务。鼓励发展跨境电商、保税展示销售、进口商品直销等新型贸易方式，推进自贸试验区政策复制和平行进口车主题展示平台建设。完善会商旅文体联动发展，以核心商区、重点功能区、旅游景点和重大体育赛事为重点，促进商旅休闲、文化创意、时尚设计、特色演艺、商务会展和体育竞技等相互融合。创新发展社区商业，探索建设集创业工作、居家生活和休闲娱乐为一体的复合型社区商业，完善创新创业宜居环境。建立社区生活服务业联动发展机制，鼓励生活服务业商业模式创新，引导各类生活服务平台进入社区。

3. 促进流通业先进技术应用。在全区开展智慧商圈建设，实现重点商圈无线网络全覆盖。在全区主要商业区域实现智能交通引导。鼓励传统商业转型，发展线上模式，同时引入线上平台，开设线下体验店，打造线上线下协同发展。积极推广基于大数据的精准信息服务、基于第三方支付及互联网金融的支付服务、基于城市智慧物流配送服务等技术的示范应用。

4. 完善流通领域基础建设。统筹规划，支持生活性服务业基本设施建设，通过多种形式建立投资保障、运营管理和监督管理机制，增强应对市场波动和保障群众基本生活需要的能力。发展推广"自提柜"等服务模式，整合物业存量资源，建设社区 5 分钟配送网络。贯彻实施大型商业网点建设项目的产业意见征询制度，落实商业办公用地的全生命周期管理制度。

5. 建立诚信规范的营商环境。以构建"诚信上海""诚信虹口"为导向，以深化区商业企业诚信自律标准试行和完善"三方校验"机制为核心内容，以推进信用信息记录及应用为重点措施，加快形成"事前告知承诺、事中评估分类、事后联动奖惩"的全过程信用管理。

6. 发展流通领域公共服务。积极发挥虹口区中小商贸流通企业公共服务平台作用，开展小微企业创业创新基地工作，完善服务于中小商贸流通企业的融资、诚信、"走出去"、电子商务拓展的支持政策。鼓励金融机构创新金融产品和服务，构建多层次的金融服务体系，促进中小商贸流通企业创新发展。

八、杨浦区

1. 以"互联网 +"为抓手，引导激活消费需求升级。大力发展电子商务，推进"智慧商圈"建设，促进网络购物发展。完善推动商业转型升级政策措施，支持商业企业提升核心竞争力，积极探索新业态、新模式。大力发展线上线下互动，支持实体店通过互联网展示、销售商品和服务，提升线下体验、配送和售后等服务。鼓励发展跨境电商、保税展示销售、进口商品直销等新型贸易方式。完善会商旅文体联动发展，以五角场市级商业中心商圈、特色街区、重点功能区和重要文体活动为重点，促进商旅休闲、文化创意、时尚设计、特色演艺、商务会展和体育竞技等相互融合。创新发展社区商业，探索建设集创业工作、居家生活和休闲娱乐为一体的复合型社区商业，完善创新创业宜居环境。建立社区生活服务业联动发展机制，鼓励生活服务业商业模式创新，引导各类生活服务平台进入社区。

2. 突出亮点，创新发展，强化本区商业发展的引导力。聚焦五角场市级商业中心的深入打造，重点推进"三个结合"。一是将主力商家的业态调整与周边地区商业业态设置结合起来。继续加强对企业的协调指导，一方面推动企业调整提升现有业态和品牌，实现五角场商圈主力商家间错位经营，提升消费档次和水平。另一方面在五角场商圈周边的大学路、国定路、国定东路、政立路等商业载体建设中，指导其积极借鉴主力商家的专业理念、参考其对业态配置的要求，使其既实现形象提升，又与主力店互为补充，联动发展。二是将现代信息科技与便利消费、促进消费结合起来。重点发挥移动终端促进消费的作用，推进"时尚杨浦"APP和微信充实功能，融合支付结算、生活服务和购物、营销信息等功能于一体，利用科技带来的便利来刺激市民消费。同时利用下沉式广场改造契机，加强对"时尚杨浦"的宣传，扩大知晓度和使用率。在部分商家试点用微信参与营销的基础上，总结经验，争取在全区有条件的商家推广。三是将整体营销与空间的有效利用结合起来。坚持"以节兴市"，围绕各类节庆假期及购物节、旅游节等，开展商旅文联动。在继续做好这方面工作的基础上，对五角场下沉式广场进行全方位改造，引进特色化、品牌化、高端化的展示营销活动，增加科技和信息化含量。指导展销方精心设计展示方案，在不影响人流动线的前提下，务求陈列美观精致、高档优雅，提升下沉式广场的空间价值和商业价值，进一步集聚五角场人气。

3. 以控江路区级商业中心的功能性项目在建为契机，围绕控江路区级商业中心新一轮的发展，积极打造本区中部区域的黄金商业带。重点是"3＋1"

项目，即从控江路商业整体发展谋划，做好海际广场、君欣广场开业准备，建立三个新建项目与假日百货新老载体的交流平台，推进假日百货与三个新建项目形成各具特色、错位经营、互补互动的发展格局，实现控江路提升商业能级、完善商业功能，并带动周边现有的商业商务载体"腾笼换鸟"、业态调整、品质提升，推动区级商业中心整体发展，为大连路总部研发集聚区、环同济聚集区提供更为丰富的商业配套。伴随着这些商业载体的建成并投入使用，杨浦区商业发展环境将得到进一步优化。

4. 着力打造高品质社区商业和特色商业。引导社区商业和商业街的品质化发展，进一步丰富本区商业的层次，引导和推动已建成的社区商业中心调整业态、优化环境、规范管理、诚信服务、特色经营。加强对星汇广场、悠方、渔人码头等新建商业载体的业态布局指导，提升品质。

5. 继续抓好民生实事工作。与功能性示范项目、示范社区商业中心建设相结合。引入新型主副食品供应模式，构建精品超市、生鲜超市、大卖场、菜市场、菜店和无人售菜机等多种业态形式，满足不同消费人群的主副食品购买需求。

6. 推进商务领域信用体系建设。通过开展商务诚信建设活动，推进区域商务诚信融入以现代信息技术为支撑的信用信息系统和互联共享的社会诚信体系。以举办各类节庆和市场营销活动为抓手，引导广大商贸服务企业和从业人员以"诚信兴商、依法经营、规范管理"为核心，大力提升经营管理水平，全面提高商品和服务质量。加强培训工作，培育一批诚信经营好、守法意识强、社会信誉高、示范效应大的先进单位和个人。进行开展企业信用等级评定工作，扩大覆盖面。探索建立行之有效的"商务诚信建设"工作机制。

7. 探索创新政府管理模式。将部分行政事项外包，进一步发挥行业协会、骨干企业在行业自律、诚信建设、日常事务、项目推进、业态调整中的主导、引领作用。加强企业间的交流互动，继续开展重点企业、重点园区负责人的对接交流活动，进一步加强商业、商务资源整合；开展与兄弟区以及外省市商贸企业的合作交流。

九、宝山区

1. 深化推进上海宝山钢铁现代服务业综合试点区建设。继续深化上海宝山钢铁现代服务业综合试点区建设，以"立足上海，服务全国，面向世界"为定位，以创建内贸流通体制改革综合试点区为抓手，依托互联网、物联网、大数据、移动互联网等技术手段，积极做好钢铁资讯、钢铁交易、物流配送、金融服务、研发设计、资源利用六大功能的融合衔接，重点推进上海钢铁交易中心、上海钢银电商平台，以及欧冶云商交易、数据、物流、金融、材料等平台建设，构筑具有国际国内市场资源配置功能的钢铁现代服务业综合实践区。

2. 提升平台经济能级。全面提升平台经济能级，建设高能级的大宗商品交易以及大数据、云计算和移动互联网服务平台。重点建设上海大宗商品信息中心、上海木材交易中心、上海物流网、运钢网等重点大宗商品平台项目，打造以钢铁、木材等电商平台为主导的国际版大宗商品交易和构筑服务范围覆盖全国的生态型大宗商品服务平台；全力支持一批上海领先的平台项目，如微盟萌店、邮轮物资配送中心、旅游资源交易中心、猎上网、优蓝网等平台项目，力争培育成为全国性电商平台；关注培育一批有发展潜力的平台项目，如爱回收、企业去哪网、上海智能翻译中心等平台项目，全面促进贸易、金融、仓储、物流融合发展，全面形成上海乃至全国行业引领的平台经济项目。

3. 重点培育特色个人消费服务平台。重点发挥唯一视觉、真旅网、为为网等知名电商集聚效应，加快发展面向消费者的第三方电子商务平台。引进和培育一批创新型电商龙头企业，重点推动农产品、医药、建材家居等重点领域电子商务创新发展，探讨在线旅游、在线购物、在线定制商业与创意园区互动平台、三维城市消费网等的有机结合。积极发展以邮轮经济、专业金融、保税物流、信息咨询、工业设计等专业服务支撑平台，重点推进上海移动互联网创新园、上海大数据产业园、上海智能翻译中心等项目建设，优化平台经济生态链。

十、闵行区

1. 总体目标。闵行区以创新转型为引领，以市场流通为载体，激发闵行区域内市场发展内在动力，提升市场流通信息化、标准化、国际化水平，促进传统市场转型升级，发挥闵行区作为上海国际贸易中心的重要承载区的作用。

2. 主要任务。紧紧把握国家及上海发展战略要求，发挥位于长三角门户的优势，立足行业领先的地位，依托互联网、物联网等高新技术的应用，通过功能的完善提升，促进传统市场模式转型升级，打造集线上线下交易、传统与创新共存、产业链完整、各类配套齐备的现代化专业商品交易市场及共享平台。以九星市场转型升级、车配龙汽车同质配件集仓等项目为载体，先行先试，形成传统市场转型升级可复制、可推广的模式与经验。

3. 重点项目。(1) 九星市场转型升级项目。九星市场作为"中国市场第一村"，是全国农村市场发展的领头羊，依托现有基础以信息化、平台化为方向加快转型发展，不断提高资源配置能力，开拓国内国外市场，为全国农村市场转型发展提供可复制、可推广的经验，为上海率先建设现代市场体系、形成全国统一市场做出积极的贡献。一是推进市场标准化管理落实。九星《规范管理工作手册》从 2005 版到 2015 版，已经过七版修改完善，是一套较为成熟的市场管理制度，对市场管理各项工作提出标准化、程序化、规范化的要求，包括行为规范、行政、人事等综合管理，治安、消防、车辆、物业管理，以及各市场具有针对性的制度。把每一项制度落到实处，将使市场管理变得简单、有序、高效。二是实体市场转型改造。为了推进九星地区转型升级改造，制定西部先行一步实施方案，对九星外环线西部重点区域进行拆违、动迁改造和环境综合整治，涉及占地面积 13.5 万平方米。成立领导小组、办公室和工作组，召开动员大会，摸清西部老村宅三个村民组99户村民和370家经营户的底数，有针对性地制作一户一方案。三是打造九星网络交易平台。九星电子商务公司运用网络交易平台，打造线上线下相融合的运营模式。通过网络平台发布信息，为10000多家经营户提供广告宣传服务，实现资源信息共享，线上购物与线下体验相融合。实行"一店一网铺"计划，安排专职人员对网铺进行一对一的上门服务和跟踪指导。不断提升网站功能，增开各行业版块，装修饰家版块、市场地图、活动专区等新版块，吸引不同需求的消费者。推出"手机网页版"和"微信公众号"两大移动应用平台，研发APP手机应用软件——"掌上九星"。通过"掌上九星"APP可随时随地查询、搜索到商户、商品等信息，增强消费者与商户之间的互动性，进一步提升消费体验感和便捷度。推行"畅星购"服务，为消费者提供一对一全程装修咨询、商品采购、商品询价、现场导购、产品质量及价格把控等免费服务，实现装修采购的"私人定制"。

(2) 车配龙汽车同质配件集仓项目。车配龙联合聚配通（上海）投资管理有限公司，建立车配龙汽车同质配件集仓，储存和中转全国同质配件产品。项目总投资10000万元，首期5000平方米，二期8000平方米，三期10000平方米。车配龙控股，经营商户参与入股。改变以收租赢利的传统模式，按需求面积考核经营业绩，提点作为经营管理费用。聘请职业化经营管理团队，实现"六个统一"——统一形象，统一产品开发，统一营销，统一客服，统一物流，统一结算。

十一、嘉定区

1. 规划引领，完善全区商贸业总体布局。探索建立区商务委、区规土、区房管局等部门联动机制，以全区"十三五"规划为抓手，实现产业规划和城市规划"双规合一"。在摸清全区现有商业基本情况的基础上，探索建立商业、商务用地的全生命周期管理制度，区商务委在土地出让阶段介入，对地块性质、商业业态、运营管理、物业持有等提出合理化建议，并将上述建议写入土地出让合同；在土地建设工程设计方案阶段，再次要求开发商申报商业功能定位和业态布局报告，确定项目定位；项目建成后，对明确列入合同的内容各部门联合验收，验收合格的，方可发房产证等。另外，启动《嘉定区菜市场布局规划（2016—2020 年）》的完善编制工作，完善嘉定区菜市场的布局规划。

2. 以重点项目为引领，推进平台经济发展。借助嘉定区电子商务集聚的产业优势，以重点项目为引领带动，积极推动平台经济的发展。通过园区建设、示范企业（园区）授牌、重点项目申报等方式，积极推进安亭汽车产品交易平台、上海汽车金融港、国际汽车城研发设计平台、上海二手车交易平台、慧聪网等一批汽车产品及配套服务平台建设；研究修订区现代服务业扶持政策，支持京东商城、齐家网、新蛋网、凡客诚品、乐峰网等一批专业消费品交易电子商务平台做大做强，不断扩大企业内涵和外延；推进江桥蔬菜批发市场、华亭人家绿色果蔬等交易平台建设，做好农超对接、农商对接工作，实现食品的全程可追溯。

3. 多措并举，营造良好的营商环境。继续开展"嘉定区优质经营示范单位"创建工作，将此项工作和区创建全国文明城区工作相结合，通过聘请行业督察员的方式，将全区的重点商业企业纳入监管范围，督察员分区包干，及时反馈商业企业在硬件配置、服务管理上的种种问题，区商务委通过牵头各部门联合执法检查、上门督察等方式要求企业整改，对于特别优秀的企业年终予以资金扶持奖励，通过不断检查整改，提高嘉定区传统商贸行业整体服务水平和能级。

4. 对接民生，做好区新农村商业网点的长效管理工作。立足嘉定区现有的 161 家新农村商业网点（惠民超市）和统一的物流配送中心，以提供物业维修保障、组建市场督察队伍、建立总部信息化平台、开展"以奖代补"提高物流统一配送率和开展门店交流培训等工作为重点，不断提升提高嘉定区农村地区内贸流通的服务水平。

十二、金山区

1. 建设开放创新的"互联网 + 产业服务"高地。(1) 大力发展交易服务平台。以金山丰富的产业资源为依托,通过培育和引进一批基于互联网技术的化工大宗商品交易平台和工业品电子商务平台。推进上海化工品交易市场与上海自贸区化工品国际交易中心对接,探索内外贸一体化的电子交易系统,提高国际国内市场资源配置能力。大力发展工业品电子商务平台,支持平台整合产业链资源,开展支付结算、物流仓储、供应链融资以及产品研发、检验检测等延伸服务,拓展服务功能。鼓励电子商务交易平台基于大数据,探索开展行业信用信息服务,研制发布大宗商品价格指数,提升服务能级。重点推进上海化工品交易市场、上海金山工业品交易市场、医疗器械交易平台等项目。(2) 大力发展检测研发平台。重点围绕新材料、新一代信息技术、高端智能装备、生命健康产业等领域,培育和引进一批技术先进、实力雄厚的检验检测平台和研发设计平台。支持检验检测平台在扩大计量、认证、检验、检测等专业服务市场规模,发挥平台在市场监管中服务、鉴证等功能,推进平台与国际国内相关专业服务机构和部门开展互认合作;支持研发设计平台重点加强新材料、新产品、新工艺的研发和推广应用,促进工业设计向高端综合设计服务转变,形成专用化、特色化、精细化、差别化的有高技术含量和高附加值的产品和服务。重点推进国家质检总局化学品安全研究中心、国家级石油钻采炼化设备质量检测中心等项目。(3) 大力发展供应链管理平台。围绕金山重点产业集群,大力发展为制造业供应链服务的智能化第三方物流平台和应用先进互联网、物联网和供应链管理技术的第四方物流平台。加快推进第四方物流平台,整合长三角物流资源,重点为中小微型物流企业提供后台管理、订单处理、物流监控、结算支付、保理融资等全方位综合服务。加快扶持重点化工专业物流企业与大型化工生产企业合作,提供可视化、智能化、标准化的第三方物流服务。重点推进"物流汇"供应链管理平台、物流资源交易平台、中石化工物流第三方物流平台等项目。

2. 完善适应"互联网 + 产业服务"的市场规则。（1）深化商事制度改革。深化注册登记制度改革，落实"先照后证"及"三证合一、一照一码"，完善企业经营范围和经营场所的企业自主选择制度，优化企业名称预先核准制度；推进注册许可延伸到基层所工作，统一整合局、所两级窗口的流程，将注册、许可、备案、告知等"3 + 1"业务整合，实现全窗口、一窗式受理。结合金石湾国际化工生产性服务业园区功能定位，建设一门式行政服务平台，整合工商和税务注册登记及变更、危化品经营许可证办理、相关支持政策申请办理等服务功能，规范和简化程序、提高办事效率。重点推进企业注册登记一窗式服务、金石湾化工品综合服务平台等项目。（2）提升物流标准化水平。鼓励标准化技术机构落户，鼓励各类企事业单位参与各类服务标准制修订工作及其他服务标准化活动，支持标准市场化，放开搞活企业标准，建立企业产品和服务标准自我声明公开和监督制度。积极开展流通领域标准化工作，重点推进上海市物流标准化试点项目，支持标准化物流设备服务商完善托盘公共运营服务体系和信息服务平台，从标准化托盘租赁、维修等方面为托盘循环共用提供专业化服务；建立供应链平台信息标准和小微物流服务标准、信用标准，带动中小微物流企业提升标准化服务水平。重点推进金石物流化工产品塑料托盘共用系统、小微物流企业供应链管理服务标准化试点等项目。

3. 探索适应"互联网 + 产业服务"的治理模式。（1）加强信用信息服务。推进"互联网 + 信用信息服务"，以区域内法人和自然人的信用建设为重点，以跨部门信息共享和服务平台为支撑，协调推动相关政府职能部门，建立记录信息主体的信用信息的相关标准和工作规程，整合信用信息资源，建立金山区信用联动奖惩机制及政府效能监管机制。先行在环境保护、安全生产监管、食品药品监管等重点领域试点再逐步扩展，从"黑名单"等不良信息拓展至"诚信纳税企业"等正面信息。同时通过信用信息平台的信息归集，探索建立企业信用管理制度，加强交易中所形成的信用信息的记录，不断推进企业诚信体系建设。重点推进金山区重点领域信用信息服务平台等项目。(2)创新流通安全监管方式。推进"互联网+流通安全监管"，从交易订单和委托运输着手，建设危化品流向流动监控平台，对接化工品电子交易平台和金石湾招商服务平台，抓住生产、经营、存储、运输、使用等各个环节，掌握交易源头管理，强化流动流向过程控制，进行全程监管。从运输设备和运输车辆着手，推动建设移动式压力容器公共信息综合管理平台，与国家锅炉压力容器标准化技术委员会合作，利用云计算、物联网等技术，从带泵罐车定点卸液信息管理服务平台项目逐步拓展，探索建成覆盖全国的移动式压力容器信息监督、管理的大数据平台。重点推进金山区危化品流动流向监控平台、全国带泵罐车定点卸液监控信息公共服务平台等项目。

十三、松江区

1. 加强规划布局引导和管理，建立健全流通体系建设。强化规划布局，按照上海建设具有全球影响力的科创中心和世界级消费城市战略，围绕松江"建设上海服务长三角、对接国内外的西南重要门户枢纽"和"长三角地区重要的综合性节点城市"的总体定位，着力构建与新型城镇化推进相适应、与居民需求升级相匹配、与产业转型发展相结合的现代市场体系，理顺内贸流通领域发展脉络，并形成相应的"十三五"规划发展思路，发挥规划在合理布局、培育市场、配置资源等方面的引导作用。加强商业布局规划及物流业规划与城市总体规划的衔接，以及与控制性详细规划和修建性详细规划的衔接，充分考虑商业网点建设需求。按照整体布局对鼓励发展的流通设施项目，在土地利用年度计划和土地供应计划中，统筹安排各类用地。加强商业布局规划与旅游、文化、养老、体育等其他"十三五"专项规划的有机衔接。

2. 加快商圈转型升级。根据新城、老城、国际生态商务区各商圈发展基础、特点和条件，推动行业结构、业态结构、品牌结构的调整，引导各商圈和商业街探索差异化、特色化、专业化发展道路。完善会商旅文体联动发展，以核心商圈、特色街区、重点功能区、旅游度假区和重大赛事为重点，依托"上海之根"独特的历史文化资源，丰富和提升文化寻根、文化体验的特色旅游产品，促进商旅休闲、文化创意、时尚设计、特色演艺、商旅会展和体育竞技等相互融合。鼓励新兴商圈探索融文化体验、都市旅游、商业零售于一体的新兴商业发展路径，不断丰富商圈的服务内涵。鼓励国际生态商务区等有条件的商圈向特色化、高品质的商品消费与服务消费有机结合转型，向以O2O为特色的智慧商圈转型，探索向生态化、智能化、服务化商圈发展。

3. 转型提升商品交易市场。以现有各类商品交易市场为基础，按照"调整一批、改造一批和提升一批"的工作目标，推进全区商品交易市场管理标准化、市场建设规范化、市场经营品牌化，更好地发挥商品交易市场在繁荣商贸服务业、提升现代服务业发展水平、加快经济转型升级等方面的积极作用。聚焦砖桥贸易城等重点区域，加强对部分用工业和集体用地开设的市场，政府实施有条件的回购，实施二次开发，发展符合松江产业导向的现代服务业和高端商贸服务业。鼓励和支持企业运用公司化经营理念对传统农贸市场进行改造升级，开展自主经营。推广超市化管理模式，深入推进传统农贸市场向信息化、公司化、品牌化的市场转变，提升综合服务功能和核心竞争能力。鼓励投资者引进知名品牌或加盟品牌连锁，通过市场的优胜劣汰机制，淘汰其他低端市场，提升松江市场档次。对符合松江商贸发展，且有一定规模及相应管理能力的市场，加大投入，鼓励发展电子商务，提升市场竞争能级。

4. 着力建设农产品流通体系。优化农产品市场流通网络布局和功能，支持建设和改造一批具有公益性质的农产品批发市场、农贸市场、菜市场、社区菜店，以及重要商品储备设施、大型物流配送中心、农产品冷链物流设施等流通设施。积极探索电子商务在农产品流通领域新模式，建设农产品流通公共信息平台，构建农产品产销一体化流通链条，建立健全主副食品、酒类、农资等商品流通追溯体系。搭建特色农产品采购平台，促进农产品生产和流通的有效衔接。鼓励大型流通企业向农村延伸经营网络，拓展网点服务功能，支持发展农民专业合作社，提高物流配送能力和营销服务水平。

5. 积极培育本地流通企业做大做强，发挥企业主体作用。培育重点企业，加强与制造业等相关产业联动发展，鼓励制造业企业向流通领域延伸，以来伊份、天喔、上海松江商业总公司等民营、国有企业为龙头，支持有实力的流通企业跨行业、跨地区兼并重组。积极引导和扶持流通企业开发自有产品品牌，培育一批拥有知名品牌和自主知识产权、具有示范带头作用、具有较强竞争力的重点流通企业，支持企业做大做强。鼓励和引导各类金融机构加大对流通企业的金融支持力度，鼓励商业银行开发符合商贸流通行业特点的融资产品，支持流通企业往专业化、特色化发展，逐步形成一批具有代表性的骨干流通企业。加大流通领域对外开放力度，积极引进国内外著名流通企业入驻松江区，支持国内外流通企业在松江区发展总部机构，设立采购中心、分拨中心、营销中心、结算中心、物流中心、品牌培育中心等具有贸易营运和管理功能的贸易型总部，支持国内外其他领域优势企业与商业企业开展合作，在松江区开办新型商业企业。鼓励流通企业实施品牌战略，推进品牌促进、推广、保护等服务体系建设，振兴"余天成堂"等中华老字号，促进特色商圈、特色商业街区建设，支持符合条件的流通企业上市融资和发行债券。

6. 创新流通方式，鼓励新技术的应用推广。培育消费增长点，把握服务消费、网络消费、进口商品消费等快速增长态势，大力发展电子商务，进一步提升网络购物消费，培育丽人丽妆、购酒网、可得眼镜、牛奶商城、递三鲜等一批管理运营规范、市场前景广阔的专业网络购物平台企业，同时，支持传统商业企业提升核心竞争力，加快发展自有品牌；鼓励家庭农场品牌化建设，开展多样化经营。积极探索商业模式，鼓励通过自建网上商城、并购等方式拓展网络零售业务，并借助二维码、微博、微信等社交媒体进行品牌推广。发挥松江出口加工区作为自贸区制度复制推广示范区的优势，推进跨境电商平台建设，加快进口商品直销中心、保税商品展示中心的建设，扩大商品进口和消费。

7. 促进信息技术在流通业的深度应用创新，鼓励区域内流通企业技术创新，推进流通领域技术先进型服务企业建设和认定工作。依托以瑞章科技为代表的松江物联网核心产业基地，大力推广物联网、移动支付等信息技术的在流通领域的应用创新，推动流通企业技术升级，带动流通效率大幅提升。引导本地传统流通企业推广应用企业资源计划、供应链管理、客户关系管理、自动化配送等现代管理技术，促进传统流通企业信息技术系统升级。支持各类物联网、互联网、云计算、全球定位系统、移动通信、地理信息系统、电子标签、自助式信息服务、智能货架、自助结账、移动销售、射频通道等先进技术在流通领域创新应用。开展智慧城市建设，实现重点商业街区无线网络全覆盖，发展智能交通引导、移动支付等现代技术，打造线上线下协同发展的信息化智能型商业街区。依托重点流通企业，开展基于城市智慧物流配送服务等技术的示范应用。

十四、青浦区

1. 完善协调机制。完善区级层面快递转型发展联动推进机制，统筹协调推进全区快递物流产业健康发展。

2. 强化规划引领。制订青浦区快递业"十三五"规划，制订青浦区快递转型发展重点工作计划，推动快递物流产业健康有序发展。

3. 实施品牌化、标准化建设。研究制订青浦区快递产业标准化指标体系，鼓励快递企业参与制修订技术标准、支持与引导标准化示范试点创建，鼓励快递企业参与制修订技术标准、支持与引导标准化示范试点创建，确保圆通国家级服务业标准化试点项目建设完成，鼓励和引导实施品牌发展战略，争创市知名品牌、著名服务商标。

4. 以科技引领，推进信息化建设。建立以企业为主体、市场为导向、政商产学研相结合的技术创新体系，推广应用北斗导航服务技术，鼓励快递总部企业参与北斗导航位置服务应用试点，鼓励和扶持快递总部企业加大投入，在信息技术、软件服务等方面形成自主创新能力，建设快递总部企业可视化智能监控信息平台。

5. 推动企业发展模式创新。促进快递产业新能源汽车推广与应用，鼓励和引导快递总部企业与电子商务、连锁商业企业开展线上线下合作，发展生活服务性配送业，联手便利店设立代理门店，推广"网订店取"模式，推动快递服务进社区工作，在青浦区试点"智能快件箱"、物业代投等快递服务新模式，形成可复制推广的示范和标准。

6. 形成产业集聚。强化总部经济效益，加强招商引资工作，支持引进大型现代快递物流企业的总部、研发中心、结算中心、电子商务及城市配送的信息中心，鼓励快递企业引进国内外电商和国外快递企业，拓展电子商务等关联业务，推动相关产业融合发展，完善产业经营环境建设，推动青浦跨境电子商务产业园区建设，推动国内外快递产业交流与研讨，筹建快递产业论坛。

7. 优化政府营商环境。支持企业改制上市，搭建上市培训平台，完善企业投融资渠道建设，力争到 2020 年，在青浦区快递总部企业中培育出 1—2 家年收入超千亿元、2—3 家年收入超 500 亿元、具有较强国际竞争力的大型快递企业或企业集团；根据快递企业总部用地需求，优先安排新增用地和闲置及低效工业用地盘活对接，落实青浦区人才相关政策，缓解中高端人才落户、就医、就学等矛盾，给予快递总部企业核发快递车辆通行证额度倾斜。

8. 创新政府管理方式。优化政府行政审批流程，将快递企业基建项目纳入绿色通道；构建协同监管体系，建立执法联动机制，统筹深化企业安全管理，完善快递总部企业发展环境。

十五、奉贤区

1. 加强发展战略及规划布局研究。紧紧围绕奉贤区"两深化、三聚焦",全力建设实力奉贤、活力奉贤、魅力奉贤的总目标,深化研究区内服务业发展的产业重点及其空间布局,进一步明确发展的重点和方向、路径和抓手,编制完善《奉贤区服务业"十三五"规划》,为促进奉贤区现代服务业快速健康可持续发展提供必要的指导意见与依据。

2. 大力发展平台经济。加大平台经济招商与培育,推进奉贤区现代服务业重点集聚区、重点企业、重点项目认定工作,培育认定一批区级特色鲜明、产业先进、带动性强、贡献大的服务业产业园、龙头企业和重点项目,推进服务业领军平台型企业培育和品牌打造;深度挖掘区内资源,确定一批有潜力的项目企业,通过有效扶持助推其快速成长,实现业务的广泛拓展和平台化延伸,进一步巩固提升平台项目知名度和市场影响力,力争培育具有全国影响力的平台项目;引导重点企业积极参评上海首批贸易型总部企业。

3. 强化服务业政策扶持。聚焦服务业五大重点产业,充分落实区级服务业扶持政策兑现,加强政策使用针对性、可操作的跟踪分析;加强专项监察,组织服务业政策落实情况的专项督察,督察各有关部门落实政策;适应新情况,加快修订《奉贤区加快发展现代服务业实施细则》;加大企业辅导力度,做好上海市服务业发展引导资金、文化创意产业扶持资金的申报工作。

4. 加大风险防控监管力度。加大对平台经济经营风险的早期防范、事中事后监管;推动市场监管互认、执法互助、信息共享,形成权责一致、运转高效的市场综合监管体系。在内贸流通领域推进行业监管与综合执法相衔接。

5. 规范平台管理。进一步完善大宗商品平台企业的证照和资质,逐步完善管理要求,规范平台运行。

6. 加强平台产出和经济效益研究。合力研究瓶颈问题并提出建议;区统计部门、区税务部门加大平台经济统计制度建设力度；区商务部门发布平台经济发展报告，为政府决策提供参考，为行业发展提供服务。

7. 优化项目审批核查机制。平台经济是新业态，应深入开展调查研究，适时改革政府管理的理念和方式，探索建立工作机制，对重要平台和项目实行部门联合会商审批制度。

8. 引导激活消费需求升级。搭建资源融合的载体和平台，推动会商旅文体联动发展，按照"政府推动，市场运作"的原则，实现"项目共推、客流共享、标准共建、平台互联、主体互动、宣传互通"。

9. 促进流通业先进技术应用创新。开展智慧商圈建设，实现重点商圈无线网络全覆盖，发展智能交通引导、移动支付、商圈VIP移动服务平台等现代技术，打造线上线下协同发展的信息化智能型商业街区。

10. 鼓励发展新型贸易方式。鼓励区内企业发展跨境电商、保税展示销售、进口商品直销等新型贸易方式，加快公共服务平台建设。

十六、崇明区

1. 加快基础设施建设，提升流通服务能力。根据崇明城市总体发展规划，以满足需求为导向，整合空间资源和发展要素，错位竞争、集聚发展、扩大规模、提升能级。重点聚焦崇明新城、9个新市镇和旅游景区的内贸流通体系建设。崇明新城以构建岛内内贸流通中心为目标，依托绿地曼哈顿、百联崇明商业广场等综合性商业设施建设，以及八一路步行街、8壹广场的优化提升，配套建设大型购物中心、百货店、综合娱乐场所和各类专业店。在此基础上，发展9个新市镇的镇区流通中心，改造和新建大型连锁超市、专卖店、生活服务网点、集贸市场等，逐步完善内贸流通基础服务体系构建。同时，在西沙湿地公园—明珠湖、东平国家森林公园—前卫村、东滩湿地—瀛东村等区内重点旅游区，完善配套流通基础设施。

2. 依托生态农业优势，发展特色农产品商贸流通业。发挥陈家镇地区位于上海长江大桥与长三角直接对接的区位优势和大型生态农业示范区的产业基地优势，努力建设面向上海、服务长三角的大型食用农副产品批发交易中心。依托崇西、崇北地区一批重点生态农业、有机农业示范基地的建设，构筑绿色食品加工商贸物流平台，培育壮大本地绿色食品加工流通企业，提高绿色食品的加工、分级包装、储藏、市场交易和物流配送能力。强化对崇明农产品品牌的整合，鼓励龙头企业以市场为导向、资本为纽带，采取兼并、重组、联合的方式，对同类农产品品牌进行整合，体现"生态崇明"品牌整体形象。通过统一策划、企业参与、协会组织，重点做好崇明清水蟹、崇明蜜橘和崇明大米三大品牌农产品的整合和包装设计评选活动，提升崇明特色农产品的市场供应力和竞争力。

3. 引导流通企业技术创新，培育内贸流通转型升级新动力。创新现代流通方式，实施"互联网＋流通"行动。支持电子商务、共同配送、冷链物流等现代流通方式相互融合，促进线上线下互动发展。推动传统流通企业转型创新，建设或依托第三方电子商务平台开展网上交易，鼓励流通企业发挥线下实体店的物流、服务、体验等优势，与线上商流、资金流、信息流融合，形成优势互补。支持流通企业利用电子商务平台创新服务模式，提供网订店取、网订店送、上门服务、社区配送等各类便民服务。创新发展第三方物流和智慧物流。整合已有仓储、运输等物流基础设施，建立城市城际共同配送体系。鼓励物联网等技术在仓储系统中的应用，支持建设物流信息服务平台，提高物流社会化、标准化、信息化、专业化水平。创新冷链物流技术应用模式。推进建设和改造节能高效多温层冷库、冷链物流作业流程、储运销作业环节管控、冷链管控机制管理平台。创新发展供应链服务。

4. 加强政策对接，引进培育新型流通组织。建设新型批发流通网络系统，实现农商、工商一体化经营。以专业批发市场和物流配送中心为主体，以日用品、副食品、农产品、生产资料为对象，培育和发展本县商品流通批发体系，形成具有一定现代化水平和较强吞吐、辐射能力的商品流通网络。优化和调整传统零售业态，着力发展新型零售业态。优化连锁经营发展环境，提高连锁经营行业开放水平。招商引资政策适度向内贸流通倾斜，引进国内外大型知名连锁企业集团（总部）落户崇明。大力培育连锁经营龙头企业，引导连锁经营企业"走出去"。在合理布局的前提下，适度发展大型综合超市和大型购物中心。鼓励大型百货企业的改造与整合，引导中小型百货商场进行业态调整，逐步向专业商店方向转变。规范发展小商品市场、日用工业品零售交易市场，引导其向专业化商场、品牌展示中心等新型经营方式转型升级。注重满足百姓日常需求，完善社区商业规划。

5. 发挥生态环境优势，打造会商旅文体联动品牌。依托东滩—陈家镇会务及体育休闲旅游区、西沙明珠湖生态休闲度假旅游区和横沙渔港等商旅文体融合发展项目，集聚多方资源，在大力发展商务会展、休闲旅游、体育运动产业的基础上，强化内贸流通与旅游、文化、体育等产业的关联度，推动内贸流通产业圈内外形成积极互动的良性循环，强化和谐发展的整体优势。依托自行车嘉年华、森林旅游节等节庆活动的举办，强化综合带动效应。

6. 转变政府职能，规范市场秩序。将内贸流通业发展规划和商业网点规划纳入"多规合一"一张图，保障内贸流通发展用地。严格落实新建社区商业和综合服务设施面积占社区总建筑面积的比例不得低于10%的政策，并在城市规划中予以明确。建立大型商业网点规划建设听证会制度，科学引导商业网点合理布局、优化结构和提升功能。建立部门间的流通规划衔接协调机制和工作会商机制。将集贸市场纳入公益性流通设施范畴，建成后由政府相关部门按照成本价收购，纳入国有资产管理范畴，并在此基础上由政府相关部门委托第三方运营。建立多渠道的公益性流通设施投融资机制，加大政府对农产品批发市场、再生资源回收体系、追溯体系等公益性流通设施的扶持力度。在市政府统一领导下，加强政府职能转变，以深化行政审批制度改革为突破，加大减政放权力度，推动政府职能向为市场创造良好发展环境，提供优质高效服务，维护社会公平正义转变。建设崇明内贸流通业信用信息公共服务平台，实现企业信用信息的系统集成和公开共享。搭建商务举报投诉服务网络平台，严厉打击商业欺诈、制假售假、侵犯知识产权等行为，营造公平、有序、规范的市场环境。

第四节　上海内贸改革发展综合试点的意义与特点

一、上海内贸改革发展综合试点的意义

1. 引领全国流通业创新发展。上海作为我国重要的贸易中心城市，流通业在推动经济社会发展中一直具有非常重要的地位和作用。面对经济发展进入新常态和"互联网＋"加速发展的新形势，迫切需要加快发展方式创新和管理体制机制改革，从而构建更加高效、便捷、精准、智能、绿色、安全的现代流通体系，建立更加公开透明的市场规则体系，建立高效统一的市场治理体系，提升流通业服务经济社会全局的能力，发挥经济新常态下流通"新引擎"作用。上海在试点过程中所采取的改革创新举措对全国流通业发展也具有重要的引领和示范作用。

2. 夯实创新驱动微观环境。信用是市场经济活动的基础性要素，随着我国法治化营商环境的不断完善，市场主体对商务信用的需求日益迫切。经济发展新常态对现代市场体系建设、激发市场活力、构建诚信透明市场环境提出了新的要求。加之国内消费市场迅速发展，流通领域新模式、新业态不断涌现，电商平台、第三方支付等创新方式的发展均需要以市场主体之间的信用为基础。上海在流通体制改革试点中通过完善诚信体系建设，使诚信成为支撑流通微观主体存在的重要基石，也为企业创新发展营造更好的市场环境。

3. 增强经济管理工作能力。简政放权、放管结合、优化服务改革的不断推进要求各级政府大幅削减行政审批事项，推动政府职能将进一步向法治政

府、创新政府、廉洁政府和服务型政府的方向转变。在此背景下，行政管理方式将发生深刻变化，由政府的直接管理转变为以信用等工具为手段的间接管理。上海通过流通体制改革，创新政府管理模式，将商务信用作为现代流通治理的重要工具和手段，改变流通领域长期"放得多、抓得少"的状况，使流通管理实现"放手"不"甩手"。

4. 统一国内外市场规则。随着国际国内市场的加速融合，我国需要加快营商环境建设，完善国内外市场相统一的现代市场体系。上海作为对接国际的窗口，同时也是"一带一路"、长江经济带等国家建设实施的重要节点，在国际化、开放化、合作化的时代背景下，"引进来"和"走出去"步伐将进一步加快。上海在流通体制改革试点中立足本市、服务全国、面向国际，推动形成符合"互联网＋"新要求的市场规则和市场体系，有利于实现国内外市场规则无缝对接。

二、主要特点与亮点

上海结合自身特色，发挥内贸外资源体系全面的优势，形成了鲜明的试点特色与亮点。

1. 突出"系统集成"，从三大领域着手探索改革路径。2016 年 3 月 5 日，习近平总书记参加十二届全国人大三次会议上海代表团审议时，要求上海着力加强全面深化改革开放各项措施系统集成。上海试点按照全面深化改革总体部署和加快完善现代市场体系的总体要求，从国内贸易发展的全局和战略高度出发，依托上海城市综合优势，发挥自贸试验区改革溢出效应，聚焦创新发展、市场规则、市场治理三大领域，以扩大开放、创新发展倒逼体制机制改革，通过改革进一步激发流通业发展活力，努力探索形成符合国际规范和现代市场经济要求的制度环境和政府管理模式，建设国际化、市场化、法治化的营商环境，为全国推动国内贸易发展方式转变探索新路径和新经验。

2. 聚焦信用体系，构建现代流通治理模式。市场经济是信用经济，社会信用体系是现代市场经济体制中的重要制度安排。完善现代市场体系发展要以建立社会信用制度为着力点。社会信用制度涉及各个方面和一系列环节，它的建设是一个系统工程。如市场准入环节的改革必须辅之以的事中事后监管制度，必须配套社会信用体系建设。为此，上海设计了以商务信用为核心的现代流通治理模式，以此为重点打造国际化、市场化、法治化的营商环境，加快建立与国际接轨的、健全的现代市场体系。

3. 适应互联网特点，深化制度创新。互联网时代的制度创新，必须考虑网络社会特点，从工业文明时代的管理思维转换到信息化时代的治理模式。如对互联网时代涌现的高能级的大宗商品电子交易平台的发展，设立了市场交易规则指引，对准入环节，设立了由政府部门代表和行业专家共同组成社会化评审机制和市场化的退出机制，对事中事后监管环节，建立了第三方仓单公示和第三方资金清算平台，实现社会协同共治。

4. 实现多方联动，协调推进改革举措。上海试点着力打破部门条线分割，委办密切协作推进 37 项改革发展工作任务，先后制定发布各类促进流通业发展的制度 40 余项，其中超过 50% 为国内首发。如市经济信息化委、市发改委信用信息中心大力支持上海商务信用公共信息服务平台建设，并加快推进"信用长三角"建设；市质量技监局牵头成立全国城市标准化创新联盟，并向各区印发建设流通标准体系的工作方案；自贸试验区管委会、市金融办积极研究自贸试验区大宗商品现货交易市场管理制度创新；市统计局深入研究大消费和平台经济统计制度。各区和重点企业也都建立了相应的工作推进机制，并且围绕全市《试点方案》，聚焦制度创新，制定了贯彻落实《试点方案》的具体工作方案，明确配套项目。如浦东新区率先试点商务执法纳入综合执法改革；黄浦区推进时尚之都示范区建设；长宁区推进 O2O 生活性服务业集聚区建设；普陀区、金山区提出打造"互联网＋"创新实践区。各企业也积极提出改革举措，如百联集团大力推动实体商业转型升级；光明集团着力打造内外贸一体化大平台；红星美凯龙全面推进家居流通 4.0，等等。

5. 依托全方位宣传，凝聚全社会改革共识。市商务委组团先后赴金山、奉贤、长宁、虹口等 16 个区召开试点工作宣讲会，查找试点过程中存在的短板，指导完善各区工作方案，推进改革试点落地。据统计，试点以来，全国及上海媒体累计报道 250 余次。

从总体数据看，此次上海列入国家试点，也是上海内贸发展多年来难得的机遇。在上海经济发展转型期，内贸流通为推动上海经济稳定健康发展、加快转型升级做出了重要贡献。2016 年，上海商品销售总额首次突破 10 万亿元人民币，达 100793 亿元，增长 7.9%，消费已成为上海经济增长的"稳定器"和"压舱石"，对经济增长的贡献率接近 65%。2016 年，上海电子商务交易额超过 2 万亿元，增长 21.9%，其中，B2B 交易额和网络购物交易额分别增长 17.3% 和 35.4%；社会消费品零售总额再次超过 1 万亿元，增长 8%。全市商贸业从业人员超过 450 万，是提供就业岗位最多的行业。可以说，内贸流通已经成为全市经济社会持续健康发展的重要支撑，做好内贸流通工作对于"稳增长""调结构""惠民生"意义重大。

第二篇　试点内容案例

第三章

上海内贸流通改革试点内容

　　围绕《上海市国内贸易流通体制改革发展综合试点方案》，上海从建设开放创新的流通发展体系、构建公开透明的市场规则体系、形成高效统一的市场治理体系三大方面，确定了 12 项改革任务，推进完成了 37 项细分任务的试点内容。

第一节　建设开放创新的流通发展体系

一、推动形成统一开放大市场

　　1. 实施"互联网＋流通"计划，大力发展平台经济，支持传统商品交易市场转型，培育一批在国内外具有辐射力、竞争力的商品、服务交易中心和平台企业，研究提出支持平台经济发展的金融、财税、人才等政策。

　　2014 年，上海市商务委印发《关于上海加快推动平台经济发展的指导意见》，2016 年 2 月，上海市政府专题会议明确建立由分管市领导牵头，部门协同、市区联手的平台经济发展工作推进机制，加快研究解决制约发展的瓶颈问题，年内研究出台加快平台经济发展的措施意见。为及时、准确、全面地反映上海平台经济发展情况与运行态势，为政府部门宏观管理和决策提供依据，上海研究制定了《上海平台经济统计报表制度》。平台经济统计制度实现线下线上市场统计的有机结合，首次在统计表中引入服务贸易类别、分地区交易情况，采用季报制。依据统计制度，每年完成全市平台经济运行监测分析，并形成专题分析报告。目前已有 30 多家平台企业被市科委认定为高新技术企业，减按 15% 的税率征收企业所得税。上海现代服务业综合试点共支持平台型企业 54 家，累计拨付中央及上海市财政资金 5.65 亿元。2016 年，上海平台交易总额超 1.84 万亿元，同比增长 14.1%。大宗商品贸易平台全年交易额超过 1.4 万亿元，占全市平台交易额的 78.1%，在外部经济环境不振、钢材价格下降的形势下，仍实现了同比 10.4% 的增幅。消费品和服务平台同比增长均在 30% 以上。交易额过千亿级的平台企业有 5 家，其交易额之和占全市平台交易总额达 58%，过百亿级的平台企业交易额之和占全市平台交易总额的 96%。大力发展平台经济是上海建设国际贸易中心的重要内容，是完善现代市场体系的重要举措，也是发展服务经济的重要载体。平台经济具有高端化、服务化、融合化等特征，是产业融合发展和市场功能创新的新型经济形态。运用科技手段加强对平台的日常监测，完善事中、事后监管，依托平台建立市场信用监管体系，规范平台日常运营，探索形成适应平台经济发展的管理模式，努力营造法治化营商环境。借助互联网的广域覆盖、便捷高效等特性，上海平台经济发展在网络、平台、产业和数据四个维度上均呈现出向"大"处延伸的发展特点。

　　制定出台《关于加快上海商业转型升级提高商业综合竞争力的若干意见》。聚焦商圈、业态、企业三大核心要素，加快推动商业转型升级。加快构筑体验式智慧化商圈，推动商圈根据自身功能定位进行经营、业态、品牌的结构调整。推动商业业态创新，引导百货业着力打造自有品牌、增强全球采购业务能力，引导购物中心发展集购物、文化艺术、娱乐、社交、生活服务等于一体的体验式消费，引导超市打造集线上线下融合的生鲜销售、现场加工和急速物流配送等服务于一体的多业态集成新模式，引导便利店成为集购物、缴费等综合型一站式社区综合服务平台。鼓励商业企业自主经营，推动商业企业积极发展买手制百货、体验型购物中心、品牌集成店、主题概念店、会员制商店、个人定制商店等具有市场潜力的体验化新型业态。培育发展集成服务商，引导龙头商贸企业逐步由单一贸易功能向集采供、货运、配送、贸易、金融、信息等服务功能拓展。

发展贸易型总部，培育在国内外具有辐射力、竞争力的平台企业。贸易型总部是境内外企业在上海设立的，具有采购、分拨、营销、结算、物流等单一或综合贸易功能的总部机构。贸易型总部既包含传统贸易企业，也包含基于互联网等信息技术从事撮合交易或提供配套服务的平台型贸易企业。上海首批认定的 94 家贸易型总部范围覆盖 13 个区，其中浦东新区、黄浦区与长宁区贸易型总部企业数量位列全市前三位。这些总部企业的功能涵盖国内批发零售、国际货物贸易、物流仓储和国际服务贸易以及平台交易业务四大类别。企业性质则包括国有企业、民营企业和外资企业等多种所有制形式。2016 年，这 94 家贸易型总部累计销售规模达 3.7 万亿元人民币，占上海商品销售总额的 37%。其中有 12 家企业销售规模超过 1000 亿元人民币，71 家超过 100 亿元人民币，20 家为上海第三产业税收排名前 100 位企业，23 家为中国商品销售总额排名前 50 位企业。上海国际贸易中心建设在"十一五"规划期末已具备良好基础，经过"十二五"规划期间的有力有序推进，已基本形成国际贸易中心核心功能。贸易型总部作为在全国范围内具有重大行业影响力的标杆和龙头企业，是上海国际贸易中心建设的主力军。

2. 完善长三角区域合作机制，配合国家部委建立长江经济带地方政府协商合作机制，推动商品市场信息共享、农产品产销对接、物流资源优化配置，构建区域一体化大市场。

2014 年底，在商务部的指导下，苏浙皖沪三省一市商务部门签署《推进长三角区域市场一体化发展合作协议》，建立长三角区域市场一体化合作机制，明确了推进长三角区域市场一体化发展联席会议制度，共同推动区域规则体系共建、创新模式共推、市场监管共治、流通设施互联、市场信息互通、信用体系互认的"三共三互"工程，着力打破地区封锁和行业垄断，加快构建统一开放、竞争有序的区域现代市场体系，为全国统一大市场建设探索经验。后又有江西省商务部门主动要求加入，每年由轮值省市商务部门牵头，围绕"三共三互"确立若干年度工作专题，体现以项目为抓手，突出项目示范带动、产业链条联动、政府管理互动。例如，2015 年明确了物流标准化、农产品流通、商品市场转型及打击侵权假冒等四项专题；2016 年进一步拓展到了生活必需品市场应急保供、电子口岸合作等领域，合计九项专题，将区域合作不断推向深入。在信用体系建设领域，加快"信用长三角"建设，共同加快公共信用信息共享服务平台建设，与国家信息中心签署合作备忘录，推进信用信息交换共享和开发利用，并开展信用联动奖惩机制建设试点。在电子口岸合作领域，建立了区域大通关管理体制机制，实现口岸管理相关部门信息互换、监管互认、执法互助，长三角地区已全面推广"单一窗口"等一批上海自贸试验区贸易便利化政策。在农产品流通领域，联合签署《长三角地区农产品流通战略合作协议》，在农产品市场一体化、规划衔接、重大项目建设、投融资、企业及农产品品牌培育、行业交流合作、产销及管理制度衔接、建立沟通协调机制等十个方面达成了重要协议。多次举办农商、农超对接会，搭建长三角地区农产品产销合作平台。

3. 在上海自贸试验区内探索设立面向国际的金属、能源、化工、农产品等大宗商品现货交易市场，开展大宗商品现货保税交易，试点以实物为标的的"仓单、提单、订单"交易，构建内外贸一体化的商品流通体系。

自 2015 年 1 月，自贸试验区大宗商品现货市场建设正式启动以来，经过评审委员会专家的集中评议，10 家发起人提交的市场建设方案通过专家评审。

涉及的市场覆盖了有色金属、黑色金属、稀贵金属、农产品、能源化工、矿产品等主要大宗商品类别。2015 年 7 月 31 日，首批两家自贸试验区大宗商品现货市场正式上线，上海清算所、自贸大宗（上海）信息服务有限公司分别为自贸试验区大宗商品现货市场度身定制的第三方清算和第三方仓单公示系统同步上线运作。截至目前已有 6 家市场通过验收上线运营。

二、引导激活消费需求升级

1. 大力发展电子商务，推进电子商务示范城市建设，促进网络购物发展，打造具有国际影响力的"上海时装周"，推进国际时尚之都示范区建设。完善推动商业转型升级政策措施，支持商业企业提升核心竞争力，加快发展自有品牌，积极探索新业态、新模式。大力发展线上线下互动，支持实体店通过互联网展示、销售商品和服务，提升线下体验、配送和售后等服务。鼓励企业通过品牌交易，盘活无形资产。

通过制定《上海市大力发展电子商务加快培育经济新动力实施方案》，明确降低准入门槛、合理降税减负、加大金融服务支持力度、维护公平竞争、鼓励电子商务领域就业创业等 17 个方面的任务，到 2020 年，基本建成与国际化大都市功能定位相匹配的电子商务市场体系，全面实现电子商务与经济社会发展的深度融合，成为基础设施先进、市场主体集聚、对外开放度高、创新创业活跃、竞争环境公平的国际电子商务中心城市。制定《关于进一步深化上海国资国企改革促进企业发展的意见》和《关于加快建设具有全球影响力的科技创新中心的意见》，创新考核机制和用人制度，激发国有商业企业活力。加强对国有商业企业创新商业模式、发展新型业态和品牌建设方面的考核，在企业领导人员任期考核中加大科技创新指标权重，鼓励企业完善年度考核与任期考核相结合的创新考核体系。推动国有商业企业发展混合所有制，加快开放性市场化联合重组，增强企业活力。2016 年上海社会消费品零售总额达到 1.1 万亿元左右，增速达 8% 左右，位居全国主要城市前列，已超过中国香港以及新加坡等地。世邦魏理仕的报告显示，在全球城市国际零售商出现率的排名表中，上海紧随伦敦和迪拜之后，已位居第三，成为世界上拥有超多国际零售商的城市。南京路、淮海路、外滩等商业街区与巴黎、伦敦等世界知名商业街区建立合作关系，成立世界名街联盟，加强交流合作。依托中英高级别人文交流机制，引导时尚产业转型，上海时装周先后与伦敦、巴黎、米兰时装周签订战略合作协议，提升国际影响力，突出"创意设计与商业落地并重"的特色定位，形成集发布流行趋势、推广原创设计、贸易展示、文化交流于一体的国际时尚消费平台。

2. 合理增加进口商品消费，鼓励发展跨境电商、保税展示销售、进口商品直销等新型贸易方式，推进"国家进口贸易创新示范区"和平行进口汽车公共服务平台建设，研究完善通关、商检、结汇等环节的支持政策。增加境外旅客购物离境退税商店。

拓展新型商业形态。发展跨境电商、保税展示销售、进口商品直销、市内免税店，增设口岸进境免税店。推动传统商品市场向大宗商品、消费品、专业配套服务以及跨境电子商务平台转型升级。建立农产品"批零直配"模式，推广使用农产品"批零直配"APP，基于标准化菜市场加强批零对接。创新生产资料流通模式。一是形成"云商"模式，通过全面整合产业链，延伸服务链，提高市场资源配置效率。二是形成"批发转零售"模式，依托一站式信息化仓储、物流、金融以及国际电商等手段，将粗放式"批发制"形式转变为先进的"零售制"，满足不同客户多样化需求。补购免税、离境退税和跨境电商三管齐下，引导消费回流与吸引外来消费并举。支持市内补购免税店扩大营业面积、调整商品结构、改善购物环境。开展境外旅客离境退税试点，合理布局退税商店，加强政策辅导。发布《关于促进本市跨境电子商务发展的若干意见》，加快提升公共服务平台功能，集聚市场主体集聚，复制推广保税进口业务模式。

3. 完善会商旅文体联动发展，以核心商圈、特色街区、重点功能区、旅游度假区和重大体育赛事为重点，促进商旅休闲、文化创意、时尚设计、特色演艺、商务会展和体育竞技等相互融合。上海建立了"示范项目共推、客流资源共享、体系标准共建、载体平台互联、市场主体互动、宣传渠道互通"的会商旅文体联动机制，推出"魔都消费卡"，通过注入会商旅文体各类消费资源，为国内外游客提供会商旅文体综合信息资讯及消费服务，打造统一、实用、知名的城市消费名片。积极开展境外旅客购物离境退税工作，着力提升退税便利度，增加退税商店数量。

4. 创新发展社区商业，探索建设集创业工作、居家生活和休闲娱乐为一体的复合型社区商业，完善创新创业宜居环境。建立社区生活服务业联动发展机制，鼓励生活服务业商业模式创新，引导各类生活服务平台进入社区，提高生活服务业的组织化、专业化、市场化程度。实施"服务到家"社区商业计划。结合社区公共服务存量资源，布局一批集养老、家政、洗衣、餐饮、维修、理发、寄存、快递、回收等为一体的综合性服务网点，打造大都市 15 分钟社区便民生活圈，形成线上线下互动融合的社区服务消费新模式、新业态，上海社区商业零售规模已占全市商业零售 50% 以上。

三、促进流通业先进技术应用创新

1. 健全支持流通企业创新投入的政策，推进流通领域技术先进型服务企业建设和认定工作，并给予政策支持。设立流通创新发展引导基金。针对创新型的小微企业难以取得资金支持、财政资金难以支持企业新技术应用等问题，试点将支持流通创新发展补贴资金，改为发展引导基金，重点支持流通领域先进性、公益性、基础性项目。贯彻落实财政部、商务部等中央五部委下发的《关于在服务贸易创新发展试点地区推广技术先进型服务企业所得税优惠政策的通知》（财税〔2016〕122 号），全面启动技术先进型服务企业所得税扩围认定工作，上海市商务委联合市科委、市财政局等部门全面开展技术先进型服务企业扩围认定工作。

2. 布局一批物联网和供应链管理技术应用重大战略项目，实施流通业流程再造。重点推进基于大数据的精准信息服务、基于第三方支付及互联网金融的支付服务、基于城市智慧物流配送服务等技术的示范应用。培育发展新型行业组织推进新技术应用。支持成立供应链管理协会，借鉴国际先进的管理技术，布局一批供应链管理技术应用重点项目，实现流通企业组织创新。

3. 选择徐家汇等7个商圈，开展智慧商圈建设，实现重点商圈无线网络全覆盖，发展智能交通引导、移动支付、商圈VIP移动服务平台等现代技术，打造线上线下协同发展的信息化智能型商业街区。上海市商务委、市经信委联合开展智慧商圈试点创建工作，发动14个区申报了17家智慧商圈创建试点建设方案，经过评审认定了徐家汇、淮海中路、中环商贸区、南京西路、五角场、新虹桥商业中心、第一八佰伴等7个商圈作为首批智慧商圈创建试点，并指导智慧商圈试点单位制定建设方案，明确实施主体，黄浦区、静安区都成立了混合所有制公司作为实施主体，长宁区选取了技术及运营能力较强的第三方公司作为实施主体。试点建设南京东路、南京西路、徐家汇、五角场等首批智慧商圈，通过完善光纤宽带、无线网络接入，引入智能交通引导、移动支付、商圈APP、微信公众号和大数据分析等应用，优化商圈生态和消费环境，打造线上线下协同发展的信息化智能型商业街区。引导各大商圈特色化差异化发展，着力打造集购物、旅游、文化、会展、餐饮、商务、娱乐、休闲等功能为一体的综合性城市多维空间。启动重点商圈新一轮基础设施改造提升，形成地面、地下、空中贯通的立体商圈。智慧商圈建设带动传统商圈转型，商圈在线化、数据化、透明化程度持续提高，南京西路、淮海中路等市中心商圈销售额明显回升，摆脱了连年负增长的困境。

四、创新流通基础设施发展模式

1. 统筹规划、土地、资金等政策，支持公益性农产品流通基础设施和生活性服务业基本设施建设，通过多种形式建立投资保障、运营管理和监督管理机制，增强应对市场波动和保障群众基本生活需要的能力，扩大国内贸易流通公共产品和公共服务的供给。上海发布《上海市食用农产品批发和零售市场发展规划（2013—2020 年）》，确立上海农产品市场规划建设框架。明确西郊国际农产品交易中心作为本市规划建设的主中心批发市场，结合全国农产品流通骨干网络建设的契机，着力建成现代化、国际化的生鲜配送体系，成为全市农产品集散枢纽。为丰富市民的菜篮子、保证市场均衡供应、安全和价格基本稳定做出了应有的贡献。

2. 发展城市共同配送，完善以"重点物流园区分拨中心、公共及专业配送中心、城市末端配送网点"为架构的城市配送物流三级服务网络，推广"网订店（点）取"等服务模式及新能源城市配送车辆应用，整合存量配送资源，建设城市末端配送节点网络。建设城市智慧物流配送三级服务网络。集成现代服务业相关政策，加快区域分拨中心建设，重点支持 28 个现代化配送中心建设，填补现有物流设施空白；推进专业配送中心建设，积极推动物流技术装备升级，在食品冷链、医药、化工、汽车等行业建成一批具有行业引领性、示范性的专业化配送中心；逐步实现城市末端配送社会化，支持购物网站、快递企业等与便利店开展合作，提供全天候的"网订店取（送）"服务，开展配送储物柜设立试点。

3. 建立全市统一的大型商业设施建设、运营和预警信息服务平台。探索建立大型商业网点建设项目的听证、意见征询等制度，落实商业、商业办公用地的全生命周期管理制度。建立商业、商务办公用地引导调控机制，推动商业用地和社区商业建设制度创新，发布《上海市商业网点布局规划（2014—2020 年）》和《关于进一步优化本市土地和住房供应结构的实施意见》，明确商务部门对商业用地出让规模和节奏进行统筹评估，作为商业用地出让的前提条件。在土地出让条件中明确商业、办公物业的持有要求，一般地区商业物业的持有比例为不低于 80%、办公物业为不低于 40%，且持有年限不低于 10 年。

在商业办公楼宇供应量较大的区域，商业物业的持有比例提高到100%，办公物业持有比例不低于60%或100%，持有年限不低于10年或长期持有。编制发布全国首个《上海市十五分钟社区生活圈规划导则（试行）》，打造社区生活基本单元，完善生活必备服务功能，构建友好舒适的社会基本生活平台。鼓励菜场形成社区居民社交互动，极具活力的公共活动场所。

第二节　构建公开透明的市场规则体系

一、改革市场准入制度和退出机制

1. 在国内贸易领域实施负面清单管理模式。推进商事制度改革，完善鼓励新模式、新业态企业市场准入机制，全面推行"三证合一""一址多照"，提升工商注册便利化水平。推进网上营业执照公示。试点市场主体简易注销程序，完善市场主体退出机制。制定内贸流通领域行业准入负面清单。依据行政许可法，围绕批发和零售业、住宿和餐饮业、居民服务等与商品流通关联度密切的专业服务等行业，梳理相关法规规章，形成内贸流通领域行业准入负面清单。围绕行业准入和事中事后监管，率先在内贸流通领域形成市场准入负面清单和探索汇编企业经营行为行政管理目录。对负面清单以外的领域，赋予流通企业更大自主权，进一步释放流通企业活力、发挥市场在资源配置中的决定性作用；负面清单以内的领域，流通企业在市场准入时应当严格遵守相关规定。通过目录式管理，明确流通企业在经营过程中必须承担的责任和义务，成为流通领域企业守法经营的行为指南。

2. 梳理国内贸易流通行政权力和行政责任事项，建立行政权力和行政责任清单，推进行政权力标准化管理。围绕行业准入和事中事后监管，率先在本市内贸流通领域形成市场准入负面清单和探索汇编企业经营行为行政管理目录，形成内贸流通领域行业准入后行政管理目录。依据行政处罚法，围绕事中事后监管，汇编形成"目录"涉及 62 个行业小类，共有各类限制性、禁止性行政管理事项 357 项，涵盖 586 部法律、法规、规章及规范性文件。

二、健全流通关键领域法规规章

1. 研究起草促进和规范会展业发展的地方性法规，研究启动《上海市商品交易市场管理条例》修订工作。大宗商品现货市场是上海国际贸易中心和国际金融中心建设的重要抓手。在自贸试验区建设大宗商品现货市场，对提升中国大宗商品国际竞争力和话语权具有重要意义。为推动市场健康发展，防范资金风险和货权风险，在交易制度上创新实行"交易、托管、清算、仓储"四分开，并依托两个第三方平台实施协同监管，完成了从事前准入审批为主向政府与行业事中事后协同治理转变的飞跃。为推动大宗商品现货交易市场规范健康发展，在商务部大力指导下，上海总结了国内外各类大宗商品交易市场的共性风险点和管理模式，在区外大宗商品现货市场发展经验基础上，结合上海自贸试验区的特点和优势，在自贸试验区大宗商品现货市场建设中作了创新性的制度安排。第一，建立大宗商品现货交易市场准入社会化评审机制和退出机制，创新准入退出。由政府部门代表和行业专家共同组成大宗商品现货市场评审委员会，对发起人的市场建设方案进行综合评估，选取综合条件最优的发起人启动市场筹建。引导不符合条件的企业主体主动退出，形成常态的退出机制。同时，发布行业管理规范，印发交易指导意见；加强社会多方共治，引入第三方，依托自贸试验区优势，试点贸易功能创新。第二，引入第三方仓单公示平台，防范货权风险。在传统的大宗商品交易中，货物交割的风险集中体现在货款已付，货却没有发出，货物的真实情况难以被交易对手和银行掌握，从而导致交易量不足，银行对货主进行动产融资的门槛也较高。通过引入由欧冶金融、自贸联发、中信证券等社会化资本组建的第三方仓单公示平台，利用物联网技术，追踪每一批货物的情况，推动仓单信息透明化，保证贸易的真实性和信息的完整性。第三，引入第三方清算机制，防范资金风险。国内大宗商品交易中的常见乱象，是资金管理和清算的混乱。市场通过开设自有资金池，获取了本该属于交易会员的资金沉淀收益，也为市场擅自挪用会员资金埋下风险隐患。根据自贸试验区大宗商品市场管理要求，引入上海清算所，承担第三方清算业务，通过向第三方仓单公示平台提供相关交易的资金清算信息，协助其进行信息比对，有效保障商品、交易、资金信息一致。第四，建立金融服务支撑体系，解决企业融资困难。针对大宗市场金融配套服务支撑体系不健全，企业融资难的问题，依托自贸试验区内两个第三方社会化机构，支持银行提供大宗商品整个产业链上的金融服务，服务对象囊括大宗商品生产商、采购商、贸易商以及大宗商品交易市场等。

2. 针对国内贸易流通发展的新情况、新问题，开展电子商务、农产品流通、商务信用、单用途商业预付卡、商业保理等领域的立法研究。出台《上海市食品安全信息追溯管理办法》、研究制定关于《国务院关于进一步促进展览业改革发展的若干意见》的贯彻落实意见，启动展览业地方立法工作。研究起草《上海市大宗商品现货交易市场管理规定》，进一步规范大宗商品市场发展。

3. 研究流通业发展遇到的财税政策问题，完善大型连锁商业企业总分支机构汇总纳税和财力分配办法，扩大电子发票试点范围，探索开展会计档案电子化。制定流通业发展财税问题政策建议报告，包括大宗商品交易税收政策、二手车交易税收政策、大型连锁商业企业总分支机构汇总纳税和财力分配办法的执行情况和有关建议。贯彻落实《国家税务总局关于全面推行增值税发票系统升级版工作有关问题的通知》，深入推进电子发票试点，开具升级版增值税发票和首份保险电子发票。

三、注重发展战略和规划布局引导

1. 对接国家和上海城市发展战略，研究加快完善现代市场体系、建设世界级消费城市以及实施长江经济带战略、推进长三角区域市场一体化、发展现代物流业的思路和主要任务，形成"十三五"专项规划思路。2016 年发布《"十三五"时期上海国际贸易中心建设规划》，到 2020 年，上海要基本建成具有国际国内两个市场资源配置功能、与我国经济贸易地位相匹配的国际贸易中心，基本形成与高标准国际投资和贸易规则衔接的制度体系，基本形成商品和要素自由流动、平等交换的现代市场体系。

2. 加强商业布局规划与城市总体规划的衔接，加强城市商业布局规划与各区县编制单元规划和控制性详细规划的衔接，落实实施《上海市商业网点布局规划（2014—2020 年）》《上海市食用农产品批发和零售市场发展规划（2013—2020 年）》等。在满足商业建筑规模适度增长前提下，坚持总量调控，到 2020 年，规划商业设施建筑总量控制在 7000 万—7500 万平方米，年平均增长 2.6%—3.6%。同时，限制超大型和大型商业网点的过度建设，注重功能定位、业态配比、品牌引进，尽可能实现差异化发展，避免无序竞争和重复建设。以"多中心、多层级、网络化"为原则，构建完善"市级商业中心、地区级商业中心、社区级商业中心、特色商业街区"为核心的"3 + 1"商业网点格局体系，完善各层级商业中心功能布局、等级规模、设施配置标准、业态引导等要素。

四、加强商贸流通标准化建设

1. 优化商贸领域地方标准体系，重点研究制订电子商务、农产品流通、家政服务、物流快递等领域的标准。推进商业服务、电子商务、家政服务、物流等领域的标准化建设，提升管理和服务水平。成立城市标准化创新联盟，建立地方标准共享互认机制。加强区域协同，牵头成立了上海市物流标准化技术委员会，并联合南京等9个城市成立城市标准化创新联盟，研究制定流通领域城市联盟标准，拟定食品冷链物流、农产品周转筐、智能储物柜等领域4项标准，探索标准制定共享新机制。与江苏、浙江联合举办"长三角标准化研讨会"，在地方标准共享互认、团体标准合作共赢等方面形成新的合作亮点。在标准化领域，联合推动标准化托盘在快消品领域的社会化循环共用，路凯等标准化物流设备服务商在上海、合肥、南京、苏州、杭州、太仓等长三角城市建立了公共托盘营运中心，大力推动上游供应商参与带板运输。清美统一了长三角豆制品行业周转筐标准，并将会同上海市豆制品行业协会起草行业标准。"物流汇""56135"平台为长三角8万多家中小微物流企业提供物流标准化服务，带动区域标准化服务水平提升。联合举办"长三角世界标准日研讨会"，在地方标准共享互认、团体标准合作共赢等方面形成新的合作亮点。

2. 发挥社会组织作用，协调相关市场主体共同制订满足市场创新和发展需求的团体标准。探索建立商贸服务企业服务标准自我声明公开机制。支持鼓励商贸流通企业在各级标准制订中积极采用国际标准和国外先进标准，推动建立内外贸统一的标准体系。

3. 开展国家物流标准化试点，推进托盘标准化循环共用、农产品物流包装标准化、城市配送公共基础设施标准化、物流设备设施标准化，建立相应的公共信息服务平台，构建城市物流标准体系。加强顶层设计，构建上海内贸流通标准体系框架，建立物流标准专题库，搭建物流标准化信息公共服务平台，建立经营场所服务标准公开公示制度，完善企业标准自我声明公开公共服务平台。（1）建成以托盘社会化循环共用为重点的物流标准化体系。抓住"一块板"，培育了一批以"绿色环保、产租结合"为模式创新的托盘供应服务商，围绕托盘生产营运中心，形成一套托盘循环共用体系；以"苏宁""京东"等电商企业为代表，通过上下游协同发展，开展了"带板运输、整托下单、量托堆码、托盘联运"等模式创新,不断提升货物周转效率。围绕"一个筐",以药品、农产品等领域为重点,实施物料箱等物流包装标准化,推动了全程冷藏配送,形成"田头到门店""三次不倒筐"等一批 O2O 产业链新模式。依托"一辆车",支持以新能源车辆为载体的城市末端配送,解决最后一公里难题,构建了"1 个供应中心—N 个社区取货柜"的配送体系。面向"一个平台",通过建设"56135""物流汇"等公共信息服务平台,带动中小微物流企业进一步提升服务能级,推进了长三角区域市场一体化发展。(2) 率先试点"政府倡导、市场引导、行业主导、专业指导"的团体标准地方培育发展新模式。先后推出了电子商务、数字化营销等两批 20 余项团体标准,研究制定地方关于促进团体标准发展指导意见。加强行业联动,探索培育团体标准,带动供应链上下游实施统一标准,制定《医药物流标准作业工时测定和统计标准》《豆制品冷链运输过程中周转筐的管理使用规范》《托盘标准转移模式商业规则》等三项商贸领域团体标准。(3) 率先推行企业标准自我公开声明制度。制定出台《上海市企业产品标准自我声明公开和监督管理试行办法》。建立企业产品标准自我声明公开公共服务平台。开通了"企标掌上查"公众微信系统。加强企业互动,推动 26 家企业树立标准化标杆建立实施企业标准体系,在消费品、农产品、医药、化工等领域构建城市物流服务标准体系,包括标准框架、标准目录和标准文本。

第三节 形成高效统一的市场治理体系

一、促进市场公平竞争

1. 支持非公有制经济主体平等进入各类市场领域,在重大项目、新兴业态等准入方面降低门槛。消除市场竞争中招投标、信息公开、政策扶持等方面的差别化待遇。

2. 继续清理废除歧视外省市商品和服务、实行地方保护的各类规定和政策。研究建立包含审查清理制度、考核评价机制、社会监督机制在内的长效机制。

3. 健全完善反不正当竞争、反垄断工作机制，加强部门协同配合，信息互通，协调推进重大案件的审查及执法。在打击侵权假冒领域，发布《长三角四省一市打击侵权假冒工作联动机制》和《长三角四省一市打击侵权假冒行政处罚信息公开工作方案》，推进跨区域和跨部门事中事后监管协作。针对互联网领域的侵权假冒多发态势，探索建立"科技＋制度＋保护＋诚信"的互联网领域打击侵权假冒治理模式，包括加强科技手段的应用和互联网企业内部管控制度建设，强化权利人企业合法权益保护工作，引导行业诚信自律，促进行业健康发展。推进了区域行政处罚案件信息公开，率先设立信息公开查询专栏，公示打击侵权假冒行政处罚案件信息。完善了区域行政执法合作措施，上海市工商、质量技监、食品药品监管等 12 家行政执法部门分别与长三角地区及重要城市建立执法合作交流机制，提升"全链打击、全网摧毁"能力，增强跨省市执法协作效率和水平。

二、加强事中事后监管

1. 在内贸流通领域推进行业监管与综合执法相衔接，在浦东新区等有条件的区县先行试点将商务执法等纳入综合执法中。为解决商务主管部门有行业监管职责但无执法队伍的困境，在全市实行工商、质监、食药监和物价综合执法的基础上，由浦东新区试点将商务执法纳入市场综合执法。2014 年 1 月 1 日，浦东新区市场监督管理局挂牌成立，在全市率先启动市场监管体制"三合一"改革，将工商、质监、食药监三局合一。之后，又将物价局的价格监督检查职能并入，充分利用综合配套改革和自贸试验区的平台，率先开展了市场监管"四合一"和城市管理综合执法。体制改革，努力探索形成以市场监管、城市管理、治安管理三大综合领域为重点，若干专业领域为补充的分类综合执法体系，取得了初步成效。

2. 启动建设自贸试验区大宗商品第三方仓单公示平台和资金清算平台、商业保理协同监管信息平台，推广应用动产质押信息服务平台，完善食品安全信息追溯管理平台。在自贸试验区大宗贸易方面，搭建动产质押平台，实现大宗商品市场化信用监管模式。在商业保理方面，商业保理协同监管平台启动立项，研究制定平台建设方案。在食品安全方面，进一步完善食品流通追溯平台建设，探索应用新技术、新模式提高流通追溯系统运行质量水平。在家政服务方面，启动建设家政监管平台，推动实现家政服务业大数据信息集成共享。在拍卖方面，继续完善公共资源拍卖平台和互联网拍卖平台，推进"互联网＋"与传统拍卖行业的全面深度融合，推动实现"智慧拍卖"。建立政府法律顾问制度。制订《上海市商务委员会政府法律顾问制度实施办法》。

3. 引入消费品质量风险和产品伤害预警机制，开展消费品质量提升行动，依法维护消费者合法权益。发挥计量、检测、认证等在专业服务机构在市场监管中服务、沟通、鉴证、监督等功能。推动长三角内贸流通领域质量、计量监管和检测互认。推进内贸流通领域诚信计量示范社（街）区创建活动。在国内贸易流通领域试点推动建立法律顾问制度。

4. 推进行政执法和刑事司法衔接平台升级改造，深化互联网打假的工作模式。建立长三角打击侵权假冒专项行动联动机制。

三、建立健全市场信用体系

以商务诚信公众服务平台建设为抓手，加强顶层设计，推进商务诚信体系建设，着力构建新型流通治理模式。

1. 围绕"三清单"，推进商务领域公共信息归集和应用。推进公共信息公开共享。重点围绕我委 40 项行政审批事项，制定"数据清单"，将外商投资、再生资源回收、单用途商业预付卡等 7 个领域登记类、资质类累计 9996 家法人信息统一纳入上海市公共信用信息服务平台。市酒专局对酒类流通领域 1103 家法人和个体工商户资质类信息，以及 43 条涉及 31 家法人和个体工商户处罚类信息报送市公共信用信息平台。深化对公共信用信息应用。制订"应用清单"，明确在专项资金使用以及典当、电子商务等 5 个领域 14 个事项中应用公共信用信息。财务处建立专项资金使用管理信息系统，对接市公共信用信息服务平台，对申请专项资金的法人进行信用信息比对，对存在不良信用记录的申请单位实行一票否决。市酒专局积极探索应用公共信用信息改造酒类流通管理业务流程，在许可证审批、行政处罚等工作中增加诚信承诺、诚信核查、信用奖惩等措施。

2. 探索共享新模式，完善商务诚信公众服务平台建设。上海市商务委着力构建以商务信用为核心的新型流通治理模式，积极推进上海市商务诚信公众服务平台建设，并于 2016 年 10 月底正式开通运行，在全国率先实现了公共与市场信用信息的交互共享机制。公众平台运行以来，充分依托上海市公共信用信息服务平台，以平台型企业为重点积极培育和拓展市场信用子平台，以数据化、指标化和精准化为目标推动公共与市场信用的交互共享日趋成熟，为新型流通治理模式的科学、顺利运行奠定基础。阿里巴巴、携程、红星美凯龙、苏宁云商、欧冶云商等 28 家平台型企业成为公众平台市场信用子平台，实现公共与市场信用信息的交互共享。至此，网上零售、大宗商品、在线旅游、物流、家居流通、汽车服务、家政服务等行业领域中的龙头企业已基本入驻公众平台，公众平台综合信用数据覆盖市场主体总量近 15 万家，平台市场信用数据的行业覆盖面和代表性进一步扩大和提升。公众平台累计新增市场信用信息近 40 万条，主要包括平台入驻商户及关联方的基础信息、交易信息、财务信息、综合评价信息等。同时，公众平台已根据各市场信用子平台的需求，推送公共信用信息近 70 万条，满足市场信用子平台自治及创新发展需求。商务诚信网累计访问量达 20 万次，社会各界反响良好。

3. 加强制度建设，制定《商务信用信息管理试行办法》（以下简称《办法》）。2016 年开展《办法》起草工作以来，在一年多时间内，组织召开了多轮专家论证会，邀请市政府法制办、高等院校以及法院的多名专家，严格把关办法总体定位和内容设置，最终确定本办法"商务信用"的总体定位。《办法》草案完成后，多次面向社会广泛征求意见，认真听取来自上海市社会信用管理部门、市政府法制办、市高院、高等院校以及平台类企业代表、行业协会等方面的建议。

4. 注重标准先行，制订商务诚信公众服务平台标准体系。会同市质量技监局和质标院积极筹备商务信用地方标准化委员会，建立《商务诚信公众服务平台标准体系》，从基础层、通用层、专用层和应用层进行系统规划，确保在平台建设过程中，数据交换、数据共享以及数据应用开发有标准指导；在平台运行维护阶段，有相应的管理标准和服务标准。已完成各级标准 70 余项，涵盖网上零售、家具流通、物流、会展、在线旅游等 14 个行业。其中，形成国家标准草案 1 项，已立项地方标准 4 项，指导有关市场信用子平台建立相应的商务信用征集与评价的企业标准。

5. 推进行业自治，形成商务诚信社会共治氛围。2017 年 6 月 9 日，由上海市商务委指导和支持的"通商路、立商信"—2017 上海商务诚信推进大会暨商务诚信联盟成立仪式顺利举行。阿里巴巴、苏宁云商、一号店、携程等 40 多家平台型企业及相关信用机构联手共同发起成立了上海商务诚信联盟，并推出首张市场信用奖惩清单，联盟内开展对信用的联合奖惩，充分体现信用价值，共同营造良好的营商环境。市商务委与阿里巴巴集团就商务诚信体系共建签署合作备忘录，合作开展"上海中小企业商务诚信指数"研究、共建互联网"双打"新机制、共同推动诚信联合激励等。市商务诚信公众服务平台还与芝麻信用、正信方晟 2 家评信机构签署合作协议，综合应用公共和市场信用信息，对平台上市场主体开展综合信用评价，为社会提供公共评价服务。

6. 理顺形成新型流通治理模式运行机制。以商务信用为核心的新型流通治理模式，旨在以公众平台为载体，以征信、评信、用信生态链条为核心，建立健全商务信用联动奖惩机制，构建市场主体自治、行业自律、社会监督、政府监管的社会共治格局。一是政府管理。在政策支持方面，优先支持商务信用良好的市场主体。在外经贸发展专项资金、"专精特新"企业申报、中小办公共服务机构遴选等政策实施中，优先支持公众平台上信用记录良好的市场主体。在事中事后监管方面，建立信用分类管理机制，增强事中事后监管的针对性、协同性和有效性，提升行政管理效率。二是市场自治。全国首个跨领域跨行业的商务诚信联盟，共同打造"守信激励、失信惩戒"的商务诚信环境。依托公众平台，平台型企业运用商务信用自我治理能级和发展商务信用经济的创新能级均得到了极大提升，有利于促进行业公平竞争和创新发展。三是社会监督。综合应用公共和市场信用信息，对平台覆盖的市场主体试点开展信用评价并发布评价结果，在全国范围首次为社会提供信用评价公共服务。引导一般市场主体和社会公众积极参与，辅助经营管理或消费决策，降低交易成本，防范潜在风险，提高市场配置信用信息资源效率。

四、发展流通领域公共服务

1. 积极发挥"上海市中小商贸流通企业公共服务平台"作用，开展小微企业创业创新基地城市示范工作，完善服务于中小商贸流通企业的融资、诚信、走出去、电子商务拓展的支持政策。贯彻"人才强商"战略，加快推动内贸流通领域人才引进和培养。

2. 鼓励金融机构创新金融产品和服务，发展动产质押、供应链融资、国内贸易信用保险、商业保理等业务，构建多层次的金融服务体系。

3. 研究提出反映上海内贸流通发展新情况、新趋势的评价性指标，加强市场运行监测和统计分析，向社会发布市场运行信息、大宗商品"上海价格"和"上海指数"、上海时装周"时尚指数"。

表 3.1 上海市国内贸易流通体制改革发展综合试点 37 项试点任务

序号	试点任务	工作内容	试点成果及形式	牵头单位	配合单位
1	（一）推动形成统一开放大市场	实施"互联网＋流通"计划，大力发展平台经济，支持传统商品交易市场转型，培育一批在国内外具有辐射力、竞争力的商品、服务交易中心和平台企业，研究提出支持平台经济发展的金融、财税、人才等政策。	实施《上海市鼓励企业设立服务全国面向世界的贸易型总部的若干意见》，认定一批具有国内外资源配置能力的重点企业。	市商务委	市发展改革委、市财政局、市人力资源社会保障局、市地税局、市金融办
2		完善长三角区域合作机制，配合国家部委建立长江经济带地方政府协商合作机制，推动商品市场信息共享，农产品产销对接，物流资源优化配置，构建区域一体化大市场。	建立长三角区域市场一体化和长江经济带城市农产品流通联动发展机制。	市发展改革委、市商务委	市合作交流办、浦东新区（自贸试验区管委会）
3		在自贸试验区内探索设立面向国际的金属、能源、化工、农产品等大宗商品现货交易市场，开展大宗商品现货保税交易，试点以实物为标的的"仓单、提单、订单"交易，构建内外贸一体化的商品流通体系。	制定"中国（上海）自由贸易试验区大宗商品市场创新发展方案"；在浦东新区率先出台推进大宗商品现货市场发展的政策意见和配套管理制度，成立大宗商品现货交易市场行业组织。	浦东新区（自贸试验区管委会）	市商务委、市工商局、市金融办、中国人民银行上海总部、上海证监局、上海海关
4	（二）引导激活消费需求升级	大力发展电子商务，推进电子商务示范城市建设，促进网络购物发展，打造具有国际影响力的"上海时装周"，推进商业转型升级政策措施，支持商业提升核心竞争力，加快发展自有品牌，积极探索新业态、新模式，大力发展线上线下互动，支持实体店通过互联网展示、销售商品和服务，提升线下体验，配送和售后服务，鼓励企业通过品牌交易，盘活无形资产。	出台"上海市推动电子商务发展实施意见"，构建电子商务示范城市，园区和企业三级电子商务示范体系，建立中心商业街、上海周边装饰周的国际化合作发展机制；发布《上海商业转型升级指引》。	市商务委、市经济信息化委	市国资委、市知识产权局、黄浦区、静安区

（续表）

序号	试点任务	工作内容	试点成果及形式	牵头单位	配合单位
5		合理增加进口商品消费，鼓励发展跨境电商保税展示销售，进口商品直销等新型贸易方式，推进"国家进口贸易创新示范区"和平行进口汽车公共服务平台建设，研究完善通关、商检、结汇等环节的支持政策。增加境外旅客购物离境退税商店。	发布《关于促进上海市跨境电子商务发展的若干意见》；出台一批跨境电子商务通关、检验、外汇管理和税务的贸易便利化措施；进口直销中心网点拓展至华东和西南区域，离境退税定点商店发展至200家以上。	市发展改革委、市地税局	市商务委、市财政局、市口岸办、上海海关、上海出入境检验检疫局、市邮政管理局、浦东新区（自贸试验区管委会）
6	（二）引导激活消费需求升级	完善会商旅文体联动发展，以核心商圈、特色街区、重点功能区、旅游度假区和重大体育赛事为重点，促进商旅休闲、文化创意、时尚设计、特色演艺、商务会展和体育竞技等相互融合。	签署上海市《关于加强会商旅文体联动发展的合作框架协议》，建立商务、旅游、文广、体育等部门联动工作机制，发行会商旅文体联动"魔都消费卡"，推出一批会商旅文体联动重大项目。	市商务委	市文广影视局、市体育局、市旅游局
7		创新发展社区商业，探索建设集创业工作、居家生活和休闲娱乐为一体的复合型商业。完善创业宜居环境，建立社区生活服务业宜居社区，鼓励生活服务业发展机制，引导各类生活服务平台进入社区，提高生活服务业的组织化、专业化、市场化程度。	推出一批线上线下融合发展的智慧社区商业服务示范点。	市商务委、市财政局	市民政局、市总工会、市妇联
8	（三）促进流通业先进技术应用创新	健全支持流通企业创新发展引导基金，推进流通领域先进技术先进型服务企业认定工作，并给予政策支持。	建立流通领域创新发展引导基金；制定上海市"流通领域技术先进型服务企业认定标准"；认定一批流通领域高新技术成果转化项目。	市发展改革委、市商务委、市经济信息化委、市科委	市财政局、市国资委、市地税局

（续表）

序号	试点任务	工 作 内 容	试点成果及形式	牵头单位	配合单位
9	（三）促进流通业先进技术应用创新	布局一批物联网和供应链管理技术应用重大战略项目，实施流通业流程再造。重点推进基于大数据的精准信息服务，基于第三方支付及互联网金融的支付服务，基于城市智慧物流配送服务等技术的示范应用。	制定《上海市"物联网＋流通"行动计划》；在大宗商品贸易、农产品溯源等领域创建一批物联网和供应链技术应用示范企业。	市经济信息化委、市商务委	电子商务发展联席会议成员单位
10		选择徐家汇等7个商圈，开展智慧商圈建设，实现重点商圈无线网络全覆盖，发展智能交通引导、移动支付，商圈VIP移动服务平台等现代技术，打造线上线下协同发展的信息化智能型商业街区。	制定《上海市智慧商圈创建行动方案》，搭建智慧商圈大数据平台。	市经济信息化委、市商务委	市通信管理局
11	（四）创新流通基础设施模式	统筹规划、土地、资金等政策，支持公益性农产品流通基础设施建设，通过多种形式建立投资保障、运营管理和监督管理机制，增强应对市场波动和保障群众基本生活需要的能力，扩大国内贸易公共产品和公共服务的供给。	形成以西郊国际农产品批发市场为核心的公益性农产品流通基础设施网络，实现"稳价格、保质量、保供应"功能；在社区新建500家智慧微菜场，编制"国内贸易公共产品和公共服务供给目录"。	市商务委、市发展改革委	市财政局、市住房城乡建设管理委、市规划国土资源局、市国资委
12	（四）创新流通基础设施模式	发展城市共同配送，完善以"重点物流园区分拨中心、公共及专业配送中心、城市末端配送网点"为架构的城市配送物流三级服务网络，推广"网订店（点）取"服务模式，制定城市配送车辆应用及新能源，整合存量配送资源、建设城市末端配送节点网络。	发布《城市共同配送发展指引》；推出一批城市末端配送示范节点，推广"网订店（点）取"服务模式，制定"新能源城市配送物流车通行政策"。	市商务委	市经济信息化委、市教委、市公安局、市交通管理委、市邮政管理局

（续表）

序号	试点任务	工　作　内　容	试点成果及形式	牵头单位	配合单位
13	（四）创新流通基础设施发展模式	建立全市统一的大型商业设施建设、运营和预警信息服务平台。探索建立大型商业网点建设项目的听证、意见征询等制度，落实商业商业用地的全生命周期管理制度。	建立大型商业网点建设项目的听证、意见征询制度；建立商业办公用地的土地全生命管理机制；发布《上海商业投资指南》。	市规划国土资源局、市商务委	市发展改革委、市公安局、市住房城乡建设管理委、市交通委、市环保局、市地税局、市工商局、市旅游局
14	（五）改革市场准入制度和退出机制	在全国内贸易领域实施负面清单管理模式。推进商事制度改革，完善鼓励新业态、新模式，全面推行"三证合一""一址多照"，提升工商注册便利化水平。推进网上营业执照网上公示。试点市场主体简易注销程序，完善市场主体退出机制。	制定"统一市场准入和促进公平竞争制度创新方案"；出台《上海市企业住所登记管理办法》《上海市浦东新区企业简易注销登记管理试行办法》。	市发展改革委、市商务委、市工商局、市审改办、浦东新区（自贸试验区自管委会）	各相关单位
15		梳理国内贸易流通行政权力和行政责任事项，建立国内贸易流通行政权力和行政责任清单，推进行政标准化管理。	形成市区两级国内贸易流通行政权力和行政责任清单。	市审改办	各相关单位
16	（六）健全流通关键领域法规规章	研究起草促进和规范会展业发展的地方性法规，研究启动《上海市商品交易市场管理条例》修订工作。	形成《上海会展业立法研究课题》报告，形成《上海市商品交易市场管理条例》修订调研报告，制定《上海市大宗商品现货交易管理办法》。	市商务委、市政府法制办	市金融办
17		针对国内贸易流通发展的新情况、新问题，开展电子商务、农产品流通、商务信用、单用途商业预付卡、商业保理等领域的立法研究。	出台《上海市食品安全信息追溯管理办法》；发布《上海市食品安全信息追溯管理品种目录》；形成《内贸流通领域中外法律制度比较研究》课题报告。	市商务委、市政府法制办	市发展改革委、市经济信息化委、市农委、市工商局、市金融办

（续表）

序号	试点任务	工作内容	试点成果及形式	牵头单位	配合单位
18	（六）健全流通关键领域法规规章	研究流通业发展遇到的财税政策问题，完善大型连锁商业企业总分支机构财力分配办法，扩大电子发票试点范围，探索开展会计档案电子化，研究大宗商品交易、二手车交易和再生资源税收政策，提出改革建议方案。	形成《上海市大型连锁商业总分支机构财力分配办法执行情况调研报告》；制定《上海市升级版电子发票业务规范（企业端）》，形成大宗商品交易、二手车交易和再生资源回收等税收改革建议方案。	市财政局、市地税局	市发展改革委、市商务委
19	（七）注重发展战略和规划布局引导	对接国家和上海城市发展战略，研究加快完善现代市场体系，建设世界级消费城市以及实施长江经济带战略，推进长三角区域市场一体化，发展现代物流业主要任务和主要思路，形成"十三五"专项规划思路。	形成《加快完善上海现代市场体系研究》《上海建设世界级消费城市的规划思路研究》《加强上海国际贸易中心与长三角、长江经济带建设联动的主要任务与具体举措研究》《新开放格局下上海城市物流发展基本思路》等课题报告。	市发展改革委、市商务委	市经济信息化委、市住房城乡建设管理委、市交通委、市规划国土资源局、市工商局、市金融办、市旅游局、市邮政管理局
20		加强商业布局规划与城市总体规划的衔接，加强城市商业布局规划与各区县单元规划和控制性详细规划的衔接，组织实施《上海市商业网点布局规划（2014—2020年）》《上海市食用农产品批发和零售市场发展规划（2013—2020年）》等。	形成上海市新一轮城市总体规划中的商业发展和商务集聚区发展专项研究报告。	市规划国土资源局、市商务委	市发展改革委、市交通委
21	（八）加强商贸流通标准化建设	优化商贸领域地方标准体系，重点研究制订电子商务、农产品流通、家政服务、电子商业服务、物流快递等领域的标准。推进商业领域的标准化建设，提升管理和服务水平。	形成一批电子商务、农产品流通、家政服务、物流快递等领域地方标准。	市质量技监局、市商务委	市邮政管理局

（续表）

序号	试点任务	工作内容	试点成果及形式	牵头单位	配合单位
22	（八）加强商贸流通标准化建设	发挥社会组织作用，协调相关市场主体共同制订满足市场创新和发展需求的团体标准。探索建立商贸服务企业服务标准自我声明公开机制。支持鼓励商贸流通企业在各级标准制订中积极采用国际标准和国外先进标准，推动建立内外贸统一的标准体系。	出台"上海市团体标准指导意见"，组织制定一批商贸领域团体标准；出台《上海市企业产品标准自我声明公开和监督管理试行办法》，建立企业服务标准自我声明公开机制。	市质量技监局、市商务委	各相关单位
23		开展国家物流标准化试点，推进托盘标准化循环共用，农产品物流包装标准化，城市配送公共基础设施标准化，物流设备设施标准化，建立相应的公共信息服务平台，构建城市物流标准体系。成立上海市物流标准化技术委员会。	在消费品领域初步形成标准化托盘循环共用体系；推出一批农产品全流程物流包装标准化示范企业；成立上海市物流标准化技术委员会，上海物流标准化创新联盟。	市质量技监局、市商务委、市邮政局	市发展改革委、市交通委、市邮政管理局
24	（九）促进市场公平竞争	支持非公有制经济主体平等进入各类市场领域，在重大项目、新兴业态等准入方面降低门槛。消除市场竞争中招投标、信息公开、政策扶持等方面的差别化待遇。	形成《民营企业与其他所有制企业差别化待遇情况报告》；发布《支持非公有制经济主体进入流通领域年度发展指引》。	市经济信息化委、市工商联	市发展改革委、市商务委、市财政局、市住房城乡建设管理委、市规划国土资源局、市工商局、市金融办、浦东新区（自贸试验区管委会）
25		继续清理废除歧视外省市商品和服务、实行地方保护的各类规定和政策。研究建立含审查清理制度，考核评价机制，社会监督机制在内的长效机制。	完成歧视外省市商品和服务、实行地方保护的规范性文件清理工作。	市发展改革委、市政府法制办	市商务委、市财政局、市工商局、市质量技监局、市食品药品监管局

（续表）

序号	试点任务	工作内容	试点成果及形式	牵头单位	配合单位
26	（九）促进市场公平竞争	健全完善反不正当竞争、反垄断工作机制，加强部门协同配合、信息互通，协调推进重大案件的审查及执法。	建立反不正当竞争、反垄断跨部门联动工作机制，复制自贸试验区试点工作经验。	市工商局，市发展改革委	市商务委
27	（十）加强事中事后监管	在内贸流通领域推进行业监管与综合执法相衔接，在浦东新区等有条件的区县先行试点将商务执法等纳入综合执法中。	制定"浦东新区商务执法改革试点方案"。	浦东新区（自贸试验区管委会）	市商务委、市工商局、市质量技监局、市食品药品监管局、市物价局、市编办
28		启动建设自贸试验区大宗商品第三方仓单公示平台和资金清算平台、商业保理协同监管信息服务平台、推广应用动产质押信息服务平台、完善食品安全信息追溯管理平台。	建成自贸试验区大宗商品第三方仓单公示平台和资金清算平台、商业保理协同监管信息平台、食品安全信息追溯管理平台。	市商务委、市食品药品监督管局	市经济信息化委、市金融办、市工商局、市人力资源社会保障局、市民政局、市妇联、浦东新区（自贸试验区管委会）
29	（十一）建立健全市场信用体系	引入消费品质量风险和产品伤害预警机制，开展消费品质量提升行动，依法维护消费者合法权益。发挥计量、检测、沟通、认证、鉴定、监督等功能，在市场监管中服务、监督、计量质量。推动长三角内贸流通领域诚信和检测互认。推进内贸流通领域诚信计量示范社（街）区创建活动。在全国内贸流通领域试点推动建立法律顾问制度。	制定"消费产品质量提升行动方案"，出台"产品质量安全风险监测结果处置工作规定"，建立产品伤害和消费预警机制和国和消费者诚信计量示范社（街）区创建办法（试行）；区创建实施《上海市商务委法律实施办法》。	市质量技监局、市商务委、市政府法制办	市工商局

（续表）

序号	试点任务	工作内容	试点成果及形式	牵头单位	配合单位
30		推进行政执法和刑事司法衔接平台升级改造，深化互联网打假的工作模式。建立长三角侵权假冒专项行动联动机制。	完成上海市行政执法与刑事司法信息共享平台升级改造，建立互联网领域打击侵假冒联防联控机制；发布《长三角四省一市打击侵权假冒联合工作行动机制》和《长三角四省一市行政处罚信息公开工作方案》。	市"双打办"	市"双打办"成员单位
31	（十一）建立健全市场信用体系	贯彻落实《企业信用信息公示条例》，发挥企业信用信息公示系统的作用，加强对企业行政许可和行政处罚等信息的社会公开，加大社会监督力度，强化信用约束机制。	建立跨部门联动惩戒机制，出台《上海市政府部门公示企业信息管理办法》，实现政府部门对企业信用信息的集中公示。	市工商局，市经济信息化委	各相关单位
32		在全市推进基于数据、应用和行为的"三清单"的全过程信用管理模式，全面提升市公共信用信息服务平台服务能级。	出台《上海市公共信用信息归集和使用管理办法》，发布《上海市社会信用体系建设"十三五"规划》，发布《上海市公共信用信息数据清单/行为清单/应用清单》（2016版）、《上海市公共信用信息数据清单/行为清单/应用清单地方标准》。	市经济信息化委	市社会信用体系建设联席会议成员单位
33		建立完善流通领域信用信息的征集、评价和应用标准规范，启动国家"商务诚信公众服务平台建设"试点工作。探索建立信用综合评价、第三方专业信用服务为核心的内贸流通信用体系。	完成"上海商务诚信公众服务平台"一期建设，建设酒类流通政务管理应用子平台，率先在钢贸流通、生活服务行业以及单用途商业预付卡领域试点建立政务与市场间信息交互共享机制；制定商务诚信信息征集、评价和应用标准规范。	市商务委	市经济信息化委，市财政局，市质量技监局

（续表）

序号	试点任务	工　作　内　容	试点成果及形式	牵头单位	配合单位
34	（十一）建立健全市场信用体系	加快培育信用经济，发展与信用有关的新型服务业。扩大商业保理试点范围，鼓励有条件的大型零售企业开展直接面向消费者的信用消费。	推出一批产业特色鲜明、业务模式创新、经营诚信规范的商业保理示范企业。推动若干大型商业企业试点开展信用消费业务。	市商务委	市经济信息化委、市金融办、市地税局、市工商局、中国人民银行上海总部、上海银监局
35		积极发挥"上海市中小商贸流通企业公共服务平台"作用，开展小微企业创业创新基地城市示范工作，完善服务于中小商贸流通企业的融资、诚信、走出去、电子商务拓展的支持政策。贯彻"人才强商"战略，加快推动内贸流通领域人才引进和培养。	在浦东新区"上海小微企业创业创新基地城市示范"试点中，出台相关促进政策和措施，建成一批"双创"空间，打造若干"双创"服务平台，推出一批创新创业项目；认定一批为中小商贸流通企业服务的品牌机构，制定"引进内贸流通领域人才申办上海市常住户口重点机构目录"。	市商务委、市经济信息化委	市教委、市科委、市财政局、市人力资源社会保障局、市工商局、市金融办
36	（十二）发展流通领域公共服务	鼓励金融机构创新金融产品和服务，发展动产质押、供应链融资、国内贸易信用保险、商业保理等业务，构建多层次的金融服务体系。	制定"国内贸易信用保证保险发展方案"，建立市场化风险防范机制，推选一批流通领域"上海金融创新奖"候选项目。	市金融办、市商务委	上海银监局、上海保监局
37		研究提出反映上海内贸流通发展新情况、新趋势的评价性指标，加强市场运行监测和统计分析，向社会发布市场运行信息，大宗商品"上海价格"和"上海指数"，上海时装周"时尚指数"。	形成《国内贸易流通发展指标体系研究》课题研究报告，建立平台经济统计制度，每月发布上海大宗商品价格指数。	市统计局	市商务委、市经济信息化委

第四章
试点中的典型案例

第一节　工作案例

一、商务诚信标准化建设

商务诚信是上海构建新型流通治理模式的核心要素之一，是实施流通驱动战略，促进资源优化配置，建立现代市场体系的基本前提。标准作为贸易的通用语言，不仅仅为企业的生产经营服务活动提供了技术依据，更是社会主义市场经济有序发展的重要保障。商务诚信标准有利于为商务诚信体系建设提供可以共同遵循的准则和依据，为商务诚信的法律体系和技术支撑体系建设提供必要的基础。正是在此背景下，上海市商务委员会组织上海市质量和标准化研究院成立项目组深入开展商务诚信标准体系研究，以标准化技术手段支撑上海市商务诚信体系和上海市商务诚信公众服务平台建设，将建立规则作为一项重要内容，发挥标准先行和引领作用，探索建立可复制可推广的模式，为征信、评信、用信工作提供技术支撑和制度保障。

为规范商务诚信公众服务平台建设过程中商务诚信信息的归集、交换、标准化、应用，促进形成商务诚信信息汇集与管理的长效机制，项目组以标准为切入点服务商务诚信工作的全面推进，聚焦公众平台建设需求，开展商务诚信公众平台标准化建设，通过构建商务诚信标准体系，搭建顶层设计，有序推进重点领域标准制定。开展商务诚信标准研究的主要举措包括：

1. 着眼顶层设计，构建标准体系。商务诚信标准体系是在商务诚信活动的生态系统内，将相关标准按其内在联系组合形成的、有机的标准集合。集合内的标准并非简单"搭积木"，而是按其特定属性相互协同、实现商务诚信体系建设系统效能的最大化，确保商务诚信体系建设各环节协调一致。项目组发挥质标院在政府管理、社会治理、国际标准化、质量提升等方面的研究沉淀，充分发挥在社会信用体系标准研究的专业优势，对标国际先进经验，立足上海国际性大都市的营商环境，研究建立了一套与上海国际贸易中心相匹配的商务诚信标准体系，该体系同时具备全国范围复制推广的公益价值。在研制的商务诚信标准体系框架中，共包含基础层、通用层和专用层三个层级。其中，基础层是商务诚信建设中对各领域都具有广泛指导意义的基础性标准；通用层是对具体的征信、评信、用信环节具有通用指导作用的标准；专用层主要包括行业性和子平台具体实施应用的技术标准。

2. 固化经验模式，研制重点标准。根据商务诚信标准体系框架结构的顶层设计，依据"需求导向、急用先行"的原则，目前已形成重点标准 70 项的阶段性成果，涵盖网上零售、家具流通、物流、会展、在线旅游等 11 个行业。其中：基础层标准 3 项，主要在术语、平台数据清单目录、分级规范等方面。通用层标准 26 项（含 1 项国家标准草案），主要在平台管理、数据采集、接口规范、共享和应用、子平台建设管理规范等方面。专用层标准 41 项（含 4 项地方标准草案），主要在评价方法及数据规范等方面。商务诚信标准体系是动态开放的系统，随着上海商务诚信工作的持续推进，商务诚信标准体系覆盖的领域将更加广泛。

3. 追求标准实效，推进标准实施。标准的价值在于实施，标准的生命在于应用。为了营造"讲标准、用标准"的社会氛围，项目组还研究开发建设商务诚信标准主题库，囊括了所有信用相关的国家标准、行业标准及地方标准，共计 80 项，商务诚信标准主题库已为相关企业、评级机构及社会公众提供公益性标准信息服务。另一方面，项目组还主动推进诚信标准在商圈治理中的应用，研究建立了基于公共信用和市场信用的商圈商务诚信指数评价模型，并基于该模型开展了上海十个代表性市级商业中心的商圈商务诚信指数测评，客观评价上海主要商业中心的商务诚信水平，评价结果为政府对商圈治理的对症施策、商圈自我服务提升提供了科学依据。

总体来看，目前，上海商务诚信标准化工作已经取得了阶段性成果，在多方面工作取得成效：

1. 支撑上海市商务诚信公众平台建设。根据商务诚信标准体系的总体规划，项目组从平台建设、运行和维护所急需的评价标准、管理标准、数据标准等实际需求出发，重点研制了基础标准、通用标准和专业标准等方面的标准，研制出一批数据接口技术标准、数据采集技术标准、数据交换与共享技术标准、以及数据评价指标体系和方法等关键技术标准，最终实现标准化支撑平台建设和运维，包括：在平台筹划和建设初期，标准体系框架明确涵盖建设、运行和维护的总体思路；在平台实际建设过程中，数据交换、数据共享以及数据应用的开发的指导标准满足了平台数据共享和应用的基础；在支撑平台的正常运转和应用阶段，相应的管理标准和评价标准满足了平台的应用。

2. 有效推进了政府与市场协同的商务诚信工作机制。通过商务诚信标准化建设，对实现主要来自政府的公共信用信息与来自商务主体的市场信用信息贯通提供了有效的技术解决手段。一方面，各项基础标准的研制，为这些信息如何归集和共享提供了统一的技术要求；另一方面，各项评价方法标准进一步为如何科学应用政府与市场信息提供了技术方案。正是基于标准提供的便利，目前上海商务诚信公众服务平台以扩展到了 10 多个行业近 30 个子平台，商户的市场信用数据与上海市商务诚信平台公共信用数据已经实现共享互通。

3. 为区域性系统性诚信工作提供技术手段。项目组同时着眼于诚信工作提升全行业水平的目标，根据研究建立的商圈商务诚信指数评价模型，于 2017 年结合春节与国庆两个消费热点期间，分两批开展了重点商圈商务诚信指数的试测算，这一工作为客观衡量商务诚信水平，实现整体提升的重要依据，同时也有效解决信息不对称问题，帮助消费者作出购物选择，规避风险，提升质量获得感。

在商务诚信建设中，重点商圈商务诚信指数的研究与应用是上海商务诚信标准化工作中的一大特色亮点，对于商贸环境改善以及提升企业诚信水平和自律意识作出了创新性的探索。首先是建立商务诚信的客观评价方法。项目组在充分借鉴国内外商务诚信理论和评价方法的基础上，根据 2017 年 6 月 23 日上海最新通过的《上海市社会信用条例》，按照科学性、权威性、全面性、动态性、可操作原则，建立了"公共信用信息"和"市场信用信息"组成的商圈商务诚信指数评价指标体系和测算模型，指标体系包含公共信用、市场信用 2 个一级指标，6 个二级指标和 21 个三级指标，力求客观、全面反映上海市重点商圈商务诚信水平（具体见图 4.1）。二是实现了多样化数据的融合。借助上海已经在信用信息记录、共享、披露、应用，信用奖惩以及征信活动等方面形成的一批制度性安排，商圈商务诚信指数通过公共信用信息与市场信用信息交互共享机制，打通了政府和市场数据的壁垒，构建数学模型，科学应用了各类公共信用信息与市场信用信息，包括商圈企业的法定资质、经营守法、履约、公益、投诉处理、售假、诱导消费和欺诈、服务态度、服务水平和服务品质等各类反映诚信情况的信息。三是广泛采集数据有序推进试点。项目组于 2017 年结合春节与国庆两个消费热点期间，分两批开展了重点商圈商务诚信指数的试测算，选择的市级商业中心包括：南京东路商业中心、南京西路商业中心、淮海中路商业中心、四川北路商业中心、徐家汇商业中心、小陆家嘴-张杨路商业中心、豫园商城商业中心、五角场商业中心、中山公园商业中心和中环（真北）商业中心。所收集包含商圈内 1300 家主要商家，累计采集近 7 万条公共信用信息；市质量技监局、市食药监、市工商等产商品监管部门的超过 1 万条抽查数据；实地和微信方式采集近 8 万份消费者调查问卷；网络搜索和大众点评网消费者评价，以及通过各类媒体采集社会关注度比较大的热点事件。经评价测算得出：2017 年度上下半年两次测评结果分别为 86.50 和 86.93，呈现出稳中有升的态势，特别是在法定资质、守法行为等反映企业诚信工作基础方面表现尤为良好，绝大多数企业都取得相应的证照合法经营，并且在经营过程中，大多能通过规范管理避免违法行为的发生。

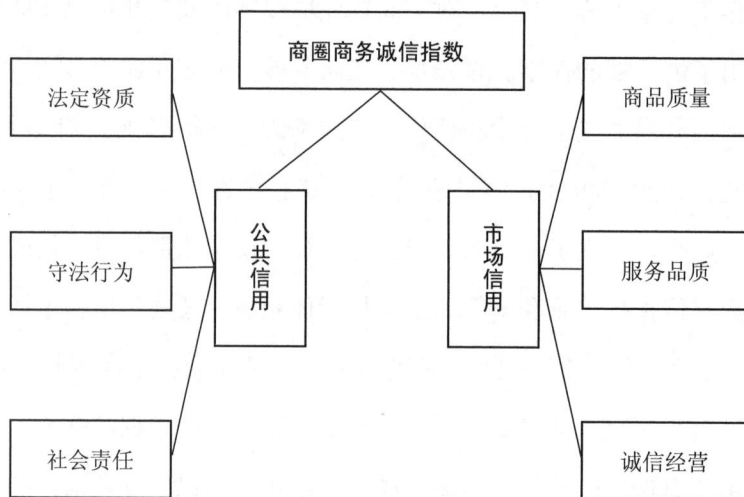

图 4.1 商圈商务诚信指数评价指标体系

同时，采用第三方信用评价模式助力上海市商务诚信公众服务平台公共服务专业化。2015 年 10 月，上海市商务委根据财政部、商务部和国家质检总局《关于 2015 年商务诚信体系建设工作的通知》有关要求，结合上海国内贸易流通体制改革与发展综合试点以及社会信用体系建设实际，开始启动建设商务诚信公众服务平台，至 2016 年 10 月初步建成，标志上海商务诚信建设步入一个新的起点。该平台开发了全国第一套商务诚信在线公众服务系统，推出了第一份在线查询的企业商务诚信查询报告、第一张商务信用电子地图、第一批商务诚信标准、第一个商务诚信指数，实现了商务信用信息的共享共用。随着商务诚信公众服务平台正常运行，归集信息数量不断增多，信息类型日益丰富，信息数据基础越来越扎实。为切实应用好这些数据，上海市商务委于2017年2月，本着"依托平台归集的公共信用信息与市场信用信息，持续加大信用评级技术及产品创新，有效管控商务诚信风险"的思路，开展了上海市商务诚信公众服务平台评信试点工作。采用"自愿申报，专家评审"的遴选机制，选择商务诚信公众服务平台综合评信试点单位。围绕信用产品应用场景的定位，评信机构借鉴在信用业界应用较为广泛的"3C"信用要素理论，即品质（Character）、能力（Capacity）、资本（Capital）等维度，结合上海市商务诚信公众服务平台综合评信工作的实际需求，确立了信用评估指标构建的两个维度。即：参评主体在"守法依规"和"商业规则遵从度"方面的客观表现。评估指标体系构建期间，上海市商务委多次组织上海市公共信用信息服务中心和参与本次评信试点工作的相关子平台，共同参与讨论研究。通过经验交流、献计献策，借助集体的智慧与力量，形成了极具可操作性的失信严重度清单。从而，大家对综合评信标准的构建原理与核心指标等，达成了高度共识，保障了综合评信技术和产品的适用性与公信力。上海正信方晟资信评估有限公司定制研发了上海市商务诚信公众服务平台法人信息主体信用负面清单评估指标体系。该指标体系的构建思路为：以法人信息主体为参评对象，以两个平台归集的负面信用记录为基础，通过分析信息记录的内容及特征，依据信用负面行为的严重程度进行分类，结合信用负面行为发生的频率和范围等，对法人信息主体的失信程度进行综合评估，以此对参评主体在"守法依规"和"商业规则遵从度"两方面的信用整体状况进行评测与排序。建立了一套符合上海市商务诚信公众服务平台用户需求的法人信息主体信用评估指标体系。截至2017年5月31日，综合评信机构上海正信方晟资信评估有限公司对找钢网、钢银、欧冶云商、1号店四家试点子平台的9243家企业商户开展了首批评信工作。据统计：注册资本100万元以上的企业共7412家，占参评总数的80.2%；成立三年以上的企业共 8063 家，占参评总数的 87.2%。上海市商务诚信公众服务平台评信工作的目标是：借助信用管理的理念、技术和产品，提升行业主管部门的公共服务能力与水平。探索实践"政府用信带动行业用信，激活市场用信"的推进方法，采用与独立第三方信用专业机构合作的市场化模式，运用互联网、大数据技术加快行政管理模式的创新步伐，逐步建立本市电商行业信用自律机制，提高市场主体和社会公众对上海市商务诚信公众服务平台信用公共服务的获得感和满意度。

标准化是实现商务诚信工作长效机制的有力保障。上海商务诚信工作的持续推进既需要规范化，也需要与时俱进。商务诚信标准可以解决规范化、标准化、统一化的问题，同时标准体系也是动态开放的系统，商务诚信标准覆盖的领域将更加广泛，标准体系也将持续完善。目前的商务诚信体系建设中政府与市场的协同已经取得重大进展，下一步需要吸引更多消费者参与，商务诚信需要形成社会共治的工作机制。消费者无法得知全面的客观情况或企业的实际履约情况，容易成为诚信缺失风险的直接受害者，也是商务失信风险的最直接承担人。上海已经建立的商圈商务诚信指数模式是一次有益的尝试，研究和试点中坚持需求导向、问题导向、效果导向，在全市范围内借助微信问卷、实地访问等调查手段得到了老百姓的踊跃参与，反响良好。无论是上海市商务诚信公众平台目前取得的成功，还是商圈商务诚信指数的研究和评价工作的顺利开展，其有利条件之一正是发挥标准的规范和引领作用。

二、建设行业协同监管平台

为建立适应大流通、大市场发展需要的新型流通管理体制，推动法治化营商环境的管理体制运行顺畅高效，上海聚焦新业态、新模式和涉及民生的重点领域，在大宗商品交易、公共资源拍卖、食品、家政、商业保理等五大内贸行业建设协同监管平台，运用大数据技术实施精准监管，取得阶段性成效。主要工作举措有：

1. 多方参与监管平台，充分发挥第三方机构作用。政府职能的转变离不开市场主体的参与，只有充分发挥各个市场主体的积极性，才能充分体现市场对于资源配置的作用。上海流通监管平台建设尊重客观经济规律。首先，重视第三方机构信息和评估的作用。如大宗商品交易监管平台引入上海清算所等第三方清算机构进行交易资金的清算，培育第三方仓单公示平台。其次，大力推动行业参与监管平台建设。如上海食品流通追溯管理平台有效地整合了各类食用农产品屠宰加工、批发、零售环节核心企业的各类追溯信息，为企业提供了完整、翔实的市场信息，助推食品行业良性发展；再者，进一步提升企业主体地位。如家政行业监管平台委托第三方开发、建设、运维，目前该平台处于申请立项阶段，立项成功后将通过招标方式选择承建单位。

2. 注重部门协同监管，杜绝监管盲区。流通监管平台所推出的部门协同监管模式，能够有效解决多头管理这一弊病。例如，商业保理协同监管平台充分依托工商、金融、银监、人行协同监管工作机制，形成"各司其职、各负其责、相互配合、齐抓共管"的工作格局。

3. 加强信息沟通，共享信息资源。上海流通监管平台建设在实现多方协同过程中，切实做到了信息共享。如大宗商品交易监管平台打造了两个第三方机构与交易市场以及海关的"3 + 1"信息共享模式；公共资源拍卖监管平台实现了各部门公共资源拍卖品的信息共享，同时完善公共资源拍卖和互联网拍卖平台，推动实现智慧拍卖；食品流通追溯平台整合了行业、企业的信息，实现各节点企业信息共享；家政行业监管平台建设从业人员、服务机构等基础信息库，实现本市家政服务业大数据信息的集成共享；商业保理协同监管平台推进工商、金融、银监、人行等多部门协同监管工作机制的同时，实现信息资源开放共享。

监管平台作为一种新的市场管理模式，具备以下几点优势，值得推广：一是有助于防范风险，确保商品交易的真实性和安全性。以大宗商品为例，依托仓单公示平台和第三方机构与交易市场以及海关三方协力，实现交易、托管、清算、仓储"四分开"，防范大宗商品现货市场最为核心的资金风险和货权风险发生。二是有助于建立政府监管的示范作用，从机制上保障公开、公平、公正。目前，上海公拍平台已经承担了绝大多数的政府拍卖活动，平台通过"拍卖场所、网络平台、公告媒体、资金管理、日常监管"五个统一的制度安排，厘清了委托机构、操作机构和监管机构之间的权限，从机制上设置"隔离墙"，保证了拍卖交易信息公开、机会公平、结果公正。三是有助于提升流通行业食品安全保障能力。通过 RFID 等物联网新技术，达到食品来源可追溯、去向可查证、责任可追究，强化了政府公共服务、行业自律和消费者监督相结合的长效机制，提升了流通行业食品安全保障能力。四是有助于解决"多头共管"的难题。以商业保理行业为例，商业保理协同监管信息平台充分依托多部门协同监管工作机制，打破"信息孤岛"，以信息化手段提升政府管理效能，完善市场监管部门间各司其职、齐抓共管的工作机制，切实杜绝了多头共管。五是有助于大数据信息的集成共享。以家政服务业为例，通过在家政行业监管平台内建立涵盖从业人员、服务机构等信息的基础信息库，实现全市家政服务业大数据信息的集成共享。

三、推动构建酒类流通现代监管新模式

上海积极贯彻落实国务院《社会信用体系建设规划纲要（2014—2020年）》，依照国务院《国内贸易流通体制改革发展综合试点方案》和商务部《关于加快推进商务诚信建设工作的实施意见》的部署与要求，在酒类消费需求多样化和"互联网＋"金融投资多元化的形势下，紧跟酒类流通市场发展新趋势，集智集力推进信用体系创新建设，从制度创新、行为创新、管理创新、市场创新多方面入手推动构建酒类流通现代监管新模式。

制度创新方面，制定酒类监管规范性文件和开展酒类行政权力、行政责任

清理工作。上海形成了《上海市酒类商品经营许可告知承诺和监督管理办法》和《上海市商务委员会关于〈上海市酒类商品产销管理条例〉行政处罚裁量基准的适用规则》，形成并公布《上海市酒类专卖管理局行政权力清单和行政责任清单》，为酒类信用体系建设的数据、行为、应用三清单的编制提供了明确的制度指引。

行为创新方面，上海积极探索应用公共信用信息改造酒类流通领域管理业务流程。在许可证审批、市场稽查、商品抽检、行政处罚等工作中增加诚信承诺、诚信核查、信用预警、信用奖惩等措施安排，探索建立数据清单、行为清单、应用清单"三个清单"联动，覆盖事前告知承诺、事中分类评估、事后联动奖惩"三个阶段"的信用管理模式，并以原创完成的"行为清单"和"应用清单"为模板向各市级机关进行推广，成为上海市信用管理推广的标杆。至今，该项目已成功申报入选为上海市信用平台子平台和应用双项试点单位以及酒类专卖创新市场监管标准化示范试点，配合上海市质量和标准化研究院编制数据、行为、应用三清单的《公共信用信息编制规则》系列地方标准，并以"酒类流通领域全过程信用管理"入选上海诚信体系建设十大典型案例，在2015上海诚信活动周中正式发布。另一方面，上海积极推动区县酒类专卖管理局酒类信用建设。浦东开展的包括自贸区在内的"行政检查应用"，根据酒类经营者的不同信用等级实施分类监管，做到统筹兼顾、重点突出，以点带面、有效监管，既消减了面广人少的执法困难，又实现了有的放矢的监管目的，也为后续移动执法的顺利开展打下了基础。此外，根据市政府关于下放浦东新区47项行政审批的决定，助力自贸区建设，上海首次将酒类商品批发许可证事权下放给浦东，将进一步激发酒类市场主体在信用管理上应用的活力；宝山开展的"金融服务应用"，通过建立放心示范店，在零售终端运用信用管理，为小微企业的融资贷款、代理渠道和商超入驻等方面提供参考，扶持诚信经营。宝山区成立酒类专卖小微企业城市商业合作社，通过引进第三方信用评估机制，极大激活了酒类市场的活力。同时，宝山协同区内网格化管理，积极推动酒类信用监管执法手机移动终端"酒业诚信通——酒类网格化移动巡查端系统"的使用。

管理创新方面,在前期追溯试点的基础上,"上海市酒类流通安全信息追溯管理系统"已完成项目建设和验收,并已逐步接入自贸区、宝山区的追溯子平台信息。同时根据国务院办公厅《关于加快推进重要产品追溯体系建设的意见》(国办发〔2015〕95 号)中"充分挖掘追溯数据在企业质量信用评价中的应用价值,完善质量诚信自律机制"的要求,贯彻"挖掘价值,扩大应用",上海以信用建设促进追溯发展,围绕白酒等酒类商品,推动追溯链条向酒类商品原料供应环节延伸,实行全产业链可追溯管理。鼓励、推动自贸试验区开展进口红酒追溯体系建设,并推进各类追溯载体与电子随附单相结合的追溯模式,扩大试点企业的应用数量和覆盖范围,为不同品种、不同档次的酒类商品追溯提供可复制、可推广的示范样本。经过 2015 年的试点,外高桥 D.I.G、名轩餐饮及欧尚超市的酒类试点品牌追溯得以顺利实施,其中外高桥依托国内首条自动贴标流水线,已基本实现 D.I.G 内的酒类商品追溯全覆盖。同时,上海在全国食品安全宣传周主题日、3·15 国际消费者权益日以及倡导理性饮酒的公益活动中,加强"信用 + 追溯"的多途径和多形式宣传,取得了良好的社会效应,推动酒类追溯平台成为酒类信用体系建设的重要支撑。

市场创新方面,信用体系发展的基础在于市场经营主体的参与度,因此上海积极推动酒类经营企业开展信用建设,在上海经营的四大酒类流通龙头商家均已在信用管理上进行了有益尝试和不同程度的应用:(1)怡亚通,中国第一家上市供应链企业,打造"中国第一流通商业生态平台",在上海、广州、重庆等地并购了多家大型酒类经销商。建立的 O2O 网络金融服务平台,通过引入上海资信(控股股东为人民银行征信中心)等专业第三方征信机构,为中小零售商贷款提供担保并解决其资金问题,为此,上海资信编制了《上海市酒类专卖管理局监管企业信用评级实施方案(怡亚通版)》和商业信用报告样本。

（2）歌德盈香，由国内最大的私募基金之一鼎晖入股，先后并购了中国最大的葡萄酒电商也买酒和华东酒类连锁企业酒老板，实现了线上线下业务的充分整合。其全资子公司酒老板通过建立放心示范点和对酒类全品种的追溯覆盖，推动酒类信用在企业运营中的逐步应用。（3）捷强连锁，将大力推进诚信售酒示范企业（门店）建设，积极开展酒类流通市场全过程监管示范试点。（4）百川，以实现"百亿百川"为目标，搭建百川名品终端供应与推广平台，逐步引入酒类信用管理。

上海要打造为国际消费城市，信用体系的培育是重要抓手，酒类信用体系建设，是贯彻国家经济发展战略、推动国内贸易流通体制改革试点、落实上海创新驱动和转型发展思路的重要体现，并在实践中有着重要的作用：

1. 为酒类监管预警提供依据。截至 2016 年 1 月底，全市共有酒类批发企业 7746 家、零售企业（户）36780 家。合理地使用信用管理手段，能有效预警酒类不良企业、酒类违法行为和酒类市场风险，从而可以确定监管对象并为监管对策制定等提供依据，有效提升监管效率。

2. 为酒类市场发展注入活力。通过合理、有效地分析和应用上海市公共信用信息服务平台酒类管理子平台中酒类流通市场的大数据，将激发酒类市场和酒类企业创新发展的动力，也为信用良好酒类企业的营商注入活力，如可为其在贷款审批、上市融资、企业发债、投保审核、保费标准、金融服务、利率差别化待遇等方面提供帮助和扶持。酒类商家的发展将带动上海酒类流通行业的整体发展，从而推动酒类行业的大众创业和万众创新。

3. 为酒类消费需求升级提供引导。酒类信用体系建设，将推动酒类企业商业转型升级，提升核心竞争力，建立酒类商业服务联动发展机制，加快发展自有品牌，通过兼并重组做大做强，并大力发展电子商务等新兴消费业态，从而引导不同层次的酒类消费需求升级，消费者也将从酒类企业信用建设下带来的商品质量、服务保障提升中，获得更好的消费体验。

四、将食品安全信息追溯正式纳入法制化轨道

食品安全信息追溯问题在顶层设计建设上取得了突破性进展。经过两年多时间的调研、座谈等准备工作，《上海市食品安全信息追溯管理办法》（沪府会33号）经2015年3月16日市政府第76次常务会议通过，于2015年7月27日公布，自2015年10月1日起施行。该追溯管理办法是国内首部规范食品安全信息追溯的省级政府规章，对于落实生产经营者的主体责任、完善监管手段、提高监管效能、保障食品安全，具有重要意义。

结合上海食品安全监管工作实际，按照分步推进的原则，形成了《上海市食品安全信息追溯管理品种目录（2015年版）》，确定2015年实施追溯管理的品种目录为：粮食及其制品（包装粳米），畜产品及其制品（猪肉、包装牛羊肉），禽及其产品、制品（活鸡、活肉鸽、包装冷鲜鸡），蔬菜（豇豆、土豆、番茄、辣椒、冬瓜），水果（苹果、香蕉），水产品（带鱼、黄鱼、鲳鱼），豆制品（盒装内酯豆腐），乳制品（婴幼儿配方乳粉），食用油（大豆油），自2015年10月1日起执行。

根据该追溯管理办法有关规定，上海建立了全市统一的食品安全信息追溯平台，汇集食品追溯码链条信息，并实现与已有的肉菜流通安全信息追溯系统的对接。通过平台实现了食品来源可追溯、去向可查证、责任可追究，强化了政府公共服务、行业自律和消费者监督相结合的长效机制，提升了流通行业食品安全保障能力。

为进一步贯彻落实《上海市食品安全信息追溯管理办法》的相关规定，上海对各区县商务主管部门、相关行业协会、标准化菜市场管理公司、连锁超市、批发市场、配送企业等单位进行了系统的宣贯培训，进一步明确了相关要求，普及了系统、平台具体操作功能模块。

同时新技术的应用也推动了追溯系统的创新发展——制定推进食品和食用

农产品流通安全信息追溯二维码等标识标签应用技术工作方案，结合追溯管理办法，试点推进大米、猪肉、牛羊肉、蔬菜、水果、豆制品、食用油、乳品等预包装食品和食用农产品二维码标识标签追溯新技术应用。

召开了食品流通追溯技术创新大会，质溯、中信、国兴农、平达、良友集团、光明乳业、崇明生态等企业分别展示了信息技术在蔬菜、食用油、奶粉等食品和食用农产品上的二维码追溯应用案例。实地调研质溯、国兴农信息公司和崇明生态镇宁店蔬菜、菜博士豆芽、外高桥酒中心等 RFID、二维码追溯新技术应用。重点推进上蔬永辉蔬菜二维码流通安全信息追溯，协助市酒类专卖管理局，开展市酒类流通安全信息追溯管理系统项目招投标工作。

在徐汇区上蔬永辉嘉善店组织开展二维码食品流通安全信息追溯体验活动。上蔬永辉以二维码包装标识标签技术为信息载体，实现了从生产基地/供应商到门店、到追溯平台、直到消费者查询流通信息的连通，解决了信息流与物流合二为一的难题。

上海在全国领先使用效能和运行质量"两项指标"：结合市精神文明测评指标体系要求，制定了 2015 年度文明城区创建标准化菜市场肉菜追溯建设运行考核标准；细化肉菜流通追溯节点企业示范标准要求，实地调研静安区亚细亚菜市场管理公司标准化菜市场追溯运行考核，试点推进静安区整建制开展全区标准化菜市场肉菜流通安全信息追溯示范区建设；根据平台日常监测情况，编制每月肉菜流通追溯运行报告，建立区县、企业沟通协调机制，指导批发市场、区县标准化菜市场开展肉菜流通追溯运行工作。2016 年第一季度、第二季度肉菜流通追溯运行考核中，分别有 9 家、8 家批发市场考核得分进入全国前 10 名；分别有 42 家、44 家菜市场考核得分进入全国前 50 名；参加信息安全工作会议，重点对上海市食用农产品流通安全信息网及追溯管理平台开展信息安全管理工作，推进食用农产品流通安全信息网及追溯管理平台三级等保体系建设，申报 2016 年信息化运维项目，移交生猪屠宰场实时监控系统和屠宰监管技术系统监管平台给市农委；采取赴现场、面对面等方式，共 10 次对全市农产品批发市场、标准化菜市场公司化管理公司、超市、团体采购单位等开展食品流通安全信息追溯系统运行指导服务；实地到徐汇、虹口等 7 个区进行标准化菜市场追溯系统运行指导服务及培训；分 3 批对 80 余名区县相关运维公司、标准化菜市场信息员开展追溯系统运行培训。

追溯系统试点运用"大数据"：应用主副食品价格监测，制定标准化菜市场追溯系统应用蔬菜价格监测采集工作方案，在 5 个中心城区各选 2 家标准化菜市场，每个菜市场选择 2—3 个蔬菜摊位，开展 5 个蔬菜品种追溯应用价格采集试点；试点应用追溯系统，对全市肉菜供应量进行数据汇总，加强数据监测，编制追溯系统数据分析报告，加强宏观调控指导；依托复旦大学，承接商务部关于物联网时代重要产品追溯体系建设顶层设计与策略研究。

五、推动商业设施合理布局

长期以来，商业网点布局规划的落地一直存在较大困难。在推进内贸流通体制改革过程中，上海积极探索通过优化土地供应结构，强化商业网点规划的执行力，推动商业设施合理布局，有序发展。在此过程中存在的主要问题有：

1. 商业地产同质化竞争现象较为普遍。自 2008 年以来，商业网点、商务办公楼宇建设总量快速扩张。但是不少地产企业缺乏商业地产策划、招商和运营经验，造成商业网点千店一面、商务办公楼宇功能单一。

2. 商办用地开发缺乏全市通盘考虑。各区县都把商业建筑、商务办公楼宇作为拉动区域经济发展的重要平台、载体，但很多商办用地开发和大型商业地产项目未能与全市的规划很好地对接，甚至部分已建成的商业、商务楼宇对城市道路、交通、生态环境等造成了较大的压力。

3. 部门间缺少有效的协调机制。商业网点、商务办公楼宇的建设和管理常常涉及商务、旅游、规划、交通、发改等多个部门，但由于缺少有效的协调，导致在规划、审批、管理等方面出现了许多不应有的麻烦和问题。

4. 政府对市场缺少及时的预判和引导。由于尚未建立统一的商业网点、商务办公楼宇的统计监测体系，而且部门间信息交流不畅，无法建立有效的评估、预警、反馈机制，直接影响了政府对市场的科学分析和对商业地产投资的合理引导。

上海对全市商业网点、商务楼宇市场发展情况进行了专题调研，初步摸清了商业地产的发展现状。在充分听取区县、企业和部分专家学者意见的基础上，完成了多份关于上海商务楼宇市场情况和政策建议的报告报市委市府主要领导，对进一步鼓励和支持本市商业、商务楼宇前瞻规划、改造和转型，明确了工作思路、工作重点和工作措施。2016 年 2 月，上海发布了《关于进一步优化本市土地和住房供应结构的实施意见》(沪府办〔2016〕10 号，以下简称《实施意见》)，意见从加强规划引导、政策引导、信息引导和完善组织架构等方面，提出了完整系统的促进商业地产市场健康发展的政策体系：

1. 制定完善上海商业和办公楼宇发展规划。严守常住人口规模底线、建设用地总量底线、生态环境底线、城市运行安全底线要求，统筹安排商业和办公楼宇的空间布局、规模结构、产业功能等，促进居住、工作、商业、文化等不同的功能区域相互融合、协调发展，提高城市品质和活力，形成宜居宜业的生活工作环境。

2. 提高商业、办公用地供应的有效性和精准度。上海根据不同区域商业业态特征、商务办公楼宇市场供需关系，对区县商业、办公用地年度供应计划进行综合评估。明确新增商业、办公用地的建筑品质、功能业态、运营管理等要求；根据市场情况及时调整土地供应计划，合理把握供应规模、结构和节奏，形成有序均衡的市场供应。鼓励开发企业持有商业、办公物业持续运营。新增商业办公用地，相关区县政府要在出让条件中明确商业、办公物业的持有要求。

3. 建立上海商务办公楼宇运行监测体系。建立全市统一的大型商业网点设施、商务办公楼宇建设运行的监测平台，掌握商业、办公地产市场运行情况，及时发布市场信息，形成市场预测和预警机制。支持鼓励部分区域的存量商务办公楼宇的业态调整、功能完善。实施城市有机更新，以适应科技创新中心建设，以及大众创业、万众创新和"互联网＋"产业发展的需求。

4. 完善多部门联动机制。上海建立市级联席会议制度，市级联席会议由市发展改革委、市住房城乡建设管理委、市商务委、市规划国土资源局等部门参加。市商务委、市住房城乡建设管理委会同市发展改革委、市规划国土资源局建立本市商业设施、商务办公楼宇运行情况调查监测制度，定期发布商业设施、商务办公楼宇供应、使用、空置情况信息；由市规划国土资源局牵头研究规划布局和用地政策，组织开展上海商务办公用地年度供应计划编制工作。

《实施意见》的发布实施，标志着上海促进商业地产市场健康发展的制度体系和管理体系取得重大突破：发挥了商务主管部门在商业地产建设项目上的作用。商务部门作为行业主管部门从编制土地出让计划的环节就开始介入，对拟出让土地与商业规划的符合度与拟建项目的合理性进行评估，有利于遏制商业网点建设无序扩张和缺乏特色的情况；为实现科学合理调控商业地产市场创造了条件。《实施意见》明确提出建立商办楼宇的统计监测体系，将起到整合部门信息，建立有效的评估、预警、反馈机制，促进政府对市场的科学分析和对商业地产投资的合理引导的积极作用；首次实现了各主管部门间联动决策。将促进相关部门在重点新建项目和转型升级项目实施过程中的沟通协调，形成由市级商务、发改、规土、建设等部门和各区县政府的联动机制，协调解决商业地产市场发展管理遇到的重大问题。

六、积极推进物流标准化试点工作

目前，托盘标准化普及率不高，物流供应链运营中环节较多，传统固有操作模式造成运输过程中的人工装卸、倒板次数增多，未能有效开展带板运输，增加了人工费用和物流时间；托盘、周转箱、叉车、货架、月台、运输车辆等设备设施标准化程度不高，上下游设备规格缺乏有效衔接，加剧物流成本攀升以及作业效率低下。针对这些问题采取了一系列措施：

1. 推进以托盘循环共用为重点的托盘标准化。（1）推广普及标准化托盘。以符合国家标准《联运通用平托盘主要尺寸及公差》（GB/T2934-2007）要求的 1.2 m×1.0 m 托盘作为应用推广的标准化托盘，以重点企业为载体推广标准化托盘及其循环共用，支持对非标准托盘进行标准化更新，增加标准化托盘使用量；支持托盘生产企业生产符合国家标准的高质量托盘。（2）建立托盘公共运营服务体系。支持标准化物流设备服务商完善托盘公共运营服务体系，从标准化托盘租赁、维修、保养、服务网点建设、信息化管理等方面为托盘循环共用提供专业化服务。（3）推进物流一贯化运输。支持企业带托运输，提高一贯化物流作业效率，支持更新不适合标准化托盘、周转箱、笼车一贯化运输的物流配送车辆。支持标准化托盘与供应链、共同配送、多式联运、甩挂运输相结合的新模式，提升社会化物流服务效能。

2. 推进城市配送公共基础设施标准化建设及物流设备设施标准化。（1）实施农产品物流包装标准化。支持企业技术创新，加强 RFID 等追溯和识别技术在农产品物流中的推广应用，推动农产品物流包装及周转设备智能化升级和改造，解决农产品流通领域物流包装标准化水平低、货损率高等问题。（2）开展以新能源车辆为载体的城市末端配送服务标准化。贯彻落实国家新能源汽车发展战略，支持以新能源车辆为载体的城市末端配送标准化设备改造和城市末端配送服务标准研制，解决最后一公里难题和城市配送车辆通行难题。（3）升级改造冷链配送中心等物流设施。在食品冷链、药品、危险化学品和跨境电子商务物流等领域，推进配送中心与标准托盘关联的叉车、货架、月台、运输车辆等物流设备设施标准化改造和智能化升级，促进上下游设备的衔接，逐步形成相互配套、有机结合、互为支撑的标准化体系。加强配送中心管理工作标准化，规范作业流程，支持信息系统更新完善，提升配送中心物流效率和整体水平。

3. 建设服务于物流标准化的公共信息服务平台。（1）推动物流公共信息平台标准化建设。加强平台建设中信息标准的实施，促进不同物流信息平台之间的信息共享和整合，解决信息化孤岛问题。通过统一的数据交换标准，促进物流产业链上下游企业之间的信息协调，提升信息传递效率，提高资源整合能力，降低供应链成本。（2）推进平台应用和研制物流服务标准。依托平台，加大现有国家、行业以及地方物流标准的实施和应用，带动平台中小微物流企业整体标准化服务水平提升。深化平台服务功能，研究制定专业领域的服务标准、管理标准，探索建设平台信用标准，进一步提升平台中小微物流企业服务能级。

4. 推进上海城市物流标准化体系建设。（1）构建城市物流标准体系。以综合标准化的理论方法为指导，以托盘共用系统建设、物流设施设备标准化等重点项目为切入点，在切实分析物流标准化需求的基础上，构建上海城市物流标准体系，总结城市物流标准化工作路径和推进策略，为在全国范围内推广应用奠定基础。（2）推进重点标准研制和企业标准体系建设。在托盘及周转箱循环共用和运营服务体系建设、冷链配送中心建设、新能源配送车辆服务和农产品物流包装等方面，开展联盟标准和地方标准的研制工作。按照《服务业组织标准化工作指南》国家标准，全面建立并实施物流服务标准体系。（3）建设上海城市物流标准专题库。依托上海标准文献馆的标准资源优势，根据城市物流标准体系建设的需求，建设相关标准专题库，为企业提供物流标准订阅、查询、分析解读等专业服务。加大物流标准的宣贯力度，提高标准的社会知晓度和行业的认可度，有效支撑工作推进。

推进工作取得的成效有：

1. 标准化托盘循环共用体系基本形成。试点期间托盘运营服务商标准化托盘池规模逐步扩大，达到 274 万个，新增标准托盘 115.06 万个，对外出租托盘 175.06 万个，带板运输的转移板次 500 万次，开展的托盘化运输线路超过 80 条，带板运输次数达 188.68 万次。标准化托盘租赁、维修、服务网点等托盘公共运营服务体系日益完善，新增托盘租赁客户 122 家，增加大小托盘维修运营中心 20 多个。电商、物流企业标准化托盘使用率达 96%，其中标准化托盘使用量达 60.33 万板，新增租赁标准化托盘 7.88 万板，参与托盘循环共用及带板运输的供应商超过 58 家，供应链协调作业率提高 23%，库内人工装卸效率提高超过 50%，货物周转效率、盘点准确率、仓库空间利用率均大幅提高，货物破损率明显降低。由于搬运次数减少，装卸人员成本降低 50% 以上。新增交接货免验收企业（门店）400 余个，平均免验收货运量占比达到 28%，货物装卸效率、交接效率平均提高了 2 倍以上。

2. 农产品全流程物流包装标准化体系雏形初现。试点期间新增标准化托盘 1.4 万个，与标准化托盘配套的周转箱 4.5 万个、笼车 1200 辆。农产品交易中心和物流园区加强与上游基地和下游批发市场规划相衔接，依托农产品物流包装、运输车辆、配送中心等物流设备设施标准化，以标准化托盘在农产品物流中全流程的推广应用，推进农产品流通产业链、价值链、供应链和食品安全的系统建设。农产品流通企业依托共有周转箱开展农产品运输的"三次不倒筐"，同时在蔬菜菜筐和库笼上增加 RFID 芯片，将追溯工作贯彻农产品流通全流程。豆制品龙头企业统一了长三角豆制品行业周转筐标准，并将会同相关行业协会起草行业标准。

3. 城市配送物流服务体系逐步完善。城市配送公共基础设施标准化建设及物流设备设施标准化有序开展，新建、改造冷库 8500 平方米，层次清晰、衔接有序、运行高效的城市配送三级网络逐步形成。医药物流企业依托 RFID 建立托盘管理系统，冷链物流企业实现全程温控不断链，化工物流企业引领行业标准制定，跨境电子商务物流、生鲜电商配送企业探索形成创新服务模式。

4. 上海城市物流标准体系初步构建。物流公共信息平台加大现有国家、行业以及地方物流标准的实施和应用，带动平台中小微物流企业整体标准化服务水平提升。通过"政企学协"联动，宣贯实施托盘规格及服务质量要求、企业标准化工作指南、物流服务质量、物流信息化等国家、行业和地方标准，物流企业标准化水平正逐步提升，一支涵盖政府、企业、行业组织、科研院所的物流标准化专家队伍正在形成。

七、大力发展平台经济

近年来，上海高度重视平台经济发展，抓住国家服务业综合试点契机，培育了一批全面整合产业链、融合价值链的资源配置型平台。平台经济具有高端化、服务化、融合化等特征，是产业融合发展和市场功能创新的新型经济形态。平台经济的发展充分体现市场的影响力、带动力以及创造更大价值的作用，推动物流、金融、信息等配套服务体系建设，促进商品、要素和服务市场融合。为了推动平台经济发展采取的一系列举措，主要有以下几个方面：

1. 国内首发推动平台经济发展指导意见。2014 年，上海发布《关于上海加快推动平台经济发展的指导意见》，明确打造大宗商品现货交易平台，消费服务和农产品流通平台，物流、金融、资讯等专业服务平台，商务领域公共服务平台，培育社会化专业化平台企业等五大任务，提出建立平台经济联合推进机制、健全各类平台运营的规则和标准、认定一批平台示范和培育项目、加强平台统计监测和行业组织建设、加大平台经济发展政策扶持力度等五大措施，为区县和企业发展平台经济指明方向。2016 年 2 月，上海市政府专题会议明确建立由分管市领导牵头，部门协同、市区联手的平台经济发展工作推进机制，加快研究解决制约发展的瓶颈问题，年内研究出台加快平台经济发展的措施意见。

2. 国内首创平台经济统计制度。为及时、准确、全面地反映上海平台经济发展情况与运行态势，为政府部门宏观管理和决策提供依据，上海研究制定了《上海平台经济统计报表制度》。平台经济统计制度实现线下线上市场统计的有机结合，首次在统计表中引入服务贸易类别、分地区交易情况，采用季报制。依据统计制度，现已完成 2015 年全市平台经济运行监测分析，并形成专题分析报告。

3. 创新政策支持方式。用好国家及上海各项扶持政策，创新扶持平台经济发展的专项政策，推动平台整合产业链，延伸服务链，为各类平台做大做强创造条件。至 2016 年 12 月，15 家平台型企业被认定为上海首批贸易型总部，24 家平台型企业被市科委认定为高新技术企业，减按 15% 的税率征收企业所得税。上海市现代服务业综合试点共支持平台型企业 54 家，累计拨付中央及上海市财政资金 5.65 亿元。探索建立流通创新发展引导基金，重点支持平台型企业共性技术的研发应用。

4. 创新政府事中事后监管模式。一是健全各类平台运营的规则和标准。深入开展平台经济调查研究，逐步完善平台企业市场准入、管理制度和服务标准。2016 年 2 月，找钢网申报的"上海钢富电子商务平台服务标准化试点"正式获批为 2016 年度国家级服务业标准化试点项目，表明了上海市平台企业标准化工作在不断完善与优化。二是完善平台诚信征信和信用评价制度。推进商务诚信平台建设，建立商务诚信档案，健全平台诚信征信和信用评价制度；启动中小商贸企业公共服务平台建设，增强人才、融资、法律服务功能；加大平台企业与政府公共服务平台的联通，营造公开、公正、公平的平台发展环境。三是创新政府事中事后监管模式。运用科技手段加强对平台的日常监测，完善事中、事后监管，依托平台建立市场信用监管体系，规范平台日常运营，探索形成适应平台经济发展的管理模式，努力营造法治化营商环境。

2016 年，上海市平台经济交易总额达 1.84 万亿元，同比增长 14.1%。平台整体规模持续扩大，增速比去年提高 2.7 个百分点，平台经济保持稳步发展。其中，大宗商品交易平台交易总额为 1.43 万亿元，占 78.1%；消费品、服务平台交易总额为 0.33 万亿元，占 17%；专业配套服务平台 0.606 万亿元，占 3.3%；跨境电子商务平台 0.0277 万亿元，占 1.5%。通过互联网实现交易额 1.04 万亿元，占平台交易总额的 57%，线上线下进一步融合。从交易规模上看，上千亿级交易平台 5 家，交易额占平台交易总额的 58%，百亿级交易平台 21 家，交易额占平台交易总额的 96%。从平台分类上看，大宗商品交易平台交易额达 1.44 万亿元，占平台交易总额的 78%，增长贡献率达 60%，大宗商品交易仍占绝对优势。从增长速度上看，消费品生活服务平台交易额同比增速达 37%，领先增长。上海市平台经济呈现以下特点：

1. 大宗商品交易仍是上海市平台经济发展的主要支柱，5 家千亿级平台中大宗商品交易平台占 4 家。平台化发展成为本市传统产业转型升级的重要方式。欧冶云商是宝钢集团旗下以钢材为核心的全产业链生态型服务体系，拥有电商、物流、金融、材料、数据、采购、资源、国际、化工、资讯等 11 个子平台，2016 年交易额达 225.58 亿元，同比增长 20.9%。新型钢铁电商平台发展良好，上海钢联、找钢网年交易额均近千亿元，分别实现同比 58.2%、31.1% 的增长。石化领域，上海石油化工交易额翻番，上海化交同比增长18.8%，石化交易形势看好，商品期货市场成交量不断放大。

2. 消费品生活服务平台是除大宗商品平台以外交易量最高的平台类别，也是目前增长最为活跃、与人民群众日常生活最为贴近的平台。实物商品B2C 交易额 1176.68 亿元，同比增长 14%，居民消费进一步扩大。服务 B2C交易额 1629.99 亿元，近实物商品交易额的 1.5 倍，在线服务保持快速发展。消费品服务类平台合纵连横、业务整合、谋求共赢的势头不减。京东与沃尔玛达成深度战略合作，收购其旗下 1 号店，通过沃尔玛在零售方面的资源优势强化京东在 O2O 领域的业务布局，借助 1 号店弥补京东在华东地区的市场短板。大润发飞牛网也与国美在线达成战略合作，宣布商品相互入驻对方平台，会员数据打通，联动促销活动，共享在线流量。上海最大旅游服务平台携程旅行网宣布收购英国的全球领先旅行搜索平台天巡和美国两家大型旅行社。

3. 配套服务平台稳步发展，跨境电商方兴未艾。专业配套服务平台交易额虽仅占平台交易额的 3.3%，但所涉及的金融、物流等服务是平台企业线上线下发展不可或缺的关键点。跨境电商平台异军突起，保持高速发展。洋码头"黑色星期五"全球购 10 分钟交易额突破 6000 万，达去年同期的 6 倍。《2016上半年中国海淘消费报告》中指出，中国海外购物市场呈普及化的特点，消费人群由一线向二三线城市延伸，跨境电商发展空间较大。

八、打造面向国际的大宗商品现货市场

上海自 2015 年 1 月正式开展自贸试验区大宗商品现货市场建设。大宗商品交易市场具有交易量大、市场能级高、辐射力强和产业带动作用明显的特征，已成为上海现代市场体系的重要组成部分。但在大宗商品行业中仍存在以下方面问题制约其发展：

1. 大宗商品行业的立法滞后。大宗商品现货交易市场尤其是电子化的交易平台，在我国属于新型业态和发展初期，法律法规建设落后于实践，特别在交易市场准入方面，缺乏一套完整的法律法规体系。国家层面曾出台国发〔2011〕38 号与国办发〔2012〕37 号两个规范性文件，但均非法律法规，无法作为市场准入行政审批的依据。

2. 市场监管难度大。大宗商品现货市场本身具有金融属性，部分大宗商品现货交易市场违规开展超越现货领域的交易业务，集聚了大量的市场风险，而目前的政府监管模式无法覆盖现有整个交易过程。

3. 配套服务支撑体系不健全。银行等金融机构尚未实现与国际市场交易时间相对接的全天候结算服务，保险等大宗商品市场风险处置机制仍需探索，第三方专业机构及研究机构、行业组织发展不足。

为推动大宗商品现货交易市场规范健康发展，在商务部大力指导下，上海总结了国内外各类大宗商品交易市场的共性风险点和管理模式，在区外大宗商品现货市场发展经验的基础上，结合上海自贸试验区的特点和优势，在自贸试验区大宗商品现货市场建设中作了创新性的制度安排：

1. 引入社会化评审机制，创新准入退出方式。引入社会化评审委员会机制，由相关政府部门代表和行业专家共同组成大宗商品现货市场评审委员会，对发起人的市场建设方案进行综合评估，保证评审的专业性、公开性和透明性。建立以市商务委、市金融办、自贸试验区管委会为主导的自贸试验区大宗

商品现货市场联席会商机制，通过召开专题会议，沟通市场建设过程中的情况，协调解决重大问题，对在筹建过程中不满足条件的，引导企业主体主动退出。

2. 发布行业管理规范，印发交易指导意见。为健全联合管理制度，规范交易活动，加强事中事后监管，市商务委、市金融办、自贸试验区管委会共同制订发布了《中国（上海）自由贸易试验区大宗商品现货市场交易管理规定》，明确市场建设的条件、市场设立方式、市场经营者应遵守的规则，以及政府各部门的相应职责。于 2014 年 11 月制订发布了《中国（上海）自由贸易试验区大宗商品现货市场交易管理规则（试行）》，对交易规则的关键内容做出规定，确保在统一规则的基础上，兼顾不同类型市场特征，预留制度创新空间。

3. 加强社会多方共治，引入"两个第三方"。引入上海清算所等第三方清算机构进行交易资金的清算，满足自贸试验区大宗商品现货市场"交易、托管、清算、仓储"相分离的要求，有效规避资金风险。培育第三方仓单公示平台，通过多系统数据比对与仓单信息公示，确保大宗商品交易的真实性和交收安全。两个第三方机构与交易市场以及海关共同形成"3 + 1"信息比对模式，通过将"来源于仓库的仓储信息、来源于交易市场的交易信息、来源于第三方清算机构的资金信息"以及"海关保税货物的监管信息"进行比对，保障资金、货物信息一致，防范大宗商品现货市场最核心的资金风险和货权风险。

4. 依托自贸试验区优势，试点贸易功能创新。在自贸试验区试点开展保税仓单质押融资、海关异地监管、信用证与跨境电票结算、订单与提单交易、境内外一体化交易等方面的功能创新，探索形成大宗商品现货市场管理制度。

创新性的制度安排和一系列工作举措取得的成效有以下几点：

1. 自贸区内部分大宗商品现货市场正式启动运营。自 2015 年 1 月，自贸区大宗商品现货市场建设正式启动以来，经过评审委员会专家的集中评议，10 家发起人提交的市场建设方案通过专家评审。涉及的市场覆盖了有色金属、黑色金属、稀贵金属、农产品、能源化工、矿产品等主要大宗商品类别。2015

年 7 月 31 日，首批两家自贸区大宗商品现货市场正式上线，上海清算所、自贸大宗（上海）信息服务有限公司分别为自贸区大宗商品现货市场度身定制的第三方清算和第三方仓单公示系统同步上线运作。截至 2016 年底已有 6 家市场通过验收上线运营。

2. 引入第三方仓单公示平台，防范货权风险。在传统的大宗商品交易中，货物交割的风险集中体现在货款已付，货却没有发出，货物的真实情况难以被交易对手和银行掌握，从而导致交易量不足，银行对货主进行动产融资的门槛也较高。通过引入由欧冶金融、自贸联发、中信证券等社会化资本组建的第三方仓单公示平台，利用物联网技术，追踪每一批货物的情况，推动仓单信息透明化，保证贸易的真实性和信息的完整性。

3. 引入第三方清算机制，防范资金风险。国内大宗商品交易中的常见乱象，是资金管理和清算的混乱。市场通过开设自有资金池，获取了本该属于交易会员的资金沉淀收益，也为市场擅自挪用会员资金埋下风险隐患。根据自贸试验区大宗商品市场管理要求，引入上海清算所，承担第三方清算业务，通过向第三方仓单公示平台提供相关交易的资金清算信息，协助其进行信息比对，有效保障商品、交易、资金信息一致。

4. 建立金融服务支撑体系，解决企业融资困难。针对大宗市场金融配套服务支撑体系不健全，企业融资难的问题，依托自贸试验区内两个第三方社会化机构，支持银行提供大宗商品整个产业链上的金融服务，服务对象囊括大宗商品生产商、采购商、贸易商以及大宗商品交易市场等。

九、建设长三角区域一体化大市场

上海市商务委发起建立推进长三角区域市场一体化发展合作机制，得到了长三角兄弟省市的积极响应。苏浙皖赣沪四省一市建立紧密合作工作机制，发挥中国（上海）自由贸易试验区溢出效应，围绕"共建、共推、共治，互联、互通、互认"，加强区域合作，着力打破地区封锁和行业垄断，建设长三角区域一体化大市场。

长三角地区合作与发展工作按照三级运行机制（即决策层、协调层和执行层）持续运作，区域合作的针对性、协调性和有效性不断增强。然而近年来，随着长三角区域"产业成链、企业成群"态势凸显，行政区划所造成的行政壁垒仍在一定程度上制约着区域市场的联动发展。长三角区域省市间虽达成协调发展的共识，但由于过去计划经济体制和行政区划经济影响，各级政府区域管理分割，缺乏整合、统筹、指导与协调，区域内各个地区制定的法律法规多以自身利益为出发点，造成了区域间存在壁垒、地方经济保护、要素流通不畅等问题，使产业链的地区布局受阻，影响了资源合理配置和利用效率。为此，长三角区域联动发展的关键在于聚焦统一大市场建设，深化体制机制改革，建立区域间联动机制，扩展区域内各地区的合作领域，提高合作的水平与层次。一体化推进工作主要包含了以下内容：

1. 建立工作机制。在商务部的指导下，由上海市商务委发起建立推进长三角区域市场一体化发展合作机制，苏浙皖沪商务部门共同签署了《推进长三角区域市场一体化发展合作协议》。明确由苏浙皖沪三省一市商务部门牵头建立推进长三角区域市场一体化发展工作机制，按照统筹兼顾、优化配置，互利共赢、协同发展，信息共享、统一规范的原则，商讨三省一市共同关心的现代市场体系发展问题，关注和指导区域一体化大市场建设，组织和推进区域内重点领域市场合作项目的实施。后又有江西省商务厅积极要求加入该合作机制。

2. 明确合作内容。根据四省一市市场需求和政府管理改革任务，提出了围绕六个方面推进长三角区域市场一体化发展的初步考虑。一是规则体系共建，加快探索建立统一的区域市场规则体系，打破条块分割的政策和体制障碍。二是创新模式共推，建立长三角区域城际配送协调机制，大力发展城市共同配送，加强以托盘和包装标准化及其循环共用为重点的物流标准化合作。三是流通设施互联，加强流通基础设施的功能对接和空间布局的协调，大力发展多式联运方式。四是信用体系互通，推动四省一市信用信息系统的互联互通，整合行政许可、资质认定、行政处罚等信用信息，逐步开展企业信用分类管理。五是市场监管共治，推动四省一市监管互认、执法互助、信息共享，形成权责一致、运转高效的区域市场综合监管体系。六是市场信息共享，加强区域商务信息沟通与合作，合力建设市场公共信息服务平台，加强市场发展的科研合作交流。

3. 开展专题合作。苏浙皖赣沪四省一市商务部门围绕合作协议内容，将物流标准化、农产品流通、商品市场转型及打击侵权假冒作为首批主推的四项工作专题。从专题工作内容设计上看，是对商务部国内贸易流通体制改革工作和六大专项行动计划的贯彻落实。同时，将牵头省市在专题工作领域积累的好经验、好做法，在长三角地区加以复制推广。从专题工作推进方式上看，体现以项目为抓手，突出项目示范带动、产业链条联动、政府管理互动。

推进工作在不同领域均取得了成效：

在标准化领域，联合推动标准化托盘在快消品领域的社会化循环共用，路凯等标准化物流设备服务商在上海、合肥、南京、苏州、杭州、太仓等长三角城市建立了公共托盘营运中心，大力推动上游供应商参与带板运输。清美统一了长三角豆制品行业周转筐标准，并将会同上海市豆制品行业协会起草行业标准。"物流汇""56135"平台为长三角 8 万多家中小微物流企业提供物流标准化服务，带动区域标准化服务水平提升。联合举办"长三角世界标准日研讨会"，在地方标准共享互认、团体标准合作共赢等方面形成新的合作亮点。

在农产品流通领域，联合签署《长三角地区农产品流通战略合作协议》，在农产品市场一体化、规划衔接、重大项目建设、投融资、企业及农产品品牌培育、行业交流合作、产销及管理制度衔接、建立沟通协调机制等十个方面达成了重要协议。多次举办农商、农超对接会，搭建长三角地区农产品产销合作平台。

在信用体系建设领域，加快"信用长三角"建设，共同加快公共信用信息共享服务平台建设，与国家信息中心签署合作备忘录，推进信用信息交换共享和开发利用，并开展信用联动奖惩机制建设试点。

在打击侵权假冒领域，发布《长三角四省一市打击侵权假冒工作联动机制》和《长三角四省一市打击侵权假冒行政处罚信息公开工作方案》，推进跨区域和跨部门事中事后监管协作。针对互联网领域的侵权假冒多发态势，探索建立"科技＋制度＋保护＋诚信"的互联网领域打击侵权假冒治理模式，包括加强科技手段的应用和互联网企业内部管控制度建设，强化权利人企业合法权益保护工作，引导行业诚信自律，促进行业健康发展。

十、建设适应国际化大都市发展的农产品市场体系

近年来，上海紧紧围绕构筑国际化大都市和建设国际贸易中心的大方向，发挥"大市场、大流通、大基地、大合作、大数据"的重要作用，坚持"科学发展、贴近民生、市场导向"的原则，通过科学规划农产品市场体系，提高流通环节管理效率，发挥市场配置资源作用，同时积极推进农产品市场公益性功能建设，探索在互联网经济大势下的农产品流通模式创新，加快建设适应国际化大都市发展的农产品市场体系。

上海现有 2700 万消费人口，每天消费农产品约 7 万吨。其中，除绿叶菜外，约 70% 以上的货源由外省市提供。上海发布《上海市食用农产品批发和零售市场发展规划（2013—2020 年）》，确立上海农产品市场规划建设框架，形成以消费为引导、企业为主体，政府有效监管和市场适度调节的良性发展机制，建立了构建广覆盖、低成本、高效率的中心批发市场、区域批发市场、专业批发市场等食用农产品批发市场体系，发展标准化菜市场、生鲜超市、社区菜店、网上菜市场、限时菜市场、周末蔬菜直供点、智慧微菜场等多样化的零售市场体系，较为完善的农产品流通和安全保障体系。计划到 2020 年，重点规划建设 15 个食用农产品批发市场，其中包括 2 个中心批发市场、1 个粮食

专业批发市场、2 个水产专业批发市场、10 个区域批发市场、1500 个标准化菜市场。明确西郊国际农产品交易中心作为上海规划建设的主中心批发市场，结合全国农产品流通骨干网络建设的契机，着力建成现代化、国际化的生鲜配送体系，成为全市农产品集散枢纽。

上海农产品市场体系在保障稳定供给、安全和价格基本稳定方面发挥了重要作用。农产品批发规模逐年提高。2016 年，全市 25 家主要农产品批发市场，年交易量 1200 万吨，交易额约 1000 亿元。国有企业发挥骨干公益性作用。蔬菜集团主要管理 9 个农产品批发市场，年交易量 502.4 万吨，占全市 41.8%，年交易额 358.4 亿元，占全市 40.9%。为丰富市民的菜篮子、保证市场均衡供应、安全和价格基本稳定做出了应有的贡献。

"六大"农产品流通新模式为农产品市场体系增添活力。标准化菜市场建设初具成效——全市菜市场共 986 家，标准化菜市场 869 家，年销售农产品 650 万吨，成为农产品零售的主渠道；传统菜市场积极探索新模式转型升级——推进传统菜市场转变经营理念，由过去单纯出租场地、收取摊位费的经营模式，转变为统一结算模式，营造商场化的购物环境；连锁超市不断拓展农产品销售——上海现有连锁超市网点 2700 余家，其中标准超市约 2500 家，大型超市 200 余家。全国各省市优质农产品以农超对接形式进入家乐福、农工商、联华、卜蜂莲花、沃尔玛等大型连锁超市，销售渠道有效扩大，销售成本降低约 20%，减少了农产品流通环节，保障了农民受益，降低了零售价格，受到市民欢迎，收到良好的社会和经济效益；超市化经营理念和传统生鲜销售积极融合——上蔬永辉引入永辉超市的生鲜农产品管理经验，以标准化菜市场为基础，充分发挥农产品直供直采效应，缩短多重流通环节；农产品流通专业化、一体化等特点发展迅速——这些年，上海出现一批以金山强丰、崇明生态为代表的具有一定经济实力、行业背景、经营能力和良好社会信誉的公司积极探索农产品自主经营，实现从源头基地到零售终端的"四统一"：统一标识、统一管理、统一结算、统一售货，将传统菜市场生鲜产品新鲜、品类齐全、供应充足且价格实惠的优势与现代超市舒适的购物环境、一站式购物便利相结合；互联网＋经济与传统农产品流通模式快速融合——传统线下菜场零售与现代电子商务进行创新性融合，利用公众信息平台和移动终端平台拓展互联互通的信息发布渠道，配合完善的供应链管理和高效的物流配送，为市民提供高品质的生鲜食品与服务保障。强丰生态、厨易时代、食行生鲜在社区设置智慧微菜场，消费者自助挑选生鲜食品，操作简易方便。多利农庄、一亩田、菜管家、都市菜园通过会员定制将生鲜产品和服务模块化，满足个性化消费需求。

十一、多措并举，加快上海商业转型升级

改革开放以来，上海率先以开放促改革，在引进外资巨头、发展新兴业态等方面走在前列，引领了全国商业的大发展。但近年来，受国内经济增速放缓、居民消费行为变化、新旧业态竞争加剧等影响，上海的商业发展正在经历全面而深刻的调整与变革。新技术、新产业、新模式、新业态的发展，加快了实体零售和网络零售融合的步伐，要求传统商业加快向全渠道经营、精准零售等商业模式转型。消费市场模仿型排浪式阶段基本结束，通过创新供给、激活需求的重要性显著提高，对商业服务化、特色化、体验化、精细化发展提出更高要求。能源资源和生态环境约束强化，商业成本费用刚性增长，使商业可持续发展面临较大困难。国内各地商业快速发展，出境消费日益便捷，上海商业传统优势趋于弱化。

针对以上问题，上海坚持问题导向与超前谋划相结合、顶层设计与基层探索相结合、整体推进与重点突破相结合，以消费扩大升级为动力，以新业态、新模式、新技术为手段，以繁荣繁华、安居乐业为重点，促进商业功能和空间再布局，不断优化商业发展环境，使商业成为经济转型发展的新引擎、优化资源配置的新动力。主要措施有：

1. 加强顶层设计，发挥规划和政策的引导作用。制定出台《关于加快上海商业转型升级提高商业综合竞争力的若干意见》，聚焦商圈、业态、企业三大核心要素，明确了 12 项主要任务和 7 项保障措施。制定出台《上海市商业网点布局规划（2014—2020 年）》，按照总量控制、存量优化的原则，提出至 2020 年，规划商业设施建筑总量控制在 7000—7500 万平方米，年均增长2.6%—3.6%，限制超大型和大型商业网点的过度建设，实现差异化发展，避免无序竞争和重复建设。出台《关于进一步优化本市土地和住房供应结构的实施意见》，明确由商务部门牵头建立商业、商务办公用地引导调控机制，优化商业、商务办公用地供应结构。

2. 聚焦重点商圈改造提升，构筑体验式智能化商圈。试点建设南京东路、南京西路、徐家汇、五角场等首批智慧商圈，通过完善光纤宽带、无线网络接入，引入智能交通引导、移动支付、商圈 APP、微信公众号和大数据分析等应用，优化商圈生态和消费环境，打造线上线下协同发展的信息化智能型商业街区。引导各大商圈特色化差异化发展，着力打造集购物、旅游、文化、会展、餐饮、商务、娱乐、休闲等功能为一体的综合性城市多维空间。启动重点商圈新一轮基础设施改造提升，形成地面、地下、空中贯通的立体商圈。

3. 创新发展新业态新模式，激发商业发展活力。积极推动商业业态转型，发展差异化经营。引导购物中心进行差异化定位，增加体验型、服务型业态，实现商旅文娱体融合发展。积极推动商业模式转型，加快线上线下融合发展。支持传统企业依托线下网点渠道资源、商品品牌和服务优势，自建线上平台或利用第三方平台发展电子商务，实现线上线下资源优势互补和协同应用。积极推动商业企业转型，提高核心竞争力。引导商业企业加大自主经营力度，发展自有品牌、直接采购、自营购销等经营方式，加强商品设计开发能力，发展订单制造和个性化经营，逐步转变"二房东"模式，提升盈利能力。

4. 大力发展社区商业，提高便民利民水平。优化社区商业空间布局和服务功能，推动社区商业中心与社区事务受理服务中心、社区卫生服务中心和社区文化活动中心相结合，形成"四中心"合一的社区商业生活中心；大力发展社区商业新业态、新模式。加大对新业态、新模式的发现和培育力度，已形成基于服务精细化的定制模式、基于主体集成化的 O2O 模式和基于运营平台化的云网端一体化模式三种较为成熟的模式。

5. 加强会商旅文体联动发展，扩大综合消费规模。上海建立了"示范项目共推、客流资源共享、体系标准共建、载体平台互联、市场主体互动、宣传渠道互通"的会商旅文体联动机制，推出魔都消费卡，通过注入会商旅文体各类消费资源，为国内外游客提供会商旅文体综合信息资讯及消费服务，打造统一、实用、知名的城市消费名片。积极开展境外旅客购物离境退税工作，着力提升退税便利度，增加退税商店数量。

一系列举措的实施取得了较大成效，形成了包含多种动力的新格局：

1. 形成了以智慧商圈、社区精准营销为转型动力的新格局。智慧商圈建设带动传统商圈转型，商圈在线化、数据化、透明化程度持续提高，南京西路、淮海中路、徐家汇等商圈销售明显回升，摆脱了连年负增长的困境。社区精准营销推动居民消费升级，社区商业持续向精细化、集成化、平台化发展，满足了居民不断增长的消费需求。以自动售菜和网订店取为代表的智慧微菜场模式快速发展。目前，社区商业零售规模已占全市商业零售的 50%以上。

2. 形成了以服务消费、体验式消费为增长动力的新格局。居民消费结构发生明显改变，特别是 O2O 迅猛发展助推网上服务消费成为新增长点，餐饮、旅游、文化、教育等领域涌现了携程网、大众点评网、沪江网、格瓦拉、云家政等一大批国内 O2O 龙头企业。K11、环球港、百盛优客、大悦城等新型购物中心着力打造融文化艺术、餐饮、娱乐、社交、生活服务等于一体的综合性商业地标，体验式消费已成为商业业态转型升级的方向。如 K11 举办的莫奈特展吸引参观者 40 万人次，特展期间日常营业额增长 20%。

3. 形成了以网络零售、内外贸一体化为扩张动力的新格局。"互联网＋"

引领消费，各种新模式、新业态应运而生。消费需求升级带动进口消费品快速增长，上海成为我国消费品进口最大的省市，特别是跨境电子商务的快速发展进一步畅通了进口到消费的渠道。通过"走出去"构筑全球供应链体系，上海光明集团已逐步建成连接欧洲、中东和澳洲的食品流通网络。不断提高内贸流通领域对外开放水平，接近三成的外商投资于流通行业，宜家、罗森、TNT（荷皇）等一批国际著名流通企业在上海设立地区总部。

4. 形成了以品牌经济、时尚产业为升级动力的新格局。上海已成为国际消费品牌进入中国市场的首选地之一，众多国际高端品牌纷纷选择上海作为其中国地区总部、亚太地区总部的所在地，并依托上海的总部机构，加大对中国市场的开拓力度。上海时装周先后与伦敦、巴黎、米兰时装周签订战略合作协议，提升国际影响力，突出"创意设计与商业落地并重"的特色定位，形成集发布流行趋势、推广原创设计、贸易展示、文化交流于一体的国际时尚消费平台，成为中国服装服饰产业从制造向研发设计和品牌营销价值链两端延伸的重要载体。上海已成为亚洲最时尚城市之一，上海时装周正逐步成为备受关注的世界第五大时装周，有力推动上海国际时尚之都建设。

十二、打造具有全球影响力的"上海时装周"

从 1995 年 3 月起，上海市人民政府决定每年主办上海国际服装文化节，打造上海城市时尚名片。2003 年起，为进一步接轨国际发布惯例，分别于每年 4 月和 10 月举行上海时装周，发布当年秋冬和下一年春夏两季作品和流行趋势。2011 年商务部正式将上海时装周列为商务部与上海市合作项目，每年发布秀的场次达 100 场，接近国际四大时装周规模，上海时装周已成为上海打造国际消费城市和国际城市商业和文化名片的重要载体。

随着产业及城市需求的不断变化，国际时装周功能内涵的逐步深化，国内时装周竞争日趋激烈，上海时装周通过转型提升，实现新一轮的跨越发展，为加强国内外服装服饰产业的合作交流，弘扬中国原创力量，培养知名设计师和模特，助推本土自主品牌创新发展，传承海派文化，带动关联产业发展，策源国际时尚流行，引领和提升消费，繁荣商贸经济，增强城市软实力发挥重要作用。主要做法有：

1. 打造品牌发布平台。促进时装周的办秀水平、品质得到提升，不断优化发布功能。成为本土设计力量发声，商业品牌进一步打造市场影响力、国际品牌开拓中国市场甚至是亚洲市场的首选发布平台，使上海成为国际品牌入驻中国市场的首选地。并在全球有影响力的媒体发声，成为流行风向标的引领者。进一步加强上海时装周与全球顶尖媒体的合作，在全球知名媒体上有上海时装周和东方设计的声音，加强东方流行的引领作用。

2. 打造展览展示平台。开展上海时装周官方配套展会 MODE 上海服装服饰展，打造促进商贸对接与合作的 SHOWROOM，以高匹配度和有效性的服务、多维度整合优势资源，全方位的媒体传播渠道，为来自世界各地的买手及行业人士搭建一个促进商贸对接与合作的商业平台，营造全新的展会氛围与体验。在积极引进海外品牌的同时，以中国原创独立设计师为特色，把原创设计师品牌汇集成列，使中国原创设计更加发扬光大。

3. 打造订货交易平台。在国内时尚零售市场追求个性化市场需求的大环境下，将时装周发布会与订货会紧密结合，完善贸易功能。从单一秀演展示向多元功能的服务型平台转化，实现从"秀场"向"市场"的过渡，打造时尚产业生态链。带动城市消费理念与时尚理念的改变，促进城市消费模式的转型。

4. 打造品牌培育平台。策划互动性、参与性强的国际化重点项目，吸引产业链各环节的行业高人聚集。如举办国际交流项目、高峰论坛、设计大赛等产业链相关交流活动，吸引明星名模、国际行业媒体、品牌营销专家、零售商代表、品牌企业家、商业信息专家等行业人士参与。通过上海时装周为品牌搭建的互通平台，带动上海与国内、海外城市的交流发展。通过带动同城时尚活动，引领时尚氛围，成为时尚达人、高端消费者的交流、聚集平台。

5. 打造行业交流平台。发挥上海时装周本土品牌、原创设计孵化与扶持功能，举办各类设计师沙龙，搭建海内外交流学习平台，帮助本土设计师与上海时装周共同成长。推出具有代表性和影响力的华人设计师到纽约、巴黎、伦敦、米兰等地时装周，将国内自主品牌和设计师的新季作品带向国际舞台，吸引和聚集网络海外买手资源，实现其海外市场的商业落地。

6. 打造国际合作平台。构建与四大时装周组织者之间的合作机制，开展海外推广项目。一是开展 Design by Shanghai 设计师海外推广。自 2013 年起连续数年，在伦敦、巴黎、米兰、洛杉矶等时尚之都举行，甄选国内 30 位成熟且风格鲜明的原创独立设计师及作品参与国际时装周官方作品发布秀及海外著名时装贸易展会；举办时装静态展览及 Presentation Show；著名买手店展售及电商 O2O 互动销售等多样形式登上国际舞台。促进设计师品牌的商贸对接，加强中国设计师在国际时尚界的话语权。二是开展"创意中国·风尚上海"中英文化年交流项目。通过时尚创意展览、中英时尚对话、本土设计师发布秀及签约仪式等活动，在国际时尚圈中建立起中国设计的全新概念，增进国际知名媒体和专业时尚人士对华人原创设计的关注，推动本土设计师品牌的国际化发展。同时，推动中英文化机构和文化企业间建立合作关系与开展文化创意产业领域的合作项目，促进中英文化关系深入持久发展。

历经十余年的锤炼，上海时装周已成为专业化、国际化的时装发布平台，通过每年 4 月和 10 月的两次作品发布引领时尚潮流、聚焦社会各界对服装品牌和设计师的关注、搭建海内外时装展示交流的渠道、促进国内外商贸联动，发挥起串联产业上海城市时尚吸附力的重要作用。上海时装周坚持"立足本土兼备国际视野"的多维发布格局和"创意设计与商业落地并重"的特色定位，辅以国际水准的秀场发布硬件、全方位多角度的媒体推广宣传，已经形成了强大的平台功能性及辐射影响力，具体发展情况包含以下几点：

1. 社会影响力不断增强。同四大时装周一样，上海时装周汇聚了国内外设计师、品牌展示潮流发布，成为中国展示时尚设计的发源地。发布定位上，起初以国际大牌专场发布为主，逐步将重心转移至对本土原创设计的扶持，直至今日已培育出一批代表中国原创力量并在国际舞台声名鹊起的本土设计师。

2. 活动规模不断扩大。发布秀已从刚开始的一年一季发布、举办六七场，到现在与国际四大时装周相同，每年分为秋冬、春夏两季并在多个专业主秀场发布，每年发布百余场。场地硬件上不断升级，面积扩大，秀场从原先浦东滨江、复兴公园的临时帐篷转至时尚地标新天地、上海展览中心，同时坚持国际水平的配套设施，整体硬件及相关配套设施水平赶超国际水准。

3. 活动形式趋向多元。逐步形成了以时装发布为主，高端论坛、专业展售兼顾的活动体系。以上海时装周 2016 秋冬为例，海尚国际论坛上，上海、巴黎、米兰三大时尚之都时装协会主席展开具有里程碑意义的对话，探讨"城市与时尚"的发展。"MODE 上海服装服饰展"作为上海时装周的配套展会，集合了高品质品牌资源的 SHOWROOM，500 多个国内外设计师品牌和商业品牌参展。LABELHOOD 等集结展示新概念时装设计精彩呈现。

4. 组织运营模式持续创新。上海时装周始终致力于组织管理模式的创新突破，以力求更好地提升办展水平。近年来上海时装周在利用现代新兴展示技术提升视觉效果之外，还积极加强新媒体的使用，通过微信、微博、Twitter、Instagram 等平台，以互动形式吸引更多时尚人群关注上海时装周，有效地增强了上海时装周的传播覆盖面和影响力。同时，运用先进科技监测技术，发布凤凰时尚指数，提供时装周期间的消费、客流、舆情等各方面时尚指数，将大数据技术应用到时尚领域。

5. 合作伙伴趋于国际化。在赞助商品味与实力方面，上海时装周与四大时装周持平。每季参与时装周的合作伙伴逾 10 位，囊括新天地、M·A·C、欧莱雅、Sony、朗廷、百事等各行业国际领先品牌。

6. 带动区域经济增长明显。近年来，不论是上海时装周在黄浦区新天地主秀场的作品发布、在静安上海展览中心的国际品牌发布，还是静安 800 秀或聚集地的相关活动等，对两区的人流量、周边餐饮、经济等带动、潮流文化影响等都起到了巨大的提升作用。上海时装周带动相关产业联动发展并促进就业：包括旅游、住宿、餐饮消费、时尚教育、面料、服装生产加工、创意设计、展览展示、传媒、时尚经纪、广告、演艺、商贸、出版等各个相关产业。时装周同期带动周边人流增长率超过 20%，带动周边商业销售提升超过 20%。并吸引参与时装周走秀的设计师、品牌相继在黄浦区新天地区域及静安区聚集地开店，拓展商业渠道。

十三、推进"互联网＋"助力生活性服务业转型升级

近年来，随着上海人民生活水平的提高，上海居民消费正从生存型实物消费向发展型、享受型服务消费升级。国务院也出台《关于加快发展生活性服务业促进消费结构升级的指导意见》（国办发〔2015〕85 号）等一系列政策文件，并在"十三五"规划纲要中明确要求"以扩大服务消费为重点带动消费结构升级"。上海历来重视生活性服务业发展，2014 年 9 月上海市政府就在全国首创出台了《关于促进本市生活性服务业发展的若干意见》。2015 年以来，"互联网＋"行动计划上升为国家战略，国家层面出台系列关于"互联网＋"的政策，既为上海大力推进"互联网＋"生活性服务业发展提供了政策机遇，也为上海生活性服务业转型升级指明了方向。以互联网为驱动，推动生活性服务业产业创新，促进跨界融合，惠及社会民生，对上海建设社会主义现代化国际大都市，推进经济和社会的创新发展具有重要意义，为此实施了一系列举措：

1. 聚焦重点领域，加强顶层设计，建立服务体系。上海在全国首创发布《关于促进本市生活性服务业重点行业规范提升发展的实施意见》，坚持加快标准化建设，规范经营者行为；加强新技术应用，促进行业规模发展；开展职业培训和学历教育，提高从业者素质；优化网点布局，提升服务能级；加强事中事后监管，建立诚信体系。在居民和家庭、健康、养老、旅游、体育、文化、法律、批发零售、住宿餐饮、教育培训等贴近服务人民群众生活、需求潜力

大、带动作用强的生活性服务领域，培育一批标准化、品牌化、规模化的龙头型服务企业集团，逐步建立完善的服务标准体系、诚信体系、政策扶持体系和行业监管体系。

2. 制订和完善生活性服务业管理标准。坚持标准先行，加强市场规范管理和行业自律。进一步研究制定和完善生活性服务业管理标准，督促企业认真贯彻执行现行生活性服务业管理标准。在家电维修行业，制订发布《家用和类似用途电器安装维修服务规范》和《上海市家电维修管理办法》，全市逐步推广家电安装维修人员上门亮证制度。在家政服务行业，研究制定三类行业标准和八个行业规范，开展上海市家政管理办法（草案）课题调研。

3. 实施五大生活性服务业行业提质计划。一是构建覆盖面广、诚信度高、便捷安全、服务规范的家政服务业管理体系。重点加强行业标准、服务规范、职业技能培训、行业信息监测平台等方面建设，提升从业人员职业化、服务机构规范化、政府服务信息化、行业发展产业化水平。二是发展以大众化市场为主体、适应多层次、多样化消费需求的餐饮业发展新格局。三是整合上下游产业资源，拓展婚庆服务产业链。发挥婚庆服务对旅游、摄影、餐饮、美容美发、装饰装潢等服务消费的带动作用。四是打造集美容美发、美体美甲、养生保健为一体的美丽时尚服务产业工程。五是推进家电维修服务业的便利化、品牌化、信息化发展。

4. 引导传统生活性服务业企业线上线下创新融合发展。加速推进互联网向衣食住行等诸多生活性服务业领域渗透，鼓励传统生活性服务业企业转型升级，支持餐饮、超市、便利店、美容美发、洗染、快递、菜市场、维修服务、回收等企业利用互联网技术推进实体店铺数字化改造，建立O2O平台，开展网订店取、预约上门、社区配送等业务，打造线上线下互动的服务体系。

5. 实施"服务到家"计划，解决"最后一公里"服务难题。推进重点企业开展智慧社区服务到家项目建设，筹备成立上海"服务到家"合作联盟，凝聚生活性服务业品牌企业，以"互联网＋"为手段，形成线上线下互动融合的社区服务消费新模式、新业态,紧密围绕居民日常生活实际需求,结合社区、物业等公共服务存量资源,布局一批集养老、家政、洗衣、餐饮、维修、理发、生鲜、寄存、快递等为一体的社区便民生活服务示范区,建立居民家门口的综合性服务网点,解决"最后一公里"服务难题。

6. 培育一批"互联网+"生活性服务示范企业。在生活性服务业七大重点领域,根据行业发展基础和特点,在每个领域积极培育数家龙头企业,打造成标准化、品牌化、规模化的"互联网+"生活性服务平台型企业,提升"互联网+"生活性服务龙头企业和示范企业的辐射效能和服务半径。重点支持大众点评、云家政、小区无忧、友康、携程、驴妈妈、格瓦拉等一批"互联网+"生活性服务企业发展。

一系列工作取得的成效有:

1. 生活性服务行业呈现出覆盖面广、市场规模大的趋势。只有想不到的行业,没有覆盖不到的领域,呈现出全领域、无盲区的特点。商贸服务领域快速增长,如大众点评作为全国领先的生活信息及交易平台,也是全球最早建立的独立第三方消费点评网点,商户数量超1200万家,覆盖全国2300多个城市及境外近百个国家和地区。家庭服务行业异军突起,如云家政作为行业排名第一的家政O2O平台,基于线下门店的SaaS系统搭建"线上+线下"的家政入口,为居民提供免费的在线信息服务和诚信、便捷、有保障的家政服务,已覆盖北上广深、合作门店超过2200家。健康服务领域集聚领先,如壹药网通过电商管理、手机APP、官方微信等软件平台,提供专业问医问药、健康百科、专题导购等服务和网上药品点评、全程订单跟踪、我的私人订制等特色服务,已成为全国最大的手机药店。养老服务领域智能化发展,如友康科技开发出"互联网+为老服务"平台,专为老年人及失智人群提供科技养老服务,年累计提供服务总量超过60万单。旅游服务领域发展强劲,如携程网除了应用互联网、云计算、大数据等技术推出酒店预订、机票预订、度假预订、门票预订外,还联合香港草莓网,开设"全球购—随行购"频道,开启电商新网购模式。文体服务领域稳步增长，如格瓦拉自主研发内容丰富、功能齐全的格瓦拉生活网，与全国 2000 多家影院实现网上在线购票合作，采用 O2O 模式为消费者提供娱乐生活为一体的特色服务，已覆盖 200 多个城市、1000 多个黄金商圈影院。

2. 生活性服务业在行业和人群方面更加注重垂直细分。越来越多的生活性服务企业将目光投向垂直细分市场，更加关注某类细分人群，例如，看处方网在管理病人档案的同时，将病情相同的病例标签分类，并为同病相怜的病友提供交流平台，从而在全球范围内获得更多的治疗建议和治疗方案。

3. 生活性服务业打破行业界限和壁垒，跨界融合发展。随着互联网与传统生活性服务业行业的深度渗透，行业间的边界逐渐变得模糊，生活性服务业企业突破传统的单项功能，形成多元化、多业态、多功能的服务复合体，提供更加全面有效的服务，一站式满足消费者的多元化需求。例如，上海证大喜马拉雅艺术中心，将美术馆、剧场、酒店、教育中心、商业服务多元业态融为一体。

4. 个性化定制广泛应用于生活性服务业各个领域。互联网带来的信息对称将消费者由被动变为主动，由受众变为主导。越来越多的生活性服务业企业聚焦消费者的个性化定制。例如，指南猫为游客私人定制旅游方案，格蕾丝专注于青少年心理危机及预防，为不同消费者提供个性化服务。

十四、线上线下互动，推动电子商务融合创新发展

上海市商务委、市经信委联合开展智慧商圈试点创建工作，发动 14 个区县申报了 17 家智慧商圈创建试点建设方案，经过评审认定了徐家汇、淮海中路、中环商贸区、南京西路、五角场、新虹桥商业中心、第一八佰伴等 7 个商圈作为首批智慧商圈创建试点，并指导智慧商圈试点单位制定建设方案，明确实施主体，黄浦区、静安区都成立了混合所有制公司作为实施主体，长宁区选

取了技术及运营能力较强的第三方公司作为实施主体，推动实体商业线上线下联动发展。

依托市商务委、市经信委专项资金提供的共计近600万元的资金支持，上海重点推动网络设施建设和智能设备建设。在无线局域网覆盖的建设与整合方面，试点商圈主要公共区域和代表商城基本实现全覆盖，提供免费上网服务和体验，基本都实现了公共区域的统一认证，徐家汇商圈实现了公共区域和部分商城的统一认证，第一八佰伴商城实现移动终端位置定位。部分商圈和商场开展了电子互动屏、快捷支付、智能停车等智能设备的建设，第一八佰伴在各楼层建设了电子互动屏，并实现了无线支付的服务，中环百联实现了停车反向寻踪的功能。

部分商圈利用大数据分析技术，对收集的数据进行管理、整合与分析，为公共管理、商业布局分析和精准营销提供依据，并开展了以APP、微博、微信公众号和电子互动屏等为主要内容的营销渠道的建设与推广，如黄浦区建立了大数据监控平台，收集淮海中路、南京路步行街的行人位置信息、进出店以及运行轨迹等数据，实现人流数据监控和分析等功能，五角场借助时尚五角场APP和微信公众号等进行实时信息发布。

在推动社区电商及服务持续向精细化、集成化、平台化发展过程中，上海加快推动大型商业企业通过线上线下互动发展社区服务。支持1号店等大型电子商务企业加快线下社区实体店的布局，依托自身投入开展社区O2O经营。厨易时代等垂直类电商则依托网络在社区设置生鲜直投保鲜柜，通过官网、自助终端、手机APP、微信等多种途径为社区居民提供24小时生鲜订购服务；积极通东百联、大润发、家乐福等线下实体商超利用实体门店的配送和进货优势，通过开通网上商店的形式实现门店与线上的互动；引进京东到家、苏宁云商等互联网O2O平台，依托自身的品牌及流量优势，通过整合线下实体商业资源，推动线上线下融合。

上海还不断提升O2O末端服务水平。加快推动快递配送的创新发展，鼓励和推动东方网、物联驿站、零公里、金山快递超市等紧密结合社区公共服务、物业服务、连锁商业网点、慈善超市等公共服务存量资源，在社区、高校、园区、商务楼宇等开展快递配送综合服务试点，推动电子商务快递配送平台化、智能化、网格化、集约化发展，不断提升电子商务末端服务水平。

上海在开展"互联网＋社区"商务创新实践试点中，鼓励电商进社区，拓展服务消费，普陀区曹杨、长征等智慧社区加快建设，为社区居民提供更加安全、舒适、便利的现代化、智慧化生活环境。"互联网＋"生活性服务业加快转型升级，推进"互联网＋"菜篮子打造诚信 2.0 版生鲜市场及永昌信息化平台升级版，推出微市场并已入驻第三方平台，实现线下支付卡支付并采用电子标签报价。传统零售企业如全家便利和电商企业达成战略合作，开展快件自取服务，借由电商大数据与精准化用户营销，提升门店客流量、吸引二次消费。绿盒子等电商加快线下业务拓展，开设线下实体店，提供高性价比的商品和精细的体验。

上述一系列工作取得的主要成效有：2016 年全市电子商务交易总额实现 2 万亿元，同比增长 21.9%，约占全国的 10%，增强了全市经济发展的新动力。智慧商圈建设带动传统商圈转型，商圈在线化、数据化、透明化程度持续提高，南京西路、淮海中路等市中心商圈销售额明显回升，摆脱了连年负增长的困境，2015 年销售额增速比上年提高 2.8 个百分点。大型电商企业纷纷下沉社区开设服务中心，并与实体商业门店联手推出"网订店取""网订店配"等业务。智慧微菜场快速发展，营业网点达 1064 个，满足了社区居民不断增长的消费需求。"互联网＋"及 O2O 等新模式迅猛发展，激发了新的消费需求，餐饮、旅游、文化、教育等生活服务领域涌现了一大批国内领先的 O2O 龙头企业，2016 年服务类网上交易额达到 2611.8 亿元，大幅增长 38.4%。

在开展内贸流通体制改革综合试点工作中，上海积极贯彻落实国务院相关要求，推动线上线下互动发展，大力促进电子商务融合创新，对加快传统商业转型、商贸流通创新发展、促进上海商业模式的创新，以及建设全球有影响力的科创中心都发挥了重要的推动作用。

十五、"两网协同"，推进再生资源回收体系重构

近年来，上海每年可回收废旧金属、废纸等各类废旧物资约700万吨，回收总量基本保持稳定，回收网络趋于多元，回收主体逐渐兴起。同时，也遇到回收主体难以成规模、回收站点难以落地、回收监管责任难以落实、市民分类回收习惯难以形成等瓶颈问题。浦东、长宁、松江三个区通过试点，已形成了各具特色的推进做法。

浦东新区以激励机制为突破，实现"阿拉环保卡"和"绿色账户卡"两卡合一，鼓励市民源头分类，推行"干净垃圾单独放"。一是叠加激励积分。推进"两卡合一"，在卡面合一的同时保留两个账户，市民交投时可凭一卡分别获取回收物品与干湿分类奖励积分，叠加激励效应。至2015年11月，已办理发卡约3.2万张。二是叠加回收品种。以金桥、森蓝、睦邦三家企业为试点主体，推进线上线下相结合的O2O回收服务模式，在回收高价值再生资源的同时叠加回收部分低价值可回收物。

长宁区以设施和人员共享为重点，在推进垃圾分类、低价值可回收物和日光灯管等有毒有害废弃物的分拣回收工作中形成协同管理机制。一是回收设施共享。首批选择3个试点小区，重点推进生活垃圾分拣与再生资源回收设施点位合为一体并予以固化，2016年试点小区扩大至41个。二是回收人员共享。试点小区内回收人员与垃圾分拣人员合一，区商务委、区绿化市容局制定试点工作标准化管理制度，由新锦华公司落实督导培训，协助各街镇监督管理。三是回收信息共享。梳理低价值可回收物目录，建立分类统计制度。至2016年底，三个首批试点小区低价值可回收物平均每天收运量约0.2吨，约占每天垃圾量的8%。

　　松江区以落实街镇责任主体为抓手，探索建立废品分类回收"政府引导、社区监督、社会组织、自主经营"的市场化运作管理模式。一是统一网点布局，依托街镇统筹设置回收中转储存站点，组建各街镇统一管理的回收队伍，原则上在每个街镇至少设置 1 个交投站，并设立专项资金予以支持。至 2016 年 2 月，各街镇废品规范化回收量达到每月约 300 吨。二是统一支持政策。试点低价值可回收物差价补贴政策，将玻璃、塑料包装袋等低价值可回收物的指定收购价与市场售价的差价部分纳入区垃圾分类减量专项资金予以补贴。至 2016 年 2 月，城区内低价值可回收物日收运量约达 9 吨。三是统一考核评价。相关街道、区绿化市容局、区经委、区房管局等部门开展联勤联动，协同建立和完善废品分类回收的责任制度和考核制度。

　　从上述试点情况看到，以下四方面的经验做法能有效解决瓶颈问题，可在全市复制推广。一是在空间布局上，通过共享与固化推进垃圾分类和回收设施建设，可解决再生资源末端回收网点落地难。再生资源回收网点的回收网络分散无序促使了大量无证无照回收点以及流动回收人员的形成。长宁区和松江区通过固化建设回收站点，有效促进了可回收资源的分类回收。二是在激励机制上，通过"两卡合一"叠加激励积分，可解决市民积极性提升难。通过推进"绿色账户卡"与"阿拉环保卡"两卡合一，叠加垃圾分类和资源回收双重积分，有利于提高市民积极性，形成分类回收习惯。三是在管理制度上，通过叠加考评加强街镇属地化管理，可解决日常监管责任落实难。回收人员组织、网点设置等问题带来环境、治安、消防安全等社会管理隐患，对属地化管理责任的要求越来越高。街镇的大力配合对三个区顺利推进试点工作起到了关键性作用。四是在政策支持上，通过聚焦低价值可回收物建立补贴制度，可解决可回收物应收尽收难。低价值可回收物是资源回收和垃圾减量工作中共同聚焦的难点问题。松江区试点推行差价补贴政策，起到了良好的资源回收和垃圾减量效果。

第二节 企业案例

一、上汽集团打造全生命周期 O2O 汽车电商平台

2012 年，传统汽车行业已经感受到了"市场寒冬"来袭的冷冽气氛，而"互联网 ＋"的热潮正值萌芽阶段。上汽集团结合互联网发展趋势，前瞻性地提出"依托互联网工具整合上汽销汽车销售与服务资源"的创新思路。这一思路与上汽集团"从单一的汽车制造和销售企业向汽车服务综合供应商转型"的发展战略相契合。于是，上汽集团率先破局，探索国内首个汽车集团背景的创新型 O2O 商业模式。

2014 年 3 月 28 日，车享网正式上线，并凭借传统汽车行业"老将血统"加上鲜活的"互联网基因"迅速成长起来，建立了独树一帜的"车享模式"。定位于"一站式"的汽车服务平台，为用户和商户创造传统渠道以外新的价值。

1. 不做一锤子买卖：成熟的全生命周期业务体系。

一个"全"是全生命周期价值，即为用户提供覆盖汽车消费"看、选、买、用、买"全程服务，创造最佳的用户体验。"便利"是互联网最具代表性的一个标签，就目前汽车消费业务单价高、频次低、环节多、选择少的现状来看，单一业务不仅无法满足互联网时代下的用户需求，更会加剧汽车电商本身的损耗。尤其对于新车销售、二手车这样低频的业务环节，如果独立开展，花费成本获取的流量在一单生意结束后就不再有价值了，企业将不可避免地会陷入投入大于收入、短期内难以盈利的困局。

车享业务模式是将汽车消费的各个环节贯通起来。在线上 PC 端"车享

网"、移动端"车享家APP"和线下实体连锁网络"车享家"三个业务平台构建成的"天罗地网"中,车享拥有车享购、车享二手车、车享汇、车享付、车享配等多个业务类型。比如用户在车享购选购新车后成为车享会员,不同级别会员在车享的养车、用车业务上能享受不一样的福利;而通过车享二手车平台卖出旧车,又能得到购车券,用于在车享购买新车的现金抵扣。通过各项业务的互通连接,车享平台的一次流量就能具有多次价值。

而经过近两年的数据积累,车享已经可以初步进行大数据运用,根据不同业务类型,建立起针对不同客户群体的大数据应用模型。专业的大数据模型一方面为车享的各业务板块提供了精准化营销工具,更好地实现多业务平台运营数据的贯通连接,另一方面也被运用于"车享328周年庆""车享528""车享88"等线上品牌营销活动,极大地增强了平台对用户的黏性和营销定位精准度。2016年5月,该模型在商业营销与传播领域最具权威性和专业度的奖项之一——"虎啸奖"的评选中获得"大数据创新应用奖",这表明了车享在大数据层面的发展得到了业界的认可。

2. 不是飘着的"空中楼阁":转型升级要"电"也要"店"。

另一个"全"是全方位打通,线上线下双向驱动。即这个平台是能为用户打造线上线下一致性服务体验的。2015年9月20日,坚持要"电"也要"店"的车享以汽车维修保养为切入点,推出汽车连锁实体服务品牌——车享家。经过一年的实战历练,刚过完一周岁生日的车享家已经向业界和用户交出了不错的成绩单:围绕用户生活区3公里的"社区化"布局思路,车享家实现了从零星分布到全国布局。从刚起步时的首批12城50家门店,到2016年底,车享家覆盖全国23个省、69个城市,门店也从比较单一的形态逐步发展为综合店、中心店、社区店、加油站店等多种类型。以这样的发展速度,车享家"2020年落地一万家门店,把全新的汽车生活带到用户家门口"绝不是"天方夜谭";而除了后市场基本业务,车享家也开设了许多特殊服务,比如上门接送车、紧急救援、星夜救援等。未来,车享的新车销售、二手车等业务的线下环节也会接入车享家，最大限度地让用户在车享家实现随心所"享"。

2016 年 4 月，车享又在移动端进行升级迭代，推出"车享家 APP"。通过车享家 APP，用户可以查询附近车享家门店、直接下单或预约服务，还可以在线对车享家门店员工评分。推出短短半年时间，车享家 APP 的用户数量已近百万。移动端的发力，符合当下用户全新的消费习惯和消费需求，让车享和用户之间建立起了更紧密的联系。而用户的评价将和门店员工的绩效直接挂钩，实际上是建立起了一个反向驱动机制，通过用户反馈驱动车享家服务品质的提升。

上汽集团做车享家，是有与生俱来的优势的。一方面，上汽集团在传统汽车行业的发展沉淀为车享家提供了供应链体系、标准化流程、人才梯队建设和培养等方面的支持，"上汽品质"的品牌声誉也让车享家在终端有较高起点，车享家品牌一经推出，用户便会有天生的信赖感，愿意来消费体验；另一方面，经过两年多的发展，车享的线上业务体系已经比较完善，对于互联网工具的运用也更加得心应手。线下和线上两方面加权，才能迸发"1 + 1 > 2"的力量。

车享家是车享实现"加速度"发展的关键一步，虽然占有"天时地利"，但面临的挑战也很大。目前的车享家门店都是直营模式，未来会开放加盟。把握连锁服务业的品牌化、标准化经营规律；同时，在机油、轮胎、养护产品等相关领域携手志同道合的、高品质的合作伙伴，补充完善整个产业链条。2016年，它和嘉实多、壳牌、中石油昆仑等都达成了战略协议。

3. 不当纯粹的"导流工具"：建立差异化竞争力，构建汽车生态圈。

互联网最大的优势是能让企业和用户建立起更直接的互动关系，便于企业直接了解用户多样化的需求以及需求的不断变化。目前的汽车电商被视为"鸡肋"，是因为用户尚未通过电商渠道感受到多样化、个性化的消费模式。

车享一直在尝试，为汽车生活创造新的价值。比如，基于浦东机场大客流量的交通需求，与上海机场合作定点开设车享家服务站；2016 年 4 月，联合斯柯达品牌，基于大数据分析，打造了斯柯达晶锐车享定制版；通过车享商城，向购车用户推出金融定制方案等。除了自身业务上的创新，车享以开放的姿态积极开展行业合作，为用户释放更大的汽车生活空间。比如，与中石油合作打造"加油站＋养车服务"的"咔咔车享家"业态，并推出"车享—中石油联名卡"，让双方持卡会员同时享受加油、汽车维修、美容保养等多种服务和多项优惠。目前，"咔咔车享家"在全国有 50 家门店落地，200 家网点在建，联名卡用户也已达近 4 万。

互联网时代让许多不可能变成可能，对于能够勇敢破局，同时踏实前行的传统行业创新者来说，这是一个最好的时代，也是一个更需要胆识和理智并存的时代。车享脱胎于上汽这块资源丰富的热土，成长到现在可谓可圈可点。它的每一步都对上汽"航母"的转型升级意义重大，也会是传统车企，甚至整个上海传统行业进行改革创新、探索新型发展模式中最直观、最具价值的借鉴。

二、东方网打造智慧社区"服务到家"O2O 模式

"智慧社区"项目是东方网为积极响应市政府号召，聚焦智慧社区，为百姓提供"家门口服务"的核心项目，是东方网进行自身新一轮创新转型的重中之重。2014 年，东方网确定智慧社区战略布局，打造线上智橙生活、线下社区服务点位的社区 O2O 服务综合平台。线上服务与线下服务紧密结合，针对社区中老年居民，用更智慧、更便捷、更贴心的方式送上"一站式"的服务。

2016 年，东方网根据《上海市国内贸易流通体制改革发展试点方案》，对智慧社区战略布局进行了优化升级，在市商务委的指导下成立"服务到家"合作联盟，特别针对探索建立创新驱动的流通发展机制，通过转型提升实体商业新消费供给能力。

同时，为响应习近平总书记在 2016 年 4 月 19 日召开的"网络安全和信息化工作座谈会"上，关于"为老百姓提供用得上、用得起、用得好的信息服

务，让亿万人民在共享互联网发展成果上有更多获得感"的讲话，以及用实际行动落实上海市商务委员会提出的"生活性服务业提质工程"和"互联网＋生活服务"行动，全面推进社区便民生活综合服务示范区建设。东方网作为上海市主流媒体和国有企业，在强大公信力的背书下，联合相关企业，整合上海的社会各方资源，利用先发优势，从平台和标准高度统一建设和运营"智橙生活"暨上海服务到家网络平台项目。

至此，东方网初步完成了"线上平台＋线下点位＋商户联盟"的智慧社区战略布局。不同于"饿了么""百度外卖""叮咚小区"等针对青年人群生活场景和消费习惯的垂直类 APP，"智橙生活"平台依托自身和东方网的优势，聚焦社区服务中的盲点——立足于服务社区中老年居民的实际需求，集老年群体感兴趣的社区信息、便民服务、新闻资讯和垂直应用服务于一身，为他们提供"家门口服务"一站式的便民服务。其在线上拥有上海电商平台、助医网挂号平台，为居民提供生活缴费、交通出行、政务办事等各种城市生活服务功能；线下则延伸到社区进行全市性的布点，本着"服务到家"的理念建立的东方网智慧屋，引进健康医疗、阅读、家政、养老、洗衣、餐饮、维修、理发、寄存、快递、收取、购物、金融等领域的服务性项目，打造多位一体的社区便民生活综合服务示范点。该平台已被上海市商务委员会确定为"社区服务到家"的综合服务平台。

至 2016 年底，共有 24 个服务商品牌、10 个街镇入驻"智橙生活"暨上海服务到家网络平台。这些企业包括：平安银行股份有限公司上海分行、上海航空国际旅游（集团）有限公司、上海延华智能科技（集团）股份有限公司、海通证券股份有限公司，等等。它们中有需要转型的传统服务业、也有"互联网＋"浪潮下创新型服务商，但无疑都是信用优良的企业。聚沙成塔，大量的低频应用汇聚成能够为用户提供全方位服务的综合平台。

支付是服务平台的流程中非常重要的一环，为了实现安全便捷的支付体验，"智橙生活"平台与"卡通中国"打通，支持预付卡、账户余额和第三方支付（银行卡、支付宝）。在实际操作中，只需几步就可轻松完成购物，即便是年长者也很容易掌握。"卡通中国"是一个整合电商、预付卡企业、积分等虚拟货币企业的一站式在线综合服务平台，在上海地区实现了90%的预付费卡接入，成功打破了预付卡线下消费局限，为广大的预付卡持卡用户提供专业便捷的一站式网购服务。此外，网站采用先进的系统加密及保护技术，设置多重防护网，对可疑数据实时监控，同内部严格的资金管理流程和完善的安全系统一起共同确保用户的资金安全。

东方社区信息苑是上海市实事工程的配套项目，自2004年启动以来，完成建设300余家网点，年均总服务人次超过2000万，多年来为市民消除数字鸿沟、进入互联网时代起到了积极的作用，有力推进了上海城市信息化发展战略的实施。作为东方网智慧社区战略的社区落脚点，在东方网智慧社区的战略布局中，覆盖全市208个街镇的东方社区信息苑扮演着非常重要的角色。

结合东方社区信息苑的公共文化和社区属性，根据东方网智慧社区发展战略，信息苑进行了智慧化的转型升级。改造后的信息苑（智慧屋）除了为社区居民提供公共上网、公益培训、公共服务、特色活动等公共文化基础服务之外，集成了更多的互联网＋生活类服务功能，包含智慧健康、智慧旅游、智慧家居、智慧金融，智慧购物等板块，率先把家政、通信、电商、金融、旅游、缴费充值等20多项服务整合于一体，用智慧便捷且人性化的方式，为老百姓送上"家门口的服务"。

在试点过程中，居民们纷纷到信息苑学习使用智慧屋设备和"智橙生活"线上平台的服务应用，实现了水电煤自助缴费、自助健康检查、在线预约挂号、行政事务等市民最急需、最关心的服务内容。智慧化的东方社区信息苑极大地方便了居民的生活，吸引了各类人群的关注，服务人次以10%的速率逐年递增。相信随着时间的推进，会有更多的信息苑升级为"信息苑智慧屋"，解决上海社区民生服务O2O的"最后一公里"。

三、上海大悦城探索创新差异化、场景化、智慧化的新商业模式

上海大悦城城市综合体位于苏河湾黄金水岸的核心 CBD，毗邻人民广场、外滩、南京路步行街。总投资逾 160 亿，是目前中粮集团最大投资规模的城市综合体。其中包括一期购物中心、二期北地块办公楼及商业风情街、二期南地块住宅。2010 年上海大悦城一期开业，历经 5 年建设磨砺，2015 年 12 月 19 日上海大悦城焕新启幕。整体商业体量达 16.3 万平方米，联通地铁 8 号线、12 号线，拥有 SKY RING 天空指环、梦创空间、摩坊 166、手作人街、未央街、霓虹街、千平方米垂直绿化，升级了现代化智慧购物体系，更拥有 400 余家优质商户引领都市潮流。

"商业经营的核心是客群经营"，以消费者体验为核心是上海大悦城一贯秉持的商业逻辑。上海大悦城的目标客群是城市新兴中产阶层，利用智慧购物体系、情感云社交等手段实现差异化营销，品牌、业态全新升级，成为上海最具个性特色的主题购物中心。而最引人关注的是，上海大悦城定位由"我的约会主场"升级为"魔都爱情地标"，引入了国内首个屋顶悬臂式摩天轮 SKY RING，打造沪上首家屋顶轻艺术街区摩坊 166，更独树一帜地以情感体验拉动消费，首创亲密社交空间的理念打造爱情主题购物中心。其商业模式主要包括以下四个方面：

1. 体验场景构筑。自主 IP——摩天轮 SKY RING。上海大悦城独树一帜的"爱情主题"定位，从满足消费者情感诉求出发，打造亲密社交空间。应用互联网产品思维，坐落在屋顶的摩天轮 SKY RING 不仅是购物中心客流的发动机，在增加娱乐体验的门票收益之外，也带来吸引众多品牌跨界合作的衍生收益。包括：跨界租户营销，借势话题热点；租户经营扶持，明星产品组合售卖；主题展览联动，逛展与摩天轮更配。其中，40% 租户参与摩天轮深度营销，15%—40% 租户销售提升，效果显著；至今，摩天轮与国际知名品牌联

手，已举办超过 20 场跨界活动，如 Lancome 奇迹香水发布会、Heineken 喜力日主题派对、Love Radio 七夕爱的派对等。

屋顶轻艺术街区——摩坊（MoreFun）166。在摩天轮下，一条有人情味的街区位于北座 8F/9F，它是沪上首家屋顶轻艺术街区、原创亲密社交空间；充分满足当代年轻人追求独特的玩乐需求、美学情思和社交习惯，设有手作人街、霓虹街和未央街三个主题板块街道，用"人情味"串联起整座街区独特的精神感召。

2. IP 营销高势能。高频次和强 IP 的推广活动，是又一为消费者构筑丰富体验的利器。2011—2016 年间，上海大悦城举办的 646 场推广活动中共 26 场大型 IP 授权活动及展览，吸引 150 多位明星艺人到场。高频次的推广活动，实现客流 205% 的增长，同时在二期北座开业后稳步攀升，催生客流引爆点。2016 年 7 月的"Line Friends 丘可驾到全球首展"轰动全城，Line Friends 选择上海大悦城发布 LINE 家族新形象，吸引了超过 35 万的粉丝前来朝拜，快闪店销售超过 1000 万元。其中包括形象提升，商业美陈话题热点；客流提升，远端吸引辐射游客；销售提升，联合营销衍生消费；体验提升，丰富消费者体验。

3. 潮流品牌组合。上海大悦城以爱情为主题全案营销，形成极富个性的"爱情文化"驱动客流吸引力。"每一个值得纪念的故事都在这里发生"是上海大悦城打造体验式购物中心的终极愿景。为了深化消费者体验，建立情感联结，它打造沉浸式爱情体验场景，让消费者欲罢不能。上海大悦城在招商时，为迎合爱情主题，联合商户共同打造升级品牌，增加消费体验。400 余个品牌引领上海潮流新风向，手作等深度体验业态比例大幅增加。上海大悦城拥有 49 家体验式集合店，为消费者打造一个多元化的社交空间。

4. 精细运营，智慧购物体系。上海大悦城的智慧购物体系是衔接顾客与大悦城之间的互动、记录消费轨迹的触发系统，满足会员 / 顾客私人定制的智慧云端大数据。"情感云"，成为消费者存储所美好记忆的平台，一切值得纪念的事、影像存储、爱情留言，都通过云端记录。约会老友，邂逅新朋，都可以通过云端实现。消费云、团购、外卖、自助积分兑换服务云、一键 WIFI、LBS 推送地图导航、滴滴接口一键叫车休闲云，共同实现最好的观展体验，并提供最大参与感的会员中心，包括线上购票、预约派对、扫码观展等。智慧停车系统带来最快捷的出入体验，包括可自动识别车牌、进行车位引导、为记不住停车位的客人反向寻车。

四、百联集团奋力推进传统商业零售脱胎换骨转型

百联集团是上海市属国有企业集团，商务部重点培育的大型商贸流通企业之一。"十三五"时期，百联集团认真贯彻中央"五大"发展理念、落实供给侧结构性改革要求，按照上海市推进内贸流通体制改革试点的部署，在国家商务部、上海市商务委等各级政府部门的指导和支持下，积极顺应创新时代、开放经济、共享平台，以改革激发创新、以创新促进转型，加快建设客户化、专业化、国际化、互联化领先的全渠道商贸企业，努力实现百联"脱胎换骨"转型。主要分为以下两个方面。

1. 落实"互联网＋"行动计划，直面传统零售业务严峻挑战，全力推进全渠道电子商务和零售终端模式创新。

创建贯通线上线下的全渠道商业模式，是百联贯彻国家商务部"互联网＋流通"行动计划和内贸流通体制改革试点的要求，抓住"十三五"时期上海国际贸易中心、自贸试验区加快推进，建设国际消费城市等重大机遇，充分发挥自身资源优势，从客户需求出发、以市场为导向、顺应消费趋势，重塑实体商业优势，推进商业零售变革的积极探索。重点围绕两条主线开展：

主线一为打造全渠道电子商务平台，为传统零售业务注入互联网基因。百联目前在全国 20 个省份拥有百货店、购物中心、奥特莱斯、专业专卖、大卖场、超市、便利店七大零售业态，各类网点约 5000 家。在当前经济新常态、

消费转型升级的大背景下，百联零售业务的业态结构、商品结构、经营模式总体都比较传统，难以适应当前消费偏好"个性化"、消费场景"移动化"、消费时间"碎片化"的需求，尤其面临跨国零售巨头、跨渠道电商企业、跨界新兴资本等日趋激烈的市场竞争，企业发展亟待变革、创新转型迫在眉睫。

2016年5月19日，经过近两年的系统开发、资源整合、迭代建设，"i百联"全渠道平台正式上线，标志着百联"十三五"时期实施"+互联网"到"互联网+"战略，业务创新转型迈出了重要一步。全渠道平台以"i百联，云享生活"为核心理念，充分利用百联现有5000家实体门店资源、10余万从业人员、每年超过10亿人次客流，充分运用互联网技术，聚焦商品、体验、供应链三大核心要素，打通"线上、移动、线下"三大渠道，打造百联"全渠道、全业态、全客群、全品类、全时段"的"互联网+流通"商业新模式。平台首期上线33个业务模式、78个应用产品，五大特色服务场景——百联通享、百联财礼、百联店取、百联到家、百联奥莱，五大特色购物场景——精品闪购、全球购、生鲜随心订、精选篮筐、百联云店，为消费者带来触手可及的新时代海派品质生活。

主线二为推动传统业务转型，创新零售终端模式。其中包括商圈门店转型、经营模式转型、超商提质增效三个方面。

商圈门店转型为百联根据不同商圈特点，适应消费者需求的变化，对目标客户、商品组合、品牌组合等进行转型调整，形成差异化竞争优势。2015年12月12日，百联旗下东方商厦淮海店整体转型并更名为"淮海755"，根据年轻时尚定位进行全面调整，增加美妆、家居、手工坊、西餐等品类，引进MUJI旗舰店，预计转型整体效益可提升40%。下一步，将全面推进第一百货商业中心、第一八佰伴、东方商厦旗舰店等重点门店转型。

经营模式转型为推进商品品类品牌结构调整，着力改变传统百货店"千店一面"形象。加大力度引进国际品牌、快时尚品牌、时尚专业专卖店；推进自营业务发展，探索深度联营联销模式，加强与海内外大供应商的战略合作，包括畅销款买断经营、订制开发等。2015 年，百联与北京王府井、香港利丰成立合资公司落户上海自贸区，发挥百联、王府井的零售渠道资源，借助利丰的全球采购网络与供应链管理优势，合作推进自营业务发展，计划三年打造六大品牌，开店 300 家，实现 10 亿销售；2016 年，百联获得英国著名品牌 DAKS 在国内的总代理。在营销创新上，改变以往过度依赖价格促销的方式，更加注重整合营销资源，统筹营销节奏，加强主题营销，积极运用数字新媒体和社交平台，形成线上线下联动营销。

超商提质增效。近年来，集团旗下 H 股上市公司联华超市受到宏观经济下行、电子商务冲击，以及自身业态结构传统、供应链能力弱等内外部因素的影响，不能很好适应当前消费需求变化和零售行业发展趋势，企业经营困难，上市公司在资本市场表现疲弱。2015 年下半年以来，集团组织实施了两轮联华超市提质增效"百日行动计划"，以生鲜供应链提升为突破口，全面推进门店转型和商品供应链打造，取得了初步成效。2016 年上半年，生鲜销售同比增长 13.48%，毛利额同比增长 15.44%；世纪联华大卖场转型门店 1.0 版全新开业后，销售同比增长 68%，毛利增长 23%，客流增长 31%；快客便利店 16 家试点门店改建后销售增长 18.9%；快客首家互联网 + 便利店 1.0 版开业，定位提升为辐射人群的生活 Hub 模式，与全渠道模式充分对接，在"零售 + 快餐"基础上，打造成为集合商务、娱乐、居家、出行、通信、医疗、金融等生活服务的新型便利店。

2. 贯彻供给侧结构性改革，聚力可持续体系建设，促进供给创新激发消费需求。

百联集团认真落实中央关于实施供给侧结构性改革总体要求，发挥零售终端贴近消费的优势，从需求端出发促进供给创新。在"i 百联"全渠道平台建设的基础上，针对传统百货、超商业态存在的转型瓶颈，着力延伸产业链，拓展供应链，积极探索发展 C2F、C2M 模式；顺应互联网、云计算和大数据时代特点，充分利用工业 4.0 技术，构筑围绕消费者和客户的体验创新、资源集成的消费商平台。在推进业务创新转型过程中，贯彻新一轮国资国企改革精神，突出市场化导向，加快推进体制机制改革，注重可持续体系建设，为创新转型提供动力和保障。具体措施有以下三点：

其一为整合社会化资源，构建研发创新体系。2016 年 3 月 24 日，百联集团全球商业互联网科研与创客中心在上海成立，百联与 IBM 签署战略合作协议，在百联未来发展的战略框架下，抓住全渠道商业零售的重要机遇，着眼于社会资源的高效集成，以技术作为未来发展的核心驱动，携手国内外各领域顶尖机构共同研发。百联"科创"中心既是自身全渠道技术研发中心，同时向外输出商业零售最新技术，也是互联网创客的众创平台，计划 5 年内孵化超百家创客，打造中国乃至全球领先的商业零售技术、模式、人才高地。

其二为着眼全球化布局，打造供应链体系。通过源头规划布局、供应链搭建、终端模式创新，建设贯通线上线下的百联供应链体系，打造百联未来核心竞争力。在深入研究中国市场及消费人群的细分品类选择、品牌定位、价格带等的基础上，聚焦热点品类，搭建专业化团队，计划重点发展五大专业品类，包括生活服饰、进口食品、亲子婴童、品位家居、时尚美妆。具体分三步走：一是做强渠道，在"i 百联"全渠道平台的基础上，进一步调整升级线下渠道，不断完善线上和移动渠道，构建一个完整的全渠道架构体系。二是上控资源，向上游资源延伸，积极构筑并掌控产业链商品资源和供应链流通资源，加强核心能力建设。三是拓展渠道，通过复制自身掌控资源的核心能力优势，线上横向拓展和纵深推进扩充场景，从区域垂直发展到地区辐射；线下推进新型便利店、奥特莱斯和购物中心的全国布局，进一步提升线下渠道优势，努力把百联建设成上控资源、全国布局，初步具备全球供应链组织能力的全渠道商贸企业，构建自身核心能力。

其三为突出市场化运作，变革人才激励体系。结合线上线下全渠道业务融合拓展的要求，采取组织内部推荐、个人自荐、市场招聘、猎头推荐等"组合"方式，同时匹配市场化薪酬体系，百联全渠道公司集聚了集团内部一批熟悉传统零售运作的优秀人才，吸引了阿里、苏宁、1号店、洋码头等一批熟悉线上运营的优秀人才。在考核激励方面，突出业绩导向，改革收入分配机制。全渠道公司引入全员绩效考核激励机制，以绩效为管理维度决定员工的收入考核、奖金分配和职业发展；对重要岗位及核心骨干，综合运用上海"张江模式"激励试点、上市公司股票期权激励，将公司的长期发展与个人中长期激励相挂钩，更好地吸引、激励、留住对公司长远发展有重要影响和贡献的人员。

百联"脱胎换骨"迫在眉睫，任重而道远，将以"破釜沉舟"的决心、"壮士断腕"的勇气，振奋精神、脚踏实地、攻坚克难、务求实效，加快推进商业零售变革、创新、转型，不断提升企业活力、核心能力和市场竞争力，为我国流通业改革与发展，为上海"十三五"时期打造国际消费城市、加快建设国际贸易中心作出积极探索和应有贡献。

五、直击家居消费痛点：家居流通 4.0 时代真的来了！

提起"装修"，很多消费者都感到颇为头疼。这条为期半年的闯关路，不良商家布置了无数的陷阱，一不小心就会上当受骗。如何才能买到绿色、环保、优质的正品，是每个消费者的肺腑之问，也是国家有关部门和行业典范一直努力的破题方向。但是更大的问题来了：一方面，家居行业具有非标性，很难实现统一监管；另一方面，家居消费具有重体验和重服务的特性，售卖的不仅仅是产品。怎么办？

围绕全国内贸流通体制改革试点，在上海市商务委的指导下，对于如何解决家居行业的消费痛点和监管痛点，家居流通业龙头红星美凯龙不仅给出了答案，还提供出了可供复制和推广的模式，成为了上海市内贸试点的样本企业。在 2016 年 4 月，国家商务部副部长房爱卿调研红星美凯龙之后，大力称赞："制度很重要，一个好的制度，才能更好地引领企业经营与发展。"那么，红星美凯龙究竟是如何做到的？

1. 信用分级体系：好品牌"晒"出来。

不同于其他行业，对于消费者来说，买家居最烦恼的，不是选择太少，而是选择太多。目前的家居行业，整体的品牌形象塑造还远不够成熟，消费者对很多品牌缺乏了解，来回比较分不出高下，这就给了很多不良商户浑水摸鱼的机会。为此，红星美凯龙构建了一套完善的商户信用分级管理体系，围绕质量、价格、服务、送货、履约行为、顾客喜爱度等顾客最关注的 6 个方面，对每个进驻商户进行信用评定，并根据评价结果由好至差，分为五星到一星 5 个等级。最后，红星美凯龙将评选结果做成铭牌，放在每个商户的入门位置供消费者参考。此外，根据消费者在商场内的动线，红星美凯龙把信用体系进行了多处展示。从入门口的大屏幕，到服务台的自助查询系统，再到导览手册，进驻品牌的信用信息，消费者可以一览无余。

对于红星美凯龙来说，一头连着消费者，一头连着品牌商家。信用体系的构建，除了为消费者解决痛点之外，也对商场和商户的规范经营提供了助力。对于四、五星级商户，红星美凯龙会给予其政策性的鼓励和支持；而对于存在诚信违规行为的商户，则给予相应的限制和整改要求；严重违规的商户，会要求其停业整顿甚至解约处理。

实际上，在上海的内贸流通试点工作中，信用体系的构建也被当作重中之重。为此，上海市商务委依托市公共信用信息服务平台，搭建了全市统一的商务诚信公众服务平台。在上海市商务委的指导下，2015 年红星美凯龙成为了该平台的第一批子平台企业，并依靠信用体系，将积累的商户信用数据与上海市商务诚信平台实现了共享互通，助力市商务委对商户实现了"政府部门 + 行业平台 + 消费者"的三重有效监管，建立起"市场决定、政府有为、社会协同"的三位一体的现代流通治理模式。而在未来，依托正品防伪追溯和物流供应链体系，红星美凯龙还会将信用体系从商户延展到工厂、设计师等上下游，实现全程监管。

2. 正品查询平台：让"李鬼"无所遁形。

家居业有句老话："样品不等于产品，产品不等于商品，商品不等于用品。"从工厂到消费者家中，家居消费链条中间存在着冗长的流通环节，从生产、分发、展示、销售到配送，每一环节都有可能出现问题。拆分环节进行监督，耗时耗力，但又无法治本。如何保证消费者购买的商品是原厂正品？红星美凯龙选择了最艰难但又最能治本的一条路。过往，家居市场缺乏对商品的统一规范描述。光红星美凯龙商场内经营的商品就超过 1400 万，每件商品均包含不同的品牌、风格、材质、型号、规格等信息。为此，红星美凯龙借助 ERP 系统，编撰并实践了家居行业唯一一套单品编码体系，建立千万级信息库，保证同一商品在不同商场内准确描述，让每件商品都有了独一无二的标识。

借助单品编码体系，2015 年 12 月 11 日，红星美凯龙正式发布"中国家居正品查询平台"。该平台为每一件家居产品生成独一无二的"身份证号"。这个号码详细记录了产品的生产、物流、仓储、销售等信息，让流通渠道变得全程透明。消费者收到产品后可以通过手机轻松查询产品信息，并验证真伪。打击"李鬼"，光靠红星美凯龙的力量远远不够。2016 年 5 月，红星美凯龙联合中国质量认证中心和 200 余家国内外家居品牌，共同发布了"中国家居正品战略"。根据规划，3 年内，红星美凯龙将推动 2000 家主流家居品牌上线中国家居正品查询平台。与此同时，红星美凯龙联合各品牌发布了假货"零容忍"的承诺，消费者在红星美凯龙买到假货，红星美凯龙将"退一赔三"，并清除售假商户。

与此同时，红星美凯龙一方面积极搭建物流供应链体系，另一方面研发以条形码、二维码和 RFID 技术作为载体的统一流通编码。未来，正品查询平台将与供应链物流系统全面打通，实现家居流通各阶段信息数据的实时采集与验证。消费者可以全程在线跟踪和验证真伪，真正做到商品来源可查、去向可追、责任可究。

3. 线上线下一体化：引领家居流通 4.0 时代。

2016 年是红星美凯龙的 30 周年。在过去 30 年的发展历程中，红星美凯龙一路见证了国人居家生活品味的提升，并引领着家居行业的变革。在红星美凯龙看来，它经历了从最初的集市贸易型，到专业批发市场型，再到连锁经营型的三个发展阶段，以标准化、信息化、集约化和消费体验升级为核心的家居流通 4.0 时代即将到来。而这背后蕴藏着深刻的时代洞察。数字技术和互联网的广泛应用，正快速改变着社会的方方面面；中国日益庞大的中产阶级，在引领着新一轮的消费升级；国家层面推行的供给侧改革，抛给了每个企业机遇与挑战并存的命题。

在 2016 年 6 月 18 日的 30 周年盛典上，红星美凯龙董事长车建新正式发布了 1001 战略，一方面要将线下商场开到 1000 家，另一方面搭建 1 个互联网平台进行业务的跨界拓展。红星美凯龙"将用实体店的品质 + 互联网的效率，推动家居业的供给侧改革，引领泛家居消费的结构性升级"。

在 1001 战略的指引下，红星美凯龙的"家居流通 4.0"体系构建，除了家居市场信用体系和家居流通发展体系之外，还将重点打造以顾客消费体验升级为中心的线上线下一体化服务体系。首先，红星美凯龙要将商品扩展到家居装饰品，包括窗帘、花瓶、桌布、家电、家具辅件等商品，以提高用户消费频次；其次，红星美凯龙还会以家为核心，进行包括房产、家装、服务、金融等业务的跨界拓展；最后，红星美凯龙将通过线上线下一体化相互赋能，打造无缝衔接的服务闭环。"以实体门店为核心服务用户，让体验更有温度，让服务更专业、更人性化；同时通过互联网平台和技术工具，让用户的选择更丰富，参与更便捷。真正迎接品质消费时代的到来。"

红星美凯龙的互联网平台已经上线。该款 APP 产品以共享为理念，倚靠"专业"+"品质"的两大核心点，为用户提供以家为核心的、包含产品和服务在内的消费升级需求。这也意味着，这家三十而立的企业，在"家居流通 4.0"的路上迈出了坚实的一步。

六、上海率先在酒类流通领域建设"信用 + 追溯"的创新监管模式

近年来，上海市酒类专卖管理局（以下简称上海市酒专局）探索开展行政

监管与社会信用体系联动，在酒类流通领域率先建立"信用 + 追溯"的创新监管机制，积极建设酒类法治化营商环境，创建以酒类信用为核心的现代酒类流通治理模式。酒类流通监管任务艰巨，其中挑战包括以下三点：

1. 大流通。上海是国内酒类商品流通总量最大的城市之一。截至 2016 年 9 月底，上海的酒类经营企业已达 48211 家，其中批发商 9020 家、零售商 39191 家，经营业态分布为超市卖场、宾馆酒店、集贸市场、夜店 KTV、品牌专卖店、烟杂店等，酒类品种涉及白酒、葡萄酒、洋酒、黄酒、啤酒、预调酒等。

2. 大消费。统计数据显示，2013—2015 年间上海瓶装进口葡萄酒总量从 8.988 万千升上升至 11.971 万千升（2016 年上半年已达 6.383 万千升），约占全国的 30%，位居全国前列，自贸试验区内外高桥保税区则占到了整个上海进口葡萄酒流通总量的 60% 多。另据对本市 6000 多家样本酒类经营者销售数据统计显示，2016 年 1—6 月全市酒类商品销售额为 233.8 亿元，同比增长 8%。

3. 监管难度大。面对庞大的酒类市场，市酒专局和 16 个区酒专局的每名酒类执法人员平均需管理多达 400 多户酒类商家，传统的执法检查方式已无法适应酒类市场的快速发展，执法资源配比的不足和不均使得执法成效难以得到有效保障，便捷和高效难以兼顾，亟须在监管机制上予以突破和创新。

以"四大创新"推进"信用 + 追溯"监管模式来应对以上挑战。

1. 制度创新。上海市酒专局近两年先后制定了关于行政许可和行政处罚方面的两部酒类监管规范性文件，完成了酒类行政权力和行政责任清理工作，从制度上为"信用 + 追溯"创新机制建设提供了法制保障，推进了酒类法治化营商环境建设。

2. 行为创新。一是建设"事前告知承诺、事中分类评估、事后联动奖惩"的全过程信用管理模式，2015 年上海市酒专局成功申报入选为上海市信用平台子平台和应用双项试点单位以及酒类专卖创新市场监管标准化示范试点，应用公共信用信息在许可审批、市场稽查、商品抽检等工作中增加诚信承诺与核查、信用预警及奖惩等措施，并以"酒类流通领域全过程信用管理"入选上海诚信体系建设十大典型案例。二是指导宝山酒专局开展"信用综合应用"，通过建立酒类经营"放心示范店"，引进第三方信用评估机制，在零售终端运用信用管理，为小微企业的融资贷款、代理渠道和商超入驻等方面提供参考，扶持酒类诚信经营，并致力于推动"酒业诚信通 APP"（已开通微信版）的使用来协同和推进区内的网格化管理。三是推动青浦酒专局开展"散装酒创新监管"，针对散装酒分布散、风险高、溯源难等问题，以批发源头为抓手、市场应用为支撑，努力消除监管盲点和难点，创新散装酒密闭式储运和销售方式，牵头相关各方在硬件（专用密封酒缸）和软件（追溯监管专用）等方面进行合作，建立散装酒追溯管理系统。四是助力浦东酒专局开展包括自贸区在内的"行政检查应用"，根据酒类经营者的不同信用等级实施分类监管，做到统筹兼顾、重点突出、以点带面、有效管理，既消减了面广人少的执法困难，又实现了有的放矢的监管目的，也为后续移动执法的顺利开展打下基础。

3. 管理创新。上海市酒专局建设的"上海市酒类流通安全信息追溯管理系统"已完成建设和相关验收，逐步接入自贸区、宝山区、青浦区的追溯信息。围绕白酒等酒类商品推动产业链的可追溯管理，鼓励、推动自贸试验区开展进口红酒追溯体系建设，并推进各类追溯载体与电子随附单相结合的追溯模式。

4. 应用创新。市场参与度是酒类"信用＋追溯"应用的直接体现，在上海市酒专局的指引和宣传下，目前在上海经营的怡亚通、酒老板、捷强连锁、百川名品等酒类流通龙头商家均已在信用管理上进行了有益尝试和不同程度的应用，为后续追溯链条的形成打下了坚实的基础。

"信用＋追溯"监管模式成效初显。第一，标准化建设。根据沪质技监标〔2015〕291 号文，2015 年 6 月以来上海市酒专局与上海市质标院合作正式启动并持续推进《酒类专卖市场监管标准化试点》试点项目。2016 年 2 月，上海市酒专局配合上海市质监局编制完成的全国首个《全过程信用管理要求三清单编制指南》已对外发布。

第二，加强事中事后监管。上海市酒专局在行政许可告知承诺制中加快推进"三证合一，一照一码"社会信用统一代码信息的登记（采集）工作，在行政检查中逐步开展对酒类经营企业的分类管理。2016 年 8 月，依照《上海市事中事后综合监管平台建设工作方案》（沪府办发〔2016〕29 号），从"双随机、双告知、双公示"等制度创新出发，与上海市工商局信息中心在联合惩戒及预警监测等方面达成相关合作意向。

第三，创建"放心示范店"。为了推进诚信售酒示范企业认定，在上海市酒专局和宝山酒专局的共同推动下，2016 年底前对约 50 家酒类零售门店挂牌"放心示范店"；在上海市酒专局和青浦酒专局的共同推动下，逐步将使用专用密封酒缸开展溯源的 10 家散装酒零售门店纳入"放心示范店"建设。

第四，政银合作。根据《上海市国内贸易流通体制改革发展综合试点方案》中关于"建立健全市场信用体系"的要求，2016 年 9 月 1 日上海市酒专局与广发银行上海分行签署了"银政战略合作框架协议"，双方将在共建"诚信售酒示范企业""散装酒等酒类商品销售追溯系统"等方面开展差异化合作，通过大数据的资源互补和信息互联，加强对酒类市场经营主体的服务和监管，开展酒类信用管理"事后联动奖惩"的实际应用。

第五，政企合作。为了形成具有品牌效应和示范效应的酒类追溯体系，通过多种技术融合构建上下一体、协同运作、信息互通的管理体制，推动酒类食品实行全产业链可追溯管理，2016 年 9 月 13 日上海市商务委与贵州茅台集团共同签署了《关于建立双方合作机制共同促进酒类流通发展框架协议》，上海市酒专局已与茅台集团建立了相关酒类商品的数据对接机制。

第六，与专业第三方合作，为了数据采集后的高效评估和有效分析，并对酒类监管提供建设性的意见，2016 年 8 月 31 日上海市酒专局与提供技术支持的专业第三方资信评估公司（正信方晟）签订《战略合作协议》，在酒类经营企业评估分析模型定制版建设等方面开展合作。

第七，追溯试点推进。上海外高桥进口商品直销中心 D.I.G、名轩餐饮及欧尚超市的酒类试点品牌追溯已顺利实施，其中外高桥依托国内首条自动贴标流水线，已基本实现 D.I.G 内的酒类商品追溯全覆盖；宝山区域的"酒老板"等零售店已对约 300 种酒类商品实现追溯；青浦区域的散装酒龙头批发企业及其部分零售门店使用追溯监管系统专用软件开展动态数据管理。这些追溯试点工作，均已形成了社会示范效应，获得了市场和消费者的认可，助力了酒类信用体系建设。

七、欧冶云商构建大宗钢铁市场生态圈

中国是全球大宗商品主要的生产国和消费国，但是计划经济时期以来长期"条块分割"的市场体系导致大宗商品流通效率非常低、成本非常高。以钢铁材料为例，2015 年中国粗钢产量高达 8 亿吨，产量占到全球的 50% 以上，但是在钢厂与终端用户之间的流通领域却存在着大量的低效率空间，市场流通的钢材平均要通过 3 次以上转卖才能销售给终端用户，这也大幅提高了中国的钢铁物流成本。自 2012 年开始，钢贸商信用环境崩溃，银行"谈钢色变"、严格控制贷款，进而又造成钢贸商资金链进一步绷紧甚至崩断，最终导致行业整体的信用危机。因此，在大宗商品流通领域，打破信息不对称、降低物流成本，同时构建信用体系，挖掘产业链金融的巨大潜力，将成为新的价值增长点。

欧冶云商是宝钢集团和宝钢股份于 2015 年 2 月 4 日共同出资成立的第三方大宗商品交易服务平台，欧冶云商以"互联网＋"为驱动力、以"共建共享"为价值理念，努力构建全球领先的大宗商品交易服务平台，提升中国在大宗商品领域的定价权和话语权。未来欧冶云商将通过加强和生产商、终端用户、流通商、金融机构以及上海市政府的战略合作，积极构建大宗商品交易平

台，为全球大宗商品流通提供现货和远期合约交易以及配套的金融、物流、技术、数据等综合服务。

欧冶云商已经拥有电商、物流、金融、材料、数据、采购、资源、国际、化工、资讯等子平台，从交易产品来看，已经形成以钢材为核心，进一步拓展到矿石等原燃料、有色金属、化工原料、工业品等大宗商品的全产业链生态型服务体系。成立近两年来，欧冶云商在协同政府建设开放创新的流通发展体系、公开透明的市场规则体系、高效统一的市场治理体系方面发挥了积极的作用，具体如下：

1. 推进流通服务模式创新。

第一，交易服务创新。欧冶电商作为欧冶云商的钢材交易平台，通过仓储和质量信息系统对货源进行云端验证，为客户提供绿灯、绿印服务，保证了货源的真实性和质量可靠性，有效降低了交易风险。平台上的货物如果显示绿灯，即表示货物真实存在且货主信息一致，客户可以放心购买。如果货物显示绿印，即表示产品质量信息和出厂信息一致，产品质量安全可靠。通过验灯和验印的方式，欧冶电商实现了对信用风险的有效监管，为客户提供信用背书，大大提升了客户体验度。

此外，欧冶电商协同欧冶物流、欧冶金融等单元，创新推出了绿融产品，用户从申请到开户可实现全流程自动化，发起融资需求后可实现1小时之内贷款到账，有效解决了中小微用户融资难的问题，这也正是基于欧冶物流建立的仓库信用评级体系，对风险进行了有效控制。

基于客户的差异化需求，欧冶云商创新推出"寄托"服务产品，通过现货寄售和代理采购相结合，为生态圈客户提供渠道、金融和物流综合服务，并且实现了平台在线化服务，用户可以实现"一键寄托"。"寄托"产品的核心在于对货物风险的有效控制，从而实现信息流、资金流和物流"三流合一"。

2015年欧冶云商实现了1018万吨交易量，其中结算量888万吨，位居行业前列，2016年1—10月欧冶云商实现了2786万吨GMV交易量，其中结算量 1368 万吨，同比实现了高速增长，并继续保持行业领先地位。

第二，物流服务创新。在仓储服务上，欧冶物流通过加盟、联盟、管理输出、资本合作等多种方式，构建强大的物流基础网络，以此为基础重构大宗商品流通领域的信用体系。未来欧冶物流将积极推进仓单标准化、电子化及提高其真实性，通过仓单的在线交易，提升大宗商品流通效率，降低流通风险。

2016 年欧冶物流积极推进"千仓计划"，即通过宝盈通仓储管理系统覆盖的方式，整合全国 1000 家以上社会仓库，初步实现覆盖全国的目标，截至 2016 年 10 月底，已经实现 1121 家云仓加盟。同时，通过管理输出、现场派驻的方式，欧冶物流努力推进管理库的建设，截至 2016 年 10 月底，已经实现管理库 286 家，通过这种"技防 + 人防"方式，有效防范了风险。此外，欧冶物流还和一些仓储企业开展了资本合作，向部分仓库开放了股权，以资本为纽带，实现了对仓储资源的有效控制。

在运输服务上，欧冶物流搭建了"欧冶运帮"第四方物流平台，为承运商和客户提供运能交易、委托管理、订单跟踪和结算服务，通过整合社会运输资源，大大提升了运输效率。运帮平台推出了公开竞价、专线、专营店、专场等服务产品，可满足用户差异化的需求。自 2015 年 9 月正式上线以来，运帮平台交易量实现了快速增长，2016 年 1—10 月累计实现全口径交易量 962 万吨，日均交易量 4.5 万吨以上，处于行业领先水平。

第三，金融服务创新。欧冶金融具有 B2B 行业第一张也是为数不多的第三方支付牌照东方付通，支持大小额、高频、全天候支付，在为欧冶生态圈用户提供服务的同时，东方付通还积极拓展外部业务，2016 年 1—10 月累计支付规模超过 900 亿元。

围绕大宗商品产业链的金融服务是欧冶金融大力拓展的业务，也是提升用户黏性的重要手段，基于欧冶强大的线下物流基础网络，通过仓单质押等手段，欧冶金融有效防范了信用风险。欧冶金融针对不同客户创新推出供应链融资、存货融资等金融产品，并积极挖掘产业链中核心企业信用、票据、土地和房产等信用资源，推出保理、票据融资、不动产抵押融资等产品，解决中小客户融资难、融资贵的难题。截至 2016 年 10 月底，融资余额达到 32 亿元，授信客户基本为中小微客户。

第四，加工服务创新。在加工服务上，欧冶材料加工平台整合加工服务中心，团结中小贸易服务商，为客户提供集批、套裁、订单跟踪、质量保障、技术和金融等服务，提升终端蚂蚁用户的粘性，从而打通从生产商到终端用户的整个供应链环节。欧冶加工平台充分利用宝钢多年积累的加工中心体系的富余能力、加工经验，以及社会协同加工中心资源，努力构建线下加工服务体系，吸引终端蚂蚁用户上平台。加工平台于 2016 年 1 月 28 日上线，截至 2016 年 10 月底加工平台已实现 62 家加工中心加盟，2016 年 1—10 月平台累计交易量达到 65 万吨。

第五，技术服务创新。技术服务是欧冶云商区别于其他竞争对手的特色，这也是基于宝钢 30 多年来积累的丰富的钢铁技术实践经验。欧冶材料已推出多项技术服务产品，包括欧冶钢铁技术规范、"牌号通"APP 服务产品等，其中"牌号通"产品涵盖了主要钢种大类，以及国内外主要钢厂的标准，产品数据库已有 27320 条牌号、后缀及缺陷解析数据，技术产品累计查询量超过 62 万次，日点击数超过 2400 次，有效提升了用户粘性。同时欧冶材料正在搭建技术服务交易平台，通过整合社会技术专家、研究机构等资源，为用户提供技术服务。

第六，营销模式创新。欧冶云商自成立以来，非常注重线下能力的建设，通过构建覆盖全国的、多层次的服务站点网络，为客户提供贴身服务。至 2016 年底欧冶云商围绕生产端和消费端，已在全国布局了 178 个服务站点，同时欧冶云商以"共建共享"为理念，创新推出了"联邦""商帮""仓帮""工帮""建帮"等综合服务产品，即和其他电商平台实现互联互通、资源共享，以及构建加盟钢贸商、加盟仓库、加盟加工中心、加盟建材零售店等代理服务站点，为客户提供信息流、物流、资金流和技术流"四流合一"的服务。目前几大"帮"正在全国密集布局中，并取得了快速发展。

2. 推动市场规则的建立。

欧冶云商非常重视大宗商品流通市场标准化建设，目前市场上以钢材为代表的各类材料来源广泛，涉及不同生产商、不同国家和地区的多种标准，加上新品种、新牌号不断涌现，给客户的选材用材造成了很大麻烦。欧冶云商在成立之初就着手制定统一的材料标准，并从最熟悉的钢材着手，努力打造钢铁版的 Google，覆盖国内外全部通用材品种，并为客户提供从牌号到零件的推介，大大提升了用户交易效率，也体现了自身的核心竞争力。截至 2016 年 10 月底，欧冶云商已经形成 41 项钢铁规范，涉及热轧、冷轧、钢棒、型钢、厚板、不锈钢等多个钢铁品种，包括了 768 个欧冶牌号、2800 个电商平台关联牌号。

3. 促进市场治理的完善。

欧冶云商努力为客户营造公平、诚信的市场环境，通过打造强大的钢铁、有色、化工、铁矿石、工业品等大宗商品线下物流网络，努力构建以仓单为核心的风控体系。此外，欧冶云商拥有诚融动产和自贸大宗仓单信息公共服务平台，提供仓单信息公示服务，为规范市场治理体系、塑造诚信流通环境作出了积极贡献。

欧冶金融和上海钢联合资的诚融动产打造的是银行业动产质押信息平台，主要服务于银行业的融资业务风险防范，并提供价格盯市等服务，未来将逐步形成覆盖全国银行业的大宗商品金融监管服务体系。此外，欧冶金融旗下的自贸大宗平台服务于自贸试验区内大宗商品交易，目标是建立以公示仓单为基础、自贸大宗为窗口的保税仓单服务体系，为自贸试验区大宗商品融资提供便捷、高效的融资服务。欧冶云商将努力构建基于标准仓单的国际大宗商品交易服务体系，重塑整个大宗商品流通格局。

八、中外运积极探索第三方物流托盘，循环共用降本增效模式

随着物流业的快速发展，标准化对于经济发展的规范和引导作用也越来越明显。为深入贯彻落实国务院关于开展物流标准化试点问题的有关要求，上海市商务委、市质量技监局联合开展了上海物流标准化试点项目申报工作，作为物流行业的领军企业，中国外运长航集团有限公司旗下的中外运快捷便配送（上海）有限公司积极参与了标准化托盘循环共用体系建设的试点项目，并取得了阶段性成果。

中国外运长航集团有限公司由中国对外贸易运输（集团）总公司与中国长江航运（集团）总公司在 2009 年 3 月重组成立，是以物流为核心主业、航运为重要支柱业务、船舶重工为相关配套业务的大型国际化现代企业集团，是中国最大的综合物流服务提供商。2015 年，经国务院批准，招商局集团有限公司与中国外运长航实施战略重组，企业实力再次扩张。

中国外运物流发展有限公司（简称外运物流）是中国外运长航集团下属从事供应链物流业务的旗舰企业，在供应链管理方面积累了先进的经验，具备了开展托盘标准化和循环共用的良好基础，本着先行先试的原则，集团将中国外运物流发展有限公司旗下的中外运快捷便配送（上海）有限公司作为集团托盘标准化和循环共用体系建设的试点单位，鼓励中外运快捷便配送（上海）有限公司总结前期的发展经验，在上海地区探索提高供应链效率的新途径，推动建立开放式的托盘循环共用体系，实现企业降本增效，带动社会物流效益提高。

项目宗旨是系统构建标准化城市物流服务体系：一是围绕城市物流托盘、周转筐、车辆、服务平台，开展标准化建设，在快消品领域推广全链条、跨区域托盘循环共用模式；二是建立《上海城市物流标准体系》，形成一套城市物流服务区域联盟标准、团体标准、企业自我声明公开标准；三是建立与欧洲托盘协会、长江经济带主要城市、全国内贸改革发展试点 9 城市的多层次标准化推广合作机制。

期望通过推动托盘使用企业、托盘生产企业、第三方物流企业等采用租赁和购置方式对非标准托盘进行标准化更新,增加标准化托盘使用量,提高标准托盘(1.2 m×1.0 m)普及率;带动物流设施设备标准化改造及相关物流标准化技术设备应用,包括(标准托盘关联的仓库、货架叉车、月台、配送车辆、周转箱等物流设施设备);通过支持集团型企业对经营范围全区域启动带托运输拉动供应链上下游企业"结对子"协同推进托盘标准化,并建立企业间托盘共用系统,从而缩短供应链时间,降低社会化大生产的成本。

项目实施由点及面,以中外运快捷便配送(上海)有限公司为实施主体,中国外运物流发展有限公司上海分公司奉贤物流园为协同单位,发挥奉贤物流园业务量大、配送区域覆盖江浙沪的规模优势,内部通过改建标准化设备、开发无纸化系统和标准化信息看板等手段,提高园区标准化托盘使用率;外部通过与工厂、经销商及外运其他 DC 进行带托运输,提高带托运输比例,实现同一供应链的上下游企业托盘的循环共用,建立起由第三方物流企业推动的开放式托盘循环共用体系。

项目建设取得阶段性成果。一是改造货架设备,通过拆除奉贤园区非标准库位 10000 个和普通横梁式货架 10000 个左右、新增压入式和穿梭式标准库位 35000 个,实现高密度存储,在不增加仓库面积基础上增加仓储容量约 20000 方,与普通货架相比,提高了近 70% 的仓库利用率。二是推广带托运输,借助于租赁托盘共用系统公司的统一标准托盘设备,在中外运与生产商、经销商间形成成熟的管理体系,实现上下游企业带托运输。以奉贤园区达能饮料和箭牌项目为例,自项目实施之日起至日前,带托运输合计约 335749 板次。三是开发无纸化操作和标准化信息看板,以扫描枪、无线 AP 和仓储管理系统等为依托,将货物在运输与仓库各流通环节信息化,通过数据采集后分析各节点流程是否合理,再以可视化的标准化看板形式呈现,按统一的数据标准,促进供应链上下游企业之间信息协调,提升信息传递效率。四是建立企业标准化体系,标准化体系作为推进标准化建设的管理基础,贯穿托盘租赁企业、中外运、生产企业及经销商之间的相关流通管理环节，为企业技术创新、建立正常的流通管理秩序、提高工作效率提供有力保障。中外运通过建立、完善及实施国标 24 个、行标 2 个、企标 61 个，加深了员工对标准化的理解，增强了参与标准化工作的积极性。

项目建设取得了一定效益。经济效益，首先是库存利用率的提高，库存利用率最大化是物流企业降低运营成本的首要手段。中外运通过货架改建，在不增加仓库面积的基础上增加仓储容量 20000 方，同比前期提高了 70% 的仓库利用率。其次，托盘租赁提高了托盘使用灵活性，减少了维修托盘和空托盘场地占用，避开了托盘使用淡旺季的烦恼，提升了开支的弹性和与灵活性。第三，带托运输降低了运营成本、提高了运作效率，从设备投入、运营投入、操作效率三个方面分析，带托运输初期投入较大，但带托运输带来的效益是整个供应链企业共享的，运营稳定后，供应链成本整体下降在 10% 左右。第四，信息化水平的提高减少了资源浪费，通过预约系统与标准化看板协同管理，仓库提前对当日的运作资源做合理调配，管理者通过标准化看板实时关注仓库作业情况，可及时发现异常，并协调仓库资源。第五，建立标准化体系给企业设立了标准，为公司实现精益运营打下了基础，公司对部分岗位进行精简、优化，使年度各项管理费用减少社会效益，一是托盘共用，利民环保，通过减少自购托盘，增加可循环共用托盘的租赁比例，以及加入托盘的循环共用体系，大幅降低了社会上托盘的拥有量，进而减少了树木砍伐，对实现绿色物流更近了一步。二是全程参与，促进发展，托盘租赁伴生的是对托盘标准化的推进，处在同一供应链上下游的企业同时使用托盘租赁公司的标准化托盘，大幅提升了运输、装卸、存储等环节的效率，大幅降低供应链乃至全社会的物流成本，从而提升整体竞争能力。三是树立标杆，带动发展，通过开展托盘标准和循环共用试点项目，在上海地区打造了一个代表上海的高管理和运作水平的托盘标准化及循环共用体系，树立项目标杆，借此在未来帮助更广泛的区域复制项目的成果，推广托盘的开放式循环共用，将有效提高托盘的循环共用比例，带动上海及长三角地区的企业发展提高。

九、苏宁物流大力发展供应链上下游协同联动的托盘循环共用模式

苏宁 1990 年创立于南京，是中国商业领先者，也是中国最大的商业零售企业。目前，苏宁已建成了覆盖海内外 600 多个城市的实体商贸零售网络和综合型电子商务平台，网络覆盖中国、日本等地，成为中国最大的商业零售企业，销售规模达 3300 亿元，位列中国民营企业前三强。

苏宁物流始建于 1990 年，前身为苏宁电器股份有限公司（现更名为苏宁云商集团股份有限公司）物流部，是国内首批从事仓储、配送等供应链全流程服务的企业。2012 年苏宁物流注册成立公司，依托苏宁云商集团强大的软硬件支持，由企业内物流独立转型成现代化第三方物流企业。作为全国 5A 级物流企业，苏宁物流将打造"三级物流枢纽 + 终端配送"的四层物流网络，通过高效联动的航空、公路运输能力及遍布全国的末端配送网络，覆盖中国、日本、东南亚、欧美等海内外市场。

围绕商贸物流标准化专项行动计划，苏宁物流发挥市场主体角色及供应链环节物流决策者优势，率先开展标准化托盘应用推广及循环共用，带动上下游关联领域物流标准化水平的提高，同时围绕"苏宁物流云"信息平台建设，促进资源共享和信息互联互通。

本项目位于上海市奉贤区环城西路大叶公路，占地 25 万平方米，是苏宁华东电子商务运营中心，辐射上海、浙江、江苏及福建部分区域，是集采购结算、电子商务、物流配送、售后、客服、培训、后勤为一体的地区管理总部和物流中心。最大可支撑 100 万件 SKU、约 15000 万件商品存储的需求。随着互联网快速发展，传统零售商的发展到了升级转型的重要节点，苏宁一直以来重视后台建设，未来电商的竞争本质上就是供应链的竞争、物流服务的竞争。苏宁认识到物流标准化是有效提升物流效率、降低物流成本的重要方式，因此从战

略角度推进托盘循环共用体系的建设，在推进策略上，从托盘的标准化投入、场地改造、车辆调整到发展供应链伙伴建立共建联盟，最大限度地降低物流运营对的社会经济成本，提高整体物流运营效率，从而获得整体的竞争优势。

为更好地推进物流标准化项目，集团总部整体牵头，成立专门工作小组，负责指导各地标准化项目推进，协调采购、仓储、配送及供应商问题，制定相关政策及标准文件，有效推动项目顺利开展。

上海苏宁物流高度重视，成立专门的项目小组牵头推动各项工作开展，并积极联动集团总部，合理分工。从项目实施初期，就明确了项目实施的主要方向和目标：以托盘为存储单元的仓库改造，提高库内周转效率；以托盘为联运单元的流程及设备改造，提高上游供应链入库效率；以苏宁横向业务为切入口，提高片区物流中心间联运周转效率；效率提升、成本降低、破损降低，并建立一套完整的标准化操作流程推广运用。

一是场地改造与设备投入。随着全新物流基地投入使用，标准化月台、电动托盘车、高位叉车、横梁式货架等设备安装及调试完成，使得苏宁与上游供应商之间托盘联运具备基础，为提高工作效率，降低库内无效作业成本，苏宁从自身业务发展需要，陆续投入相关设备改造及设备配置。

标准货架投入上，对在建仓库规划使用横梁式货架和阁楼式货架两种，使仓库整体存储面积达到 21.6 万平方米。其中横梁式货架每个货格规格 140（宽）×300（长）cm，分两个仓位，使用 140×120 cm 托盘进行存储；阁楼式货架原地堆码区每个货格规格 120（宽）×230（长）cm，使用 120×100 cm 托盘，仓库整体使用此两种规格托盘。从供应商商品入库、存储、发货出库，都需使用托盘中转、上架、存储一体化运作。托盘移动主要作业工具为电动托盘车、前移式叉车；商品拣配作业时需采用托盘进行拣选，使用托盘将待出库商品进行堆码，发货装车结束后将托盘回收，达到仓库托盘循环使用。

标准化托盘投入上，目前货架标准托盘位数 25000 个，用于仓储收货存储标准托盘数 30000 块，用于分拨带托运输 3000 块。其他配套设施投入上，为搬运及装卸需配置高位叉车 14 个，电动托盘车 43 台，电动夹包车 3 台，电动平衡重叉车 3 台，液压车 265 个，周转箱 14100 个，RF 枪 500 个。

分拨中心建设上，为与仓储作业能力相匹配，让 BTC 作业订单高效准确离库，苏宁斥资建设自动化信息化的分拣输送线，实现从拣选输送、分拣输送全流程的自动化作业。

二是物流标准化编撰及执行。试点工作开展以来，公司多次召开试点工作推进会议，制定详细的试点工作方案，同时，为确保物流标准化的顺利开展，依据企业标准体系、作业实施过程标准化、标准化法律法规、标准编写方法要求，公司内部标准化办公室联合各业务部门制定了企业标准 38 个、国家标准 22 个，共计 60 个。其中服务通用基础标准体系（JC1-JC5）17 个、服务保障标准体系（BZ1-BZ7）22 个、服务提供标准体系（TG1-TG5）21 个，为标准化的策划、实施、监督等落实到具体的业务部门和各项标准化工作的开展提供了制度保证。

三是制定政策发展合作伙伴。与托盘租赁服务企业合作，扩大服务覆盖区域，凸显苏宁在供应链中的主导作用，整合上游供应商加入物流标准化建设，在供应商采购入库方面，推出了一系列政策，如优先预约、优先装卸、互信免检等方式，调动供应商积极性，共同参与托盘循环共建体系。为减少苏宁及合作伙伴的成本，更大化利用托盘循环机制，苏宁与路凯在苏宁现场设立了 OSD（托盘现场管理中心），便于托盘的租赁及归还。

项目取得了一定成果：共投入标准化货架及标托仓位 25000 个，配套投入电动托盘车、夹包车、RF 枪及信息系统，使托盘一贯化运作得以实施。仓储使用标准化托盘（1.2 m×1.0 m）达到 90%，存放 20 万 SKU 产品数、800 万件商品数，有效提升货仓位 20% 以上；

标准托盘租赁占比达到 92.47%，租赁托盘 30707 块（含自购共 33207 块），年托盘采购成本一次性降低 250 万元，年物流人力成本降低超过 200 万元。在收货环节利用带托运输优势，机械化操作使收货时效提升三倍（项目实施前 2.5 小时，实施后缩短至 1 小时以下），最大化降低货损，货损率下降50%（项目实施前 0.7%，实施后降至 0.3% 以下）；

短途干线带托运输达到 10%，运输时效提升一倍，上游供应商整合托盘共用运输达到 5% 以上。作为全国性商贸物流企业，在创新方面，苏宁优先围绕其市场业务拓展（日用、百货品类）需要，在快消品物流仓储中心建设改造及托盘购置、租赁方面，全面推广标准化托盘的采购和租赁工作。结合 B2C 电商模式下多仓调拨及零售配送业务需要，大力推广"库内标准化托盘装卸转运 + 供应商带托运输装卸 + 区域内带托 / 箱 / 笼车调拨"的多形态的带托作业及循环共用模式。

有别于上游供应商批量来货、带托装运的简单标准化托盘应用推广模式，围绕商贸零售领域存在的拆零、组合包装现象，苏宁创新提出零售拆零模式下"标准化联运单元"概念，即通过"托盘 + 料箱"模式实现针对下游（二级中转仓、末端配送站点）标准化运输载具的应用推广和循环共用工作。

经过近两年的项目实施，上海苏宁物流积极探索托盘标准化实践路径，在一些具体的业务领域，也做了以下有益的尝试：

1. 上游供应链接入——上海苏宁物流、益海嘉里及金佰利带托运输。

随着全新物流基地投入使用，标准化月台、电动托盘车、高位叉车、横梁式货架等设备安装及调试完成，使得苏宁与上游供应商之间托盘联运具备基础，自北京、上海物流入围物流标准化试点后，苏宁集团营销管理总部便牵头与供应商洽谈，第一批意向客户有益海嘉里、雀巢等世界 500 强企业，对于供应商带托运输上海苏宁物流给予供应商优先预约、互信免检入库、给予绿色通道优先入库、卸货费优惠等政策以鼓励其采用带托运输。

苏宁、益海嘉里各自租赁招商路凯的 1.2×1 m 标准木托盘，各自支付费用，托盘转移益海嘉里提供苏宁免租期 15 天，自益海嘉里带托送货至苏宁仓库之日起算，所用托盘均由上海苏宁物流归还至招商路凯。

项目运作当天益海嘉里调配 2 辆 9.6 箱货，总计 72 托盘（单个托盘高度

1.2 米）、648 箱元宝大豆油。从上海仓初次运作的数据来看，标准托盘运输相较传统的运输模式，装卸效率、收货入库效率整体提升了 2 倍以上（由原先的卸一车 9.6 米 1.5 个小时左右，下降到 30 分钟左右，卸车后直接上架），除了作业效率明显提升外，还降低货损及货差率（减少了人工搬运环节），如果实现三方联运，还能推动托盘循环共用，进一步降低社会整体的物流成本。

2015 年 12 月 17 日，经过三方不懈努力和沟通，第二家供应商金佰利也加入托盘联运体系，正式启动托盘联运入仓操作。托盘联运既是政府层面倡导绿色高效的运作方式，也符合苏宁物流战略方向要求，因此相信在各项政策的推动下，在苏宁平台的大力推动下，会有越来越多的供应商加入托盘联运的项目。此业务领域的意义在于可以利用平台优势不断吸纳更多供应商进入托盘循环共建系统，助推物流标准化更大范围落地。

2. 片区 BTC 物流接入——上海苏宁物流干线带托运输。

上海苏宁奉贤物流中心是苏宁八大始发仓之一，下辖杭州、宁波、温州、金华、福州、苏州、无锡、南通等八个区域物流中心，承担华东地区 BTC 零售发货及调拨重任，因业务需要，每天在以上 DC 有运输业务往来，其中杭州、温州、福州、苏州、无锡、南通等均为苏宁自建标准化物流中心，配备月台、叉车、电动托盘等作业等工具。

其业务模式因苏宁与传统物流企业 BTB 业务不同，苏宁易购平台的商品主要面向普通顾客，且物流的时效性要求较高，要做到准点发车、末端 DC 交接清点准确，有许多细化工作要去落实。苏宁为此单独配置了标准化的料箱，用作不规则商品的拣选、装箱和运输，具体做法是把料箱和托盘都作为容器、仓位来使用，层层关联，如此不仅降低了运输过程中的破损，更加提高了交接、装车的效率，缩减了流程，使得上下游均能按照统一的标准执行。

在带托运输过程中，对装箱规则、交接规范、托盘周转流程进行了细化的梳理，形成了内部的一套标准规范。通过使用料箱、托盘等合理化工具，可以做到商品全程"不落地"，在 2016 年 8 月试点上海—杭州线，经过托盘运输后，破损率大大降低，装车交接也从原来的 3 小时每车提升到 2 小时每车，到达目的地后卸货仅需要数分钟便可完成，上下游运作更加顺畅。目前在沪杭线基础上，开通了上海—金华—绍兴、上海—嘉兴—湖州、上海—福州三条线的托盘联运，极大提升了效率。此业务领域的示范意义在于，苏宁物流不仅可以在上游供应链推广托盘标准化，而且结合自身零售的特点，在自身业务线上对托盘标准化的应用领域进行延伸，在城市间调拨、城市内调拨具备推广空间。

　　3. 社会化业务接入——上海苏宁物流、如新（中国）带托运输。

　　如新企业集团（以下简称如新集团）1984 年创立于美国犹他州普洛沃市，业务遍及美洲、亚太地区及欧洲地区 40 多个市场，是全球个人护理品和营养保健品行业的领导企业之一，年销售额约 10 亿美元，主要经营的产品有三大类：如新个人护理品、华茂营养品和大行星科技产品。如新（中国）日用保健品有限公司［以下简称如新（中国）］是如新集团在中国内地设立的全资子公司。

　　如新（中国）目前在上海奉贤自建仓库（3000 平方米平面库）、距离苏宁奉贤物流基地仓库约 5 公里，主要用于存放生产用的半成品，商品周转非常快。由于中国市场销量的增加，其自有仓库已不能满足自身商品存放的需求，如新（中国）从而租用苏宁 700 平方米仓库存放部分半成品、并将所有物流环节外包给苏宁操作。如新（中国）前期同苏宁合作也为采取不带托运输，其单次发货在 200 平方米左右，商品规格单一。每次发货苏宁都要安排 2 台 12.5 米箱货车、4 个搬运工作业 1 整天才能完成，破损率也相对较高，装卸费用也居高不下，商品清点困难。

　　经过前期近 1 个月的磨合，双方对物流各项数据均不满意，其中商品破损率、到库及时均不理想，经过讨论后，苏宁降低 50% 的装卸费用供对方租赁 500 个标准托盘用于商品码放及运输。同时调整下单模式并按苏宁标准堆码商品。

　　以整托作为基本单位下单、不达整托数量时可以按半托、整层来下单，从而使订单数量达到物流效率最佳，商品码放 EN 码均朝外并根据商品包装堆码极限限制托盘堆码层数及高度，且所有商品不得超板，这样货物在整个运输过程中的人工搬运次数就减少了。既提升了效率又控制住了商品破损的发生，商品入库时还可以直接上立体货架。

通过简单的调整，苏宁物流作业效率提升了50%，原先2台车1天才能完成的200平方米的运输任务现在1台车就能完，同时还节省了4个搬运工的人力成本，而如新（中国）的装卸成本也节省了50%，关键是双方的效率同时提升了50%，破损也得以控制，现在每天还可以做到库存日盘，盘点花费的时间下降一半。

十、阿里巴巴协助中小企业将诚信大数据转化为财富

阿里巴巴集团的企业诚信体系业务以企业贸易数据为核心，帮助中小企业汇集社会经济活动中的孤岛数据，并运用大数据技术客观呈现企业诚信状况，协助中小企业将诚信大数据转化为财富。目前阿里巴巴已拥有全中国近7000万的企业工商数据和通过数据直连的方式和最高人民法院数据库对接，可实现实时在线查询企业被执行记录和失信被执行信息等，并通过内贸、外贸、金融、企业服务等四大领域应用，可将诚信体系服务广泛运用在企业各个商业场景中，截至目前，已为中国150万的中小企业建立了诚信档案，帮助他们在阿里交易平台上获得了更多的商业机会。

阿里巴巴在B2B平台经营上经过17年的沉淀，和企业会员一起成长，积累了丰富的内外贸交易行为数据和B类商业经验。其中开通诚信通服务的就有100万高活跃的企业会员，这些企业是引领互联网电商领域发展的风向标。阿里巴巴平台上积累了丰富的企业电商相关数据，如平台企业基本信息数据、平台内外贸交易类数据、平台企业受处罚数据、B2B企业BSR（店铺服务能力指数）服务数据、淘宝商家DSR（卖家分项评价体系）服务数据、平台企业相关行为数据、平台企业相关金融数据、平台会员基础数据。

在此背景下，2016年12月2日，国家发展改革委和阿里巴巴集团签署

《关于推进商务领域诚信体系建设合作备忘录》，意义重大，是贯彻党中央国务院关于加强商务领域诚信建设的具体行动。阿里巴巴集团不仅在改变中国乃至世界购物模式上形成令世人瞩目的新成绩，也力争在继续引领中小企业共同推进电子商务领域信用建设上取得新成效，更加深入地参与社会信用体系建设工作，充分发挥自身优势，释放发展潜能，助力经济转型升级和供给侧结构性改革，助力中国经济发展跃上更高台阶。

阿里巴巴企业诚信体系是在电子商务领域提升全球中小企业信用价值的服务体系。以贸易数据为核心，帮助中小企业汇集社会经济活动中的孤岛数据，运用大数据及云计算技术客观呈现企业在阿里巴巴平台上的诚信状况，提升企业间协同效率，降低获取订单和融资的成本。阿里巴巴诚信体系目前包括集团各平台企业主体层面的评级体系和平台店铺层面的评价体系。

阿里巴巴企业诚信体系由专业团队负责建设和运营，在实践中建立了一套较完整的平台框架。这套框架特点是支持全球化的诚信体系建设，评级体系具有较好的稳定性和实用性，形成了标准化产品能快速支持各类应用场景，同时建立了数据反哺机制。

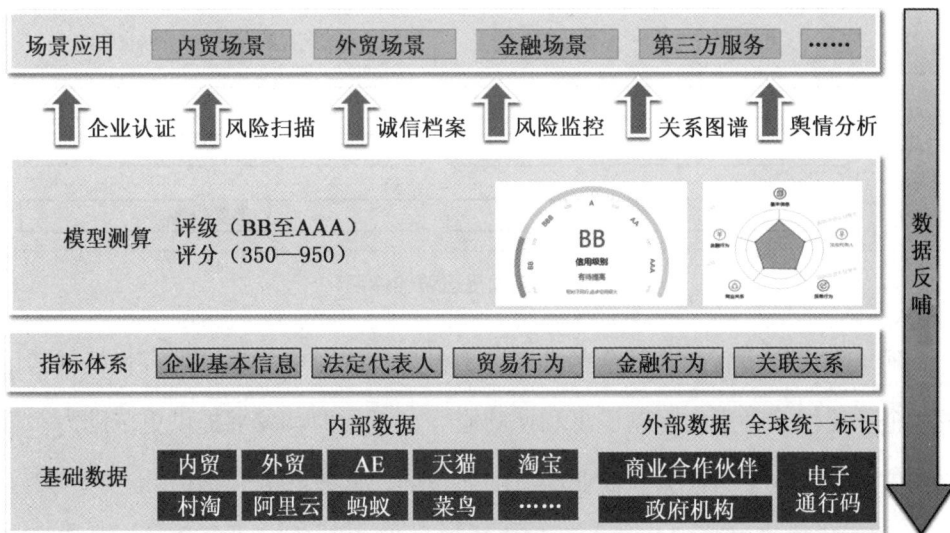

图 4.2　阿里巴巴数据反哺机制

阿里巴巴企业诚信体系致力于为用户提供交互良好、即时可用的应用服务，如诚信管家、诚信融资、诚信赊销等。这些应用服务的实现基础是要有最新的、全面的数据做支撑。上海商务诚信体系建设中，帮助阿里巴巴平台上的上海企业获取其在政府机构的各项数据，从而让上海企业更便捷的享受到与诚信体系相关的服务。要达成这个目标，双方数据应实现实时对接。数据枢纽是阿里巴巴企业诚信体系与外部机构进行数据交换的网关。目前已经支持了多个与政府机构的、安全性要求高的数据交换场景。

阿里巴巴诚信体系对接上海商务诚信平台和上海公共信用信息中心后，将上海市政府诚信数据增厚阿里巴巴诚信体系数据，帮助本地企业更好地应用在市场贸易和经营的各场景中。

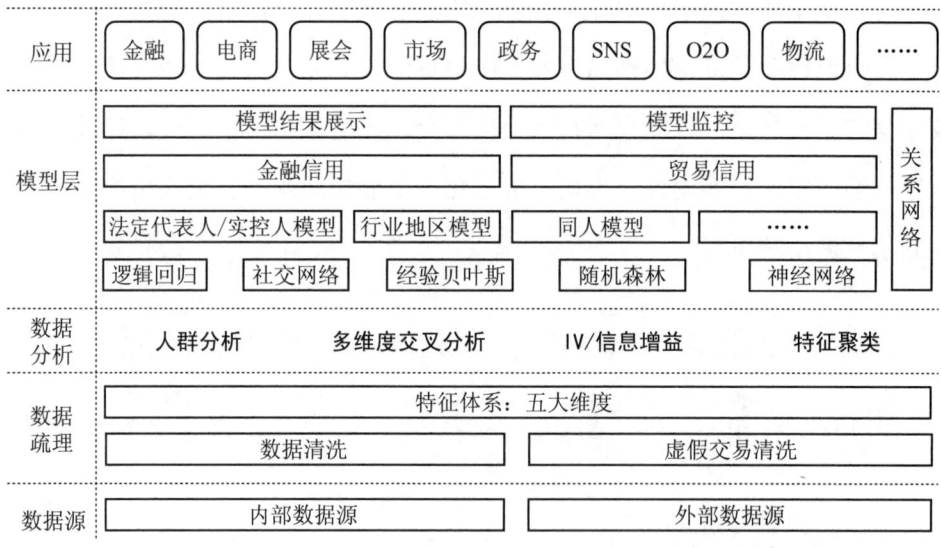

图 4.3　阿里巴巴诚信体系

阿里巴巴集团联合外部金融机构、平台企业等，将为本地拥有良好诚信记录的企业提供多种平台运营优惠和便利服务，以帮助其发展提供更多助力，释放诚信红利，让诚信成为新商业经济的通行证，这些服务包括：

1. 完善阿里巴巴诚信体系：阿里巴巴根据获取的上海商务诚信数据，进一步调整完善诚信体系评估模型，充分使用上海市公共诚信数据，更加科学地评估上海市企业商业诚信状况。

2. 电商平台促销活动准入：对高诚信等级企业参加阿里巴巴电子商务批发平台的市场大促等活动予以免审准入、免交保障金等优惠。

3. 扩大商机引流：对高等级诚信企业予以平台旺铺展示、创建诚信商家销售专区等方式扩大宣传、吸引流量。

4. 电商能力培训：对诚信企业组织参加阿里巴巴百年学堂等精品培训产品，提升企业电商能力、经营能力，帮助中小企业健康、稳定、快速发展。

5. 诚信记录外显：将诚信企业在阿里巴巴电子商务平台以及通过微博、新域名、钉钉、神马等合作伙伴进行外显和宣传。

6. 服务费用减免：阿里巴巴电子商务平台对本地高等级诚信企业使用相关产品予以一定费用优惠。

7. 金融权益。一是诚信贷：基于阿里巴巴平台数据和政府公开数据综合评估企业诚信情况，并通过与银行合作，为诚信良好的当地内贸中小企业提供纯信用低息贷款授信（年化利率9%—15%，信用授信最高300万）。二是诚e赊：阿里巴巴内贸批发交易平台（1688.com）为高等级诚信企业提供的服务，通过与保险机构及银行合作，为诚信企业提供一个月的账期服务（诚信越高、授信越高）。同时，为卖家提供收款保障及提前收款服务。三是一达通流水贷：基于当地外贸中小企业卖家在阿里巴巴外贸批发交易平台（alibaba.com）的交易信息，与银行合作为诚信中小企业提供最高可达500万的纯信用贷款。四是信用卡权益：与银行合作，为诚信良好的当地中小企业的企业主，提供联名信用卡，并实现权益分层，以激励诚信好的中小企业。

第三篇　试点总结评估

第五章

上海内贸流通改革试点经验总结

第一节　可复制推广成果

一、创新培育网络化、平台化商品交易市场

平台经济是基于互联网、云计算等现代信息技术，以多元化需求为核心，全面整合产业链、融合价值链、提高市场配置资源效率的一种新型经济形态。大力发展平台经济，是上海建设国际贸易中心的重要内容，完善现代市场体系的重要举措，也是发展服务经济的重要载体，对于促进上海产业改革创新、引领经济增长和加快经济转型升级、建设"四个中心"具有重要意义。

（一）面临问题

平台经济企业具有跨业经营的特点，现行的法律法规主要针对传统的流通行业主体，不能满足平台经济发展与规范的需要。同时，企业在运营过程中存

在的质量和诚信等问题，依旧制约着平台经济的发展。

（二）主要做法

1. 率先发布《关于上海加快推动平台经济发展的指导意见》。2014 年，上海市商务委发布《关于上海加快推动平台经济发展的指导意见》，明确打造大宗商品现货交易平台、消费服务和农产品流通平台、物流、金融、资讯等专业服务平台、商务领域公共服务平台、培育社会化专业化平台企业等六大任务，提出建立平台经济联合推进机制、健全各类平台运营的规则和标准、认定一批平台示范和培育项目、加强平台统计监测和行业组织建设、加大平台经济发展政策扶持力度等六大措施，为各区和企业发展平台经济指明方向。

2. 率先发展平台经济推动商品市场转型升级。近年来，上海市商务委高度重视平台经济发展，会同有关部门建立市区推进平台经济发展工作机制，指导各区依托产业优势，合力推进平台经济发展。如浦东新区设立了平台经济发展研究院，并发布了平台经济发展白皮书；长宁区出台了平台经济发展专项规划；宝山区通过建设钢铁服务业功能区，打造钢铁全产业链平台经济生态圈。截至 2016 年底，上海全年交易额过千亿级的 5 家企业平台交易额之和占全市平台交易总额达 58%，过百亿的平台交易额之和占全市平台交易总额 96%。上海正积极培育一批全面整合产业链、融合价值链的资源配置型平台，集物流、金融、资讯等专业功能，技术新、辐射强的高能级市场。首批贸易型总部认定中，15 家平台企业被认定为贸易型总部。

3. 率先创立《上海平台经济统计报表制度》。为及时、准确、全面地反映上海平台经济发展情况与运行态势，上海市商务委会同市统计局积极研究《上海平台统计报表制度》，并上报国家统计局获批立项。该制度实现了线下线上市场统计的有机结合，首次在统计表中引入服务贸易类别，首次在统计表中引入分地区交易情况，实现线上与线下、国内与国际、商品与服务全口径统计。目前，已对全市 100 多家平台型企业开展统计。

（三）取得成效

1. 市场规模能级持续提高。以全面整合产业链、融合价值链为特征的新型商品交易市场交易量保持两位数增长。2016 年，上海实现平台交易额 1.84 万亿元，同比增长 14.1%。大宗商品、消费品及生活服务、专业配套服务、跨境电商四大类平台交易额全面增长。大宗商品平台保持交易主力地位，占全市平台交易额的 78%。在网络消费的强劲推动下，消费品、服务平台交易额迅速增长，2016 年交易额突破 3000 亿元，同比增长 36.8%。专业配套服务和跨境电商平台蓄势待发。15 家平台型企业被认定为本市首批贸易型总部，销售规模合计超过 1 万亿元。

2. 市场辐射和影响力日益增强。上海已在汽车、钢铁、有色、石化、天然气、食品、医药、物流资源、生活服务等领域，培育了一批服务、辐射长三角及全国市场的功能性平台，有色、石化、钢铁行业现货贸易额分别占全国的 60%、20% 和 15%。市场定价话语权获得国内外认可，上海钢联编制的中国大宗商品价格指数成为重要经济景气预测指标；易贸集团化工品价格指数为国际认可的我国能源化工外贸合同基准价。

3. 市场功能日趋完善。在生产资料领域，平台企业以产品和产业链为基础，推动生产、流通和消费的全程集约化发展，打造集交易、结算、物流、金融、资讯等功能为一体的行业生态圈，为供给侧结构性改革提供支撑。大宗商品现货交易市场拓展保税货物质押融资功能，衍生品市场发展迅速。上海清算所联合有色网、易贸集团先后推出了自贸试验区铜溢价掉期、人民币电解铜掉期、苯乙烯和乙二醇掉期等现货衍生品业务；自贸大宗（上海）信息服务有限公司与境内外金融机构达成战略合作，建立仓单跨境融资与跨境贸易结算机制，共同满足实体企业对资金安全、价格风险对冲、仓单交割等一体化的需求。在农产品领域，推进农产品"批零联盟"试点，建立新型农产品订单交易配送模式，引导批发和零售市场管理者参与农场组织和经营，搭建商流、物流、信息流共通的产销衔接平台，解决流通中间环节多、上下游价格信息不对称等问题。

二、多措并举，加快上海商业转型升级

在宏观经济下行、资源环境约束、商务成本高企，以及互联网新经济快速发展等因素影响下，商业发展的内外环境发生了深刻变化。上海以消费升级为动力，以新业态、新模式、新技术为手段，以繁荣繁华、安居乐业为重点，促进商业功能和空间再布局，不断优化商业发展环境，使商业成为经济转型发展的新引擎、优化资源配置的新动力。

（一）面临问题

近年来，上海商业发展在调整变革中面临着一些问题，如商业网点布局优化调整不易，交通通达性仍有待改善。零售业企业同质化程度高，不少企业以出租柜台、物业、商业房地产为主，缺少自主经营能力、缺少自主品牌、缺少特色服务。从消费内容来看，部分商品和服务供给不足，本地消费乏力，境外消费分流严重，商贸促进政策有待健全。

（二）主要做法

上海商业坚持问题导向与超前谋划相结合、顶层设计与基层探索相结合、整体推进与重点突破相结合，以消费扩大升级为动力，以新业态、新模式、新技术为手段，以繁荣繁华、安居乐业为重点，适应信息化时代消费市场新变化，丰富商品和服务供给，推动商品和服务"买全球、卖全球"，加快建设国际消费城市。

1. 转变商业业态模式。出台《关于加快上海商业转型升级提高商业综合竞争力的若干意见》，试点建设南京东路、南京西路、徐家汇、五角场等首批

智慧商圈，打造线上线下协同发展的信息化智能型商业街区。引导各大商圈特色化差异化发展，着力打造集购物、旅游、文化、会展、餐饮、商务、娱乐、休闲等功能为一体的综合性城市多维空间。引导购物中心进行差异化定位，增加体验型、服务型业态，实现商旅文娱体融合发展。引导商业企业加大自主经营力度，发展自有品牌、直接采购、自营购销等经营方式，加强商品设计开发能力，发展订单制造和个性化经营，逐步转变"二房东"模式，提升盈利能力。

2. 转变消费促进方式。上海市商务、旅游、文化、体育等部门建立了会商旅文体联动机制。打造魔都消费卡，通过注入会商旅文体各类消费资源，为国内外游客提供会商旅文体综合信息资讯及消费服务，打造统一、实用、知名的城市消费名片。上海在全国率先实施境外旅客购物离境退税政策，积极探索优化退税商店备案流程，组织企业开展业务培训，引进境外知名退税代理机构。积极实施"上海优礼计划"，推动上海伴手礼市场发展。发挥行业协会、企业集团作用，组织开展上海优礼创新大赛，搭建展示交流平台。建立国际商业街区交流合作机制。大力推广移动支付、物联网、大数据、虚拟现实（VR）、增强现实（AR）等技术。

3. 转变国企激励机制。出台《关于鼓励和支持本市国有企业科技创新的若干措施》，建立以创新为导向的考核评价体系，对商业企业研发投入、创新转型等研发费用视同于考核利润。对国有商业企业的考核，在注重经济效益的同时，着力加强跨国经营、传统商业模式转型、发展新兴业态、品牌建设等方面。考核方式从短期的年度考核转为中长期的任期考核，进一步落实国有资产经营管理责任，明确双方的权利义务，对包括商贸类企业在内的竞争类企业，任期届满实施法定代表人创新转型专项评价，评价内容重点聚焦创新战略、组织实施、创新投入、人才集聚、技术应用和模式创新。推动百联集团创建全球商业互联网科研与创客中心，打造中国乃至全球领先的商业零售技术、模式、人才高地。

（三）取得成效

上海商业的集聚度、繁荣度、便利度进一步提升，2015年上海迈入万亿级消费城市行列，2016年社会消费品零售总额再次超过1万亿元。形成了四个消费新格局，为建成功能完备、服务优良、富有全球竞争力和城市魅力的国际消费城市创造条件。

1. 形成了以智慧商圈、社区精准营销为转型动力的新格局。智慧商圈建设带动传统商圈转型，商圈在线化、数据化、透明化程度持续提高，南京西路、淮海中路、徐家汇等商圈销售明显回升，摆脱了连年负增长的困境。社区精准营销推动居民消费升级，社区商业持续向精细化、集成化、平台化发展，满足了居民不断增长的消费需求。目前，社区商业零售规模占全市商业零售50%以上，全市设立社区智慧微菜场1064家。

2. 形成了以服务消费、体验式消费为增长动力的新格局。居民消费结构发生明显改变，特别是O2O迅猛发展助推网上服务消费成为新增长点，服务类网上交易额增速约40%，餐饮、旅游、文化、教育等领域涌现了携程网、大众点评网、沪江网、格瓦拉、云家政等一大批国内O2O龙头企业。K11、环球港、百盛优客、大悦城等新型购物中心着力打造融文化艺术、餐饮、娱乐、社交、生活服务等于一体的综合性商业地标，体验式消费已成为商业业态转型升级的方向。如K11举办的莫奈特展吸引参观者40万人次，特展期间日常营业额增长20%。

3. 形成了以网络零售、内外贸一体化为扩张动力的新格局。"互联网＋"引领消费，各种新模式、新业态应运而生，以网上商店为主的无店铺销售继续领先增长，网络购物增速超过35%。消费需求升级带动进口消费品快速增长，消费品进口额约占全国的30%，上海成为最大进口消费品集散地，特别是跨境电子商务的快速发展进一步畅通了进口到消费的渠道。深入实施国家境外旅客购物离境退税政策，235家退税商店开具退税单1.6万单，退税物品销售额 2.4 亿元，业务规模居全国第一。通过"走出去"构筑全球供应链体系，上海光明集团已逐步建成连接欧洲、中东和澳洲的食品流通网络。不断提高内贸流通领域对外开放水平，接近三成外商投资流通行业，宜家、罗森、TNT（荷皇）等一批国际著名流通企业在上海设立地区总部。

4. 形成了以品牌经济、时尚产业为升级动力的新格局。商业企业加大自主经营力度，发展自有品牌、直接采购、自营购销等经营方式，加强商品设计开发能力，发展订单制造和个性化经营，提升盈利能力。上海零售商集聚度居全球第三，国际知名高端品牌入驻率达 90%，全国 180 个设计师和 80 个买手店品牌入驻上海，成为国际高端品牌、国内知名品牌聚集地。上海时装周先后与伦敦、巴黎、米兰时装周签订战略合作协议，提升国际影响力，突出"创意设计与商业落地并重"的特色定位，形成集发布流行趋势、推广原创设计、贸易展示、文化交流于一体的国际时尚消费平台，成为中国服装服饰产业从制造向研发设计和品牌营销价值链两端延伸的重要载体。上海时装周正逐步成为备受关注的世界第五大时装周，有利于推动上海国际时尚之都建设。

三、系统构建标准化城市物流服务体系

为充分发挥标准化在建立统一开放大市场、促进提质增效、建设法治化营商环境中的作用，上海积极推进物流标准化工作，在托盘循环共用、农产品全流程物流包装标准化、城市配送物流服务体系逐步完善、城市物流标准体系初步构建、构建标准体系等方面取得了一定的成效。

（一）面临问题

目前，流通领域长期存在的物流成本高、效率低，服务不规范等问题，主要体现在托盘标准化普及率不高，物流供应链运营中环节较多，传统固有操作模式造成运输过程中的人工装卸、倒板次数增多，未能有效开展带板运输，增

加了人工费用以及物流时间；托盘、周转箱、叉车、货架、月台、运输车辆等设备设施标准化程度不高，上下游设备规格缺乏有效衔接，加剧物流成本攀升以及作业效率低下。

（二）主要做法

1. 围绕"四个一"，推广托盘循环共用模式。抓住"一块板"，培育一批模式创新的托盘上下游企业，通过协同发展，开展"整托下单"等一系列创新模式；围绕"一个筐"，以药品、农产品等领域为重点，实施物料箱等物流包装标准化，推动全程冷藏配送；依托"一辆车"，支持以新能源车辆为载体的城市末端配送，构建配送体系。面向"一个平台"，通过建设"56135""物流汇"等公共信息服务平台，带动中小微物流企业提升服务能级，推进长三角区域市场一体化发展。

2. 建立城市物流标准体系。推动物流标准化试点企业建立实施一套企业标准体系，包括标准框架、标准目录和标准文本；探索培育团体标准，带动供应链上下游实施统一标准，制定《医药物流标准作业工时测定和统计标准》《豆制品冷链运输过程中周转筐的管理使用规范》《托盘标准转移模式商业规则》等3项商贸领域团体标准。通过校政企深度合作，产学研有机结合，树立各层级标准化标杆，构建城市物流服务标准体系。

3. 建立多层次物流标准推广合作机制。上海牵头联合南京等9个城市成立城市标准化创新联盟，召开"长三角标准化研讨会"，研究制定流通领域城市联盟标准，拟定食品冷链物流、农产品周转筐、智能储物柜等领域4项标准，探索标准制定共享新机制。围绕构建上海内贸流通标准体系框架，建立物流标准专题库，搭建物流标准化信息公共服务平台，建立经营场所服务标准公开公示制度，完善企业标准自我声明公开公共服务平台。

（三）取得成效

建立标准化城市物流服务体系，促进流通业降本增效，体现内贸流通领域供给侧结构性改革的积极作用。

1. 托盘循环共用等模式降本增效成效显著。抓住"一块板"，培育了一批以"绿色环保、产租结合"为模式创新的托盘供应服务商，围绕托盘生产营运中心，形成一套托盘循环共用体系；以"苏宁""京东"等电商企业为代表，通过上下游协同发展，开展了"带板运输、整托下单、量托堆码、托盘联运"等模式创新，不断提升货物周转效率。围绕"一个筐"，以药品、农产品等领域为重点，实施物料箱等物流包装标准化，推动了全程冷藏配送，形成"田头到门店""三次不倒筐"等一批 O2O 产业链新模式。依托"一辆车"，支持以新能源车辆为载体的城市末端配送，解决最后一公里难题，构建了"1个供应中心—N 个社区取货柜"的配送体系。面向"一个平台"，通过建设"56135""物流汇"等公共信息服务平台，带动中小微物流企业进一步提升服务能级，推进了长三角区域市场一体化发展。全市新增标准化托盘 351 万块，快消品领域试点企业实施带托运输，供应链效率提升 35%，装卸效率提升 2—3 倍，人工成本降低 15%，商品破损率降低 50%。

2. 物流标准体系日趋完善。成立了上海市物流标准化技术委员会，构建了城市物流服务标准体系。在消费品、农产品、医药、化工等领域，26 家试点企业以标准框架、标准目录和标准文本为结构，树立了标准化标杆，建立实施了企业标准体系。通过上下游企业协同发展，试点企业联合制定了《医药物流标准作业工时测定和统计标准》《豆制品冷链运输过程中周转筐的管理使用规范》《托盘标准转移模式商业规则》等 3 项团体标准。全市已试点登记团体标准 10 余项。

3. 开放式合作联盟相得益彰。上海联合南京等 9 个内贸流通体制改革发展综合试点城市，成立了城市标准化创新联盟，召开"长三角标准化研讨会"，研究制定《食品冷链物流》系列标准等流通领域城市联盟标准，拟定了智能储物柜等领域 4 项标准，推进跨区域标准共享互认，探索标准制定新机制。发起成立了长江经济带标准化托盘循环共用联盟，依托区域合作机制，共同助力上海物流技术和服务模式的创新发展，招商路凯、集保、新通联等企业建设了面向全国、链接国际的托盘循环共用服务网络，推进了物流产业与相关产业融合互动，提升了产业链上下游协同能力，推动了绿色物流发展。通过与 EPAL 等国际行业协会和专业机构的交流与合作，引进先进的管理经验和运营模式，对标国际标准，促进了托盘循环共用的国际化和专业化发展。

四、率先实行城市商业用地与设施调控管理制度

编制并落实商业网点布局规划，是建立和完善与城市建设、经济发展和对外开放相适应，布局协调、结构合理、层次分明、功能健全、配套完善、经营有序、可持续发展的现代商业网点体系的必然要求。由于《城乡规划法》未将商业网点布局规划纳入强制性规划范畴，长期以来，商业网点布局规划的落地一直存在较大困难。在推进内贸流通体制改革过程中，上海积极探索通过优化土地供应结构，强化商业网点规划的执行力，推动商业设施合理布局，有序发展。

（一）面临问题

1. 商业地产同质化竞争现象较为普遍。自 2008 年以来，商业网点、商务办公楼宇建设总量快速扩张。但是不少地产企业缺乏商业地产策划、招商和运营经验，造成商业网点千店一面、商务办公楼宇功能单一。

2. 商办用地开发缺乏全市统筹。各区县都把商业建筑、商务办公楼宇作为拉动区域经济发展的重要平台、载体，但很多商办用地开发和大型商业地产项目未能与全市的规划很好地对接，甚至部分已建成的商业、商务楼宇对城市道路、交通、生态环境等造成了较大的压力。

3. 部门间缺少有效的协调机制。商业网点、商务办公楼宇的建设和管理常常涉及商务、旅游、规划、交通、发改等多个部门，但由于缺少有效的协调，导致规划、审批、管理等方面出现了许多不应有的麻烦和问题。

4. 政府对市场缺少及时的预判和引导。由于上海尚未建立统一的商业网点、商务办公楼宇的统计监测体系，而且部门间信息交流不畅，无法建立有效的评估、预警、反馈机制，直接影响了政府对市场的科学分析和对商业地产投资的合理引导。

（二）主要做法

上海对全市商业网点、商务楼宇市场发展情况进行了专题调研，初步摸清了商业地产的发展现状。在充分听取区县、企业和部分专家学者意见的基础上，完成了多份关于上海商办楼宇市场情况和政策建议的报告报市委市政府主要领导，对进一步鼓励和支持商业、商务楼宇前瞻规划、改造和转型，明确了工作思路、工作重点和工作措施。

1. 发布《关于进一步优化本市土地和住房供应结构的实施意见》和《上海市商业网点布局规划（2014—2020 年）》。明确市商务、发改、规土等部门会商商业、办公用地的供应规模、结构和节奏，加强统筹引导；在土地出让条件中，明确一般地区和近阶段商业办公楼宇供应量较大区域的商业、办公物业的持有比例和持有年限的要求。

2. 国内首发《上海市 15 分钟社区生活圈规划导则（居住社区）》。打造社区生活基本单元，完善生活必备服务功能。提供类型丰富、便捷可达的社区服务。确保居民在便捷可达范围内使用到高品质的地区级设施，向下延伸社区级公共服务设施，构建步行可达、高效复合的设施圈。形成总量适宜、步行可达、系统化、网络化的公共空间布局，创造绿色生态、活力宜人、安全便利的公共空间，塑造富有独特文化魅力的公共环境。

（三）取得成效

商办土地供应结构进一步优化，充分发挥商业地产业在改善民生、推动经济发展方面的积极作用。

1. 有效提高了商业、办公用地供应的有效性和精准度。商务部门从编制土地出让计划的环节就开始介入，会同市有关部门对拟出让土地与商业规划的符合度与拟建项目的合理性进行评估，遏制了商业网点建设无序扩张和缺乏特色的情况。

2. 为实现科学合理调控商业地产市场创造了条件。《实施意见》明确提出建立商办楼宇的统计监测体系，将起到整合部门信息，建立有效的评估、预警、反馈机制，促进政府对市场的科学分析和对商业地产投资的合理引导的积极作用。

3. 首次实现了各主管部门间联动决策。将促进相关部门在重点新建项目和转型升级项目实施过程中的沟通协调，形成由市级商务、发改、规土、建设等部门和各区县政府的联动机制，协调解决商业地产市场发展管理遇到的重大问题。

4. 引导形成了安全、友好、舒适的社区基本生活平台。集成多样化的社区服务，推动发展集创业工作、居家生活和休闲娱乐为一体的复合型社区商业，完善创新创业宜居环境。东方网智慧社区"服务到家"等示范项目已布局运行。

五、复制引入内贸流通领域的负面清单管理模式

《国务院关于实行市场准入负面清单制度的意见》的发布标志着我国正式实行市场准入负面清单制度。为更好地将转变政府职能与创新管理方式结合起来，把行业自律与市场监管统筹起来，构建政府权责清晰、依法行政的管理体制，本市率先探索在内贸流通领域梳理政府权力，围绕事中事后监管，编制负面清单及行业准入后行政管理目录，为市场主体提供便利服务。

（一）面临问题

内贸流通领域行业广泛、管理部门众多、法律法规分散，因缺乏为企业提供一站式查询服务的统一平台，企业难以全面掌握相关准入制度以及准入后经营行为规范要求，常常因为不知晓、不熟悉相关政策法规，存在"被动"的违

法违规现象，给企业的经营与发展带来了不便，造成了影响。

（二）主要做法

针对内贸流通领域存在的企业知晓和熟悉相关准入制度及准入后经营规范的便利性不足问题，充分发挥自贸试验区改革溢出效应，复制引入内贸流通领域的负面清单管理模式。

1. 学习领会"负面清单"精神。认真学习《国务院关于实行市场准入负面清单制度的意见》和《国家发展改革委　商务部关于印发市场准入负面清单草案（试点版）的通知》等文件精神和要求，并对比分析自贸试验区负面清单管理制度，明确在内贸流通领域梳理市场准入负面清单以及行业准入后行政管理目录的目标和方向。

2. 充分发挥第三方专业机构作用。经过深入学习领会，考虑到清单与目录的专业性较强，通过政府购买服务方式，委托上海市远东律师事务所与上海市光大律师事务所，全面梳理清单和目录。

3. 依据法律法规全面进行梳理。在全国市场准入负面清单的基础上，依据《行政许可法》，全面梳理上海地方性法规涉及的行政审批事项，并比对上海"权力清单"和"责任清单"，形成内贸流通领域市场准入负面清单；依据《行政处罚法》，全面梳理上海地方性法规、政府规章、规范性文件涉及的准入后经营行为规范要求，并比对上海"权力清单"和"责任清单"，形成内贸流通领域行业准入后行政管理目录。

4. 全面进行论证。组织召开由市发展改革委、市工商局、市食药监局、市质量技监局等部门以及相关领域专家组成的专家论证会，对清单和目录进行全面、深入论证，确保清单和目录的准确性、全面性、合理性。

（三）主要成效

初步完成了内贸流通领域市场准入负面清单及准入后行政管理目录的梳

理，推动形成市场开放公平、规范有序，企业自主决策、平等竞争，政府权责清晰、监管有力的市场准入管理新体制。

1. 厘清政府与市场的关系，进一步激活市场活力。在国内率先完成内贸流通领域行业行政审批事项的全面梳理，涉及20个行业小类、共55项审批事项，涵盖106部法律、法规、规章及规范性文件。积极配合市发展改革委，按照全市统一部署，建立上海市场准入负面清单制度改革试点推进工作机制，做好与国家战略衔接。

2. 提高事中事后监管透明度，促进市场公平竞争。完成对行业准入后行政管理措施的全面梳理，涉及62个行业小类，共计各类限制性、禁止性行政管理事项357项，涵盖586部法律、法规、规章及规范性文件。

3. 全面向社会公布，为企业经营提供便利指导。依托中国上海、上海商务诚信公众服务平台以及市商务委门户网站、微博、微信等渠道，向社会全面公布清单和目录，并加强宣传和引导，为企业经营提供便利指导，杜绝企业因不知晓、不熟悉政策法规而发生"被动"违法违规情形。

六、先行建立形成全国统一市场的区域合作机制

根据党的十八大和十八届三中、四中全会精神，为加快构建"统一开放、竞争有序"的现代市场体系，促进区域协调发展，提升长三角区域竞争力，上海市商务委发起建立推进长三角区域市场一体化发展合作机制，得到了长三角兄弟省市的积极响应。苏浙皖赣沪四省一市建立紧密合作工作机制，发挥中国（上海）自由贸易试验区溢出效应，围绕"共建、共推、共治，互联、互通、互认"，加强区域合作，着力打破地区封锁和行业垄断，建设长三角区域一体化大市场。

（一）面临问题

由于过去计划经济体制和行政区划影响，长三角区域管理相对分割，缺乏

整合、统筹、指导与协调，区域内各个地区制定的法律法规多以自身利益为出发点，造成了区域间存在壁垒、地方经济保护、要素流通不畅等问题，使产业链的地区布局受阻，影响了资源合理配置和利用效率。为此，推动长三角区域联动发展的关键在于聚焦统一大市场建设，深化体制机制改革，建立区域间联动机制，扩展区域内各地区的合作领域，提高合作的水平与层次。

（二）主要做法

1. 建立合作机制。在商务部的指导下，由上海市商务委发起建立推进长三角区域市场一体化发展合作机制，苏浙皖沪商务部门共同签署了《推进长三角区域市场一体化发展合作协议》。明确由苏浙皖沪三省一市商务部门牵头建立推进长三角区域市场一体化发展工作机制，按照统筹兼顾、优化配置，互利共赢、协同发展，信息共享、统一规范的原则，重点围绕"规则体系共建、创新模式共推、市场监管共治、流通设施互联、市场信息互通、信用体系互认"（简称"三共三互"），商讨三省一市共同关心的现代市场体系发展问题，关注和指导区域一体化大市场建设，组织和推进区域内重点领域市场合作项目的实施。后又有江西省商务厅积极要求加入该合作机制。

2. 开展专题合作。苏浙皖赣沪四省一市商务部门围绕"三共三互"，每年聚焦物流标准化、农产品流通、商品市场转型、打击侵权假冒、生活必需品市场应急保供等重点专题，予以推进落实。从专题工作内容设计上看，是对商务部国内贸易流通体制改革工作和六大专项行动计划的贯彻落实。同时，将牵头省市在专题工作领域积累的好经验、好做法，在长三角地区加以复制推广。从专题工作推进方式上看，体现以项目为抓手，突出项目示范带动、产业链条联动、政府管理互动。

3. 聚焦重点突破。在农产品流通领域，率先建立了长江经济带9城市农产品流通联动发展机制，推动形成高效畅通、全程冷链、安全规范的区域农产品流通体系。上海、重庆、南京、杭州、合肥、武汉、长沙、成都、贵阳等9家市（区）商务部门参加，推进以农产品批发市场为重点，建立产地销地匹配、线上线下融合、国内国外衔接的区域农产品流通体系。已在上海召开联席会议，并先后走访南京、武汉、合肥、长沙等城市，与当地主要农产品市场和贸易流通龙头企业座谈，推动"沿长江城市农产品流通企业联盟"和"长江经济带农产品贸易平台"筹建。

（三）取得成效

自长三角区域市场一体化合作机制实施以来，重点专题合作取得积极成效，为打破地区封锁和行业垄断，促进商品、要素自由流动和企业公平竞争提供有力的执行机制保障，有效激发了区域市场活力和经济增长动力。长三角区域市场一体化发展合作机制被商务部评价为全国统一大市场建设的"重要制度创新和实践创新"，并在全国进行推广。

在物流标准化领域，基本形成标准化托盘循环共用体系，在长三角地区的上海、南京、杭州、合肥、苏州、太仓等9城市建立了一批公共托盘营运中心，并逐步完善了跨区域物流标准的共享互认。

在农产品流通领域，通过搭建农产品产销合作平台，设立外延蔬菜基地，加强了区域农产品产销对接，建立了从源头到终端的农产品物流体系，完善了区域农产品安全保障体系，有效提升了农产品供应链效率和安全性。

在商品市场转型升级领域，上海和江苏先后出台了加快推动平台经济发展的指导意见，并完善了相应的支持政策。

在打击侵权假冒领域，在全国率先推出《长三角四省一市打击侵权假冒行政处罚信息公开工作方案》和《长三角四省一市打击侵权假冒专项行动联动机制》，并联合开展"2016—长三角云剑"专项行动。

七、协同创建以商务信用为核心的新型流通治理模式

2015年6月，财政部、商务部、国家质检总局下发《关于2015年商务诚

信体系建设工作的通知》，支持上海等四个地区探索建立商务诚信公众服务平台。结合国内贸易流通体制改革发展综合试点，上海积极探索构建以商务信用为核心的新型流通治理模式。

（一）面临问题

近年来，上海社会信用体系建设取得了积极进展，上海市公共信用信息服务平台的建成，为政府公共信用信息的公开和应用奠定了坚实基础。同时，上海流通业经过长期发展积淀了大量的市场信用资产，特别是一大批平台型企业积累了相关市场主体品牌资产信息、市场履约信息、社会综合评价信息、平台自身管理信息等大数据资源。但是，目前市场信用信息还比较"碎片化""孤岛化"，基本还处于睡眠状态；公共信用信息与市场信用信息基本割裂。同时，信用的应用机制还不健全是当前最为突出的问题。

（二）主要做法

针对市场跨区域、跨行业融合发展趋势下，综合监管体系亟待健全等问题，充分发挥信用机制在市场治理中的关键作用。

1. 出台《上海市公共信用信息归集和使用管理办法》，制定数据清单、行为清单和应用清单（简称"三清单"）地方标准，实现政府部门基于"三清单"的公共信用信息共享，为深入推进商务信用体系建设奠定坚实基础。

2. 依托上海市公共信用信息服务平台，搭建上海商务诚信公众服务平台，建立公共信用信息与市场信用信息交互共享机制。制定《上海市商务诚信公众服务平台管理办法》《商务诚信公众服务平台标准体系》，从基础层、通用层、专用层和应用层进行系统规划。同时，指导家居流通、网络购物等20余个试点市场信用子平台建立"商务信用评价导则"企业标准，确保信息征集、评价与应用的制度化、规范化。

3. 推动政府监管和企业经营用信。有效利用整合共享的信息，在政府管理方面，市酒专局基于"三清单"基础上，应用商务信用信息改造酒类流通管理业务流程，在许可证审批、事中事后监管等工作中增加诚信承诺、诚信核查、信用奖惩等措施；在行业发展方面，1号店对其平台经营模式中的有关合作企业，运用质量、价格、客户评价等6个方面270多个指标，建立商户信用奖惩机制；红星美凯龙对平台上5万多个经营商户从商品质量、服务等关键指标进行信息征集和评价，开展信用分类管理。

（三）取得成效

通过打破政府公共与市场信用数据的壁垒，建立新型流通治理模式的关键载体，初步构建了市场主体自治、行业自律、政府监管、社会监督的社会共治格局。

1. 搭建了一个系统平台。完成上海市商务诚信公众服务平台硬件搭建和系统开发，并与上海市公共信用信息平台、各类已立项市场信用子平台对接，实现了公共信用信息与市场信用信息的交互共享。

2. 形成了一套政府应用模式。在酒类流通领域，市酒专局在许可证审批、事中事后监管等工作中增加诚信承诺、诚信核查、信用奖惩等措施，实现对名白酒、进口红酒和散装酒"信用＋追溯"全过程管理，有效提升了行政管理效率。

3. 培育了一批试点单位。在单用途商业预付卡、网络零售、家居流通、进出口贸易、大宗商品交易等领域率先试点培育了29个市场子平台，29家试点单位的商务信用评价企业标准已正式发布。1号店投诉率从40%降低至不足2%；红星美凯龙连续三年销售收入年复合增长率超过17%。市单用途卡协会从预收资金管理、信息报送、消费者评价与投诉等8个方面对已备案企业开展动态信用评价和发布，对高风险的发卡企业进行公示预警，加强消费引导。还有数十家平台型企业正在对接中。

4. 开发了一批公众查询产品。开通"上海商务诚信网"，归集了近15万家企业信息，发布企业商务信用查询、行业信用指数、黑名单公示、企业信用导航等老百姓关心的内容。配套推出相应的 **APP** 应用软件和微信公众服务号。

八、创新构建多方共治的大宗商品现货市场监管体系

大宗商品现货市场是上海国际贸易中心和国际金融中心建设的重要抓手。在自贸试验区建设大宗商品现货市场，对提升中国大宗商品国际竞争力和话语权具有重要意义。为推动市场健康发展，防范资金风险和货权风险，在交易制度上创新实行"交易、托管、清算、仓储"四分开，并依托两个第三方平台实施协同监管，完成了从事前准入审批为主向政府与行业事中事后协同治理转变的飞跃。

（一）面临问题

大宗商品现货市场，特别是电子化的交易平台，在我国属于新型业态，处于发展初期，缺乏一套完整的法律法规体系，政策文件规定偏向于对交易场所的清理整顿，管理规范滞后于市场实际发展。

（二）主要做法

1. 发布行业管理规范，印发交易指导意见。为健全联合管理制度，规范交易活动，加强事中事后监管，市商务委、自贸试验区管委会、市金融办共同制定发布了《中国（上海）自由贸易试验区大宗商品现货市场交易管理规定》，明确市场建设的条件、市场设立方式、市场经营者应遵守的规则，以及政府各部门的相应职责。制定发布了《中国（上海）自由贸易试验区大宗商品现货市场交易管理规则（试行）》，对交易规则的关键内容作出规定，确保在统一规则的基础上，兼顾不同类型市场特征，预留制度创新空间。

2. 引入社会化评审机制，创新准入退出方式。引入社会化评审委员会机

制，由相关政府部门代表和行业专家共同组成大宗商品现货市场评审委员会，对市场的行业背景、交易规则等进行综合评估，保证评审的专业性、公开性和透明性。建立以市商务委、市金融办、自贸试验区管委会为主导的自贸试验区大宗商品现货市场联席会商机制，通过召开专题会议，沟通市场建设过程中的情况，协调解决重大问题，对在筹建过程中不满足相应规定的，引导企业主体主动退出。

3. 加强社会多方共治，引入"两个第三方"。引入上海清算所等第三方清算机构进行交易资金的清算，满足自贸试验区大宗商品现货市场"交易、托管、清算、仓储"相分离的要求，有效规避资金风险。培育第三方仓单公示平台，通过多系统数据比对与仓单信息公示，确保大宗商品交易的真实性和交收安全。两个第三方机构与交易市场以及海关共同形成"3 + 1"信息比对模式，通过将"来源于仓库的仓储信息、来源于交易市场的交易信息、来源于第三方清算机构的资金信息"以及"海关保税货物的监管信息"进行比对，保障资金、货物信息一致，防范大宗商品现货市场最核心的资金风险和货权风险。

（三）取得成效

逐步实现国际规则的国内化与国内市场的国际化并行突破，有效规范大宗商品现货市场。

1. 创新市场监管模式，构建多方共治的大宗商品管理体系。建立了与国际接轨的大宗商品市场专业化监管模式，通过引入"第三方清算"与"第三方仓单公示"模式，形成监管闭环，防范大宗商品现货市场资金和货权风险，并为"期现联动"奠定基础。该模式已成功应用于自贸试验区内大宗商品市场，得到国家清整联办肯定，并向全国推广。截至 2017 年 1 月，自贸试验区内累计登记各类大宗商品保税仓单 66 笔，挂牌 332 笔，转让 207 笔。

2. 创新准入退出方式，遴选优秀试点主体。经由相关政府部门代表和行业专家共同组成的大宗商品现货市场评审委员会评审，保证评审的专业性、公开性和透明性。目前，自贸试验区已有 10 家市场建设方案通过专家评审，涵盖有色金属、铁矿石、棉花、液体化工等品类，其中 7 家市场已通过验收，6 家已正式上线，另有 3 家引导退出。

3. 创新监管配套政策，形成大宗商品市场规则突破。探索出台信用证与跨境电票结算、订单与提单交易等相关政策，初步形成面向国际的大宗商品交易政策和服务支撑体系。大宗商品电子仓单已获得国内外金融机构的认可。上海清算所在自贸试验区"四分开"试点的基础上，联合有色网先后推出了自贸试验区铜溢价掉期、人民币电解铜掉期等现货金融衍生品业务，推动提高大宗商品市场的交易报价能力与市场定价话语权。自贸大宗（上海）信息服务有限公司与境内外金融机构达成战略合作，建立仓单跨境融资与跨境贸易结算机制，提高自贸试验区大宗商品的交易市场的交易效率和服务水平。上海国际棉花交易中心创新推出"现货交易 + 保价服务"模式，形成以现货交易为基础，保障买卖双方履约行为的价格创新业务。

九、建立"政府引导、市场运营、社会参与"的重要产品追溯体系

为加强供给侧结构性改革，深化内贸流通体制改革，解决假冒伪劣现象不断、供给质量不高的问题，扩大有效供给，上海以重要产品追溯体系建设为重点，以大数据、云平台、物联网等创新应用为手段，引导企业把追溯体系建设作为强化全过程质量管理的重要手段，通过追溯提升企业产品质量管理能力，运用二维码等追溯新技术联通产品流通上下游环节，打造有利于放心消费的产品供给主渠道，增强消费者认知度和感知度。

（一）面临问题

近年来，随着我国经济社会发展和人民生活水平不断提高，广大消费者对产品安全要求日益增长，对消费前知晓全过程追溯链信息的需求也愈加迫切。

随着追溯品种逐步扩展，参与企业逐渐增加，追溯链条不断延伸，覆盖区域越来越广，追溯"短板"也日益明显。

1. 政府部门职责不清，缺乏整合、统筹、指导与协调，各区多以自身利益为出发点，导致执法监管难以落实，造成资源浪费。

2. 企业运行责任感不够，未能形成有效的市场化运作机制，企业积极性不高，尚未从"政府主导""是否需要追溯"的观念转变为"企业主体""如何做好追溯"。

3. 消费者参与度不高。由于缺乏足够的公益宣传，消费者对于追溯体系不够了解，使用积极性不高，也并未意识到通过追溯体系信息查询能够倒逼生产经营主体提高产品质量安全责任意识，通过索取带有追溯码的销售票据可以维护自身的合法权益。

（二）主要做法

按照商务部和上海市委、市政府有关工作要求，紧紧围绕追溯与国际大都市发展相适应，与商业模式发展相适应，与制度完善创新相适应，与市民消费便利、放心和成本期盼相适应等"四个相适应"，改革创新、转型发展，大力推进重要产品追溯体系建设。

1. 坚持法规引领，明确追溯主体责任。以法律法规为引领，出台全国首部地方政府规章《上海市食品安全信息追溯管理办法》，规定对粮食及其制品、畜产品及其制品、蔬菜、水果、水产品、豆制品、乳品、食用油等九大类食品和食用农产品实施全过程信息追溯管理，完善食品安全法律体系，明确市食品药品监管局、市农委、市商务委等相关部门管理职责，对于落实企业追溯主体责任、强化监督管理和行政执法、加强食品安全源头控制具有指导意义。

2. 培育第三方平台，提升运行能力。建设"信息公司＋行业协会＋会员单位"第三方追溯管理平台追溯平台，并以此为载体，利用物联网、大数据、云计算和移动互联网等现代技术对包装类产品进行赋码和信息关联，并在各个环节采集追溯信息，实现全程追溯。以企业需求为突破口，增加企业关心的扩展会员、链接网店、产品推广、形象介绍文化传播和大数据应用等各类增值服务，为企业创造新的价值空间，提高追溯应用企业的主动性和积极性，培育形成一批品牌追溯应用企业。

3. 聚焦重点企业，探索追溯新技术应用创新。以超市大卖场、标准化菜市场、社区智慧微菜场等流通包装化、标准化、规模化程度高等企业为重点，推进二维码等新技术在生产、流通、消费等环节的应用，实现来源和流向全过程追溯，提高信息真实性和准确性，保障消费安全。充分利用 6 月食品安全宣传周、9 月质量月活动，开设食品流通安全信息追溯宣传专场，通过播放公益宣传片、发放小册子、编辑微信公众号等，加大宣传力度，提升消费者认知度和感知度。

（三）取得成效

从源头到终端的重要产品追溯体系的建立，实现了食品来源可追溯、去向可查证、责任可追究，有效提升了食品供应链安全性。

1. 肉类蔬菜追溯运行效果明显。发布《上海市食品安全信息追溯管理品种目录（2015 年版）》，针对粳米、猪肉等 20 个品种目录开展信息追溯管理，初步覆盖了屠宰、加工、批发、配送、零售等食用农产品和食品流通主要环节，共有实施节点企业 2000 余家。通过不断完善上海肉菜流通追溯体系建设，2016 年第四季度商务部肉类蔬菜流通追溯运行考核继续保持全国前列，7 家批发市场的肉菜流通追溯运行考核得分名列全国前 10，40 家标准化菜市场的肉菜流通追溯运行考核得分名列全国前 50。

2. 第三方平台运行成效显著。建立"食安先""追溯云"等第三方追溯管理平台，并实现了与上海肉菜流通追溯管理平台、上海市食品安全信息追溯管理平台的有效对接，形成了互联互通机制，提高了企业运行效率，通过平台大数据分析功能，掌握价格、销量曲线，实现精准营销。目前已有食用农产品、

表 5.1　上海市国内贸易流通体制改革试点可复制推广试点成果清单

序号	可复制推广试点成果名称	所属试点任务	主要内容	主要成效
1	创新培育网络化、平台化商品交易发展市场	探索建立创新驱动的流通发展机制	1. 率先发布《关于上海加快推动平台经济发展的指导意见》，出台扶持平台经济发展政策措施，支持平台型企业纳入贸易型总部和高新技术企业认定。 2. 率先发展平台经济推动商品市场转型升级，基于互联网、云计算等现代信息技术，全面整合产业链、融合价值链，在大宗商品、消费品及生活服务、专业配套服务、跨境电商等四大领域，打造一批集交易、物流、金融、资讯等功能，辐射强的高能级市场。 3. 率先创立《上海平台统计报表制度》，对全市100多家平台型企业开展统计，实现线上与国际、国内与线下，商品与服务全口径统计。	"互联网+"流通得到充分发展，成为内贸流通领域新旧动能转换的重要推动力，多层次的商品市场体系不断完善。一是市场规模能级持续提高。二是市场辐射和影响力日益增强。三是市场功能日趋完善。
2	转型提升实体商业新消费供给能力	探索建立创新驱动的流通发展机制	1. 转变商业业态模式，出台《关于加快上海商业转型升级提高商业综合竞争力的若干意见》，发展智慧商圈，体验式购物中心，众创空间及跨境电商，保税展示销售，进口商品直销，市内免税店等新型商业形态。 2. 转变消费促进方式，实施"新消费引领""品牌引领"和"服务到家"计划，建立会商旅文体等部门联动机制及国际商业街区交流合作机制，推广应用移动支付、物联网、大数据、虚拟现实（VR）、增强现实（AR）等技术。 3. 转变国有商业企业激励机制，出台《关于鼓励和支持本市国有企业科技创新的若干措施》，建立以创新为导向的考核评价体系，对商业企业研发投入、创新转型等研发费用视同于考核利润。	上海商业的集聚度、繁荣度、便利度进一步提升。一是形成了以智慧商圈、社区精准营销为转型的新格局。二是形成了以服务消费、体验式消费为增长动力的新格局。三是形成了以网络零售、内外贸一体化为扩张动力的新格局。四是形成了以品牌经济、时尚产业为升级动力的新格局。

（续表）

序号	可复制推广试点成果名称	所属试点任务	主　要　内　容	主　要　成　效
3	系统构建标准化城市物流服务体系	探索建立创新驱动的流通发展机制	1. 围绕城市物流托盘、周转筐、车辆、服务平台，运用射频识别（RFID）技术，开展标准化建设，在快消品领域推广"田头到门店"不倒筐全程冷链配送模式。2. 建立《上海城市物流标准体系》，形成一套城市物流服务区域联盟标准、团体标准、企业标准。3. 建立与欧洲托盘协会、长江经济带主要城市、全国内贸改革发展试点9城市的多层次物流标准推广合作机制。	标准化城市物流服务体系的建立，促进流通降本增效，体现内贸流通领域供给侧结构性改革的积极作用。一是托盘循环共用模式用降本增效成效显著。二是物流标准联盟合作得益彰。三是开放式合作联盟相得益彰。
4	率先实行城市商业用地与设施调控管理制度	探索建立基础流通设施发展模式	1. 发布《关于进一步优化本市土地和住房供应结构的实施意见》和《上海市商业网点布局规划（2014—2020年）》，明确市商务、发改、规土等部门的供应规模，办公用地商业，结构和节奏，加强统筹引导。2. 在土地出让条件中，明确一般地区商业办公楼宇供应量较大区域的商业、办公物业的持有比例和持有年限的要求。3. 国内首发《上海市15分钟社区生活圈规划导则（居住社区）》，打造社区生活基本单元，完善生活必备服务功能。	商办土地供应结构进一步优化，充分发挥商业地产业在改善民生、推动经济发展方面的积极作用。一是有效提高了商业、办公用地供应的有效性和精准度。二是实现了商业、办公项目全过程系统化、精细化、动态化监管。三是引导形成了安全、友好、舒适的社区基本生活平台。
5	复制引入内贸流通领域的负面清单管理模式	探索健全统一高效的流通监管理机制	1. 根据全市场准入负面清单要求，全面梳理内贸流通领域市场准入事项。2. 围绕事中事后监管，梳理企业准入经营过程中涉及的相关资质、范围、行为等限制性和禁止性规定，形成《上海市内贸流通领域企业准入后行政管理目录》。	推动形成市场开放公平、规范有序，企业自主决策、平等竞争，政府权责清晰、监管有力的市场准入管理新体制。一是厘清政府与市场的关系，进一步激活市场活力。二是提高商事中事后管理透明度，促进市场公平竞争。

（续表）

序号	可复制推广试点成果名称	所属试点任务	主要内容	主要成效
6	先行建立形成全国统一市场的区域合作机制	探索健全统一高效的流通监管的流通监管机制	1. 建立"三共三互"区域合作机制，共同推动"规则体系共建、创新模式共推、市场监管共治、流通设施互联，市场信息互通、信用体系互认"。 2. 项目化推进专题合作，聚焦物流标准化、农产品流通、商品市场转型、打击侵权假冒、生活必需品市场应急保供等重点专题推进落实。 3. 扩大农产品流通合作范围，牵头建立长江经济带9城市农产品流通联动发展机制。	长三角区域重点专题合作取得积极成效，为打破地区封锁和行业垄断，促进商品、要素自由流动和企业公平竞争提供有力的执行机制保障，有效激发了区域市场活力和经济增长动力。
7	协同创建以商务信用为核心的现代流通治理模式	探索建设法治化营商环境	1. 出台《上海市公共信用信息归集和使用管理办法》，制定数据清单、行为清单和应用清单（简称"三清单"）地方标准，实现政府部门基于"三清单"的公共信用信息共享，为商务信用体系建设奠定基础。 2. 制定《上海市商务诚信公众服务平台管理办法》《商务诚信公众服务平台企业标准》及29个市场信用标准"商务信用评价导则"企业标准，依托市公共信用信息服务平台，搭建商务诚信公众服务平台，实现商务信用信息与市场信用信息交互共享。 3. 推动政府监管和企业经营用信、诚信核查、信用奖惩等措施，如酒类监管在许可证审批、事中事后监管中增加诚信承诺，实现对名白酒、进口红酒和散装酒"信用+追溯"全过程管理，运用质量、价格、客户评价等6个方面270多个指标，建立商户信用奖惩机制，红星美凯龙对平台上5万多家经营商户进行信用分类管理。	通过打破政府公共市场信用数据的壁垒，建立新型流通治理模式的关键载体，初步构建了市场主体自治、行业自律、政府监管、社会监督的社会共治格局。一是完成上海市商务诚信公众服务平台硬件搭建和系统开发。二是形成了一套政府应用模式。三是培育了一批试点应用单位。在单一用途商业预付卡、网络零售、家居流通、进出口贸易、大宗商品交易等领域率先试点培育了29个市场子平台。四是开发了一批公众查询产品。

（续表）

序号	可复制推广试点成果名称	所属试点任务	主要内容	主要成效
8	创新构建多方共治的大宗商品现货市场监管体系	探索建设法治化营商环境	1. 发布《中国（上海）自由贸易试验区大宗商品现货市场交易管理规定》及《中国（上海）自由贸易试验区大宗商品现货市场交易管理规则（试行）》，试点开展"仓单、提单、订单"三单交易，发展面向国际的大宗商品现货保税交易，打通国际国内市场。2. 市场准入环节引入社会协议审核机制，建立大宗商品现货市场评审委员会，对市场的行业背景、交易规则等进行综合评估，对未达标的市场实行退出机制。3. 建立"交易、托管、清算、仓储"四分开的市场监管制度和"3+1"（第三方仓单公示平台、第三方资金清算平台、交易市场与海关）信息比对模式，实施跨部门协同监管。	逐步实现国际规则的国内化与国内市场的国际化并行实施，有效规范大宗商品现货市场。一是创新市场监管制度，建立了与国际接轨的大宗商品现货市场专业化监管模式，形成市场闭环，防范大宗商品现货市场资金和货权风险。二是创新现货市场评审方式，组织大宗商品现货市场评审委员会评审，保证了评审的专业性、公开性和透明性。三是创新监管配套政策，初步形成了面向国际的大宗商品交易政策和服务支撑体系。
9	建立"政府引导、市场运营，社会参与"的重要产品追溯体系	探索建设法治化营商环境	1. 出台全国首部地方政府规章《上海市食品安全信息追溯管理办法》，明确企业追溯主体责任，强化相关部门联合监督管理和行政执法职责。2. 建设"信息公司＋行业协会＋会员单位"第三方追溯管理平台，培育形成一批品牌追溯应用企业。3. 推广二维码技术手段，方便消费者查询。	从源头到终端的重要产品追溯体系的建立，实现了食品来源可追溯，去向可查证，责任有效追究，食品供应链安全性有效提升。一是肉类蔬菜来源追溯运行效果明显。二是第三方平台运行形成效益显著，"食安先"追溯平台、第三方追溯管理平台运行良好。三是二维码技术应用趋近成熟，实现重要产品追溯"扩围、提质、增效"，提高追溯监管效能。

食品追溯信息数据 200 余万条，销售带有追溯二维码的包装类商品 8 万余个，消费者扫描 50 余万次。

3. 二维码应用技术逐趋成熟。在肉类、豆制品、乳制品等食用农产品和食品试点中广泛应用，举办多次二维码食品流通安全信息追溯应用主题活动，开展二维码追溯应用实物展示，深受消费者欢迎，通过手机等电子产品扫描二维码获取产品全过程追溯信息，使得消费者感知度明显提高。指导并支持欧尚、上蔬永辉、康品汇、强丰等企业开展二维码食品流通追溯新技术新模式应用试点，采取食品包装加贴追溯二维码或打印二维码追溯小票，取得明显效果。据不完全统计，食品实施二维码信息追溯后比实施前销量增加近 20%。

第二节　改革发展的展望

为推进试点成果长效化，上海结合推进落实《"十三五"时期上海国际贸易中心建设规划》，先后制定发布了《市场流通创新工程实施方案（2016—2020 年）》《上海市促进新消费发展发挥新消费引领作用的行动计划（2016—2018 年）》及《生活性服务业提质工程实施方案（2016—2018 年）》《上海深化内贸流通供给侧结构性改革实施方案》，抓紧制定 9 项试点成果复制推广计划，并推进落实，同时，围绕法规规章、支持政策、流通标准等方面，继续探索制度创新，争取取得新突破。

一、进一步推动上海内贸流通改革与发展

1. 以创新消费升级为手段加快建设国际消费城市。《"十三五"时期上海国际贸易中心建设规划》，提出了建设国际消费城市的目标。下一步，我们要

以新消费引领消费结构升级，创造新供给、释放新需求，进一步拓展丰富消费内涵，实现最终消费对经济增长的贡献率持续提升。

一要持续增强对国内外消费吸引力。上海消费市场经过近20年的快速发展，消费增速逐步回落，消费需求相对不足，最终消费率低于纽约、伦敦等10个百分点以上。对境外消费的吸引力有限，境外游客消费在外来消费中仅20%左右（纽约、伦敦等这一占比达到80%左右）。面对这一现实，需要加快打造面向全球的消费市场，增强对全球资源的集聚和辐射能力，传承发扬"最快、最新、最全、最优"的上海商业底蕴和"开放创新、精益求精"的商业文化内核，丰富市场层次，汇聚全球品牌，提高上海商业的集聚度、繁荣度、便利度和消费市场的竞争力、吸引力和辐射力。同时，还要促进优质商品和服务的集聚，突出丰富市场层次和提升消费能级，培育和引进一批本土品牌商品和具有高品牌价值的商业企业，增加优质进口商品直销渠道，逐步扩大退税商店规模，探索开设市内免税店，实现在上海"买全国、买全球"，扩大外来消费吸纳力。

二要不断培育和挖掘新消费增长点。要以扩大服务消费作为消费结构升级的重点，大力发展新兴消费热点，打造多点支撑的消费增长格局。要积极促进文化消费，丰富上海购物节等大型活动的内涵，举办各类特色鲜明的文化活动，加强文化创意产品设计和开发。要培育都市旅游消费，加强重点旅游区域商业等设施配套，建设和开放更多旅游休闲活动区，发展特色餐饮、主题酒店，增加品质化、多样化的旅游产品供给。要提升健康消费品质，鼓励健康管理、体育健身、中医保健、高端医疗等健康产业发展，满足个性化、多层次的健康服务需求。要积极扩大信息消费，促进数字内容、动漫游戏、新媒体等发展，加快智能家居、可穿戴设备、虚拟现实技术等领域的研发和应用。要倡导绿色循环消费，大力推广使用绿色低碳节能产品和绿色包装、绿色物流，深化再生资源回收与生活垃圾清运体系网络"两网协同"试点，探索各具特色的资源回收与垃圾清运新模式。要推进高品质、便利化生活性服务消费，建设"互联网＋生活性服务业"创新试验区，布局一批集聚养老、家政、餐饮、家电维修等社区便民生活服务示范区，落实新建社区商业和综合服务设施面积占社区总建筑面积比例不低于 10% 的政策。

三要促进"互联网＋"商业模式创新。要顺应生活消费方式向发展型、现代型、服务型转变的趋势，培育形成更多新技术、新产业、新业态、新模式，增强新消费对全产业链的引领和带动作用。要推动线上线下融合发展，引导传统商业企业发展线上业务，网络零售企业拓展线下功能，实现线上线下资源整合，提高全渠道营销能力。要加快推进体验式智慧商圈建设，促进商圈内各种商业模式和业态优势互补、信息互联互通、市场资源要素共享。要鼓励电子商务创新创业，发挥电子商务领军企业等作用，建设一批国际先进水平的创新孵化器，培育一批模式创新、业态创新的电子商务企业，激发创新创业活力。

2. 以提升贸易流通能级为契机加快供给侧结构性改革。供给侧结构性改革是内贸流通创新的落脚点，我们要以流通技术为引擎，以制度创新为支撑，从供需两端发力，充分发挥自贸试验区溢出效应，建设大市场、大平台，加快内贸流通创新发展。依托上海一年试点成果经验，2017 年 5 月制定颁布了《上海深化内贸流通供给侧结构性改革实施方案》。

一要加快建设面向国际、服务全国的大市场。世界上一些公认的国际贸易中心如纽约、伦敦、东京和新加坡，都是一些商品市场特别是大宗商品市场的"标杆"，并通过交易规则、定价机制控制了全球战略物资的价格和交易量。下一步，我们要大力发展平台经济，推动传统商品交易市场转型升级，支持市场功能向集成交易、物流、金融、数据等服务拓展，努力实现全要素、全天候交易和全过程、全方位服务。聚焦有色金属、钢铁、化工、医药、汽车等传统领域，以及数据服务和专业服务等新兴领域，打造一批百亿、千亿、万亿级强辐射、高能级的市场和平台。要建设对接国际的大宗商品交易规则制度，以有色金属市场建设为突破口，在自贸试验区内推动期货市场和现货市场、保税交易和非保税交易，一般贸易和转口贸易联动发展，持续提升"上海价格"和"上海指数"影响力，进一步增强大市场的资源配置功能。

二要加快培育具有高端要素配置能力的市场主体。要集成财政支持、金融配套、外汇管理、人才引进、出入境便利等政策，集聚一批高能级的市场主体。要大力发展贸易型总部企业，充分发挥批发业"服务全国、链接全球、上拓资源、下控渠道"的供应链整合能力，集聚一批具有采购、分拨、营销、结算、物流等单一或综合贸易功能的总部机构。要大力拓展流通企业国际分销渠道，支持有条件的流通企业走出去，在全球范围内整合产业链，建设境外营销、支付结算和物流服务网络。要促进流通业先进技术应用创新，布局一批物联网和供应链管理技术应用重大战略项目，实施流通业流程再造。建设包括政府公共服务、市场专业服务和行业协会自律服务的中小商贸企业综合服务体系，培育一批"名、特、优、新、惠"中小流通企业。

三要健全立体化网络式流通基础设施。建设联接国内外的现代物流大通道，完善重点物流园区、专业物流基地网络，加强海空港枢纽物流设施和多式联运能力建设，进一步完善重点物流园区分拨中心、公共及专业配送中心、城市末端配送节点三级城市配送物流网络，形成东西联动、辐射内外、层级合理、有机衔接的物流业空间新格局。要大力发展高端物流服务功能，推动第三方物流及平台型物流加速发展，深化标准托盘的社会化循环共用为重点的物流标准化建设，提升流通效率，降低社会物流成本，充分发挥物流对国际贸易中心建设的支撑功能。要加强农产品流通体系建设，建立农产品市场公益性实现机制，构建布局合理、流转顺畅、安全高效的农产品流通骨干网。支持西郊国际农产品市场在实现本市农产品一级批发全覆盖基础上，主动对接服务长三角，成为长三角乃至全国农产品流通体系的重要枢纽和国际一流农产品交易市场。健全农产品产销衔接体系，完善重要商品追溯体系、市场应急调控和储备机制。要加大流通基础设施信息化建设力度，加快推进商圈、社区等流通网络和节点的互联网、物联网、移动通信等信息化基础设施建设。

3. 以建设法治化营商环境为目标推动内贸流通改革创新。内贸流通体制改革发展综合试点尽管已经取得了不少成绩，但改革只有进行时，没有完成时。上海在内贸流通改革创新中，要继续做好全国"改革开放排头兵，创新发展先行者"。

一要完善流通治理模式。通过改革试点，初步建立了以信用为核心的新型流通治理模式，也就是按照"市场决定、政府有为、社会协同"三位一体原则，构建市场主体自治、行业自律、社会监督、政府监管的社会共治格局。下一步要继续完善这个模式，要充分发挥商务信用在流通治理中的基础性作用，强化上海商务诚信公众服务平台功能，完善商务信用征信、评信和用信机制，形成公共信用信息与市场信用信息之间的交互共享机制。要建立市场化综合信用评价机制和第三方专业评价机制，形成多方参与、业界共治的治理新模式。适时在全市推广"事前告知承诺、事中分类评估、事后联动奖惩"的信用监管模式，建立信用公示预警制度。

二要建立适应内外贸一体化发展的市场规则。公平竞争是市场经济的基本原则，是市场机制高效运行的重要基础。下一步要按照国家建立统一大市场的要求，继续消除行政壁垒、打破地区封锁，促进国内外市场要素自由流动，推动"规则体系共建、创新模式共推、市场监管共治、流通设施互联、市场信息互通、信用体系互认"，提升上海在国际国内两个市场的辐射力和影响力。

三要创新市场配套服务体系。近年来，上海开展的物流标准化试点，提升了流通效率，降低了流通成本。下一步要继续健全物流服务体系，依托物流资源交易平台，提供运输、仓储、加工、配送等服务，降低物流成本。同时，要完善金融服务体系，提供供应链融资、贸易融资、仓单质押等服务，提高流通效率。强化大数据服务体系，加强对大数据的采集、开发、分析、利用，编制商品价格指数、物流指数等，开展信息咨询等服务。

二、继续巩固深化试点工作成果

1. 适时提出后续重大改革试验。结合国家重大战略需求和上海自身战略规划，适时新增后续重大改革试验任务。为适应互联网时代特点，深化制度创新和治理模式构建，探索系统集成的内贸流通体制改革，并将试点成果长效化推进，结合落实《"十三五"时期上海国际贸易中心建设规划》和《市场流通创新工程实施方案（2016—2020 年）》，提出下一阶段的流通改革创新任务，并申请国家级创新改革试验区，从而着力与自贸试验区改革系统集成，实现内外贸制度的一体化对接与复制推广；着力与科创中心建设系统集成，建成流通领域新业态、新模式集成创新的国际化平台高地；着力在内贸流通领域继续发挥上海在全国改革开放中的排头兵作用，将上海打造成为信息化时代的国际贸易中心标杆城市。

2. 推动地方层面法治体系建设。"以体制机制改革为核心"是国家对此次改革的基本要求。流通领域的监管任务日趋繁重，而法律法规调整相对滞后，法规位阶低、空白多、修订落后，事中事后监管事项的设计明显单薄，互联网等新生事物对政府管理工作也提出了诸多挑战。为此，上海可以充分利用直辖市的地方立法权，进一步完善流通领域的法律保障，补充、修订未到位的行政法规和规章，出台商业网点、商务信用、数据安全等适应经济社会发展新形势的法律法规。培养高端法律人才，进一步推进综合执法工作，强化司法服务和保障，加强行政复议、应诉、仲裁等工作，继续推进和完善法治化、国际化、便利化营商环境。

3. 完善内贸流通行业统计指数体系。随着实体商业转型创新、线上线下融合发展、消费结构不断升级等步伐的加快，传统的行业统计方式已经无法全面反映新形势下流通行业发展的实际情况。鉴于上海在建立创新驱动的流通发展机制上取得了突出成绩，为了充分反映改革创新取得成果及未来流通发展趋势和方向，上海有必要在全国率先探索建立符合新形势需要、涵盖全渠道销售、服务消费、会商旅文体联动、线上线下差异化的信用评价、商业网点数据等全方位的统计体系，以及包含政策支持、市场环境、企业发展、增长动力等评价标准、客观反映内贸流通行业发展的指数体系。

4. 推动加强内贸流通顶层设计。内贸流通领域的改革牵涉到的财税、土地、金融、标准、质监等不同领域和多个部门，上海在此次内贸流通体制改革试点中多部门联动的工作机制已经取得了诸多成效，但仍存在很多问题需要国家层面进行统筹。例如大宗商品市场交易无法开具电子增值税专用发票，二手车企业太重的税负成为发票开具的阻碍，出口与国内商品标准体系与托盘循环体系不统一，内贸外贸质量监管标准各异，大宗商品市场监管等问题需要顶层设计与法律授权。为此，建议上海加强与各方沟通协调，推动国家相关部委围绕在上海市试点上下联动、协同配合，推动内贸流通顶层设计，解决大宗商品、税收、标准体系等多方面的限制，有效破除内贸流通发展体制机制障碍，推动内贸流通领域深化改革，为最终出台国家范围内统一的内贸流通领域法律条例提供试点经验。为有效推进并不断深化内贸流通体制改革发展工作，复制推广内贸改革试点成果，探索在国家一年试点期结束后，保留内贸改革发展试点领导小组两年，同时研究探索设立内贸流通发展专家咨询委员会，聘请全国内贸流通领域高端智库和专家，针对试点工作遗留问题给予必要的指导和帮助，共同探索将试点经验转化为流通发展长效机制，为上海未来的内贸流通发展提供决策咨询支持。

5. 积极宣传推广改革试点成果。深入总结试点工作亮点与经验，客观梳理内贸领域改革成果，按照国家"形成在全国可复制、可推广的经验"的要求，对成熟的试点任务和创新举措，加大宣传推广力度。商务部总结了9个试点城市在流通创新发展促进机制、市场规制体系、基础设施发展模式、管理体制等方面的典型经验和模式，取得了37项国内贸易流通体制改革发展综合试点可复制推广试点经验。包括建立创新驱动的流通发展机制方面16项做法和经验：促进实体商业转型升级，创新电子商务发展模式，完善物流配送体系，促进城乡流通一体化、内外贸一体化、区域市场一体化发展等。建设法治化营商环境方面9项做法和经验：推进地方流通法规建设，完善市场监管体制，创新流通执法模式，加强流通领域信用体系建设等。建立流通基础设施发展模式方面7项做法和经验包括：创新公益性农产品市场及社区商业设施建设、运营和管理机制，创新流通规划编制实施机制等。健全统一高效的流通管理体制方面5项做法和经验：健全流通管理工作机制、推进放管服改革、发挥行业协会商会作用等。其中，上海有8项做法和经验被列入全国推广复制的范围。

表 5.2　商务部颁布国内贸易流通体制改革发展综合试点可复制推广试点经验（上海 8 项）

可复制推广的试点经验	具 体 做 法	试点城市	试点任务范围
1. 以智慧商圈建设为抓手的实体商业转型促进机制	政府通过规划建设地面、地下、空中贯通的立体商圈，引入光纤宽带、无线网络、智能交通引导，商圈 APP 和大数据分析等手段，打造线上线下协同发展的智慧型商业街区，推动实体商业向全渠道、全品类、全时段经营转型升级；建立"示范项目共推、客流资源共享、体系标准共建、载体平台互联、市场主体互动、宣传渠道互通"的"会商旅文体"联动发展机制，拓展商圈功能，促进商业企业跨行业融合发展。	上海	
2. 政策集成促进专业电商平台发展模式	打造一批集成交易、物流、金融、资讯等功能于一体，技术新、辐射强的专业电商平台企业，符合条件的企业经认定为国家高新技术企业后，可按规定享受相关税收优惠，同时纳入地方贸易型总部企业，在财政资金投入、企业融资、人才引进、出入境等方面予以政策支持。	上海	试点任务一：探索建立创新驱动的流通发展机制
3. 全链条、跨区域的物流标准化体系	围绕托盘、周转筐、车辆、服务平台，开展标准化建设，在农产品领域推广"田头到灶头"全程不倒筐冷链配送模式，完善区域托盘循环共用模式，发展区域物流联盟标准、团体标准，推动企业标准自我声明公开；建立长江经济带主要城市、内贸流通体制改革试点城市标准推广合作机制。	上海	
4. "三共三互"的区域市场一体化合作机制	建立长三角区域市场一体化合作机制，着力打破地区分割，共同推动"规划体系共建、创新信用体系互认"，构建统一开放、竞争有序的区域现代市场体系，围绕"三共三互"，聚焦物流标准化、农产品流通、商品市场转型、打击侵权假冒、生活必需品市场应急保供，电子口岸合作等重点专题予以推进落实，在农产品流通领域，建立长江经济带 9 城市农产品流通联动发展机制。	上海	
5. 以商务信用为核心的现代流通治理模式	制定《上海市公共信用信息归集和使用管理办法》，制定数据、行为和应用"三清单"地方标准，实现政府部门公共信用信息共享；建立商务诚信公共信息服务网络，率先在家居流通等 6 个领域建立"商务诚信评价导则"，打通行政与市场信用信息交互渠道，提引入公众和行业协会参与市场管理，建立以信用信息为基础的监管资源分配新模式，提升监管效能，促进信用交易和优胜劣汰，形成"企业自治、行业自律、公众评价、政府监管"的流通治理新模式。	上海	试点任务二：探索建设法治化营商环境

（续表）

可复制推广的试点经验	具　体　做　法	试点城市	试点任务范围
6. "政府引导、市场运营、社会参与"的重要产品追溯体系	出台全国首部地方食品安全信息追溯管理规章，明确企业主体责任，强化相关部门联合监督管理和行政执法职责；以第三方追溯管理平台为载体，培育形成一批品牌追溯应用企业，以二维码技术为手段，方便消费者查询，提升消费者认知度，感知度，提高追溯监管效能。	上海	试点任务二：探索建设法治化营商环境
7. 严格自持要求的商业用地与设施调整管理制度	出台优化商业用地供应结构的实施意见及商业网点布局规划，将商业地产项目自持比例纳持有时间要求列入土地出让条件，对出让土地与商业网点规划的符合度与拟建项目的合理性进行事前评估，及时评估，提高商业用地供应有效性和精准性，建立商办楼宇统计监测体系，预警大型商业设施市场运行情况。	上海	试点任务三：探索建立流通基础设施发展模式
8. 内贸流通领域的负面清单管理模式	立足发挥自贸试验区改革溢出效应，率先在内贸流通领域探索负面清单；围绕事中事后监管，梳理企业经营过程中涉及的相关资质、范围、行为等限制性和禁止性规定，制定《上海市内贸流通领域准入后行政管理目录》。	上海	试点任务四：探索健全统一高效的流通管理体制

第六章
上海内贸流通改革试点评估

第一节　试点工作的总体评估

上海试点按照全面深化改革总体部署和加快完善现代市场体系的总体要求，从国内贸易发展的全局和战略高度出发，依托上海城市综合优势，发挥自贸试验区改革溢出效应，聚焦创新发展、市场规则、市场治理三大领域，以扩大开放、创新发展倒逼体制机制改革，通过改革进一步激发流通业发展活力，努力探索形成符合国际规范和现代市场经济要求的制度环境和政府管理模式，建设国际化、市场化、法治化的营商环境，为全国推动国内贸易发展方式转变探索新路径和新经验。《上海市国内贸易流通体制改革发展综合试点方案》共确定12项改革任务、37项细分子任务。上海已全部完成或基本完成37项任务，任务完成率为100%。委托上海社会科学院对试点工作进行全面评估，评估报告如下：

一、试点工作组织有力，建立全市改革推进机制

上海成立由两位市领导担任组长，市商务委、市发改委等 21 家单位组成的试点领导小组。领导高度重视，将内贸改革试点工作列入市委全市深化改革重点工作和市政府年度重点工作。上海市政府印发试点方案（沪府发〔2015〕66 号），细化 37 项改革发展任务，并召开试点启动大会，进行动员部署。上海市委领导牵头定期召开联络员工作会议，并通过联络员队伍，建立与全市21 家单位和 16 个区的工作联络机制。

上海多次召开市政府专题会议、试点中期推进会，落实各项试点任务。聚焦热点、难点问题形成突破，建立综合协调机制。围绕实体商业转型、商品交易市场升级、在自贸试验区内发展面向国际的大宗商品现货保税交易等热点、难点专题，上海市领导带队开展调研，协调政策层面创新突破。市人大将促进商业转型升级列入年度重点督察项目，并予以指导。市商务委先后与市发展改革、工商、质量技监等部门召开试点工作对接会，研究推进试点重点任务，并赴企业进行实地调研。

上海市委、市政府将内贸流通体制改革试点工作列入年度重点工作，每月跟踪工作进展，实行跟踪问效，建立考核督办机制。围绕 37 项改革发展任务，每双周更新任务推进进度，并按"未启动""已启动""基本完成"和"已完成"对任务状态进行色块管理。委托第三方机构对试点情况进行中期评估和综合评估，及时发现试点工作中的成功做法以及问题，总结提炼试点形成的可复制推广经验。根据商务部《国内贸易流通体制改革发展综合试点成效评估工作指南》，制定上海市对各区的试点成效评估办法。

上海每月向商务部报送阶段性工作进展，累计报送案例 20 余篇，向上海市政府报送专报 17 篇，畅通渠道，按时报送试点信息，开展全方位宣传。上海市商务委设立"内贸改革发展综合试点"宣传专栏，实时跟踪内贸改革发展

综合试点情况，并先后赴 16 个区召开试点工作宣讲会，推进改革试点落地。试点以来，全国媒体（含报纸、网站、广播电视、微信平台等）对上海试点工作累计报道 255 余次。

二、试点工作起步超前、重点突出

为积极贯彻党的十八届三中全会关于建立统一开放、竞争有序的现代市场体系要求，试点开展之前，上海从做好顶层设计角度出发，开展了加快完善上海现代市场体系的专项调研，找准目前市场体系存在的一些薄弱环节。在此基础上，结合国家内贸流通体制改革发展综合试点要求，明确了"流通创新、市场规则、市场治理"三大领域、十二项改革任务和六大重点工程，突出以法治化营商环境为主线，以制度建设为核心，推动内贸流通创新转型，并建立"市场决定、政府有为、社会协同"三位一体的现代流通治理模式。上海试点实现点上突破，面上集成，突出全面深化改革的系统集成性，从制度上综合探索现代化的内贸流通体制建设方向。目前初步探索建立起以商务信用为核心的新型流通治理模式，统合负面清单管理制度、事中事后监管体系、综合执法管理机制、行业协同监管平台等制度体系，初步形成完整系统，且融合线上线下同步监管的新型流通治理体系。尤其聚焦信用体系，构建现代流通治理模式。市场经济是信用经济，社会信用体系是现代市场经济体制中的重要制度安排。完善现代市场体系发展要以建立社会信用制度为着力点。社会信用制度涉及各个方面和一系列环节，它的建设是一个系统工程。如市场准入环节的改革必须辅之以事中事后监管制度，必须配套完成社会信用体系建设。为此设计的以商务信用为核心的现代流通治理体系，以此为重点打造国际化、市场化、法治化的营商环境，加快建立与国际接轨的、健全的现代市场体系。上海商务信用体系已经成为互联网经济下连接行业信用、企业信用、公众信用的重要纽带与平台，成为社会信用体系不可或缺的内容与行业监管重要手段。

三、突出系统集成，从"三大领域"探索改革路径

根据党的十八届三中全会关于建立统一开放、竞争有序的现代市场体系要求，以解放和发展流通生产力为目标，遵循流通领域全价值链发展规律，系统集成综合推进内贸流通体制改革。依托国家和本市智库开展调查研究，聚焦创新发展、市场规则、市场治理三大领域，做好顶层设计。通过点上突破、面上集成，以流通技术为引擎，以制度创新为支撑，理顺内贸流通领域中政府与市场、企业、社会之间的关系，建立适应大流通、大市场发展需要的新型流通管理体制，为全国内贸流通体制改革发展探索可复制推广的路径和经验。上海试点成果涉及流通创新、平台经济、标准化建设、信用治理、重要产品追溯等众多领域。按照全面深化改革总体部署和加快完善现代市场体系的总体要求，上海试点从国内贸易发展的全局和战略高度出发，依托上海城市综合优势，发挥自贸试验区改革溢出效应，突出"系统集成"，努力探索形成符合国际规范和现代市场经济要求的制度环境和政府管理模式，为全国推动内贸流通发展方式转变探索新路径和新经验。

四、坚持示范引领，切实推进内贸改革任务落地

结合试点明确的重点工程，上海依托各区和行业龙头企业，培育了一批具有示范性、引领性的项目。如黄浦区、静安区积极推进"国际消费城市"示范区建设，长宁区、普陀区、宝山区、金山区打造"互联网＋"创新实践区，浦东新区启动商务执法纳入市场综合执法。百联集团转型创建全渠道商业模式，中外运、苏宁、京东、顺丰、城市超市等创新实践城市物流服务标准。通过各类示范试点，先后制定发布各类促进流通业发展的制度40余项，其中50％以上为国内首发，为下一步复制推广积累经验。

五、加强部门多方联动、跨省合作，推进内贸改革制度创新

试点期间，委办密切协作，全力破解改革瓶颈。商务部来沪调研，听取各部门汇报后，充分肯定"上海各部门发自内心地支持内贸改革试点"。如市经信委、市发改委信用信息中心大力支持商务诚信公众服务平台建设；市质监局向全市印发内贸改革试点标准化工作实施方案，形成内贸流通领域城市物流、商务信用两套标准体系；市金融办、浦东新区（自贸试验区管委会）协同研究面向国际的大宗商品现货市场制度创新；市编办、市工商局、市法制办联合推动商务执法与综合执法衔接试点；市统计局深入研究大消费和平台经济统计制度等。上海试点着力打破部门条线分割，市商务委、市经济信息化委、市发改委、市质量技监局、自贸试验区管委会、市金融办、市统计局等委办局密切协作推进 37 项改革发展工作任务。各区县和重点企业也都建立了相应的工作推进机制，制定了贯彻落实《试点方案》的具体工作方案，明确配套项目。同时，借助上海城市综合优势，顺应长三角经济一体化发展新趋势，遵循区域经济发展内在规律，加快长三角区域市场一体化试点和发展，会同苏浙皖赣四省共同推动试点工作。紧紧依托国内最早建立的长三角地方合作平台，建立起规则体系共建、创新模式共推、市场监管共治、流通设施互联、市场信息互通、信用体系互认的"三共三互"区域合作机制。推动长三角区域市场一体化走在全国前列，不断形成可复制的内贸流通区域合作机制，推动内贸流通区域合作机制成为区域协调发展的重要方面。

六、体现综合试点优势，突出上海试点特色

一是以平台经济发展模式为引领，树立互联网经济思维模式，鼓励创新发展的流通新经济政策体系。上海是平台经济、新经济、总部经济的集聚区，围

绕"四新经济"发展方向，推动内贸流通新业态新模式创新发展。在国内首次提出平台经济发展模式并出台专门意见，首创平台经济统计制度，实现线下线上市场统计的有机结合。形成新型商业形态、贸易型总部经济、会商旅文体联动促消费等一系列促进流通新经济发展以及传统商品市场和实体商业转型升级的政策体系。"互联网＋"流通新经济得到充分发展，成为内贸流通领域新旧动能转换的重要推动力，有利于加快建设信息化时代的上海国际贸易中心城市。互联网时代的制度创新，必须考虑网络社会特点，从工业文明时代的管理思维转换到信息化时代的治理模式。如对互联网时代涌现的高能级的大宗商品电子交易平台的发展，设立了市场交易规则指引；对准入环节，设立了由政府部门代表和行业专家共同组成社会化评审机制和市场化的退出机制；对事中事后监管环节，建立了第三方仓单公示和第三方资金清算平台，实现社会协同共治。

二是坚持开放发展新理念，树立内贸外贸联动发展新思维，推进内贸综改与自贸试验联动的同步试点。上海内贸改革主动呼应中国（上海）自由贸易试验区，积极对接自贸试验开发改革溢出效应，制定内贸流通领域行业准入负面清单，形成内贸流通领域行业准入后行政管理目录，建设对接国际的大宗商品交易规则制度，逐步建成与国际接轨的市场运行规则。通过内贸综改与自贸试验的同步试点，推进构建内外贸一体化的制度与营商环境，逐步实现国际规则的国内化与国内市场的国际化并行突破。

三是以供给侧结构性改革为引领，坚持"有效供给创造有效需求"，大力促进流通新供给满足扩大民生新需求。全方位打造信息化、标准化、专业化与社会化的流通基础设施体系。初步构建符合互联网经济要求的上海城市现代物流体系。通过流通标准化促进行业降本增效，着力降低社会物流成本，体现内贸流通行业促进供给侧结构性改革的积极作用。通过智慧物流配送三级服务网络建设、智慧商圈建设以及"服务到家"社区商业计划，改善与满足百姓更高生活水平的民生消费需求，大大提升内贸流通改革的人民群众获得感。

四是围绕综合改革试点，构建现代流通治理模式。进入"互联网＋"时代，新型商业模式层出不穷，但内贸流通领域行业管理标准少、法规少、手段缺失等问题愈发突出。为此，主动借鉴自贸试验区事中事后监管经验，选择将商务信用服务公众平台作为构建新型流通治理模式的关键载体，实现政府和市场信用信息共享共用，打造政府监管、行业自律、企业自治、社会监督的社会共治网，将"商家信誉"从口口相传转向数据、指标量化评价，形成"守信激励、失信惩戒"机制，营造国际化、法治化、便利化的营商环境。

第二节　试点面临的主要问题

尽管上海在内贸流通体制改革发展综合试点工作方面做出了积极探索和创新，并取得了阶段性进展和显著成效，但由于内贸流通领域改革涉及面广，需要协调的部门较多，自下而上进行体制机制创新的难度较大，加之改革试点期限较短、任务较重，上海市在推进内贸流通体制改革发展综合试点工作中仍存在一些困难和问题。

一、流通管理体制改革仍待深入

上海在流通管理体制改革方面，尽管建立了内贸流通行政管理的权利清单、责任清单和准入清单，但受国家层面流通领域管理部门按照职能对流通领域不同环节进行切块管理的限制，现行改革措施尚未触及流通管理体制深层次的矛盾，部分重点领域和关键环节改革尚未到位，制约流通转型升级和创新发展的体制障碍仍然存在。如在市场监管方面，仍面临着多个部门各管一段、部门间缺乏有效协调、行政资源难以有效整合的问题。同时，商务主管部门有行业监管职责但无执法队伍的困境也亟待解决。内贸流通行业日益与文化创意、互联网经济、产业金融等新业态融合发展，内贸流通与各行业的融合创新发展难题以及内贸流通的改革创新发展，日益需要多部门、多领域的协同创新、系统创新，而不仅仅是单一部门的工作推动，需要更加注重内贸流通改革发展的系统性与协同性。

二、流通制度创新需要进一步加强

健全的流通法律制度是流通体制改革的关键。由于此次试点期限较短，而法律法规制定和实施周期较长，上海在推进内贸流通体制改革发展综合试点工作中着力推动了流通领域标准化和信用体系建设，而对一些需要立法进行保障或解决的问题，则采取了建立部门协调机制等措施和手段，在商业网点规划、商务信用体系建设等方面还存在一些薄弱环节，需要在法律制度层面进一步突破。如在商务信用体系建设方面，社会化综合评价的数据征集、评价和应用的制度规范尚需建立，并迫切需要与社会信用立法有效衔接，立法保障企业商业秘密和信息安全，推动公共与市场信用信息交互共享，促进企业将大量经营数据和信息向政府开放。同时，商业网点规划、电子商务规范发展等方面也亟须加快推进地方法律法规制度建设。流通领域的跨部门跨地区治理协调问题有待改善。内贸流通治理存在着上下左右之间的治理不完全配套协调问题，譬如对于大宗贸易平台的治理，地方缺少权威性的立法治理能力，同时又面临多部门协调监管职责界限模糊的问题，单一部门难以应对解决。另外，在市场治理方面如何提升市场秩序和规划化建设，"放管服"有效衔接有待进一步提升。加快创新流通监管体制，着力解决商务主管部门有行业监管职责但无执法队伍的困境。加快构建社会共治的流通治理模式，建设以社会信用体系为基础的法治化营商环境，市场信用子平台建设有待覆盖至内贸流通各行业。

三、新型模式创新面临一些政策制约

构建多层次现代商品市场体系，完善重要商品、服务、要素价格形成机制，增强我国大宗商品国际话语权和资源配置主动权，是推动我国由流通大国向流通强国迈进的重要路径。但长期以来，由于国家缺乏商品市场体系建设的顶层设计和整体规划，加之监管缺位，国内国际市场、线上线下市场、期货现货市场之间相互割裂，大宗商品交易市场发展受到了较大限制。上海在自贸实验区内创新实行的"交易、托管、清算、仓储"四分开制度，探索大宗商品现货市场第三方监管模式，能够有效规避资金风险和货权风险，已具备在区外复制推广的条件。但该经验的复制推广仍面临国家相关禁止性规定限制，尚需国家层面进一步理顺大宗商品贸易管理体制机制，加快形成与国际接轨的市场运行规则。内贸市场与外贸市场的规则一体化对接问题有待完善。在市场规则方面如何实现国内国际市场规则对接，提高流通生产力和资源配置效率。在一些重点领域，仍需加快形成与国际接轨的市场运行规则，如自贸试验区大宗商品现货市场第三方监管模式有待从区内复制到区外；标准化托盘循环共用体系有待由点及面推广到快消品、农副产品全行业，进一步提高流通效率，降低流通成本。同时，上海面临着新技术条件下贸易中心功能与影响力提升问题。互联网经济的发展，颠覆了传统贸易组织方式，也会改变国内外贸易中心的功能格局。对于上海而言，需要在创新发展方面，提升互联网经济时代市场价格的国际影响力和资源配置能力。市场体系有待进一步提高，对国际市场价格等的影响力有待进一步增强；高品质商品和服务供给不足，对国内外消费吸引力仍需增强；"互联网＋商务"创新实践区模式有待在全市各区推广。

四、改革措施的综合配套性有待加强

内贸流通体制改革是个系统工程，不仅涉及流通管理体制本身变革，而且涉及财税、土地、金融、统计等相关领域配套改革，这既需要国家自上而下的改革设计，也需要试点城市积极探索。上海内贸流通体制改革发展综合试点工作中，着力从内贸流通领域自身发展角度寻求体制机制创新，改革关联性、配套性尚有提升空间，在财税体制、土地制度、金融体制、社区管理体制等方面相关配套改革措施较少，现行一些政策措施也存在贯彻执行不到位问题，服务消费统计体系不健全，会商旅文体联动、实体商业转型缺乏统计数据支撑，与经济新常态内贸流通发展的现实需求有着一定差距。

第三节　深化上海内贸改革的方向和建议

一、上海内贸改革的探索方向

上海与其他主要面向国内或区域市场的内贸流通体制改革试点城市（南京、郑州、广州、成都、厦门、青岛、黄石、义乌等）不同，其"全球城市""四个中心"的定位决定了上海的国内贸易流通体制改革本身是国家"贸易强国"战略和区域发展战略的一部分，其主要任务在于：以"流通升级"助力"国际贸易中心建设"，通过"平台经济"和"总部经济"推动"国内外市场一体化"。因此，以下从国际层面、区域层面、产业层面、制度层面这四大方面，阐释上海进一步推进内贸流通体制改革的重点工作和关键目标。

（一）国际开放：建设流通信息文明时代的国际贸易中心

1. 发展流通体系大平台运作。推进辐射全国的国际流通中心大平台建设，形成全球资源集散中心，提高国际辐射能力。需强调突出以下抓手：一是打造联结全球及全国的货物贸易和海外营销服务平台，建设国家级全球贸易网络枢纽节点，提升在全球贸易价值链中的作用与地位。二是建设集技术进出口交易咨询、交流展示、产权交易、成果转化、综合服务于一体的技术进出口交易平台，促进服务贸易发展，打造亚太地区一流国际服务贸易中心城市。三是打造服务业集聚区平台，完善服务业集聚区功能，推进改革创新，形成服务种类齐全、服务水平较高的专业服务业体系框架，成为面向国内外的专业服务基地。四是构建内外贸一体化平台，提高贸易主体市场竞争力。推进流通现代化，促进内外贸企业在盈利模式、结算方式、风险机制等多方面融合，培育本土跨国贸易企业，促进商贸流通企业"走出去"。五是建设财经信息国际信息港平台，促进财经信息服务业发展。尽快建成集多种媒体、贸易金融数据库和多语种财经信息终端于一体，全天候对接海外市场的中国综合财经资讯权威服务平台，形成国际经贸信息港功能。六是建设国际贸易机构集聚平台，形成贸易中心枢纽功能。加强集聚国内外贸易性机构，形成"总部经济"新元素，提升贸易辐射效应和商务活动枢纽功能。

2. 发挥自贸试验区优势，加快形成国内外大宗商品定价和交易中心。一是争取国家层面的支持，明确国际化的定位。上海大宗商品交易平台的目标定位是发展大宗商品国际资源配置平台，要从全球视野出发，立足国家战略，进行各项突破性举措的试验，探索加快与国际市场衔接，拓展为国际和国内市场服务，争取中国对国际大宗商品的定价话语权。因此，需要争取国家给予更多的创新支持和创新空间，包括制定自贸区大宗商品国际化交易管理条例与地方性规章。二是加快推进金融配套改革为突破口，支撑国际化大宗商品交易平台的建设。包括：主动适应国际普遍通行的金融混业模式，清晰划分离岸与在岸金融业务的边界范围，在现有 FT 账户体系基础上进行进一步投融资汇兑创新，等等。三是实现期货交易与现货交易的联动发展，利用期货价格的发现价格功能，优化现货的交易模式。包括：加快交割交收仓单联动、交易价格联动、衍生品研发联动、交易规则创新联动等目前具有可操作性的方面寻求突破；鼓励金融机构做市，构筑上海大宗商品远期曲线，促进形成上海价格，建立多层次市场体系，有效实现期限联动，等等。

（二）区域合作：深度推进长三角区域市场一体化建设

2014年，江苏、浙江、安徽和上海市商务部门共同签署《推进长三角区域市场一体化发展合作协议》，旨在从规则体系共建、创新模式共推、市场监管共治、流通设施互联、市场信息互通、信用体系互认六大方面打破地区封锁和行业垄断，建设长三角区域一体化大市场，形成具有国际竞争力的长三角世界级城市群。在上述目标指导下，长三角现代商贸流通业一体化发展的战略路径包括：

1. 国家商务部大力指导和协调，区内各省、市政府通力合作。一是制订区内商贸流通业整体发展规划，通过规划确定发展的目标、方法、阶段、策略。二是制订互相协作、对等合作的政策，在地方税收、资金、土地、人才、物流、水电等环节上大力支持区内商贸流通企业的合作发展，避免诸侯经济人为地阻碍现代商贸流通经济的发展步伐。三是建立协调机构，在一体化发展现代商贸流通经济中沟通上下左右的联系。四是推进区域内要素市场的发展，以现代经济发展模式促进商贸流通经济获取必要的资金、信息、人才、技术、市场份额和管理经验，建立统一的要素市场，减少人为的干预和阻碍。

2. 加强信息交流带动商贸流通经济规模、集约、连锁和一体发展。一是根据《国务院关于深化流通体制改革加快流通产业发展的意见》，通过信息化建设，促进营销网、物流网、信息网三网融合，推动云计算、移动通信更大范围地应用于现代商贸流通领域。二是建立高效的信息化中心，整合华东地区商贸流通业发展信息。应以上海商业信息中心为龙头，建设长三角商业信息中心，达到信息共享、共用、共管的目的，各地即时将本地商贸流通业发展的信息传递到中心，中心在整理后再对各地会员开放。三是发挥信息的导向作用，通过信息整合调度长三角地区商贸流通业发展的方向、力度，调整资金、物流，发展电子商务，促进长三角现代商贸流通业整体发展。四是加强商贸流通企业自身的信息化建设，装备现代化的信息工具，通过信息化加强企业管理，提高企业效率，增强经济效益，将信息化建设与商贸流通企业现代化建设相结合。

3. 促进商贸流通业体系建设与长三角一体化建设的融合。一是推动连锁经营发展。进一步促进现有连锁经营企业加强自身建设，提高企业覆盖度，通过规模经营取得较好的经济效益。特别要鼓励大型连锁经营企业实现横向联合，组成联合舰队，在长三角形成1—2个世界级连锁经营企业。二是用线上和线下的模式（O2O）改造传统百货公司，使面临危机的百货公司通过技术改造摆脱地产经营模式，上升到一个新的发展阶段。三是稳妥推进城市综合体、奥特莱斯、购物花园等新型商业业态建设，鼓励这些业态在长三角连锁发展、稳健发展。

4. 促进区域内商贸流通企业"走出去"。目前长三角已经有苏宁、海尔等大型商贸流通和生产企业开始"走出去"，到中国香港、日本、美国、欧洲等地发展并取得较好的成果。为了扩大走出去的规模，区内企业应当加大走出去的力度。一是与海外开发区建设相结合、相配套，区内商贸流通企业利用各省市在外发展开发区的大好时机，跟随海外开发区一起走出去，以开发区为基地开拓所在国的商业市场。二是通过并购、联营、参股等方式到目的国开拓商业市场，建立分销中心、展示中心，通过输出管理、商品，提高所在国的就业水平和财税收入，达到共赢互利。三是利用国家"一带一路"建设的政策，为沿线国家和地区发展创造新的机遇，同时也促进自己的发展。因此，在"走出去"方面，长三角也要摆脱局部发展的观念，倡导全行业、全地区内外贸一起捆绑式"走出去"，成为全国商贸流通业外向发展的先导、示范和推进力量。

5. 进行商业资源整合，建设一批超大规模的现代商贸流通企业。一是鼓励长三角区域内商贸流通企业横向联合发展，在各级政府的政策上要消除影响商业整合的各类因素，比如地区封锁、行业垄断等。整治经营者通过垄断的方式恶意竞争的行为。二是通过资金融合、股票等方式，让企业和市场都能通过入股的方式参股，以促进流通企业间的相互交流，推动联合形式企业的产生和发展。三是商品整合，在长三角地区率先推出联购、联修、联换、联退业务，净化消费市场环境，强化消费市场秩序，减少消费者的购买之忧，并向全国推广经验，为全国的"四联"服务打下基础。四是品牌整合，倡导输出品牌、输出管理，以先进带后进的方式整体提升长三角商贸流通业的现代化发展水平。总而言之，通过区域内资源整合解决区域内各省市之间现代商贸流通经济发展的不平衡问题，快速提升长三角现代商贸流通业的核心竞争力。

（三）功能升级：提升国际消费城市能级

目前，上海的零售规模和商业国际化水平已居世界城市前列。在此基础上，上海可进一步采取多项措施，推动形成体现开放创新、便民利民、智慧引领的消费新格局，加快打造功能完备、服务优良、富有全球竞争力和城市魅力的国际消费城市，通过内外市场联动推动消费转型升级。

1. 创新商业模式，实现"卖全球"。一是完善促进商业转型升级的政策体系。（1）坚持科技引领发展、创新驱动变革，增强沪企商业国际竞争力。重点鼓励大型商业企业开展技术改造，提升信息化水平；鼓励企业加快商业模式创新，发展自有品牌、实行买断经营、开发定牌商品。（2）不断优化营商环境，提升上海消费和创业创新的吸引力。加强规划引导、政策引导和信息引导，推动商业设施建设与人口分布、消费需求等相协调；推动建立立体、高效、快捷的企业服务平台体系，在用地选址、网店规划、工商登记等方面积极服务企业；推动完善税收制度；推动商业用电用水与一般工业用电用水价格并轨。二是建立会商旅文体联动促消费工作机制。以迪士尼项目、国家会展中心项目等为重点，建设一批会商旅文体联动发展示范平台与示范项目；鼓励企业抓住迪士尼、国家会展中心等重大项目机遇，加强与创意产业、文化艺术、会展业、旅游业的跨界跨业融合发展；继续引进和培育世界顶级赛事和国际文化活动，以上海时装周为突破口，提升上海时尚产业的国际影响力。

2. 推进消费国际化，实现"买全球"。一是坚持"洋货"与"国货"并举，建设国际级的全球品牌中心。实施"国内国际、双管齐下"的大消费策略，突出丰富市场层次，提高外来商品集聚力，提升消费能级。一方面，提高商品丰富度和品牌集聚度，着力集聚国际知名消费品牌，用全球化的视野、富有竞争力的价格、引领潮流的流行风尚，努力把上海打造成与纽约、巴黎、伦敦、东京等城市齐名的世界级旅游消费城市；在吸引国际品牌和商业项目的同时，还要推介品牌、宣传品牌、营销品牌，成为展示和推广品牌文化、提升品牌价值的平台。另一方面，大力培育上海品牌和特色商品，推广具有中华传统工艺、民族特色、中国文化内涵的商品，反映上海乃至中国经济发展的实力和潜力及品牌的特色和影响力，形成国内品牌中心，通过购物离境退税政策等手段，提升境外旅客在沪人均消费水平。二是在规范化监管下推动上海跨境电商发展进入新的快车道。积极发展跨境电商、保税展示销售、进口商品直销等新型商业形态，建立全球商品进口网络和资源，是提高上海全球消费集聚能力的重要渠道。现阶段，上海自贸试验区跨境电子商务试点平台"跨境通"是一个由财政出资，建设统一的、完全第三方的跨境电商服务监管平台，虽然它大大降低了进口商品的税率（尤其是服装、鞋靴、护肤品、纸尿裤等日用消费品平均降幅超过50%），但是这种三单信息（订单、支付、物流）齐全的"试点模式"在规模和增速上仍难以与浙江等地通过行邮渠道进出口的"存量模式"跨境电商相匹敌。此外，外高桥、洋山、浦东等保税区遍地开花、功能重叠，导致保税仓库不足、价格成本高，严重制约跨境电商在上海的规模化发展。

3. 发展高品质消费，打造国际大都市商业服务圈。一是坚持质与量并重、形与神兼顾，打造世界级商圈。聚焦南京路、淮海路、外滩源、陆家嘴等中心商圈，着力发展具有国际影响力和美誉度的世界级商圈；以滨江沿岸、世博园区、国际旅游度假区等为代表，建设具有上海特色、享誉国内外的特色商圈。吸取纽约第五大道、伦敦牛津街、巴黎香榭丽舍大街、大阪难波公园、首尔明洞大街的特征性发展模式，以丰富的品牌专卖店和百货商店、功能齐全的商业配套、景观与建筑的完美融合，建设各具特色、满足不同群体需求的国际购物中心区域。二是坚持推动线上线下多渠道深度融合，提升都市生活便利度。大力发展高科技化、体验化、自助化等新业态新模式，为消费者提供更多个性化、体验式、精细化的高品质商品和服务；引导企业实现线上线下业务、品牌、渠道、顾客等多方面资源整合、优势互补，提高全渠道营销能力；创新发展智能化社区商业，推进"互联网＋"家政、餐饮、菜篮子、养老、家电维修等服务消费新业态；实施婚庆、美容、旅游、家装等一批生活性服务业提质工程，创建一批生活性服务品牌企业。以满足创新型人才生活需求为核心，探索建设集创业工作、居家生活和休闲娱乐为一体的复合型社区商业。三是构筑法律为先、信用为要、维权为重的国际消费城市法治格局。现代商业经济崇尚法制的保障，国际消费城市应该就是法治的经济乐园。就商业硬件设施而言，上海几乎能与国际任何消费城市媲美；但就经营者意识与消费过程细节而言，则还有不小的差距，如果不加提升，有可能成为"鸿沟"。一方面，推动上海的商家或经营者率先融入正在构造的社会信用体系。比如，完善全国企业公示平台的商家与商品或服务信息披露，实行失信商家淘汰制度，等等。另一方面，适应国际消费城市人流速率快的特征，开辟国际消费热线，24 小时接受咨询投诉，12 小时内简单查办或答复；积极与国外相关组织签订双边合作协议明确双边协作关系，建立联合联动联线投诉平台，方便消费者在境内境外任何一地投诉，提升消费维权的国际化和权威性。

（四）制度改革：完善市场规则与治理体系

1. 改革创新内贸流通统计体系。以"大流通"为统计对象，加快构建服务消费统计体系，将生产要素采购、销售、农产品运输、销售、生活服务业、电子商务、供应链金融、物流服务及绿色循环经济等纳入流通统计范畴，增加现行批发零售业统计指标，提高流通统计指标体系的全面性、系统性。一是补充完善现有的平台经济统计指标体系。上海首创的"平台经济统计指标体系"已经得到认可并有望全国推广,其下一步完善方向包括:在流通业销售额统计指标中,在已有的"电子商务销售额"指标基础上,增设"新产品销售额""跨地区销售额"等结构性指标;在企业固定资产投资指标中,新增"企业信息化投资"等结构性指标。同时,逐步充实"空白指标"。在已有的电子商务统计、网络平台交易指标之外,增加反映流通一体化模式、多式联运、转运等相关业务以及供应链金融等新业务、新业态、新模式的统计指标。二是拓展内贸数据开发利用范围,形成多元化信息成果。进一步增强内贸流通数据收集利用的广泛性,深入推进流通数据开发利用,提升数据分析的纵深度,深刻揭示内贸流通发展规律,加强流通领域与相关产业及宏观经济关联度较大的重点指数研究,相应开展国际流通比较。推动内贸流通行业中介组织开展大数据推广应用,利用政府采购、服务外包等方式,鼓励行业中介组织深入挖掘和研发大数据公共服务产品,加强对大数据技术应用的宣传与推广,服务流通企业创新转型与大数据产业发展需要。三是加强专业化数据处理机构与分析队伍建设。(1)根据内贸流通相关数据体量大、类型多、涉及范围广等特点,设立内贸流通数据中心,进一步加强对内贸流通行业与企业数据、市场运行、商品数据及统计等部门宏观基础数据的分析与开发力量,形成支持内贸流通统计数据开发及经济形势分析开发的专业机构和队伍,不断提升数据采集、传输、加工、存储、发布的网络化水平,为建立与大数据相适应的流通数据统计体系提供保障。(2)鼓励流通企业开展大数据的创新应用,引导流通企业利用大数据技术推进市场拓展、精准营销与优化服务,带动商业模式创新。(3)加强流通领域与相关产业及宏观经济关联度较大的重点指数研究,建立上海零售业商务活动指数、批发贸易业商务活动指数、商业景气指数等行业预警指标。(4)以大流通概念为依据,以政府部门及相关行业统计制度为基础,整合内贸流通统计数据,按照行业、业态及产品细分数据,全面而完整地反映内贸流通发展状况。

　　2. 建立高效自律的现代流通市场治理与监管体系。一是推进市场化商务信用评价机制建设。（1）改革落后的行政性监管方式和手段（主要包括年检、审核、抽查和换发证照等），改为运用行业信用体系、黑名单制度、监管信息共享等现代化监管方式。（2）建立公共信用信息与市场信用信息的交互共享机制，构建基于诚信平台的跨部门协同监管立体网络，将政府取得的企业信用信息进行有效归集。（3）启动社会化监管机制，培育发展行业协会、征信机构、保险金融等中介服务组织的发展水平，协助政府提供资质检查、违规记录、信用评估、标准实施等方面的专业服务。二是加强内贸市场事中事后监管与负面清单管理模式。改变对国内贸易流通领域市场主体管理中存在的重准入、轻监管的现象。建立健全内贸流通行政管理权力清单、部门责任清单和市场准入负面清单，明确政府和市场的关系，推动简政放权和政府职能转变，依法界定内贸流通领域经营活动审批、资格许可和认定等管理事项，取消涉及内贸流通的非行政许可审批。以"差异性、虚拟性和开放性"思维创新对新兴商业业态的监管手段。在差异性方面，建议改变原有的归口管理模式，在市场准入、企业融资、外汇管理、行业标准等方面为新兴业态的发展扫清障碍，针对新兴业态企业的产业融合特征，优化财税制度，减轻平台类企业的税费负担，可以为平台类商业企业单独制定税收优惠政策。在虚拟性方面，建立企业虚拟登记制度，将税收缴纳、社保缴纳、行政许可等事项与虚拟登记地址挂钩，允许虚拟登记地址与实际营业地址长期分离。在开放性方面，在市科委建立新兴业态发展服务中心，专门负责跟踪和收集全市范围内新兴业态企业的发展信息，建立相应的数据库，为政策部门制定扶持或激励政策提供依据。三是建立统筹协调的监管工作体系，理顺内贸流通政府监管部门之间职责交叉、"越位"与"缺位"并存的关系。整合归并上海目前涉及流通领域的十几个职能管理部门。建议市商务委、市经信委、市科委、市发改委等政策制定部门之间建立新兴业态发展协调小组，在工商、国税、地税、食药监、城管等执法部门之间建立新兴业态监管协调小组，由市政府分管经济的副市长或常务副市长牵头组织。此外，不同部门的职能相似科室，应该建立低级别的定期沟通机制，以实现监管服务过程中的信息共享。同时，模仿试行"单一窗口"模式，压缩减少流通企业对不同监管部门的申报、检查和审核等程序，降低企业的管理成本。

3. 整顿规范内贸流通市场秩序，推进重要产品追溯体系建设。一是完善商务综合部门的执法队伍。（1）推动各区建立商务执法队伍，全面推行综合执法，集中处罚职能；（2）以重点领域整顿治理为突破口，切实履行各项法规制度赋予商务主管部门100多项行政处罚职责；（3）积极打造举报投诉网络，推动建立起以市、区两级举报投诉中心为主体、街道举报投诉联系点为补充，上下一体、协调运作的上海城市商务举报投诉服务网络。二是推进重要产品追溯体系建设。以食用农产品、食品等重要产品为抓手，通过加快推进二维码、RFID等新技术应用与商务部重要产品追溯示范项目，以期实现全市统一的重要产品追溯管理平台、第三方追溯平台和追溯认证体系、肉菜流通追溯体系、酒类豆制品等特色产品追溯体系、乳制品全过程信息追溯体系、电子商务追溯体系等的培育和建设。

4. 发展流通领域公共服务。一是降低民营和中小商贸流通企业过高的市场准入门槛，消除对不同类型、所有制企业在政策支持、招投标和信息公开方面的差别化待遇。二是针对中小商贸企业发展中还存在的融资难、信息不通、业务拓展缺乏支持政策、人才缺乏、"走出去"困难、电子商务拓展成本高等问题。创新流通融资机制。包括：继续深入支持供应链金融的发展，较好地解决流通企业运营资金等短期融资问题；打通通过投资银行、产业基金、财富管理公司获得资本市场支持的渠道，从根本上解决企业扩张、提升能力和整合资源所需要的投融资问题；探索鼓励引导养老金、保险资金、私人财富资金等长期资本进入流通领域的渠道和方式。三是指导各行业协会、商会开展诚信建设。发挥社会组织自律作用。鼓励行业协会、商会建立健全行业经营自律规范、自律公约和职业道德准则。指导行业协会开展药品流通企业服务能力评级工作，提升服务社会的透明度。倡导有条件的区提高供应商的组织化程度，引导零售商行业组织加强自律，通过完善合作平台、健全合作机制等方式，促进公平交易。

（五）产业创新：形成商贸产业链的纵横融合发展

当前及未来相当长一段时期，将是"平台＋流通经济"的时代。以往，上海的优势在于传统制造业和加工贸易，而现在则必须依靠服务、创意、研发、设计、品牌等价值链高端环节来吸引流量，扩大辐射，挖掘全新的城市竞争力优势。

1. 通过下游平台构筑上海时尚产业链。一是秀展结合。2015 年上海时装周联合 BOF 和凤凰时尚指数共同打造时装时尚要素集聚平台，增加了 MODE 上海国际服装服饰展，把重点从原本单纯展示性质的办秀转移到了品牌的下游解决方式。近 400 个国内外品牌的女装、男装，配饰等通过 Showroom 的形式，真正让设计师和品牌实现了从"秀场"向"市场"的过渡。二是高级定制平台。本土高定精品是布局上海时尚产业的新手段与通路，同时，高级定制是上海政府确定的"四新"经济时尚领域发展方向的重要抓手之一。高级定制产业布局主要分"两条腿走路"——其一是通过高定上海这一平台，在线上通过电商平台进行展示交易，而线下则以体验店和专业化服务体系为主，产生 O2O 联动；其二则是以时尚产业风险基金的形式对本土有潜力的高定品牌进行扶持和辅导，为企业提供发展规划，包括品牌定位、目标顾客、销售渠道等，直接解决企业的组织架构和业务流程问题。三是适应买手制成的新趋势。随着定制化、个性化的需求日益旺盛，一方面一些国际知名大牌已经无法完全满足高端消费者的需求；另一方面实体百货受到互联网冲击较大，百货通过建立自己的买手团队，在世界各地"淘宝"，为顾客提供多元化的商品，同时可以最大限度赚取商品差价。2015 年上海服装周共接待各类买手逾 1900 人次，其中既有全球殿堂级买手店 H.Lorenzo 创始人 Lorenzo Hadar 和国际当红买手店 Opening Ceremony 买手 Carol Song 和 Jesse Hudnutt；也有诸如栋梁、Triple-Major、GARDENIA 等已颇具规模的国内买手店以及国际大型商业精品集合店。

2. 以文化创意带动相关产业融合发展。2015 年，上海网络文学占全国市场 90% 份额，网络游戏占全国市场 1/3 份额，网络视听占全国市场 1/4 份额，第三方支付业务量占全国 60%，54 家互联网金融持牌企业汇聚上海。通过与文化创意产业"混搭"，其他传统二三产业的消费链得以无限向下游延伸。一是推动电影全产业链发展。以慈文传媒等为代表的上海优秀影视企业不仅在 2015—2016 年间制作了多部爆款影视剧，而且储备了大量的 IP 资源。未来几年间，预计可通过市场化运营模式，对 IP 资源进行了有力的转换，使之成为市场上极为活跃、耀眼的影视产品，推动上海电影备案数量、出品量显著上升。二是开展各类大型文创活动，利用平台优势拓宽商贸交易渠道。例如，上海设计之都活动周，上海国际艺术节，上海市政府与中国纺织工业联合会签订共建上海国际时尚之都协议、设立中国时尚趋势研究院等。同时，上海文创产业"引进来、走出去"交流频繁，利用自贸试验区政策优势，举办自贸试验区海外新书展、文化授权展，吸引大量国外出版商和文化创意企业参会。未来上海文创产业将聚焦媒体、艺术、工业设计、时尚产业、网络信息等十大行业，培育 50 家国内外知名的文化创意企业和集团，构建 30 个专业实效的公共服务平台，推动上海成为名副其实的设计之都、时尚之都、品牌之都。

3. 发展订单经济改善供给侧要素创新模式。订单经济模式是以消费为指导，用订单需求重新定义生产关系，激活上游厂家产能和终端客户存量消费资本的创新商业模式。在具体运行中，主要是以 OPX（O 表示线上"互联网"、线下"人网联盟、店铺联盟、企业联盟"；P 表示众筹众包；X 表示无限合作联盟）订单商业模式为核心，将广大消费者的消费资本联合起来，以订单重建消费者与厂家的产供销关系，通过生产关系的颠覆性排列组合，让消费者参与商业财富的分配，从而深度激活消费需求，产生了爆发式的生产力飞跃。

上海可以依托居民消费能力较强、企业类型丰富的自身优势，打造包含消费订单、商品订单、资产订单、资本订单、公益订单在内的商业生态系统，全面覆盖生产资料、汽车、餐饮、住宿、美容、旅游等为一体的消费链，将庞大的消费资本盘活为生产资本，让消费者参与生产经营利润分配，以消费订单对接生产供应，砍掉交易中间环节，降低交易成本，分享经营利润，释放消费活力。

其中，各类型订单商业模式如下。消费订单：锁定终端消费订单，再以实物进行委托销售投资，合理、合法地实现订单增值；商品订单：企业直接投入商品实现放量销售，有效地实现去库存、去产能；资产订单：扶助个体工商户、小私营企业生存和发展，推动"大众创业、万众创新"，实现对企业的扶助和社会的维稳；资本订单：通过订单方式参股或控股中小企业，与国内消费者抱团，让民族品牌企业解困、持续经营下去；公益订单：成立"爱心基金"，打造可持续、循环性公益慈善系统，沿着精准扶贫的道路，坚定不移向前走。整个订单经济商业生态的建设，将全面提升上海乃至长三角区域经济发展，打造订单商业产业集群，也为供给侧改革提供样板试验田。

4. 拓展"互联网＋"对内贸流通的创新空间。深入落实 2016 年《国务院办公厅关于深入实施"互联网＋流通"行动计划的意见》，推进流通创新发展，推动实体商业转型升级，拓展消费新领域，促进创业就业，增强上海经济发展新动能。一是实现流通设施和流通数据的标准化。例如物流设施标准化、条码标准化、操作流程标准化以及卖场标准化等问题。实现不同流通设施的共享，降低流通设施单位成本，达到规模经济，提高流通效率。二是尽快上线运行商务公共服务云平台。政府可以通过大数据的应用分析，编制发布行业景气度指数，企业可以通过该平台及时获得消费市场监测数据、电子商务行业动态等，实现部门与部门、部门与企业、企业与市场的链接，提供信息、政府、数据、市场、信用方面的服务，形成市、区、企业三级商务数据采集机制，通过平台可进行农产品追溯、假货等商品追溯，保障产品的安全输出。三是鼓励连锁经营企业与电子商务、物流快递、社区服务平台等企业异业合作。创新社区服务商业模式，培育具有知识产权的企业通过连锁经营、商业特许等扩大企业市场经营规模；鼓励超市、便利店等相关场所依法依规发展便民餐点。支持连锁企业参与社区商业建设和农村流通网络建设，提高利用信息化、网络化、智能化技术实现转型升级的能力。引导快递企业与电子商务企业深度合作，鼓励快递企业充分利用移动互联网、物联网、大数据、云计算等信息技术，优化服务网络布局，提升运营管理效率，拓展协同发展空间，推动服务模式变革，加快向综合性快递物流运营商转型。引导快递企业与电子商务企业深度合作，促进线上线下互动创新，共同发展体验经济、社区经济、逆向物流等便民利商新业态。鼓励百货等零售业态积极发展"买手制"，不断提高自营和自主品牌商品比例，通过发展连锁经营、采购联盟等多种组织形式降本增效。四是增强中小商贸流通企业发展活力。推进中小型商贸流通企业公共服务平台建设，整合利用社会服务力量和扶持政策，为中小型商贸流通企业提供质优价廉的信息咨询、创业辅导、市场拓展、电子商务应用、特许经营推广、企业融资、品牌建设等服务，力争用三年时间初步形成覆盖全市的服务网络。支持大型连锁零售、批发、物流等企业为中小型商贸流通企业提供联合采购、共同配送服务。支持中小型商贸流通企业参加各类展会、展销促销活动。落实小微企业融资支持政策，推动商业银行开发符合商贸流通行业特点的融资产品，在充分把控行业和产业链风险的基础上，发展商圈融资、供应链融资，完善小微商贸流通企业融资环境。

二、下一步推动上海内贸流通体制改革的具体建议

上海作为国内贸易流通体制改革发展综合试点城市，在一年时间内，结合贸易创新开放的最新变革趋势，进行了系统全方位的改革与发展探索，取得了 8 条在全国复制推广的试点经验。此次试点既是落实全面深化改革的重要任务，引领推动全国内贸流通创新发展；同时对于上海在转型发展的关键窗口期，探索国际贸易中心建设新内涵、新模式、新抓手具有重要意义。内贸流通改革与自贸试验区建设是上海国际贸易中心城市建设的"鸟之两翼、车之双

轮"。下一步，上海更要在已有成功试点的基础上，进一步系统集成、重点突破，继续改革探索与扩大成效。

1. 聚焦平台经济，升级"互联网＋"国际贸易中心。互联网经济的发展，颠覆了传统贸易组织方式，也会改变国内外贸易中心的功能格局。上海需要深入思考新技术条件下贸易中心功能与影响力提升问题，并形成共识，拿出方案。在试点中，上海在平台经济领域方面率先进行了制度化探索。建议下一步将平台经济作为上海升级"互联网＋"国际贸易中心建设的新内涵、新模式与重点抓手，开展流通体系大平台运作。推进辐射全国的国际流通中心大平台建设，形成全球资源集散中心，提高国际辐射能力。除发展平台型企业之外，还可以探索：一是打造联结全球及全国的货物贸易和海外营销服务平台。建设国家级全球贸易网络枢纽节点，提升在全球贸易价值链中的作用与地位。二是建设集技术进出口交易咨询、交流展示、产权交易、成果转化、综合服务于一体的技术进出口交易平台。促进服务贸易发展，打造亚太地区一流国际服务贸易中心城市。三是构建内外贸一体化平台，提高贸易主体市场竞争力。推进流通现代化，促进内外贸企业在盈利模式、结算方式、风险机制等多方面融合，培育本土跨国贸易企业，促进商贸流通企业"走出去"。四是建设财经信息国际信息港平台，促进财经信息服务业发展。尽快建成集多种媒体、贸易金融数据库和多语种财经信息终端于一体，全天候对接海外市场的中国综合财经资讯权威服务平台，形成国际经贸信息港功能。五是建设国际贸易机构集聚平台。形成贸易中心枢纽功能。加强集聚国内外贸易性机构，形成"总部经济"新元素，提升贸易辐射效应和商务活动枢纽功能。

2. 围绕内外贸一体化，建设"上海流通创新试验区"。内贸流通改革与自贸试验区建设互动是上海得天独厚的优势，一定要充分利用好，对两项国家战略任务都是"双赢"。其中关键是通过规则对接与区域融合实现内外贸一体化发展，提高流通生产力和资源配置效率。一是加快内贸与外贸规则的一体化对接。在一些重点领域，仍需加快形成与国际接轨的市场运行规则，如自贸试验区大宗商品现货市场第三方监管模式有待从区内复制到区外。二是打破海关特殊监管区的服务隔离，建设上海"流通创新发展试验区"。内外贸一体化，要使得更多的贸易业务实现区外同等待遇，尤其是对于服务贸易项目的业务。建议以内贸、自贸两项联动为抓手，积极探索创建"上海流通创新发展试验区"，实现无缝隙对接。考虑到虹桥地区的国际贸易中心定位以及面向内贸的区域交通便利，建议研究依托大虹桥建设内外贸流通一体化的试验创新区。

3. 坚持流通服务民生，增强居民的改革获得感。商贸流通行业与居民生活最为贴近。上海商贸发展既要体现面向世界、服务国家战略的功能，也要惠及百姓生活、提升消费质量。一是加大新技术在城市物流体系中的应用，规划提升城市物流基础设施。全方位打造信息化、标准化、专业化与社会化的流通基础设施体系，构建符合互联网经济要求的上海城市现代物流体系。二是通过流通体系与治理完善，保障城市生活，提高食品安全质量。三是进一步完善"服务到家"社区商业计划。打破社区公共服务存量资源的壁垒，整合打造形成大都市 15 分钟社区便民生活圈。通过流通新供给满足扩大民生新需求，改善与满足百姓更高生活水平的民生消费，提升内贸流通改革的人民群众获得感。

4. 注重会商旅文体融合，建设国际休闲购物城市。现阶段，内贸流通行业日益与文化创意、旅游经济、产业金融等业态融合发展，内贸流通的改革创新发展，日益需要多部门、多领域的协同创新发展。一是建立会商旅文体联动工作机制、联动规划与重大项目。建立跨部门的协同融合发展机制，研究制定融合发展规划，建设一批会商旅文体联动发展示范平台与示范项目；鼓励企业抓住迪士尼、国家会展中心等重大项目机遇，加强与创意产业、文化艺术、会展业、旅游业的跨界跨业融合发展；继续引进和培育世界顶级赛事和国际文化活动。二是形成"卖全球""买全球"的新商业模式。不断优化营商环境，提升上海消费和商业创业创新的吸引力，大都市的消费市场应是商业创新的最佳土壤。推进消费国际化、实现"买全球"。积极发展跨境电商、保税展示销售、进口商品直销等新型商业形态，建立全球商品进口网络和资源，提高上海全球消费集聚能力。三是发展高品质消费、打造国际大都市商业服务圈。运用新模式、新技术，提升南京路、淮海路、外滩源、陆家嘴等中心商圈，成为具有国际影响力和美誉度的世界级商圈。大力发展高科技化、体验化、自助化等新业态新模式。

5. 深化区域合作，充实长三角区域市场一体化。2014 年江苏、浙江、安徽和上海市商务部门共同签署的《推进长三角区域市场一体化发展合作协议》旨在从规则体系共建、创新模式共推、市场监管共治、流通设施互联、市场信息互通、信用体系互认六大方面打破地区封锁和行业垄断，建设长三角区域一体化大市场，形成具有国际竞争力的长三角世界级城市群。在上述目标指导下建议：一是建立长三角区域内商贸流通业整体发展规划的常规性对接协调机制。在常规合作中逐渐扩大与充实区域市场一体化的内容。二是共建长三角商业信息中心。以上海商业信息中心为龙头，建设长三角商业信息中心，达到信息共享、共用、共管的目的，各地即时将本地商贸流通业发展的信息传递到中心，中心在整理后再对各地会员开放。三是鼓励促进长三角商业资源整合，升级现代商贸流通企业。合力鼓励长三角区域内商贸流通企业横向联合发展，解决区域内各省市之间商贸流通经济在转型发展中面临的传统、初级、离散的共性问题，以快速提升长三角现代商贸流通业的核心竞争力。

6. 围绕"一带一路"，服务内商贸流通企业走出去。目前长三角已经有苏宁等大型商贸流通和生产企业开始"走出去"，到中国香港、日本、美国、欧洲等地发展并取得较好的成果。为了扩大"走出去"的规模，区内企业应当加大走出去的力度。一是与海外开发区建设相结合、相配套。区内商贸流通企业利用各省市在外发展开发区的大好时机，跟随海外开发区一起走出去，以开发区为基地开拓所在国的商业市场。二是通过并购、联营、参股等方式到目的国开拓商业市场。建立分销中心、展示中心，通过输出管理、商品，提高所在国的就业水平和财税收入，达到共赢互利。三是利用平台经济模式，创新中国商贸企业"走出去"的新模式。譬如"找钢网"等新兴互联网平台企业，已经在"一带一路"沿线国家设立办事处。上海还要成为商贸流通业外向发展的先导、示范和桥头堡，并利用上海的人才、信息、金融优势为商贸企业"走出去"提供全方位服务。

7. 优化"体制—规则—标准"，总结形成流通治理新体系。上海内贸流通改革发展试点，探索了一系列体制机制改革、治理规则体系以及内贸流通标准，为新经济下国家及上海商贸流通领域的现代化进行了前沿探索。下一步，一方面仍需要从点上突破继续改革创新探索，另一方面需要进行系统化的建构梳理，逐步实践商贸制度规则自身的标准化、清单化、法制化。一是系统梳理研究商贸流通领域的全覆盖治理体系和新规则。前期试点中，上海及各地在不同领域、不同行业、不同环节试点探索很多经验。建议在此基础上进一步从"体制—规则—标准"三个层次整合研究逐渐形成商贸流通领域的全覆盖治理体系，逐步推动我国商贸流通管理体制的体系化、成熟化与现代化。研究全覆盖治理体系可以加快成熟经验的复制推广，不做重复劳动，不走改革回头路。二是形成"上海版"新型流通治理模式，为全国提供经验。根据上海的先行先试经验，建立以商务信用为核心的新型流通治理模式，统合负面清单管理制度、事中事后监管体系、综合执法管理机制、行业协同监管平台等制度体系，形成完整系统、且融合线上线下同步监管的流通治理体系。其中将上海商务信用体系打造成为互联网经济下连接行业信用、企业信用、公众信用的重要纽带与平台，成为社会信用体系不可或缺的内容与行业监管重要手段。三是加强地方立法，巩固改革发展试点成果。

8. 系统集成改革成果，成为全面改革的行业样板。中央提出要"着力加强全面深化改革开放各项措施系统集成"。内贸流通改革是一项牵涉面非常广泛的改革，可以成为推进相关领域的系统集成改革的抓手之一。内贸流通改革与自贸区服务业开放、区域协调发展、民生共享等改革方案进一步衔接，建议在下一步复制推广中将内贸流通改革作为全面深化改革系统集成的样板。上海推进内贸流通改革发展的系统集成主要体现在三个方面：一是流通治理制度的系统集成。即从"体制—规则—标准"三个层次，形成"上海版"新型流通治理模式。二是开放、创新与改革战略的系统集成。着力与自贸试验区改革系统集成，实现内外贸制度的一体化对接与复制推广；着力与科创中心建设系统集成，建成流通领域新业态新模式集成创新的国际化平台高地；着力在内贸流通领域继续发挥上海在全国改革开放排头兵作用，将上海打造成信息化时代的国际贸易中心标杆城市。三是地方合作的系统集成。加强地方间，尤其是长三角、长江经济带的内贸改革发展交流与机制对接，共性成果可互相集成推广。

附录一

相关文件及政策制度汇编

关于同意在上海等 9 个城市开展国内贸易流通体制改革发展综合试点的复函

国办函〔2015〕88 号

上海市、江苏省、浙江省、福建省、山东省、河南省、湖北省、广东省、四川省人民政府，商务部：

你们关于请求批准在上海等 9 个城市开展国内贸易流通体制改革发展综合试点的请示收悉。经国务院批准，现函复如下：

一、国务院同意在上海市、南京市、郑州市、广州市、成都市、厦门市、青岛市、黄石市和义乌市 9 个城市开展国内贸易流通体制改革发展综合试点。

二、试点工作要坚持市场化改革方向，以建设法治化营商环境为主线，以新的流通创新为引领，通过深化改革，推动政府转变职能、简政放权，打破地区封锁和行业垄断，充分发挥市场配置资源的决定性作用，优化内贸流通发展的体制机制，完善流通法规、规则和诚信体系，逐步形成政府依法行政、企业守法经营、中介组织规范自律、社会公众有效监督的法治化营商环境和分工明确、协调高效的内贸流通管理体制，增强内贸流通服务经济社会发展全局的能力。

三、试点城市人民政府要根据《国内贸易流通体制改革发展综合试点方案》，围绕探索建立创新驱动的流通发展机制、建设法治化营商环境、建立流通基础设施发展模式、健全统一高效的流通管理体制等主要任务，结合实际，突出特色，制订本市试点工作方案，报商务部备案。

四、试点城市人民政府要加强对试点工作的组织领导，搞好综合协调，强化政策保障，认真落实各项试点任务，及时总结报送试点工作进展及取得的经验。试点城市所在省级人民政府要高度重视，加强对试点工作的指导和政策支持。

五、商务部要会同发展改革委、工业和信息化部、财政部、交通运输部、工商总局、质检总局、邮政局和供销合作总社做好宏观指导和督查落实，适时开展考核评估，并将考核结果报国务院。

附件：国内贸易流通体制改革发展综合试点方案

国务院办公厅

2015 年 7 月 29 日

国内贸易流通体制改革发展综合试点方案

为全面贯彻落实党中央、国务院的决策部署，推进国内贸易流通体制改革，建设法治化营商环境，促进流通产业创新发展，提高对经济发展的拉动力，特制定本方案。

一、总体要求

（一）指导思想。深入贯彻党的十八大和十八届二中、三中、四中全会精神，认真落实党中央、国务院的决策部署，以市场化改革为方向，以建设法治化营商环境为主线，以创新转型为引领，以转变政府职能为重点，厘清政府与市场、中央与地方、政府部门之间、政府与中介组织的关系，探索建立规则健全、统一开放、竞争有序、畅通高效的内贸流通体系和分工明确、权责统一、协调高效的内贸流通管理体制，努力增强内贸流通服务经济社会发展能力。

（二）总体目标。力争通过一年左右的探索，在流通创新发展促进机制、市场规制体系、基础设施发展模式、管理体制等方面形成一批可复制推广的经验和模式，为全国统一市场建设打好基础，为出台国内贸易流通体制改革总体意见和全面深化改革提供有益借鉴。需要出台法规规章的试点地区，试点时间可适当延长。

二、试点任务

（一）探索建立创新驱动的流通发展机制。支持电子商务企业拓展业务领域和范围，创新电子商务发展模式，完善政府监管方式，营造有利于电子商务发展的良好环境。支持电子商务、连锁经营、物流配送等现代流通方式相互融合，促进线上线下互动发展，创新批发、零售供应链管理，推动传统流通企业加快转型升级。加强商贸物流网络建设，提升物流专业化、信息化、社会化、标准化水平，提高流通效率。统筹规划城乡商业网点建设，构建农产品、工业品双向畅通的流通网络，促进城乡一体化发展。推动建立内外贸统一的管理方式、结算方式和标准体系，构建内外贸一体化的商品流通体系。

（二）探索建设法治化营商环境。推进地方流通法规建设，依法确立流通设施、流通秩序、市场监管以及促进流通产业发展等方面的基本制度。深化流通领域市场监管体制改革，利用现代信息技术提升监管执法效能，加强行政执法和刑事司法衔接，建立监管互认、执法互助、信息共享的综合监管与联合执法机制。建立以行政管理信息共享、社会化综合信用评价、第三方专业信用服务为核心的内贸流通信用体系。

（三）探索建立流通基础设施发展模式。对于公益性农产品批发市场建设，通过多种形式建立投资保障、运营管理和监督管理机制，增强应对突发事件和市场异常波动的功能；对于微利经营的社区居民生活服务网点等设施，通过完善扶持政策，支持其加快发展；对于完全市场化的大型商场等设施，通过加强规划、建立预警机制和听证制度等，引导其合理布局、有序发展。

（四）探索健全统一高效的流通管理体制。进一步转变政府职能，加快简政放权，优化职责分工，加强部门协作，建立适应大流通、大市场发展需要的新型流通管理体制。建立健全内贸流通行政管理权力清单、部门责任清单和市场准入负面清单，提高行政审批便利化水平，支持大众创业、万众创新。完善规范性文件合法性审查程序，加强行政垄断案件查处，建立打破地区封锁和行业垄断的长效机制，促进商品、要素自由流动和企业公平竞争。推动流通行业协会改革，制订政府职能转移目录、服务采购目录、行业组织资质目录，将部分工作事项交由行业协会承担，加大政府购买服务力度，推动行业协会与行政机关脱钩，充分发挥行业协会作用。适时推进药品流通领域改革。

试点城市要根据上述要求细化试点方案，在全面推进落实四项试点任务的同时，结合自身实际突出1—2个方面重点工作，形成可在全国复制推广的改革经验。

三、组织实施

各有关方面要加强组织领导，落实工作责任。试点城市人民政府作为试点工作的责任主体，负责试点工作的组织领导、实施推动、综合协调及措施保障。试点城市所在省级人民政府要加强对试点城市的指导和政策支持。商务部会同发展改革委、工业和信息化部、财政部、交通运输部、工商总局、质检总局、邮政局和供销合作总社负责宏观指导、督促推动、考核评估和跨部门政策协调，适时总结试点工作经验，组织复制推广，并将考核结果报国务院。

关于推进国内贸易流通现代化建设
法治化营商环境的意见

国发〔2015〕49 号

国内贸易流通（以下简称内贸流通）是我国改革开放最早、市场化程度最高的领域之一，目前已初步形成主体多元、方式多样、开放竞争的格局，对国民经济的基础性支撑作用和先导性引领作用日益增强。做强现代流通业这个国民经济大产业，可以对接生产和消费，促进结构优化和发展方式转变。党中央、国务院高度重视内贸流通工作，对深化改革、开展内贸流通体制改革发展综合试点工作作了部署。为深入贯彻落实党中央、国务院的决策部署，现就推进内贸流通现代化、建设法治化营商环境提出以下意见。

一、总体要求

（一）指导思想。

全面贯彻党的十八大和十八届二中、三中、四中全会精神，按照国务院部署要求，主动适应和引领经济发展新常态，坚持问题导向与超前谋划相结合、顶层设计与基层探索相结合、整体推进与重点突破相结合，加快法治建设，推动体制机制创新，优化发展环境，完善治理体系，促进内贸流通发展方式转变，推动我国从流通大国向流通强国转变，更好地服务经济社会发展。

（二）基本原则。

坚持以市场化改革为方向。充分发挥市场配置资源的决定性作用，打破地区封锁和行业垄断，促进流通主体公平竞争，促进商流、物流、资金流、信息流自由高效流动，提高流通效率，降低流通成本。

坚持以转变政府职能为核心。进一步简政放权，加强事中事后监管，推进放管结合、优化服务，做好规划引导，完善促进政策，增强调控能力，增加公共产品和公共服务供给，推进信息公开和共享。

坚持以创新转型为引领。顺应"互联网＋"的发展趋势，加快现代信息技术应用，完善促进创新的体制机制，推动内贸流通内涵式发展、可持续发展。

坚持以建设法治化营商环境为主线。健全内贸流通法律法规、标准、信用等制度体系，提升监管执法效能，依法规范市场主体行为，加快建设法治市场。

（三）主要目标。

到 2020 年，基本形成规则健全、统一开放、竞争有序、监管有力、畅通高效的内贸流通体系和比较完善的法治化营商环境，内贸流通统一开放、创新驱动、稳定运行、规范有序、协调高效的体制机制更加完善，使内贸流通成为经济转型发展的新引擎、优化资源配置的新动力，为推进内贸流通现代化夯实基础。

二、健全内贸流通统一开放的发展体系

（四）加强全国统一市场建设，降低社会流通总成本。

消除市场分割。清理和废除妨碍全国统一市场、公平竞争的各种规定及做法。禁止在市场经济活动中实行地区封锁，禁止行政机关滥用行政权力限制、排除竞争的行为。推动建立区域合作协调机制，鼓励各地就跨区域合作事项加强沟通协商，探索建立区域合作利益分享机制。

打破行业垄断。完善反垄断执法机制，依法查处垄断协议、滥用市场支配地位行为，加强经营者集中反垄断审查。禁止利用市场优势地位收取不合理费用或强制设置不合理的交易条件，规范零售商供应商交易关系。

（五）统筹规划全国流通网络建设，推动区域、城乡协调发展。

推进大流通网络建设。提升环渤海、长三角、珠三角三大流通产业集聚区和沈阳—长春—哈尔滨、郑州—武汉—长沙、成都—重庆、西安—兰州—乌鲁木齐四大流通产业集聚带的消费集聚、产业服务、民生保障功能，打造一批连接国内国际市场、发展潜力较大的重要支点城市，形成畅通高效的全国骨干流通网络。

推进区域市场一体化。推进京津冀流通产业协同发展，统筹规划建设三地流通设施，促进共建共享。依托长江经济带综合立体交通走廊，建设沿江物流主干道，推动形成若干区域性商贸物流中心，打造长江商贸走廊。将流通发展所需的相关设施和用地纳入城乡规划，实施全国流通节点城市布局规划，加强区域衔接。

推进城乡流通网络一体化。统筹规划城乡商业网点的功能和布局，提高流通设施利用效率和商业服务便利化水平。整合商务、供销、邮政等各方面资源，加强农村地区商业网点建设。加强对贫困地区、民族地区、边疆地区和革命老区市场建设的支持，保障居民基本商业服务需要。

创新流通规划编制实施机制。县级以上地方人民政府要将内贸流通纳入同级国民经济和社会发展规划编制内容，做好流通规划与当地土地利用总体规划和城乡规划的衔接，确保依法依规推进流通设施项目建设，各地制修订相关规划时应充分征求本行政区域流通主管部门的意见。探索建立跨区域流通设施规划编制协调机制和相关部门之间规划衔接机制，推动规划对接、政策联动和资源共享。

（六）构建开放融合的流通体系，提高利用国际国内两个市场、两种资源的能力。

实施流通"走出去"战略。加大对流通企业境外投资的支持，统筹规划商贸物流型境外经济贸易合作区建设，支持企业建设境外营销、支付结算和仓储物流网络，推动国内流通渠道向境外延伸，打造全球供应链体系。鼓励流通企业与制造企业集群式"走出去"，促进国际产能和装备制造合作。鼓励电子商务企业"走出去"，提升互联网信息服务国际化水平。

创建内外贸融合发展平台。服务"一带一路"战略，促进国内外市场互联互通，打造内外贸融合发展的流通网络。培育一批经营模式、交易模式与国际接轨的商品交易市场。打造一批内外贸结合、具有较强国际影响力的大型会展平台。发展一批连接国际国内市场、运行规范有序的跨境贸易电子商务综合服务平台。

进一步提高内贸流通领域对外开放水平。放开商贸物流等领域外资准入限制，鼓励外资投向共同配送、连锁配送以及鲜活农产品配送等现代物流服务领域。更加注重引进国外先进技术、管理经验、商业模式和知名品牌，鼓励跨国公司在华设立采购、营销等功能性区域中心。

（七）完善流通设施建设管理体系，加强流通领域重大基础设施建设。

创新基础性流通设施建设模式。对于公益性农产品批发市场建设，通过多种形式建立投资保障、运营和监督管理新模式，增强应对突发事件和市场异常波动的功能。

完善微利经营的流通设施建设保障制度。落实新建社区商业和综合服务设施面积占社区总建筑面积的比例不得低于 10% 的政策，优先保障农贸市场、社区菜市场和家政、养老、再生资源回收等设施用地需求。加强大型物流节点和公共物流配送设施系统性布局、协同性建设，提升物流配送的集约化水平。

改进市场化商业设施建设引导方式。支持有条件的城市开展城市商业面积监测预警，定期发布大型商业设施供给信息，合理引导市场预期。统筹大型实体和网络商品交易市场建设，避免盲目重复建设。

三、提升内贸流通创新驱动水平

（八）强化内贸流通创新的市场导向。

推动新兴流通方式创新。积极推进"互联网＋"流通行动，加快流通网络化、数字化、智能化建设。引导电子商务企业拓展服务领域和功能，鼓励发展生活消费品、生产资料、生活服务等各类专业电子商务平台，带动共享、协同、融合、集约等新兴模式发展。促进农产品电子商务发展，引导更多农业从业者和涉农企业参与农产品电子商务，支持各地打造各具特色的农产品电子商务产业链，开辟农产品流通新渠道。推广拍卖、电子交易等农产品交易方式。大力推进电子商务进农村，推广农村商务信息服务，培育多元化的农村电子商务市场主体，完善农村电子商务配送服务网络。促进电子商务进社区，鼓励电子商务企业整合社区现有便民服务设施，开展电子商务相关配套服务。

推动传统流通企业转型模式创新。鼓励零售企业改变引厂进店、出租柜台等经营模式，实行深度联营，通过集中采购、买断经营、开发自有品牌等方式，提高自营比例。鼓励流通企业通过兼并、特许经营等方式，扩大连锁经营规模，提高经营管理水平。鼓励流通企业发挥线下实体店的物流、服务、体验等优势，与线上商流、资金流、信息流融合，形成优势互补。支持流通企业利用电子商务平台创新服务模式，提供网订店取、网订店送、上门服务、社区配送等各类便民服务。引导各类批发市场自建网络交易平台或利用第三方电子商务平台开展网上经营，推动实体市场与网络市场协同发展。推动流通企业利用信息技术加强供应链管理，鼓励向设计、研发、生产环节延伸，促进产业链上下游加强协同，满足个性化、多样化的消费需求。大力发展第三方物流和智慧物流，鼓励物联网等技术在仓储系统中的应用，支持建设物流信息服务平台，促进车源、货源和物流服务等信息高效匹配，支持农产品冷链物流体系建设，提高物流社会化、标准化、信息化、专业化水平。

推动绿色循环低碳发展模式创新。鼓励绿色商品消费，引导流通企业扩大绿色商品采购和销售，推行绿色包装和绿色物流，推行绿色供应链环境管理，推动完善绿色商品认证制度和标准体系。鼓励旧货市场规范发展，促进二手商品流通。研究建立废弃商品回收的生产者、销售者、消费者责任机制，加快推进再生资源回收与垃圾清运处理网络体系融合，促进商贸流通网络与逆向物流体系（即商品废弃后，经消费端回到供应端的活动及过程，包括废物回收、再制造再加工、报废处理等）共享。制订内贸流通领域节能节水和环保技术、产品、设备推广目录，引导流通企业加快设施设备的节能环保改造。

推动文化培育传播形式创新。弘扬诚信文化，加强以诚信兴商为主的商业文化建设。加强对内贸流通领域传统技艺的保护，支持中华老字号创新发展，促进民族特色商品流通。鼓励商品创意设计创新，支持消费类产品提升新产品设计和研发能力，以创意设计增加消费品附加值。提升商业设施的文化内涵，引导流通企业在商品陈列、商场装饰、环境营造等方面突出创意特色，增加商业设施和商业街区的文化底蕴，推动现代商业与传统文化融合创新。建立健全品牌发展公共服务体系。促进传统节庆、民俗文化消费，培育健康文明的消费文化。

（九）增强内贸流通创新的支撑能力。

完善财政金融支持政策。加快设立国家中小企业发展基金，加大对包括流通领域在内的各领域初创期成长型中小企业创新创业的支持。支持发展创业投资基金、天使投资群体，引导社会资金和金融资本加大对流通创新领域的投资。完善流通企业融资模式，推广知识产权质押融资，依法合规开展股权众筹融资试点，支持创业担保贷款积极扶持符合条件的中小流通企业。

健全支撑服务体系。推动现代物流、在线支付等电子商务服务体系建设，鼓励各类创业孵化基地为电子商务创业人员提供场地支持和孵化服务，支持发展校企合作、商学结合等人才培养模式。支持专业化创新服务机构发展，创新产学研合作模式。完善创新成果交易机制，积极发展各类商贸服务交易平台。研究建立流通创新示范基地，鼓励创业创新基地提高对中小流通企业的公共服务能力和水平。

推动流通企业改革创新。加快发展内贸流通领域混合所有制经济，鼓励非公有资本和国有资本交叉持股、相互融合。鼓励流通企业通过兼并重组整合创新资源，提高创新能力。各地可根据实际情况，依法完善相关政策，按照主体自愿的原则，引导有条件的个体工商户转为企业。

（十）加大内贸流通创新的保护力度。

加强知识产权保护。严厉打击制售侵权假冒商品行为，加大对反复侵权、恶意侵权等行为的处罚力度。研究商业模式等新形态创新成果的知识产权保护办法。完善知识产权保护制度，健全知识产权维权援助体系，合理划分权利人举证责任，缩短确权审查、侵权处理周期。

引导电子商务平台健康发展。推动电子商务平台企业健全交易规则、管理制度、信用体系和服务标准，构建良好的电子商务生态圈。加强区域间统筹协调，引导各地有序建设电子商务交易平台。

四、增强内贸流通稳定运行的保障能力

（十一）完善信息服务体系。

强化大数据在政府内贸流通信息服务中的应用。利用大数据加强对市场运行的监测分析和预测预警，提高市场调控和公共信息服务的预见性、针对性、有效性。推进部门间信息共享和信息资源开放，建立政府与社会紧密互动的大数据采集机制，形成高效率的内贸流通综合数据平台。夯实内贸流通统计基层基础，完善行业统计监测制度，建立完善电子商务、服务消费等统计调查制度，完善综合统计与部门统计协作机制，强化统计监测制度执行刚性。

推动内贸流通行业中介组织开展大数据的推广应用。利用政府采购、服务外包等方式，鼓励行业中介组织深入挖掘和研发大数据公共服务产品，加强对大数据技术应用的宣传和推广，服务流通企业创新转型和大数据产业发展需要。

鼓励流通企业开展大数据的创新应用。引导流通企业利用大数据技术推进市场拓展、精准营销和优化服务，带动商业模式创新。建立社会化、市场化的数据应用机制，推动第三方电子商务平台等企业开放数据资源，引导建立数据交换交易的规范与标准，规范数据交易行为。

（十二）创新市场应急调控机制。

完善市场应急调控管理体系。按照统一协调、分级负责、快速响应的原则，健全市场应急供应管理制度和协调机制。应对全国范围和跨区域市场异常波动由国务院有关部门负责，应对区域性市场异常波动主要由当地人民政府负责。

健全突发事件市场应急保供预案。细化自然灾害、事故灾难、公共卫生事件、社会安全事件等各类突发事件情况下市场应急保供预案和措施。根据突发事件对市场影响的范围和程度，综合运用信息引导、企业采购、跨区域调运、储备投放、进口组织、限量供应、依法征用等方式，建立基本生活必需品应急供应保障机制。

完善商品应急储备体系。建立中央储备与地方储备、政府储备与商业储备相结合

的商品应急储备体系。建立储备商品定期检查检验制度，确保储备安全。推广商业储备模式，推进商业储备市场化运作和储备主体多元化。

增强市场应急保供能力。建设应急商品数据库，及时掌握相关应急商品产销和库存情况，保障信息传导畅通和组织调度科学有序。实施应急保供重点联系企业动态管理，保持合理库存水平，增强投放力量，合理规划设置应急商品集散地和投放网点。探索利用商业保险稳定生活必需品供应机制，推动重要生活必需品生产流通保险产品创新。

（十三）构建重要商品追溯体系。

建设重要商品追溯体系。坚持政府引导与市场化运作相结合，以食用农产品、食品、药品以及其他对消费者生命健康有较大影响的商品为重点，利用物联网等信息技术建设来源可追、去向可查、责任可究的信息链条，逐步增加可追溯商品品种。

完善重要商品追溯体系的管理体制。坚持统一规划、统一标准、分级建设、属地管理的原则，整合现有资源，建设统一的重要商品追溯信息服务体系，形成全国上下一体、协同运作的重要商品追溯体系管理体制。推进跨部门、跨地区追溯体系对接和信息互通共享。地方各级人民政府要建立商品追溯体系持续有效运行的保障机制。

扩大重要商品追溯体系应用范围。完善重要商品追溯大数据分析与智能化应用机制，加大商品追溯信息在事中事后监管、行业发展促进、信用体系建设等方面的应用力度，提升追溯体系综合服务功能。

五、健全内贸流通规范有序的规制体系

（十四）加快推进流通立法。

完善流通法律制度。加快推进商品流通法立法进程，确立流通设施建设、商品流通保障、流通秩序维护、流通行业发展以及市场监管等基本制度。推动完善知识产权和商业秘密保护、网络信息安全、电子商务促进等法律制度。

健全流通法规规章。完善反垄断、反不正当竞争法律的配套法规制度，强化对市场竞争行为和监管执法行为的规范。加快制订内贸流通各行业领域的行政法规和规章，规范相关参与方行为，推动建立公平、透明的行业规则。对内贸流通领域与经济社会发展需要不相适应的现行法规、规章及规范性文件，及时予以修订或废止。

推进流通领域地方立法。坚持中央立法与地方立法相结合，鼓励地方在立法权限范围内先行先试。

（十五）提升监管执法效能。

加强流通领域执法。创新管理机制，加强执法队伍建设，合理配置执法力量，严

格落实执法人员持证上岗和资格管理制度。健全举报投诉服务网络，完善受理、办理、转办和督办机制。开展商务综合行政执法体制改革试点。

推进行政执法与刑事司法衔接。建立信息共享、案情通报和案件移送制度，完善案件移送标准和程序，相关工作纳入中央、省、市、县四级人民政府统一建设的行政执法与刑事司法衔接信息共享平台。

创新市场监管方式。加强事中事后监管，坚持日常监管与专项治理相结合。加强大数据等现代信息技术在监管执法中的应用，推进行政处罚案件信息公开和流通企业信息公示，加强市场监管部门与行业协会商会、专业机构的合作，引入社会监督力量。创新企业产品质量执法检查方式，推行企业产品质量承诺制度。创新电子商务监管模式，健全消费者维权和交易争端解决机制。

（十六）加强流通标准化建设。

健全流通标准体系。加快构建国家标准、行业标准、团体标准、地方标准和企业标准相互配套、相互补充的内贸流通标准体系。扩大标准覆盖面、增强适用性，加强商贸物流、电子商务、农产品流通、居民生活服务等重点领域标准的制修订工作。

强化流通标准实施应用。建立政府支持引导、社会中介组织推动、骨干企业示范应用的内贸流通标准实施应用机制。推动建立经营场所服务标准公开公示制度，倡导流通企业以标准为依据规范服务、交易和管理行为。

完善流通标准管理。加快内贸流通标准管理信息化建设，简化行业标准制修订程序、缩短制修订周期。选择具备条件的社会团体开展团体标准试点。建立重点标准实施监督和评价制度，加强标准在认证认可、检验检测、市场准入、执法监督等行政管理中的使用。

（十七）加快流通信用体系建设。

推动建立行政管理信息共享机制。以统一社会信用代码为基础，推动各地建设流通企业信用信息系统并纳入全国统一的信用信息共享交换平台，实现信息互通共享。建立健全企业经营异常名录、失信企业"黑名单"制度及跨部门联合惩戒机制，依法向社会提供信用信息查询服务。在行政管理中依法使用流通企业信用记录和信用报告，对企业实施信用分类管理。

引导建立市场化综合信用评价机制。在商品零售、居民服务等行业推动建立以交易信息为基础的企业信用评价机制。引导商品交易市场、物流园区以及第三方电子商务平台等建立入驻商户信用评价机制，鼓励按照信用级别向入驻商户提供差别化的信用服务。

支持建立第三方信用评价机制。支持信用调查、信用评估、信用保险、商业保理等信用服务行业加快发展，创新信用产品和服务。鼓励行业协会商会建立会员企业信用档案，推动具有上下游产业关系的行业协会商会建立信用信息共享机制。

六、健全内贸流通协调高效的管理体制

（十八）处理好政府与市场的关系。

明确政府职责。加强内贸流通领域发展战略、规划、法规、规章、政策、标准的制订和实施，整顿和规范市场经济秩序，推动信用建设，提供信息等公共服务，做好生活必需品市场供应应急调控，依法管理特殊流通行业。深化行政审批制度改革，依法界定内贸流通领域经营活动审批、资格许可和认定等管理事项，加快推广行政审批"一个窗口"受理，规范行政许可流程，取消涉及内贸流通的非行政许可审批。结合市场准入制度改革，推行内贸流通领域负面清单制度。

严格依法履职。建立健全内贸流通行政管理权力清单、部门责任清单等制度，公开涉及内贸流通的行政管理和资金支持事项。

（十九）合理划分中央与地方政府权责。

发挥中央政府宏观指导作用。国务院有关部门要研究制订内贸流通领域全国性法律法规、战略、规划、政策和标准，加强跨区域整顿和规范市场经济秩序、信用建设、公共服务、生活必需品市场供应应急调控，按国务院有关规定对特殊流通行业进行监督管理。

强化地方人民政府行政管理职责。地方各级人民政府要加强内贸流通领域全国性法律法规、战略、规划、政策和标准的贯彻实施，结合当地特点，制订本地区的规划、政策和标准，着力加强本行政区域整顿和规范市场秩序、信用建设、公共服务、应急保供等职责。

（二十）完善部门间协作机制。

进一步理顺部门职责分工。商务主管部门要履行好内贸流通工作综合统筹职责，加强与有关部门的沟通协调，完善工作机制，形成合力。探索建立内贸流通领域管理制度制定、执行与监督既相互制约又相互协调的行政运行机制。

探索建立大流通工作机制。鼓励有条件的地方整合和优化内贸流通管理职责，加强对电子商务、商贸物流、农产品市场建设等重点领域规划和政策的统筹协调。

（二十一）充分发挥行业协会商会作用。

推进行业协会商会改革。积极稳妥推进内贸流通领域行业协会商会与行政机关脱

钩，厘清行业协会商会与行政机关的职能边界，创新行业协会商会管理体制和运行机制，推动建立政府与行业协会商会的新型合作关系。

支持行业协会商会加快发展。制订支持和鼓励内贸流通领域行业协会商会发展的政策措施，提升行业服务和管理水平，发挥其在加强行业自律、服务行业发展、反映行业诉求等方面的作用。

各地区、各部门要充分认识推进内贸流通现代化、建设法治化营商环境的重要意义，切实抓好各项政策措施的落实，重要的改革要先行试点，及时总结和推广试点经验。各地区要结合本地实际，因地制宜制订实施方案，出台有针对性的具体措施，认真组织实施。各部门要明确分工，落实责任，加强协调，形成合力。商务部会同有关部门负责对本意见落实工作的统筹协调、跟踪了解、督促检查，确保各项任务措施落实到位。

国务院

2015 年 8 月 26 日

关于复制推广国内贸易流通体制改革发展综合试点经验的通知

商流通函〔2017〕514号

各省、自治区、直辖市、计划单列市及新疆生产建设兵团商务、发展改革、工业和信息化、财政、交通运输、工商、质检、邮政主管部门，供销合作社：

按照党中央、国务院决策部署，2015年以来，上海、南京、郑州、广州、成都、厦门、青岛、黄石和义乌9个城市开展了国内贸易流通体制改革发展综合试点。9个试点城市以制度创新为核心，深化简政放权、放管结合、优化服务改革，在流通创新发展促进机制、市场规制体系、基础设施发展模式、管理体制等方面进行了积极探索，形成了一批典型经验和模式。现就复制推广试点经验有关事项通知如下：

一、可复制推广的主要内容

（一）建立创新驱动的流通发展机制方面。主要包括：促进实体商业转型升级，创新电子商务发展模式，完善物流配送体系，促进城乡流通一体化、内外贸一体化、区域市场一体化发展等方面的16项做法和经验。

（二）建设法治化营商环境方面。主要包括：推进地方流通法规建设、完善市场监管体制、创新流通执法模式、加强流通领域信用体系建设等方面的9项做法和经验。

（三）建立流通基础设施发展模式方面。主要包括：创新公益性农产品市场及社区商业设施建设、运营和管理机制，创新流通规划编制实施机制等方面的 7 项做法和经验。

（四）健全统一高效的流通管理体制方面。主要包括：健全流通管理工作机制、推进放管服改革、发挥行业协会商会作用等方面的 5 项做法和经验。

二、复制推广工作要求

借鉴学习和复制推广上述典型经验和模式，对于推动国内贸易流通体制改革，建设法治化营商环境具有重要意义。各地区、各有关部门要把复制推广工作作为促进国内贸易流通体制改革的重要举措，结合当地发展实际及面临的突出矛盾和问题，参考和借鉴 9 个试点城市的典型做法，积极转变职能，深化体制改革，创新制度机制，逐步构建与现代流通发展相适应的新体制、新模式，不断优化发展环境，推动国内贸易流通创新转型、提质增效。

附件：国内贸易流通体制改革发展综合试点可复制推广试点经验

商务部　发展改革委　工业和信息化部

财政部　交通运输部　工商总局

质检总局　邮政局　供销合作总社

2017 年 7 月 25 日

附件：国内贸易流通体制改革发展综合试点可复制推广试点经验

可复制推广的试点经验	具体做法	试点城市
试点任务一：探索建立创新驱动的流通发展机制		
1. 以智慧商圈建设为抓手的实体商业转型促进机制	政府通过规划建设地面、地下、空中贯通的立体商圈，引入光纤宽带、无线网络、智能交通引导、商圈APP和大数据分析等手段，打造线上线下协同发展的智慧型商业街区，推动实体商业向全渠道、全品类、全时段经营转型升级；建立"示范项目共推、各流资源共享、体系标准共建、载体平台互联、市场主体共建、宣传渠道互通"的"会商旅文体"联动发展机制，拓展商圈功能，促进商业企业跨行业融合性发展。	上海市
2. 以精准服务保障为核心的实体商业转型促进机制	建立常态化政企交流机制，提供"一企一策"的精准式综合服务保障，协调解决企业在创新转型过程中遇到的体制性障碍，促进企业整合国内国际资源，线上线下资源，通过收购国外品牌和网络品牌，提升企业品牌自营能力和融合发展能力。	南京市
3. 以平台服务为基础的专业市场转型升级机制	整合工商、税务、海关、检验检疫等政府资源，建立专业市场公共服务平台，对接产业电商交易平台以及其他社会平台，提供便捷的政务服务；引入国际供应链采购平台、帮助商户拓展海外订单；通过O2O平台整合政府与市场资源，云仓储、云物流等定制服务，推动专业市场向国展贸易中心、众创平台和供应链服务商等转型。	广州市
4. 电子商务生态化、集聚化发展模式	通过统一规划、政策扶持，连片开发，公共服务集成，吸引多类型、多业态的电商企业按照产业链、供应链系有机聚合，构建电子商务发展的良好生态环境，打造总部经济，优势互相补的电子商务产业集群。	广州市
5. 全方位服务小微电商发展模式	推动小商品市场的实体商户整体上线，在实体市场内设立网商服务区，促进商户线上线下同步发展；构建"电商小镇一园区一专业村(专业楼宇)"多层次小微电商集聚发展体系；建立用地、奖励、租房补助等政策引导机制，实施园区标准化、规范化管理，错位化发展，支持园区品牌化、外向化拓展；组建电商联盟，抱团与金融、物流、电信等对接。	义乌市
6. 政策集成促进专业电商平台发展模式	打造一批集交易、物流、金融、资讯等功能于一体、技术新、辐射强的专业电商平台企业，符合条件的企业经认定为国家高新技术企业后，可按规定享受相关税收优惠，同时纳入贸易型总部企业，在财政资金投入、企业融资、人才引进、出入境等方面予以政策支持。	上海市

（续表）

可复制推广的试点经验	具　体　做　法	试点城市
	试点任务一：探索建立创新驱动的流通发展机制	
7. "三位一体、管服合一、四维同步"的城市共同配送体系	统一机构，统筹协调，编制规划和制定政策，形成组织、规划，政策三位一体的顶层架构；搭建集城市共同配送和交通监管于一体的网络综合服务平台，实现"管服合一"；形成仓储、运营、车辆、运营，服务四领域的地方标准体系，引导城市配送标准化、规范化。	成都市
8. 以龙头企业为主体的跨省域物流协作机制	支持龙头企业发起设立跨省域物流联盟，在场站建设、高速公路通行费减免、甩挂运输、节能减排、新能源车辆购置、物流信息化等方面给予政策和资金支持，引导联盟企业建立合作共享机制，开展跨区域营销和业务合作，实现甩挂车辆牵引车，挂车交换使用，托盘互换、车辆互换，票据互认，结算互支，客服互支。	郑州市
9. 航空、铁路、公路、海港"四港联动"的多式联运模式	建立多方联动工作机制和综合服务平台，推进各类设施场站对接；创新多式联运业务模式，推动空进出境，形成"空进陆出"和"陆进空出"相结合，形成"空进陆出"（郑州）中欧班列、航空货运，邮政与航空公司合资，推进多式联运海关监管中心建设和功能拓展，进口拼箱，进口拼箱中转集拼，创新过境监管中心建设和功能拓展，整进分出等多式联运业务。	郑州市
10. 全链条、跨区域的物流标准化体系	围绕托盘、周转筐、车辆、服务平台，开展标准化建设，在快速消费品领域推广全链条，跨区域托盘循环共用；"田头到壮头"全程不倒箱冷链配送模式，团在农产品领域推广"田头到壮头"标准，推动企业标准自我声明公开，完善城市物流标准体系，发展区域联盟标准，内贸流通体制改革试点城市标准化合作机制。	上海市
11. 龙头企业带动的托盘标准化及应用模式	形成制造业龙头企业带动、商贸分销龙头企业带动，零售龙头企业带动三种托盘标准化运营模式，实现从原材料采购到配送、配送，终端网点的托盘循环共用，带动网点物流标准化水平提升。	广州市
12. 城乡统一的社区综合服务体系	以整合商业及公共服务资源为主要内容，推动城乡社区采取统一的"1+5+N"模式建设综合服务体系，即建设1个便民综合服务信息平台，完善菜市场，便民超市，生活服务中心，养老中心、医疗服务中心等5项基本服务设施，叠加衣食住行等N项特色化、个性化服务项目。	成都市
13. "三共三互"的区域市场一体化合作机制	建立长三角区域市场一体化合作机制，着力打破地区分割，市场监管共治，流通设施互联，市场信息互通，信用体系互认，构建统一开放、竞争有序的区域现代市场体系，围绕"三共三互"，聚焦物流标准化，农产品市场转型，商品市场流通，生活必需品市场应急保供，电子口岸合作等重点专题子以推进深化；在农产品流通领域，建立长江经济带9城市农产品流通联动发展机制。	上海市

（续表）

可复制推广的试点经验	具 体 做 法	试点城市
	试点任务一：探索建立创新驱动的流通发展机制	
14. "共商 共绘 共建 共享"的都市圈市场一体化发展机制	共商发展大计，建立都市圈协同发展机制，形成都市圈"决策一协调一执行"三级运作模式；共绘一张规划蓝图，实施都市圈规划协同化，构建都市圈基础设施联动模式，建立重大基础设施合作项目清单；形成区域产业融合发展模式，共享同城化红利，推动南京、镇江、扬州同城化先行，建立以点带面的推进模式。	南京市
15. 内外贸一体化的商品市场发展机制	依托市场采购贸易方式，实施境内外主体备案和联网管理，形成内贸采购与外贸出口一体化的贸易管理服务机制；培育贸易综合服务企业，为内外贸中小微企业提供采购、物流、通关、保险、融资等供应链服务；依托传统市场的内贸分销体系，联营等形式在全国各大城市建立进口直营中心，打通进口商品国内分销渠道。	义乌市
16. 内外贸标准统一的鲜活农产品流通机制	借鉴内地输港鲜活农产品和出口美日欧盟禽肉食品等质量标准，供应模式和管理方式，围绕"标准制定、产地准入、市场准入、产销衔接、追溯管理、市场监管、诚信体系建设、市场监管"八个重点方面，打造对接国际标准的城市鲜活农产品流通体系。	青岛市
	试点任务二：探索建设治化营商环境	
17. 通过综合性立法明确流通管理权责	出台全国首部地方综合性流通法规——《青岛市商品流通市场建设和管理条例》，以立法形式明确政府在商品流通规划、流通基础设施建设保障、食用农产品安全追溯、预警监测和应急储备、信用体系建设等方面的管理权责，"授权立规"，提高行业管理法治化规范化水平。	青岛市
18. "三局合一、三级贯通"的城乡市场监管体制	整合工商、质监、食药监等部门职能，形成工商、食药监、质量监管职能，统一组建市场和质量监督管理局，集中履行流通领域审批、监督管理职责，在乡镇（街道）整合工商行政管理所、食品药品监督管理所、市场监督管理协管员，在村（社区）配备市场监管协管员，县、乡镇（街道）、村（社区）三级贯通的市场监管体系，推动监管力量下沉。	成都市
19. 商务综合行政执法模式	整合执法职能，区两级商务综合执法队伍，明确商务执法事权，规范执法流程，健全执法工作制度，组建市，实现商务领域全面综合行政执法，落实执法保障，健全上下联合、部门联合和跨地区联合执法工作机制。	广州市

（续表）

可复制推广的试点经验	具体做法	试点城市
	试点任务二：探索建设法治化营商环境	
20. 跨部门综合执法模式	实行市场监管部门跨部门综合执法，制定综合执法事项目录，设立专门协调机构，组建综合执法突发事件应急稽查支队；建立"联动协作、随机抽查、督办问责"的综合执法工作机制，搭建三级综合执法平台，即全市一级集中受理和组织协调平台，相关部门二级归口管理和联动处置平台，基层组织三级情况摸排和信息采集平台。	厦门市
21. 机构统一综合执法模式	一支队伍管执法，整合商贸流通执法在内的25个部门（公安除外）行政执法职能和17支行政执法队伍，组建综合行政执法局，下设执法大队，在乡镇设立综合行政执法中队，实现商贸流通及其他行政执法"横向到边、纵向到底"的全领域覆盖。	成都市
22. 以商务信用为核心的现代流通治理模式	制定《上海市公共信用信息归集和使用管理办法》，制定数据、行为和应用"三清单"地方标准，实现政府部门基于"三清单"的公共信用信息共享；建立商务诚信公共信息交互渠道，率先在家居流通等六个领域建立"商务诚信评价导则"，打通行政与市场信息服务网络，引入公众和行业协会参与市场管理，建立以信用分类管理为基础的监管资源分配新模式，提升监管效能，促进信用交易和优胜劣汰，形成"企业自治、行业自律、政府监管"的流通治理新模式。	上海市
23. 涵盖国内外市场主体的信用监管机制	实行市场信用分类监管，建立涵盖14项信用和49项不良信用的线上线下信用评价指标体系；按照信用等级建立分类信用监管和诚信激励机制，搭建多部门联合的国际贸易协作预警平台与经济案件预警平台，建立国际贸易领域信用评价体系和失信通报机制。	义乌市
24. 以标准为核心的食品冷链市场管理机制	对标应用国际标准，制定涵盖食品冷链全产业链的标准体系，建立政府支持引导、社会中介组织认证、骨干企业示范应用的标准实施应用机制；建立标准"分等定级"评估体系，加强标准在认证、检验检测、市场准入、执法监督等行政管理中的使用，并将标准应用情况纳入企业信用体系，与招投标、融资、扶持政策等挂钩，建立多部门食品安全信息追溯应用机制。	厦门市
25. "政府引导、市场运营、社会参与"的重要产品追溯体系	出台全国首部地方食品安全信息追溯管理规章，明确企业主体责任，强化相关部门联合监督管理和行政执法职责；以第三方追溯管理平台为载体，培育形成一批品牌追溯应用企业，以二维码技术为手段，方便消费者查询，提升消费者认知度、感知度，提高追溯监管效能。	上海市

（续表）

可复制推广的试点经验	具　体　做　法	试点城市
	试点任务三：探索建立流通基础设施发展模式	
26. "政府控股、企业运营、稳价保供"的公益性农产品批发市场建设运营机制	明确公益性农产品批发市场法定地位，建立政府控股、企业运营的建设运行模式，突出政府调控能力；建立稳价保供长效机制，加强区域应急合作，形成生田储备、实物储备，遇灾害性天气和突发事件减免市场交易费，完善质量安全保障体系，实现从"点监管"到"链监管"的全过程管理；建立直采直供网络，开展生鲜连锁配送，实现便民惠民。	南京市
27. "政府投资、国企运营"的公益性农贸市场发展模式	新建农贸市场由政府投资为主导，纳入棚户区改造、新建居住区规划，落实用地指标及配建政策，已建成的农贸市场采取政府回购、回租、入股、奖补等形式进行标准化改造，提升公益性功能；成立国有投资公司，负责公益性农贸市场建设，提升市场建设、改造和经营。	郑州市
28. "三分离、两分开"的公益性菜市场投资、建设、管理机制	将公益性菜市场纳入公建配套，列入控制性详规，要求与主体项目同步建设，优先保障用地，投资、建设、资产管理"三分离"，由市政府门组织投资，建设部门统筹建设，建成后移交市县国有平台公司进行资产管理；管理与经营主体"两分开"，由国有商业企业统一招租、统一管理、统一招标，由国有平台公司进行统一管理，引入市场主体超市化经营。	成都市
29. 严格配套要求的社区商业设施保障机制	建立"两严格"的社区商业服务设施规划保障机制，即严格落实商业服务设施规划，严格落实商业和综合服务设施面积和占比不低于10%政策，建立多部门联动的用地监管机制，确保社区商业服务设施监管；明确社区商业服务设施供应政策，即新建小区在土地应时约定用地单位负责建设，建成后由政府指定回购，由国有商业企业统一管理，保障社区商业设施的配置。	厦门市
30. 对接"多规合一"的流通设施规划保障机制	将内贸流通领域发展规划、商业网点规划等纳入全市"多规合一"一张图，形成部门协同机制，优化审批流程，规范审批行为，加强批后监管，实现业务协同，成立大型商业设施咨询制度，成立大型商业设施咨询委员会。	厦门市
31. 严格自持要求的商业用地与设施调控管理制度	出台优化商业用地供应结构的实施意见及商业网点布局及商业地产项目自持比例和持有评估，将商业地产项目自持事前事后评估，及时评估，建立商办楼宇统计监测体系，预警大型商业设施市场运行情况。	上海市

（续表）

可复制推广的试点经验	具体做法	试点城市
试点任务三：探索建立流通基础设施发展模式		
32. 商业网点规划公示、大型项目听证和商业面积预警制度	制定地方法规，推进商业网点规划与本级经济社会发展等规划有效衔接，适时向社会公示；建立大型商业网点项目审批制度，听证意见作为项目审批建设依据；建立商业面积预警制度，对商业面积实行总量预警和核心区域面积预警；建立商业网点项目库，定期发布商业网点建设指导目录，合理引导市场预期。	黄石市
试点任务四：探索健全统一高效的流通管理体制		
33. 流通管理大部门制	成立"三块牌子、一套班子"的市商务委（旅游局、招商局）；建立商务系统管理、执法、服务"三位一体"的职能体系，推进商务行政审批和行业监管"审管分离"机制，承担内贸有关社会化、专业化服务；推进"商旅文"在产业布局、项目建设、策划营销等方面一体化，形成"商旅文"融合发展的联动机制。	黄石市
34. 内贸流通领域的负面清单管理模式	立足发挥自贸试验区改革效应，率先在内贸流通领域探索负面清单管理模式，制定《上海市内贸流通领域市场准入负面清单》；围绕事中事后监管，梳理企业经营过程中涉及的相关资质、范围、行为等限制性和禁止性规定，制定《上海市内贸流通领域行政管理目录》。	上海市
35. 负面清单与正面清单结合的专业市场管理模式	出台专业市场的负面管理目录，从经营管理、证照资质、税务征收、消防安全、用工管理等五方面实施负面清单管理模式，出台专业市场的部门及街道管理权责目录，对行政许可、行政征收、行政处罚实行外资监督，行政强制等，公开明示执法依据，设定依据和具体规定。	广州市
36. 一站式、一条龙的流通行政审批流程	建立投资项目联审平台，实行"一口受理"，一表缴费"一条龙服务模式，政务服务事项"应进必进"，窗口进驻预审，实施容缺预审，并联审批、多证联办工作机制，行政审批登记，即"市局委托，县（市、区）局受理，网上呈报，远程审核，就近发照"。	黄石市
37. 政府+商会+企业共治共管的商圈管理模式	成立商圈行业商会，承接部分政府职能，建立商圈发展联席会议制度，发挥商会代表商户参与公共设施规划建设决策，发挥商会自治作用，制定并实施经营服务标准，统筹品牌引进、业态调整、设施改造，促销活动、人员培训。	广州市

上海市国内贸易流通体制改革发展综合试点方案

沪府发〔2015〕66号

为贯彻落实《国务院关于推进国内贸易流通现代化建设法治化营商环境的意见》（国发〔2015〕49号），加快推进国内贸易流通体制改革，建设法治化营商环境，根据《国务院办公厅关于同意在上海等9个城市开展国内贸易流通体制改革发展综合试点的复函》（国办函〔2015〕88号）和上海市委全面深化改革领导小组2015年工作要点，制订本方案。

一、总体要求

（一）指导思想

按照国务院部署要求，坚持以建设法治化营商环境为主线，围绕上海"四个中心"和具有全球影响力的科技创新中心建设，推广中国（上海）自由贸易试验区（以下简称"上海自贸试验区"）可复制改革试点经验，以流通技术为引擎，以制度创新为支撑，理顺内贸流通领域中政府与市场、企业、社会之间的关系，创新流通发展模式，建立适应大流通、大市场发展需要的新型流通管理体制，构建区域一体化大市场，为全国统一市场建设、为全国内贸流通体制改革和发展方式转变探索可复制、可推广的路径和经验。

（二）基本原则

1. 坚持发挥市场作用与转变政府职能相结合。严格遵循市场经济规律，发挥市配置资源的决定性作用，提升企业在市场中的主体地位，激发企业创新发展活力，支持大众创业、万众创新。加快转变政府职能，强化政府对流通领域的公共服务、市场监管、行政执法、保障公平等职责。

2. 坚持深化改革与扩大开放相结合。顺应现代流通发展趋势，借鉴国际先进的流通理念、发展模式和治理体系，围绕创新驱动发展、经济转型升级，以扩大开放、创新发展倒逼体制机制改革。深化内贸流通领域各项改革，通过改革进一步激发流通业发展活力，推动现代服务业和先进制造业发展。

3. 坚持整体推进与重点突破相结合。紧紧把握加快转变发展方式的核心要求，从影响上海国内贸易发展全局的关键领域和薄弱环节入手，着力解决发展中面临的体制机制障碍等突出问题。通过创新示范、能力建设、改革探索等方式，统筹兼顾，有序衔接，带动上海流通业的整体发展。

（三）总体目标

改革目标：经过一年的改革发展，建立"市场决定、政府有为、社会协同"三位一体的现代流通治理模式，推动形成法规制度健全、规则公开透明、竞争规范有序、管理体制顺畅高效的法治化营商环境。

发展目标：以创新转型为引领，激发市场活力和企业内在动力，提升流通信息化、品牌化、标准化、国际化水平，增强流通业服务经济社会发展全局的能力，加快步入国际消费城市行列，加快建成国际贸易中心，带动形成区域一体化大市场。

二、主要任务

（一）建设开放创新的流通发展体系

1. 推动形成统一开放大市场。实施"互联网＋流通"计划，大力发展平台经济，依托上海自贸试验区，探索新型交易方式，拓展国内外市场，整合产业链、服务链，促进商品、要素自由流动，提高市场资源配置效率。支持传统商品交易市场转型，培育一批在国内外具有辐射力、竞争力的商品、服务交易中心和平台企业。完善长三角区域合作机制，配合国家部委建立长江经济带地方政府协商合作机制，推动商品市场信息共享、农产品产销对接、物流资源优化配置，构建区域一体化大市场。在上海自贸试验区内探索设立面向国际的金属、能源、化工、农产品等大宗商品现货交易市场，开展大宗商品现货保税交易，试点以实物为标的的"仓单、提单、订单"交易，构建内外贸一体化的商品流通体系。

2. 引导激活消费需求升级。大力发展电子商务，推进电子商务示范城市建设，促进网络购物发展。完善推动商业转型升级政策措施，支持商业企业提升核心竞争力，加快发展自有品牌，积极探索新业态、新模式。大力发展线上线下互动，支持实体店通过互联网展示、销售商品和服务，提升线下体验、配送和售后等服务。鼓励企业通过品牌交易，盘活无形资产。合理增加进口消费，鼓励发展跨境电商、保税展示销售、进口商品直销等新型贸易方式，推进"国家进口贸易创新示范区"和平行进口汽车公共服务平台建设。完善会商旅文体联动发展，以核心商圈、特色街区、重点功能区、旅游度假区和重大体育赛事为重点，促进商旅休闲、文化创意、时尚设计、特色演艺、商务会展和体育竞技等相互融合。创新发展社区商业，探索建设集创业工作、居家生活和休闲娱乐为一体的复合型社区商业，完善创新创业宜居环境。建立社区生活服务业联动发展机制，鼓励生活服务业商业模式创新，引导各类生活服务平台进入社区。

3. 促进流通业先进技术应用创新。大力推广应用现代管理方式和先进技术，带动流通效率大幅提升。健全支持流通企业创新投入的政策，推进流通领域技术先进型服务企业建设和认定工作。布局一批物联网和供应链管理技术应用重大战略项目，实施流通业流程再造。重点推进基于大数据的精准信息服务、基于第三方支付及互联网金融的支付服务、基于城市智慧物流配送服务等技术的示范应用。开展智慧商圈建设，实现重点商圈无线网络全覆盖，发展智能交通引导、移动支付、商圈 VIP 移动服务平台等现代技术，打造线上线下协同发展的信息化智能型商业街区。

4. 创新流通基础设施发展模式。破解流通基础设施建设缺乏长效投入机制、投融资模式单一等问题，统筹规划、土地、资金等政策，支持公益性农产品流通基础设施和生活性服务业基本设施建设，通过多种形式，建立投资保障、运营管理和监督管理机制，增强应对市场波动和保障群众基本生活需要的能力。大力发展面向长三角城市群的共同配送，建设服务全国、连接国际的，以"重点物流园区分拨中心、公共及专业配送中心、城市末端配送网点"为架构的城市配送物流三级服务网络，推广"网订店（点）取"等服务模式及新能源城市配送车辆应用，整合存量配送资源，建设城市末端配送节点网络。建立全市统一的大型商业设施建设、运营和预警信息服务平台。探索建立大型商业网点建设项目的听证、意见征询等制度，落实商业、商业办公用地的全生命周期管理制度。

（二）建立公开透明的市场规则体系

5. 改革市场准入制度和退出机制。进一步放宽内贸流通市场准入，凡符合法律规定的条件，不属于法律法规规章禁止或限制的情形，均可自由进入；对影响市场主体权益或增加其义务的决定，均需有法律法规规章的依据。在国内贸易领域，实施负面清单管理模式。推进商事制度改革，完善鼓励新模式、新业态企业市场准入机制，全面推行"三证合一"、"一址多照"，提升工商注册便利化水平。推进网上营业执照公示。试点市场主体简易注销程序，完善市场主体退出机制。梳理国内贸易流通行政权力和行政责任事项，建立行政权力和行政责任清单，推进行政权力标准化管理。

6. 健全流通关键领域法规规章。顺应国内贸易流通新业态、新模式快速发展需要，依法确立促进流通发展的基本制度。研究起草促进和规范会展业发展的地方性法规，研究启动《上海市商品交易市场管理条例》修订工作。针对国内贸易流通发展的新情况、新问题，开展电子商务、农产品流通、商务信用、单用途商业预付卡、商业保理等领域的立法研究。研究流通业发展遇到的财税政策问题，完善大型连锁商业企业总分支机构汇总纳税和财力分配办法，扩大电子发票试点范围，探索开展会计档案电子化，研究大宗商品交易、二手车交易和再生资源回收等税收政策，提出改革建议方案。

7. 注重发展战略和规划布局引导。对接国家和上海城市发展战略，研究加快完善现代市场体系、建设国际消费城市以及实施长江经济带战略、推进长三角区域市场一体化、发展现代物流业的思路和主要任务，形成"十三五"专项规划思路。加强商业布局规划与城市总体规划的衔接，加强城市商业布局规划与各区县编制单元规划和控制性详细规划的衔接，组织实施好《上海市商业网点布局规划（2014—2020 年）》《上海市食用农产品批发和零售市场发展规划（2013—2020 年）》等。

8. 加强商贸流通标准化建设。优化商贸领域地方标准体系，重点研制电子商务、农产品流通、家政服务、物流快递等领域的标准。推进商业服务、电子商务、家政服务、物流等领域的标准化建设，提升管理和服务水平。发挥社会组织作用，协调相关市场主体共同制订满足市场创新和发展需求的团体标准。探索建立商贸服务企业服务标准自我声明公开机制。开展国家物流标准化试点，推进托盘标准化循环共用、农产品物流包装标准化、城市配送公共基础设施标准化、物流设备设施标准化，建立相应的公共信息服务平台，构建城市物流标准体系。支持鼓励商贸流通企业在各级标准制订中积极采用国际标准和国外先进标准，推动建立内外贸统一的标准体系。

（三）建立高效统一的市场治理体系

9. 促进市场公平竞争。建立打破地区封锁和行业垄断的长效机制，促进商品、要素自由流动和企业公平竞争。支持非公有制经济主体平等进入各类市场领域，在重大项目、新兴业态等准入方面降低门槛。消除市场竞争中招投标、信息公开、政策扶持等方面的差别化待遇。继续清理和废除歧视外省市商品和服务、实行地方保护的各类规定和政策。研究建立包含审查清理制度、考核评价机制、社会监督机制在内的长效机制。健全完善反不正当竞争、反垄断工作机制，加强部门协同配合，信息互通，协调推进重大案件的审查及执法。

10. 加强事中事后监管。推动市场监管互认、执法互助、信息共享，形成权责一致、运转高效的市场综合监管体系。在内贸流通领域推进行业监管与综合执法相衔接，在浦东新区等有条件的区县先行试点，将商务执法纳入综合执法中。启动建设上海自贸试验区大宗商品第三方仓单公示平台和资金清算平台、商业保理协同监管信息平台，推广应用动产质押信息服务平台，完善食品安全信息追溯管理平台。引入消费品质量风险和产品伤害预警机制，开展电子商务等消费品质量提升行动。发挥计量、检测、认证等专业服务机构在市场监管中服务、沟通、鉴证、监督等功能。推动长三角内贸流通领域质量、计量监管和检测互认。推进内贸流通领域诚信计量示范社（街）区创建活动。在内贸流通领域试点推动建立法律顾问制度。进一步健全打击侵权假冒工作机制，加大知识产权保护力度。推进行政执法和刑事司法相衔接。

11. 建立健全市场信用体系。贯彻落实国务院《企业信息公示暂行条例》和《上海市公共信用信息归集和使用管理试行办法》，推进流通领域登记类、资质类、监管类、违约类等信用相关信息向市公共信用信息平台和企业信用信息公示系统归集。加快形成"事前告知承诺、事中评估分类、事后联动奖惩"的全过程信用管理模式。建立完善流通领域信用信息的征集、评价和应用标准规范。探索建立以行政管理信息共享、社会化综合信用评价、第三方专业信用服务为核心的内贸流通信用体系。加快培育信用经济，发展与信用有关的新型服务业。扩大商业保理试点范围，鼓励有条件的大型零售企业开展直接面向消费者的信用消费。

12. 发展流通领域公共服务。按照《上海市行业协会商会规范化建设评估标准》，加强流通行业协会服务规范化建设，支持行业组织提高服务能力并承接部分政府服务职能。积极发挥"上海市中小商贸流通企业公共服务平台"作用，开展小微企业创业创新基地城市示范工作，完善服务于中小商贸流通企业的融资、诚信、走出去、电子商务拓展的支持政策。鼓励金融机构创新金融产品和服务，发展动产质押、供应链融资、国内贸易信用保险、商业保理等业务，构建多层次的金融服务体系，促进中小商贸流通企业创新发展。研究提出反映上海内贸流通发展新情况、新趋势的评价性指标，加强市场运行监测和统计分析，向社会发布市场运行信息、大宗商品"上海价格"和"上海指数"、上海时装周"时尚指数"。

三、重点工程

（一）区域市场一体化

依托长三角地区合作与发展联席会议制度，在苏浙皖沪三省一市签署的"推进长三角区域市场一体化发展合作协议"基础上，由三省一市及江西省商务部门牵头，进一步深化长三角区域市场一体化发展工作机制，聚焦规则体系共建、创新模式共推、市场监管共治、流通设施互联、市场信息互通、信用体系互认等，着力打破地区封锁和行业垄断，探索建立长三角现代市场体系联动发展机制。

（二）流通创新发展示范区

在浦东新区、普陀区、长宁区、宝山区等区域，试点建设平台经济创新发展示范区，推动企业运用互联网、物联网技术集群式发展，打造一批"虚实结合、二三融合、区域联动、内外连接"的资源配置型平台。在黄浦区、静安区、徐汇区、杨浦区等区域，试点建设商业转型升级示范区，培育一批具有时代特征的新颖经营方式和商业模式，满足个性化消费需求，提升消费能级。打造具有国际影响力的"上海时装周"，建设国际时尚之都。

（三）流通标准化试点

以财政部、商务部、国家标准委在上海开展物流标准化试点为契机，聚焦快消品、农产品两大领域，推进以托盘社会化循环共用为重点的托盘标准化，开展以新能源车辆为载体的城市末端配送服务标准化，实施农产品物流包装标准化，推进长三角区域物流标准化应用，降低物流成本，提高流通效率。设立上海市物流标准化技术委员会。实施农产品批发市场、菜市场管理规范；完善电子商务服务规范；深化生活性服务业重点行业规范。

（四）流通领域公共服务平台

建设"上海市中小商贸流通企业公共服务平台"，为企业提供融资、法律咨询、信息技术应用等服务。贯彻"人才强商"战略，加快推动内贸流通领域人才引进和培养。建设"上海市商业网点地理信息系统"，为宏观调控提供科学依据，为投资者提供决策参考。建设"上海市商务产业公共监测服务平台"，加强产业运行分析和预测预警。建设"上海经贸仲裁中心"平台，维护企业权益，规范行业发展。

（五）信用信息服务平台

在全市推进基于数据、应用和行为"三清单"的全过程信用管理模式，全面提升市公共信用信息服务平台服务能级。启动国家"商务诚信公众服务平台建设"试点工作，着力培育一批以平台型企业为代表的市场化信息子平台，以及第三方信用服务机构为代表的专业化信息子平台，逐步形成商务诚信体系建设的基本框架。

（六）市场综合监管平台

根据统一社会信用代码、企业信息公示和区县市场监管等改革要求，进一步加强市法人库数据管理能力，提升法人库数据质量，提高政府行业管理和协同监管效能。在大宗商品现货市场领域，先行在上海自贸试验区试点依托第三方清算机构和第三方仓单公示平台等，建立市场综合监管平台。升级完善集信息发布、涉嫌案件移送、案件咨询、案件统计等功能为一体的行政执法与刑事司法衔接工作信息共享平台，优化案件移送、受理、反馈、监督、公开等工作机制。

四、保障措施

（一）加强组织领导

成立上海市国内贸易流通体制改革发展综合试点领导小组（以下简称"领导小组"），统筹协调重大问题，由市政府领导担任组长，市商务委、市发展改革委、市经济信息化委等部门和单位参加。领导小组下设办公室（设在市商务委），负责具体工作推进。

（二）建立工作机制

建立与商务部深化国内贸易流通体制改革领导小组的工作会商机制，定期或不定期召开协商会议，解决试点过程中的重大问题。建立试点信息通报制度，定期向商务部报送试点进展等情况。

（三）强化政策保障

在土地、财政政策等方面，加大对流通业的支持力度。对于流通业的公益性基础设施建设用地予以重点保障。在资金投入、银行贷款、业绩考核等方面研究出台相关鼓励流通企业加快技术进步政策。落实国家相关税收政策，支持流通业发展。

（四）实行跟踪问效

根据确定的试点目标任务和进度安排，邀请第三方定期对试点情况进行阶段性评估，及时总结试点工作中的做法和经验以及试点过程中出现的问题。

上海深化内贸流通供给侧结构性改革实施方案

沪商综〔2017〕131 号

上海深化内贸流通供给侧结构性改革实施方案

推进供给侧结构性改革是我国适应和引领经济发展新常态的战略举措，对推动上海创新驱动发展、经济转型升级意义重大。按照党中央、国务院关于适度扩大总需求、坚定不移推进供给侧结构性改革的决策部署，根据商务部和市委、市政府推进供给侧结构性改革的有关要求，结合建设上海国际消费城市和国家智慧供应链示范城市的目标，特制定本实施方案。

一、总体要求

全面贯彻落实党的十八大和十八届三中、四中、五中、六中全会、中央经济工作会议和习近平总书记系列重要讲话精神，紧紧围绕上海国际贸易中心建设，充分发挥内贸流通在国民经济中的基础性、先导性作用，着力贯彻落实商务部推进内贸流通创新"优商品、通商路、减商负、立商信"方针，提升流通业信息化标准化集约化水平，推动内贸流通领域降低成本、提升效率、扩大消费，更好地激发各类市场主体活力，进一步培育经济增长新动能。

二、重点任务和举措

（一）降低流通制度成本

1. 完善现代流通治理模式。探索建立以商务信用为核心的现代流通治理模式，深化商务诚信公众服务平台功能，出台《上海市商务诚信平台管理办法》，推出一批商务信用评价企业、团体等标准。推动成立"商务诚信联盟"，挖掘培育一批市场信用子平台，推进网络零售、家居流通、进出口贸易、大宗商品交易等 20 个重点领域的市场信用子平台对接上海商务诚信公共服务平台，进一步健全现有各领域市场应用子平台的市场应用机制。（分管领导：刘敏；负责处室：市场秩序处）

2. 完善政策法规体系。推动单用途预付卡、家政服务业等重点领域或行业立法进程。修订中国（上海）自由贸易试验区（以下简称"自贸试验区"）大宗商品现货市场交易管理规定与规则，研究出台加强本市大宗商品现货市场管理规定，研究新修订的《汽车销售管理办法》实施细则，进一步健全内贸流通法律法规体系。（分管领导：刘敏、吴星宝、申卫华；负责处室：市场秩序处、市场体系建设处、服务业发展处、公平贸易处）

3. 加强行业规划引导。编制发布生活性服务业重点领域服务质量提升三年行动计划，推动生活性服务业便利化、精细化、品质化发展。发布《上海市电子商务"十三五"规划》，推动电子商务领域政策环境创新，引导上海电子商务健康有序快速发展。制定《关于"十三五"期间推进本市药品流通行业发展的实施意见》，推动本市医药流通行业平稳健康发展。出台《上海市二手车行业发展指导意见》和《上海市报废车行业发展指导意见》，加快构建汽车全生命周期流通体系，提升行业管理信息化水平。（分管领导：吴星宝、刘敏、顾嘉禾；负责处室：服务业发展处、市场体系建设处、电商处）

（二）降低流通交易成本

4. 加快供应链新技术推广应用。推进重要产品追溯体系示范项目建设，以二维码等追溯技术为手段，加快大数据、云平台、物联网等技术在肉类、蔬菜、豆制品、乳制品、酒类等领域的推广应用，形成追溯数据信息统一共享、互联互通、全市统一的重要产品追溯管理平台。实施"物联网＋流通"行动计划，认定一批示范项目，推动物联网技术在大宗商品交易、智慧物流、智慧商圈、仓储配送等领域的推广运用。在大宗商品领域试点"物联网＋区块链"仓单的智慧供应链管理模式，确保货物安全可靠。（分管领导：吴星宝、刘敏、顾嘉禾；负责处室：市场运行处、市场体系建设处、

电商处）

5. 推进电子商务示范创新。加强电子商务示范载体与主体建设，重点推进国家电子商务示范基地建设，支持市级电子商务重点园区与示范企业发展，完善基础配套、管理服务以及政策环境，提升综合影响力。推进杨浦区"互联网"科技服务创新实践区建设，进一步优化科技创新要素资源配置，激发市场主体活力。大力发展电子商务孵化器，优化电子商务创新创业环境，积极培育国内外电子商务领域的高水平技术研发机构和创新团队。促进电子商务专业服务业发展，支持专业服务企业为电子商务企业提供系统开发、数据分析、云服务、供应链等专业信息服务及管理网站建设、前台应用、后台管理、全渠道运营等专业技术服务，降低电子商务企业技术投入成本，助力传统企业向"互联网＋"转型。（分管领导：顾嘉禾 负责处室：电子商务处）

6. 推进平台企业发展。出台"十三五"时期推进平台经济发展行动计划，研究制定本市平台型企业申报高新技术企业操作指引，发布平台企业景气指数，加快培育贸易、金融、物流、资讯、研发总集成服务商，引导平台型企业运用供应链管理技术和信息技术。（分管领导：刘敏；负责处室：市场体系建设处；配合处室：各相关处室）

7. 加快高能级贸易型总部集聚。加强支持总部经济发展的政策集成，继续认定一批贸易型总部企业，培育吸引具有采购、分拨、营销、结算、物流等单一或综合贸易功能的总部机构，提升"服务全国、链接全球、上拓资源、下控渠道"的供应链整合能力。（分管领导：刘敏；负责处室：市场体系建设处）

（三）降低企业物流成本

8. 推动物流标准化集约化发展。开展托盘标准化及社会化循环共用推广专项行动，推动供应链全程"不倒盘、不倒筐"。推动快消品领域品牌供应商与连锁商业、电商平台对接，推广从生产端到销售端的整托下单、带板运输、信任交接，鼓励消费品生产商从源头推动产品包装与标准托盘匹配，减少流通过程的二次包装。推动农产品生产基地与销地对接，构建农产品全流程物流包装标准化体系，推广从田头到门店"三次不倒筐"模式，提高农产品流通供应链效率和安全性。培育壮大托盘运营商，健全运营网络体系，提高供应链服务能力，逐步探索开放式托盘循环共用。（分管领导：吴星宝、刘敏；负责处室：市场体系建设处、运行处、商贸处）

9. 提升电子商务末端配送服务水平。培育电商末端配送服务主体和新业态新模式，共同构建布局合理、功能完善、智能规范的快递末端配送体系，推动智能快递柜、配送服务点、合作共建末端门店、快递超市等模式的发展，紧密结合社区物业、超市、书报亭等公共服务存量资源，支持各类企业在社区、高校、园区、商务楼宇等开展电商快递配送综合服务试点，推动电子商务快递配送平台化、智能化、网格化、集约化发展。建设一批集约式的快递配送综合服务站，开展快递末端配送综合服务示范点建设。（分管领导：顾嘉禾 负责处室：电子商务处）

10. 推进长三角区域物流标准化建设。推动建立长三角农产品冷链物流标准，支持农产品流通龙头企业牵头制定农产品冷链物流联盟标准、区域标准，加快培育一批设施先进、标准严格、操作规范、运营稳定的农产品冷链流通标准化示范企业。加强长三角区域标准化物流信息服务平台建设，促进物流产业链上下游企业间信息协调，提升中小微企业标准化服务水平。（分管领导：吴星宝、刘敏；负责处室：市场运行处、市场体系建设处）

11. 推进再生资源回收与生活垃圾清运"两网协同"试点。发布上海"两网协同"回收网点设置与管理规范，完成垃圾综合治理再生资源回收利用体系建设专项调查。由点到面，进一步扩大试点范围，复制推广试点经验，在标准化菜场、连锁企业、商业楼宇、企事业单位等多渠道推动"两网协同"。支持培育"两网协同"主体企业，鼓励连锁化经营，着力推动平台化发展。（分管领导：刘敏；负责处室：市场体系建设处）

（四）提升消费供给品质

12. 实施内贸流通扩大消费专项行动。加快推进上海国际消费城市建设，实施新消费引领专项行动计划，培育形成经济增长的消费供给新动力。提升品牌集聚度，推动全球品牌集聚，打造面向全球的国际消费市场，实现"买全国、卖全球"，开展"上海优品行"活动，鼓励本市优质品牌企业加强对外交流与合作，开拓国内外市场。提升消费贡献度，深化黄浦、静安等国际消费城市示范区建设，打造精致、精细、精品的高端中心商圈，进一步发挥促消费对各区经济增长和城市更新繁荣的促进作用。提升消费创新度，推进新零售等商业业态模式创新，鼓励体验式、个性化、智慧化商圈，打造一批会商旅文体联动示范项目。积极发展夜市经济，推出4到5家体现国际大都市美食文化水准、展示城市民俗风情、满足多元化消费需求的"地标性美食夜市"。提升时尚引领度，深化上海时装周与米兰时装周合作机制，进一步提升上海时装周影响力和辐射力，打造"上海时尚周末"等大众时尚新平台，打造适合不同消费人群的时尚消费地标。举办上海国际婚礼时尚周，提升海派婚礼文化的影响力，推动婚礼时尚文化产业发展。提升消费便利度，发展跨境电商、保税展示销售、进口商品直销、市内免税店等，增设口岸进境免税店。支持社区商业精细化、集成化、平台化发展。提升消费智慧度，开展智慧商圈建设工程，推进宽带和4G网络全覆盖，扩大商圈WIFI覆盖范围和水平，建立智慧商圈评估体系，指导成立智慧商圈融合创新联盟，加强智能交通引导、导购导航、移动支付、精准定位等现代信息技术应用。（分管领导：吴星宝、申卫华、刘敏、顾嘉禾；负责处室：商贸行业管理处、市场体系建设处、服务业发展处、外贸发展处、电子商务处）

13. 以老字号改革创新为重点实施品牌战略。加快培育本土品牌，落实消费品工业增品种、提品质、创品牌"三品"战略。出台本市老字号改革创新发展实施意见。推进"互联网＋老字号"发展，支持老字号企业运用新媒体开展网络营销。推动国资老字号体制改革和机制创新，探索品牌建设与国资考核体系挂钩。建立老字号品牌价值评估体系，鼓励金融机构协助老字号开展品牌质押融资、转让交易等业务。推进老字号深入全市会商旅文体联动机制，推动老字号博览会转型升级。严厉打击侵犯老字号知识产权和制售假冒伪劣老字号产品的不法行为。（分管领导：吴星宝、刘敏；负责处室：商贸行业管理处、市场体系建设处、市场秩序处）

14. 提高生活性服务业供给质量。实施生活性服务业提质专项行动计划，加快生活性服务业便利化、精细化、品质化发展，增加符合居民需求的优质服务供给。深化长宁"互联网＋生活性服务业"创新试验区建设，实施放宽外资准入、开展登记改革、创新监管方式等，推进技术和业态创新，形成一批可复制可推广的创新成果。推进五大生活性服务业规范提升，以家政服务业、餐饮服务业、美丽时尚服务业、幸福婚庆服务业、家电维修服务业五大行业规范提升引领生活性服务业整体提质发展，打造"诚信家政服务、绿色餐饮标准、跨界美丽时尚、海派婚庆文化、品牌家电维修"新形象。推进家政服务管理体系建设，推进上海市家政服务业立法进程，推广家政服务人员持证上门服务，推广家政行业从业人员持证上门服务，覆盖率力争达到80%以上，开展家政服务信息追溯系统建设，做到家政服务人员从业信息能查询、可追溯。推进餐饮、家电维修、婚庆、美丽时尚服务业提质发展，在早餐网点薄弱社区建设早餐示范门店，推进早餐行业资源共享。开展以食品安全、低碳环保、诚信经营为重点的"绿色餐厅"创建活动，实现3000家"绿色餐厅"的创建目标。开展家电维修人员持证上门服务培训。提升美丽时尚、幸福婚庆服务业影响力。实施"服务到家"计划，推进社区便民服务到家示范点建设，重点推进服务到家示范点完善公益性、民生类必备业态和功能。开展电子商务示范社区培育工程，培育一批具有较强专业化服务能力的社区电子商务品牌，打造一批具有引领作用的电子商务示范社区。实施生活性服务业重点领域服务质量提升专项行动，以标准建设、制度建设、培训教育、技术创新、消费引领、信用管理、行业评优等为抓手，提升服务的标准化、规范化、专业化、便利化、精细化、诚信化和品牌化水平。（分管领导：吴星宝、顾嘉禾；负责处

室：服务业发展处、电子商务处）

三、主要保障措施

15. 加强示范引领。结合供应链创新示范城市试点，重点培育若干供应链应用示范企业和市场机构，在供应链协同和资源整合、产业组织和商业模式创新、企业转型引领产业升级等方面进行探索。（分管领导：刘敏；负责处室：市场体系建设处；配合处室：各相关处室）

16. 加强市区联动。各区结合实际情况，完善支持政策，落实配套措施，积极参与推动内贸流通供给侧结构性改革，切实推动内贸流通降低成本、提升效率、扩大消费。（分管领导：内贸各分管领导；负责处室：内贸各相关处室）

17. 优化内贸流通发展人才环境。加快建立以企业为主体的流通人才培育体系，重点培养复合型高端商业人才和电子商务、信息服务、网络支付、物流配送等专业人才。完善高等院校、职业院校、社会职业教育、企业培训等多层次的商贸流通人才培训体系，保证商贸人才的稳定输送。营造宽松的人才引进环境，吸引国内外优秀商贸人才集聚发展。（分管领导：尚玉英；负责处室：干部人事处会同内贸各处室）

18. 发挥行业组织作用。引导内贸流通行业组织加强研究，建设服务平台，提供信息咨询、人才培训和业务指导。推动行业组织加快商务诚信体系建设，加强行业自律，保护消费者权益，促进行业健康有序发展。加强国内外行业组织的交流与合作。（分管领导：内贸各分管领导；负责处室：内贸各相关处室）

19. 加强财政支持。发挥中央财政促进服务业发展专项资金等财政资金的导向作用，加大对新消费领域支持力度，重点关注内贸流通薄弱环节、关键领域、重点区域和新兴行业，推动内贸流通创新改革。（分管领导：顾嘉禾；负责处室：财务处会同内贸各处室）

市场流通创新专项行动计划

一、工作目标

以供给侧结构性改革为主线，以流通技术为引擎，以制度创新为支撑，发挥中国（上海）自由贸易试验区（以下简称"自贸试验区"）溢出效应，创新流通发展模式，实施供应链战略和"互联网＋流通"行动计划，大力发展平台经济，培育一批"百、千、万"能级的商品和服务市场，凸显市场流通"全球辐射、区域带动、融合先导、绿色提效"的功能，加快形成统一开放、竞争有序的现代市场体系。力争到 2020 年，千亿、万亿级交易市场（平台）达 10 个左右，贸易型总部达 200 家，基本建成具有国际国内两个市场资源配置功能、与我国经济贸易地位相匹配的国际贸易中心，基本形成商品和要素自由流动的现代市场体系。

二、重点任务

（一）加快市场转型升级。大力发展平台经济，推动传统商品市场向大市场、大平台转型，打造一批百亿、千亿、万亿级强辐射、高能级的市场和平台。引导大宗商品现货市场全面整合产业链，延伸流通服务链条；引导消费品市场大力发展线上线下结合的新型商业模式，集成采购交易、创意研发、展览展示、时尚消费等功能；引导食用农产品批发市场建设成为高效率、低损耗，辐射全国、面向国际的农产品集散中心。加快培育一批具有整合全球供应链能力的供应链"链主"企业。

（二）培育内外贸一体化的高端市场。依托上海自贸试验区，创建内外贸融合发展的市场和平台。聚焦汽车、酒类、咖啡、宝玉石等领域，深化进出口平台建设，拓展技术研发、信息服务、产品认证、检验检测等公共服务功能。聚焦钢铁、有色金属、石油及天然气、化工等领域，建设面向国际的大宗商品现货交易市场，开展大宗商品现货保税交易，试点以实物为标的的"仓单、提单、订单"交易。探索交易规则创新，在订单与提单交易、境内外一体化交易等方面形成政策突破，推行"期现联动"试点，研究建立大宗商品衍生品市场。

（三）推动全国统一大市场建设。深化长三角区域市场一体化发展合作机制，以专题合作和项目为抓手，深入推进长三角区域规则体系共建、创新模式共推、市场监管共治、流通设施互联、市场信息互通、信用体系互认的"三共三互"工程。发挥长三角区域市场一体化发展合作机制对长江经济带的辐射带动作用，推动商品市场信息共享、农产品产销对接、物流资源优化配置、营造法治化营商环境等，推进长江经济带市场一体化建设。

（四）创新市场配套服务体系。健全物流服务体系，依托物流资源交易平台，提供运输、仓储、加工、配送等服务，降低物流成本。完善金融服务体系，提供供应链融资、贸易融资、仓单质押等服务，提高流通效率。强化大数据服务体系，加强对大数据的采集、开发、分析、利用，编制商品价格指数、物流指数等，开展信息咨询等服务。

（五）营造法治化营商环境。探索实施国内贸易负面清单管理模式，制订"内贸流通领域行业准入负面清单"和"内贸流通领域行业准入后行政管理目录"。推广"事前告知承诺、事中分类评估、事后联动奖惩"的行业全过程信用管理模式。建设商务诚信公众服务平台，完善商务信用征信、评信和用信机制。构建市场主体自治、行业自律、社会监督、政府监管的社会共治格局。

三、具体措施

（一）打造一批"互联网+"创新发展示范区。在浦东、虹口、宝山、奉贤等区，建设平台经济创新发展示范区，运用供应链管理技术和信息技术，培育贸易、金融、物流、资讯、研发总集成服务商。在普陀、长宁、金山等区，建设"互联网+商务""互联网+生活性服务业""互联网+产业服务"创新实践区，形成一批可复制推广的创新成果。在黄浦、静安等区，建设"国际时尚之都"示范区，依托上海时装周，构筑以发布、展示、贸易为一体的国际时尚消费平台，满足个性化消费需求，提升消费能级。

（二）培育集聚一批高能级的贸易型总部。集成财政支持、金融配套、外汇管理、人才引进、出入境便利等政策，大力发展贸易型总部企业，集聚一批具有采购、分拨、营销、结算、物流等单一或综合贸易功能的总部机构，提升"服务全国、链接全球、上拓资源、下控渠道"的供应链整合能力。认定一批贸易型总部企业，引导各区出台相关扶持政策。

（三）开展大宗商品市场"期现联动"试点。在上海自贸试验区大宗商品现货市场建设试点的基础上，以有色金属为突破口，深化大宗商品现货与期货市场在规则体系、监管体系、服务体系等方面联动发展。通过制度创新、模式创新和技术创新，推动商品、服务以及功能对接，实现交割交收仓单联动、交易价格联动、衍生品研发联动、交易规则创新联动。

（四）深化长三角、长江经济带区域市场合作机制。依托长三角区域市场一体化合作发展机制，落实"三共三互"工程，深化物流标准化、农产品流通、商品市场转型升级、"双打"、生活必需品市场应急保供、电子口岸合作等领域的专题合作。深入实施"长江经济带商务引领工程"，探索在标准化托盘循环共用、农产品产销对接等领域，率先推进长江经济带重要流通节点城市市场联动发展，加快构建长江经济带区域一体化大市场。

（五）实施"物联网＋流通"计划。促进物联网等先进技术应用创新，健全支持流通企业创新投入的政策，推进流通领域技术先进型服务企业建设和认定工作。布局一批物联网和供应链管理技术应用重大战略项目，实施流通业流程再造。重点推进基于大数据的精准信息服务、基于第三方支付及互联网金融的支付服务、基于城市智慧物流配送服务等技术的示范应用。

（六）建设联接国内外的现代物流大通道。按照口岸物流互联、工业物流集中、城市物流分散的原则，加强港口、机场、铁路、公路、内河等各类物流基础设施建设，进一步完善以重点物流园区分拨中心、公共及专业配送中心、城市末端配送网点为架构的城市配送物流三级服务网络，形成东西联动、辐射内外、层级合理、有机衔接的物流业空间新格局。加强农产品流通体系建设，构建布局合理、流转顺畅、安全高效的农产品流通骨干网。支持西郊国际农产品市场建成长三角乃至全国农产品流通体系的重要枢纽。

（七）开展托盘标准化及社会化循环共用推广专项行动。在本市快消品、农产品等重点领域，全面普及推广标准托盘（1200×1000mm）应用。快消品领域，推动品牌供应商与连锁商业、电商平台对接，推广从生产端到销售端的整托下单、带板运输、信任交接。农产品领域，推动农产品生产基地与销地对接，构建农产品全流程物流包装标准化体系，推广从田头到门店"三次不倒筐"模式。培育壮大托盘运营商，健全运营网络体系，提高供应链服务能力，并逐步探索开放式托盘循环共用。

（八）制订加快推进平台经济发展支持政策。制订"关于上海加快推进平台经济发展的若干政策实施意见"，研究将平台企业纳入高新技术企业认定范围，及从税收优惠、人才落户、大宗商品交易开票印花税等方面加大支持力度，完善平台企业市场准入、管理制度和服务标准。用好国家及本市各类扶持政策，推动平台整合产业链，延伸服务链，为各类平台做大做强创造条件。

（九）健全相关法规规章。结合商务部正在制订的《商品流通法》，研究推动《上海市商品交易市场管理条例》修订工作。根据国家即将出台的《汽车销售管理办法》《二手车流通管理办法》《报废汽车回收管理办法》，配套制订本市汽车全流通领域行业管理办法。研究制订上海商务诚信管理办法，建立市场化信用评价制度体系，并纳入本市社会信用立法中。

（十）构建以商务信用为核心的新型流通治理模式。研究制订商务诚信公众服务平台及市场信用信息子平台信息征集、评价和应用的标准规范，确保信息征集、评价和应用的制度化和规范化。继续挖掘和培育一批市场信用信息子平台，建立子平台征信、评信和用信机制，逐步向商务领域全面推广，实现内贸流通各行业全覆盖。推进在大宗商品交易、汽车流通、公共资源拍卖、食品流通、家政、商业保理等行业开展协同监管平台建设试点，强化在行业事中事后监管中对商务信用应用。

新消费引领专项行动计划

为贯彻落实《国务院关于积极发挥新消费引领作用加快培育形成新供给新动力的指导意见》(国发〔2015〕66 号)、《国务院办公厅关于开展消费品工业"三品"专项行动营造良好市场环境的若干意见》(国办发〔2016〕40 号) 精神，加快推进上海供给侧结构性改革，更好发挥新消费引领作用，加快培育形成经济发展新供给新动力，制订本行动计划。

一、总体思路

围绕"十三五"期间上海建设国际消费城市的目标，主动顺应消费升级大趋势，坚持从供给侧和需求侧两端发力，以新消费引领消费结构升级，创造新供给、释放新需求，进一步拓展丰富消费内涵，打造特色消费载体，培育新兴热点消费，优化消费综合环境，为经济提质增效和国际消费城市建设提供更持久、更强劲的动力，力争市场消费总额增长显著快于同期经济增速，最终消费对经济增长的贡献率持续提升。

二、重点任务

(一) 加快推动消费提质升级，促进新兴消费蓬勃兴起，进一步释放消费潜力。顺应生活消费方式向发展型、现代型、服务型转变的趋势，大力促进新消费领域发展，培育形成更多新技术、新产业、新业态、新模式，增强新消费对全产业链的引领和带动作用。

（二）打造面向全球的消费市场，增强对全球资源的集聚和辐射能力。传承发扬"最快、最新、最全、最优"的上海商业底蕴和"开放创新、精益求精"的商业文化内核，丰富市场层次，汇聚全球品牌，提高上海商业的集聚度、繁荣度、便利度和消费市场的竞争力、吸引力和辐射力，实现买全国、买全球。

（三）优化消费市场综合环境，增强上海消费活力和创新创业动力。坚持市场主导，维护市场秩序，完善市场监管，保护消费者合法权益，实现消费者自由选择、自主消费、安全消费，企业诚信守法、自主经营、公平竞争，最大限度地激发消费者的消费活力和市场主体的创新创业动力。

（四）完善新消费发展的制度供给，以体制创新培植持久动力。着力加强供给侧结构性改革，以更加完善的体制机制和政策体系引导和规范市场主体行为，努力构建新消费引领新投资、形成新供给新动力的良好环境和长效机制。

三、具体措施

（一）推动提质升级，培育拓展新兴消费热点

1. 品质消费。鼓励倡导品质消费，增加更安全实用、更舒适美观、更有品位格调的产品供给，集聚全球优质品牌，加速培育本土品牌。发挥上海口岸功能优势，促进跨境电子商务体制创新，发展保税展示交易和进口商品直销，增加高质量、高性价比的绿色食品、日用品等进口消费品市场供给。以复兴国货精品为重点，实施消费品工业增品种、提品质、创品牌"三品"战略。为老字号、新字号、民字号搭建品牌创新合作平台，促进标准化生产和纯手工制作品牌协同发展，引入第三方评价机制，推动"上海品质"自愿性认证制度的建议和试点，到 2018 年底，挖掘 20 个以上上海优质品牌。推动成立各类品牌创新联盟，支持开展细分领域产品创新，培育发扬精益求精、以人为本的工匠精神。放大上海购物节对品质消费的引领作用，构筑以传播品牌文化、创新品牌营销、促进品牌消费为一体的促消费平台。

2. 时尚消费。把握年轻群体、中等收入群体对时尚产品、新兴产品、概念产品的消费需求，提升上海对全国乃至全球最新产品的集聚功能。支持买手培训平台发展，拓展全球采购业务能力。积极引进全球时尚品牌，鼓励品牌企业在上海开设全球旗舰店，通过新品首发，引领消费潮流。鼓励新晋设计师创立品牌，促进品牌战略服务机构发展，为本土品牌提供金融服务、促进品牌估值交易。发挥上海时装周对时尚消费的引领作用，强化上海时装周与国际知名时装周的合作机制，集聚全球顶尖时尚设计学院、国内外知名设计师及品牌创新资源，切实推动原创设计发展，构筑设计、发

布、展示、销售、贸易为一体的时尚消费创新培育平台，使其跻身国际性一流时装周行列。到 2018 年底，实现上海本土时尚设计品牌数量位列全国第一，形成一批具有国内外知名度的品牌买手店。加快推进上海虹桥时尚创意产业集聚区建设，发挥上海时尚之都促进中心等社会组织作用，促进时尚设计院校产学研成果转化。鼓励一批商业企业开设未来商店概念店，通过创新孵化、新品众筹等形式为各类时尚、概念产品提供展示销售平台。实施上海设计走出去计划，加强与伦敦设计节、爱丁堡艺术节等项目联动，深化中意设计交流中心等项目建设。

3. 信息消费。依托移动互联网快速普及的趋势，以"互联网 +"专项行动和智慧城市建设为导向，培育消费热点、变革消费模式、重塑消费流程。打造国家信息消费示范城市，办好上海国际信息消费节，搭建互联网企业和产品展销平台，推进信息消费试点项目建设，宣传推广信息消费示范应用，形成上海信息消费品牌效应。推动移动网络、宽带提速降费，加快公共 WiFi 热点布局，加强 4A 以上景区、星级酒店、热门商圈、商业街区 WLAN 基础设施建设，为信息消费提供高速可靠的基础网络支撑。加快互联网与传统行业跨界融合的标准规范制定，制定各行业领域针对互联网融合创新业务的规范。

4. 服务消费。顺应居民对生活性服务业"更个性、更优质、更便利"的新需求，实施美丽时尚、幸福婚庆、绿色餐饮、贴心家政等生活性服务业提质计划。支持举办上海国际美发美容节、时尚文化节，拓展中韩、中日交流合作，推动现代服务业集聚区建设。鼓励上海展览中心等一批非酒店类场所利用闲置资源发展特色婚礼会馆。支持举办中国（上海）现代婚博会、全国婚礼时尚周等活动。打造国际美食之都，培育"成街、成市、成节"的美食文化，到 2018 年底，创建 3000 家"食品安全、低碳环保、诚信经营"的绿色餐厅。支持平台型家政服务机构发展，促进家政服务业规范发展。推动"互联网 + 生活性服务业"创新试验区建设，加快形成可复制、可推广的创新模式。

5. 文化消费。围绕上海建设国际文化大都市的战略目标，不断满足居民追求文化生活品质的需求。按照文化部财政局部署，做好引导城乡居民扩大文化消费试点工作，作为全国首批试点城市之一，进一步推动本市文化消费总体规模持续增长。加强环人民广场剧场群、静安戏剧谷、外滩源剧场群等项目建设，形成大型文化演艺集聚区。依托商业地标交通便利、配套齐全的优势，鼓励一批展览、演出、节庆等文化项目与商圈、商街、商场联手，到 2018 年底，形成 10 个品牌化文商联动项目。培养居民文化艺术消费习惯，促进艺术类教育培训机构发展。促进市场竞争，规范演出票务市场。协同发展公益性、经营性演出市场，增加高性价比的演唱会、音乐会、话剧、舞蹈、歌剧等文化消费品市场供给。提高中国上海国际艺术节、上海国际电影节等重大文化活动办节水平，办好上海设计之都活动周等重大文创展览展示活动。激发产业活力，加快发展文化贸易，到 2018 年底，培育形成 5 家以上国际竞争力强的对外文化贸易骨干企业。

6. 体育消费。围绕上海建设全球著名体育城市、国际体育赛事之都的战略目标，传播体育文化、促进全民健身、提升体育消费能级。利用社区、沿江、公园、厂房、仓库、商业设施闲置资源，建设一批健身步道、自行车健身绿道、中小型健身场馆等设施，形成 15 分钟体育生活圈。培育体育消费习惯，鼓励体育类健身培训机构发展，加快发展足球运动和冰雪运动，大力发展路跑、网球、自行车、游泳、帆船、跆拳道、武术、击剑、马术、房车露营、电子竞技、智力运动、拳击等时尚前沿、消费引领的运动项目，每年举办 140 场左右高品质、高效益体育赛事活动。加快引进全球顶级赛事，发挥 F1 中国大奖赛、上海 ATP1000 网球大师赛、上海国际马拉松赛、上海环球马术冠军赛等品牌赛事带动作用。加强赛事期间商业配套，鼓励各类市场主体举办主题式节庆活动，打造城市体育嘉年华，提升体育赛事对上海居民以及全国、全球观众的吸引力。

（二）促进创新转型，打造面向全球的消费市场

7. 打造全球知名的消费地标。围绕上海建设国际消费城市目标，打造面向全球的国际消费市场，实现"买全国、买全球"。推动传统商圈提档升级，深化智慧商圈建设，扩大商圈对街区的辐射效应，打造适合不同消费人群的时尚消费地标。加快黄浦区时尚产业示范区建设，瞄准年轻时尚人群，加快本土设计品牌、全球快时尚品牌、轻奢品牌集聚，到 2018 年底，打造本土时尚设计品牌集中、新产品、新体验丰富、集购物休闲为一体的时尚潮流集聚地。加快黄浦区、静安区国际消费城市示范区建设，瞄准中高端商务群体，加快全球品牌集聚，促进高端商场、酒店融合发展，提升商圈、商场、酒店的要客服务水准，普及购物免提等"管家式"服务，打造精致、精细、精品的高端中心商圈。瞄准亲子消费群体，加强母婴休息设施建设，推动长宁区打造以母婴儿童、家庭餐饮、亲子活动为中心的品牌化家庭型商圈。

8. 打造个性独特的特色街区。以本市特色商业街区为基础，推动建立上海特色商业街区发展联盟，发展商旅文融合、个性突出的街区文化。促进新天地、豫园、吴江路、大学路等一批成熟型街区提质升级，与国外特色街区开展交流合作，到 2018 年底，打造 10 个有特色、有品质、有品牌的街区市集、街区节庆。提升迪士尼小镇、

奕欧来上海购物村等街区的文化休闲、餐饮住宿能级，加强对上海国际旅游度假区的配套服务功能。促进朱家角等一批古镇街区建设与文化历史底蕴有机融合，升级交通、住宿等配套设施，到2018年底，打造3条集聚和展示上海工匠精神、融合非物质文化遗产、凸显前店后厂、引领体验消费、展现一流度假品质的特色商业街区。提升老外街等一批街区管理能级，加强交通配套，培育"有特色、有品牌、有秩序"的夜市特色街区。继续培育一批新兴特色商业街区，形成商旅文融合发展的上海特色街区体系。

9. 打造舒适、便利、智能的社区商业。积极鼓励连锁社区便利店加快布局，丰富商品和服务品类，针对社区人群特点，推出个性化、亲民化、精细化商业服务。支持一批社区型商业街区发展，到2018年底，培育3条具有示范引领作用的高品质社区商业街区。推动"互联网+"社区发展，鼓励企业发挥线上线下联动优势，开展"社区商业改造工程""大居社区商业提升计划"，促进社区O2O商业发展，释放社区居民消费潜力。整合社区服务网点资源，围绕解决"最后一公里"服务难题，实施"服务到家"计划，布局一批集微菜场、购物、休闲、文化、健身、养老、家政、洗衣、餐饮、维修、理发、寄存等为一体的社区便民生活服务示范区，打造大都市15分钟社区便民生活圈。

10. 形成资源集聚的内外贸融合发展格局。加快流通领域对外开放，提升内贸流通的国际竞争力以及在全球经济价值链中的地位。加快市场主体集聚。培育一批具有市场引导、行业示范能力的跨境电商外贸综合服务企业。推动跨境电商公共服务平台与海关和检验检疫等监管部门的信息联网，实时传输。积极培育本市跨境电子商务示范园区，引导跨境电子商务产业向规模化、标准、集群化、规范化方向发展。在中国（上海）自由贸易试验区（以下简称"自贸试验区"）、松江出口加工区、普陀西北物流园区、嘉定出口加工区、青浦出口加工区等海关特殊监管区实施跨境电子商务保税进口。积极发展保税展示交易和进口商品直销。推动服务贸易发展，适度扩大文化、旅游、教育、体育等领域进口服务的消费以及先进技术的引进。

11. 形成开放友好的旅游消费格局。聚焦上海国际化大都市建设，提升上海对全球旅游者的吸引力和服务水平。提升离境退税政策实施效果，到2018年底，布局500个离境退税商店，培育一批离境退税示范商店，进一步优化完善离境退税办理流程，有效提升境外旅客购物退税便利化水平。实施上海优礼行动计划，引入第三方评价机制，开展"上海优选伴手礼"公共标识评定，到2018年底，挖掘一批"有优良品质、有创新设计、能传承文化"的上海优选伴手礼产品。鼓励各类企业通过快闪店、买手店、集成店等形式在商圈、商街、机场、酒店、景点等场所布局一批"品牌集成、形式多样"的上海优礼商店，实现价格透明、价格公平。加强市场化运作，发挥"魔都消费卡"对外来消费群体的服务功能，推出多语种导航，到2018年底，与10家重点百货、购物中心等不同业态商业企业的会员卡打通，使外来消费者享受上海商业会员礼遇。大力发展都市旅游和乡村旅游，建设一批具有历史、地域、产业特色的景观旅游镇村，打造休闲农业和乡村旅游集聚区。

12. 形成跨界融合的会商旅文体联动格局。促进商品消费与文化活动、艺术欣赏、旅游休闲、体育健身、生态农业等不同领域消费的融合联动，鼓励倡导层次丰富的体验式消费发展。深化全市会商旅文体联动机制，依托全市型、区域型会商旅文体联动示范项目培育机制，打破行业界限、促进跨界融合，加强会展、商业、旅游、文化、体育项目互联互动，支持一批商业综合体引进剧场剧院、小型竞赛场馆、艺术展示空间、手艺人街区等创新项目，形成10家会商旅文体深入联动的示范性商业综合体。继续深化中国华东商品进出口交易会、中国上海国际艺术节等示范项目联动效应，到2018年底，形成50个联动示范项目，加强项目期间综合配套服务，打造主题式城市嘉年华。加快全市会商旅文体联动试点区域建设，推动重点区域内的会商旅文体设施与交通枢纽的开放与联通，为体验式消费提供孵化环境。

（三）突出重点领域，着力优化消费综合环境

13. 改善优化市场信用环境。探索以商务信用为核心的现代流通治理模式，形成以商务信用数据交互共享为基础，政府与市场主体间多维度互动、网格化协同的新型应用机制；形成市场主体自治、行业自律、社会监督、政府监管的社会共治格局。支持全国企业信用信息公示系统建设。依托上海市公共信用信息服务平台，以各类市场信用信息子平台为支撑，搭建上海商务诚信公众服务平台，通过研制一批标准规范，建立商务信用征信、评信和用信机制，形成涵盖政府部门、市场化平台和第三方专业机构的信用信息、覆盖线上线下企业的综合性信用评价体系。加快形成"事前告知承诺、事中评估分类、事后联动奖惩"的全过程信用管理模式。加快培育信用经济，发展与信用有关的新型服务业。扩大商业保理试点范围，鼓励有条件的大型零售企业开展直接面向消费者的信用消费。实施消费环境改善计划，完善商业服务标准化体系，提升商业服务人员的质量意识、业务素质和服务技能。

14. 健全消费者权益保护机制。强化消费者权益司法保护，扩大适用举证责任倒置的商品和服务范围。全面推行明码标价、明码实价，依法严惩价格欺诈、质价不符等价格失信行为。完善和强化消费领域惩罚性赔偿制度，加大对侵权行为的惩处力

度。严厉打击制售假冒伪劣商品、虚假宣传、侵害消费者个人信息安全等违法行为。探索建立跨境消费消费者权益保护机制，推动跨境消费争议解决，促进信息互通互享。在旅游、文化娱乐等重点消费维权领域进一步加强部门联动，提升跨行业维权效能。充分发挥上海市消费者权益保护委员会及其他社会组织处理消费争议灵活性强、操作空间大的优势，不断提升消费争议处理水平。发挥本市12345市民服务热线作用，进一步提升12345热线全方位、多渠道接受消费者咨询、投诉、举报的效率。

15. 健全质量标准体系。建立完善适合本市团体标准培育发展的工作机制，制定出台本市团体标准发展指导意见。选取重点产业和涉及民生特定领域，着力培育发展一批团体标准，形成一批产业联盟标准示范企业。推进智能电网、信息技术、智能制造、节能环保、电子商务、环保、团工组织等团体标准试点工作，增加市场标准的有效供给。深化企业产品标准自我声明公开和监督制度。集中开展重点产品专项整治行动。发挥政府质量奖励作用，增设质量创新奖，以质量激励制度促进企业、社会在质量管理方式方法、技术标准等方面的创新，提高管理质量和产品质量。树立一批科创型企业质量标杆，推动企业管理创新与技术创新双轮驱动、良性循环。

（四）深化制度创新，健全消费政策保障

16. 加大财政金融支持新消费力度。加强中央财政服务业发展专项资金等专项资金对新消费领域的支持，更好发挥财政资金导向作用。加大财政资金对商贸服务业发展中的薄弱环节、关键领域、重点区域和新兴行业的支持力度，对现代商贸、电子商务等服务业中发挥引领作用的重点项目给予扶持。积极引导在沪金融机构开展包括消费金融、健康金融、医疗金融、教育金融等金融服务新模式。利用自贸试验区创新金融扶持政策，支持优质商贸企业通过战略性并购延伸产业链，利用境内外并购贷款、银团贷款、跨国公司外汇资金池、跨境人民币结算等金融服务，提升本市商业企业品牌影响、打造具有核心竞争力的商业集团。为商贸企业引进来和走出去提供包括供应链金融服务、集团现金管理、跨境汇兑便利等全流程金融服务支持，帮助商贸企业降低运营及融资成本，提升商业运作效率。

17. 建立反映市场消费总规模的指标体系。顺应消费市场进入由商品性消费主导向服务性消费主导转变的趋势，充分挖掘和应用商业大数据，探索建立全面反映市场消费总规模的指标体系，科学反映居民综合消费的规模和结构，加强新消费研判。建立指标体系的数据发布机制，客观及时反映消费运行的特点和趋势。

18. 优化商业网点布局体系。以把握商业用地出让总量和总体节奏为主要调控方向，建立完善商业地产市场运行监测体系，提高分析预测水平，引导市场主体的投资行为。加强部门联动，科学设置商业地产开发企业物业自持比例和持有年限要求，遏制短期行为，吸引有实力有经验的商业地产开发企业投资上海商业地产市场，提升商业地产项目的运营品质和上海商业的整体水平。适度扩大区域性商业中心和重要人口导入地区商业网点设施规模。从严控制缺少消费人口支持和已严重过剩地区的新增商业用地投放和商业设施建设。

19. 强化基础设施支撑。适应消费结构、消费模式和消费形态变化，系统构建和完善基础设施体系。加快新一代信息基础设施网络建设，加快网络提速降费。大力发展面向长三角城市群的共同配送，建设以"重点物流园区分拨中心、公共及专业配送中心、城市末端配送网点"为架构的城市配送物流三级服务网络，推广"网订店（点）取"等服务模式及新能源城市配送车辆应用，整合存量配送资源，建设城市末端配送节点网络。加快旅游咨询中心和集散中心、自驾车房车营地、旅游厕所、停车场等旅游基础设施建设，大力发展智能交通，推动机场、车展、客运码头到主要景区交通方便换乘、高效衔接，开辟跨区域旅游新路线。加快电动汽车充电设施、城市停车场的布局和建设。推进通用机场规划研究工作，合理规划、适时启动邮轮游艇码头等设施建设。

20. 加强组织领导。建立由市商务委牵头，市发改委、市经信委、市财政局、市金融办、市旅游局、市文广影视管理局、市体育局等部门共同参与的新消费联动工作机制，全面推动本市消费促进工作。促进各领域政策措施形成合力，加快推进新消费促进领域重点项目，综合运用第三方咨询、评估机制，提升新消费促进工作实效，加快培育形成新供给新动力各项任务措施落到实处。

生活性服务业提质专项行动计划

一、工作目标

　　围绕人民群众对美好生活的期待和对服务质量满意的向往，着力解决供需两侧存在的突出矛盾和问题，聚焦重点行业、区域和项目，重在提升质量、提高人民群众获得感，推进产业规范提升、结构优化，促进服务消费结构升级，加快生活性服务业向便利化、精细化、品质化提升发展。到"十三五"末，生活性服务业的服务业态更加便捷、服务模式更加精准、服务质量和品质得到提高、服务环境得到保障、扩大服务消费取得明显成效，形成 20 家左右具有国际竞争力的大型服务企业，100 家左右行业龙头企业。

二、重点任务

　　（一）聚焦重点行业。实施家政服务业、餐饮服务业、美丽时尚服务业、幸福婚庆服务业、家电维修服务业五大生活性服务业行业提质计划，全面提升服务能级和行业规范化水平，行业诚信得到改善。

　　（二）聚焦重点区域。推进"互联网＋生活性服务业"建设，在有条件的区域和领域开展"互联网＋生活性服务业"创新试验区试点。

　　（三）聚焦重点项目。围绕解决"最后一公里"服务难题，实施"服务到家"计划。

三、具体措施

（一）聚焦重点行业，实施五大生活性服务业行业提质计划。

重点推进家政服务业、餐饮服务业、美丽时尚服务业、幸福婚庆服务业、家电维修服务业五大生活性服务业行业的规范提升，打造"诚信家政服务、绿色餐饮标准、跨界美丽时尚、海派婚庆文化、品牌家电维修"新形象，以五大生活性服务业行业的规范提升引领生活性服务业整体提质发展。

1. 构建覆盖面广、诚信度高、便捷安全、服务规范的家政服务业管理体系。到"十三五"末，重点围绕从业人员登记管理、服务机构规范管理、政府强化行业监管的三个环节，加强行业标准、服务规范、职业技能培训、行业信息监测等方面建设，提升从业人员职业化、服务机构规范化、政府服务信息化、行业发展产业化水平。推广家政行业从业人员持证上门服务，覆盖率力争达到80%以上，做到家政服务人员从业信息能查询、可追溯。制订家政服务业地方标准，建立覆盖从业标准和专业服务规范的家政服务标准体系，加大家政服务业标准规范宣传力度。推进本市家政服务业立法进程。继续推进家政灵活就业登记工作。推进家政服务机构建设，重点培育30家左右家政品牌企业，支持平台型家政服务机构发展。推进家政行业诚信体系建设，支持有条件的平台型家政服务机构对接本市商务诚信平台。

2. 打造国际美食之都，培育"成街、成市、成节"的美食文化，大力倡导绿色餐厅。到2018年，餐饮业全年营收达到1200亿左右。大力发展以大众化市场为主体、满足多层次、多样化消费需求的餐饮业，推进其标准化、规模化、产业化。推进特色餐饮街、区、市的建设，提高上海餐饮业文化内涵和附加值。开展以食品安全、低碳环保、诚信经营为重点的"绿色餐厅"创建活动，实现3000家"绿色餐厅"的创建目标。创建活动由活动推进型向行业规范型转变，实现常态化和标准化，提高餐饮服务业的绿色安全保障水平。推进建设能够体现国际大都市美食文化水准、展示城市民俗风情、满足多元消费需求的地标性夜市。推进"互联网＋餐饮业"建设，促进营销模式和服务方式创新。以早餐工程项目建设为抓手，在大居和配套薄弱社区建设一批早餐示范门店。促进餐饮企业由只做终端服务向养殖种植业延伸，联合打造产供链平台。推进建设万国咖啡基地，促进自贸试验区咖啡交易中心建设。扩大行业国际国内交流合作，支持餐饮企业走出去、引进来，与国外餐饮企业合作，拓展国内国际两个市场。

3. 推动美丽时尚服务业跨界融合，提高产业附加值，引导美丽时尚消费。探索发展覆盖全产业链的一体化综合服务模式，打造集美容美发、美体美甲、养生保健、整体形象设计、培训教学功能为一体的美丽时尚服务产业工程，到2018年，形成千亿级消费市场规模。推进奉贤东方美谷等美丽时尚产业集聚区以及外滩二十二号高级定制中心、淮海中路国际时尚现代服务业集聚区建设。加强行业诚信建设、行业培训和行业交流，拓展中韩、中日交流合作。支持举办上海国际美发美容节、上海时装周、上海美业时尚之春等活动。

4. 整合上下游产业资源，拓展婚庆服务产业链，推广海派婚庆文化。发挥婚庆服务对旅游、摄影、餐饮、美容美发、租赁、服装定制、装饰装潢等各类服务消费的带动作用。到2018年，形成千亿级消费市场规模。推进上海幸福婚庆示范区建设。鼓励婚庆服务行业从提供传统服务向推广海派婚庆文化、注重专业婚礼策划的方向转型，发展多层次、主题化、系列化的婚庆服务。促进传统婚庆服务酒店向婚礼会馆、婚礼中心等新型婚礼服务机构转型。以互联网为手段，引领婚庆网络消费。建立婚礼策划、婚礼咨询等专业婚礼人才培训服务平台，试点开展专业服务人才的等级评定工作以及行业诚信建设。支持举办上海国际婚礼时尚周、中国（上海）现代婚博会、中韩及中日婚礼文化研讨会等活动。

5. 规范家电维修服务市场、杜绝"李鬼"现象、树立家电维修正规军品牌。持续推进家电维修人员持证上门服务工作，继续开展家电维修人员持证上门服务培训，以培训家电维修新技术和上门服务规范为主，从源头上净化家电维修市场，加强诚信建设。到"十三五"末，持证上门服务覆盖率达到80%以上。发展"互联网＋家电维修"的一站式社区居家维修服务新模式，支持新模式企业的发展。加大宣传力度，编辑发放家电维修消费指南，投放公益宣传广告，宣传家电维修供需主渠道和行业正规军，通过多种渠道进行市场预警和消费提示。

（二）聚焦重点区域，开展"互联网＋生活性服务业"创新试验区试点。

推进在长宁区先行先试设立"互联网＋生活性服务业"创新试验区，以放宽准入、创新监管为中心加快政府职能转变，以外资开放、登记改革为重点深化投资管理开放，以税费改革、政策扶持为核心落实税制和政策保障，以信息基础、示范工程为抓手探索技术和业态创新，有效破除"互联网＋生活性服务业"发展面临的管制税制和体制机制障碍，形成一批可复制可推广的创新成果，并逐步将试点成果复制推广到全市，提升"互联网＋"背景下本市生活性服务业的产业化发展水平。到"十三五"末，培育10家左右有影响力的龙头企业，创新试验区建设成为长三角乃至全国现代服务业产业发展高地、制度创新高地和人才集聚高地。

（三）聚焦重点项目，实施"服务到家"计划，解决"最后一公里"服务难题。

推进东方网等重点企业开展智慧社区服务到家项目建设，指导成立上海"服务到家"合作联盟，凝聚生活性服务业品牌企业，以"互联网＋"为手段，形成线上线下互动融合的社区服务消费新模式、新业态，紧密围绕居民日常生活实际需求，整合社区服务网点资源，布局一批集养老、家政、洗衣、餐饮、维修、理发、生鲜、寄存、快递、再生资源回收等为一体的社区便民生活服务示范区，建立居民家门口的综合性服务网点，解决"最后一公里"服务难题。

关于加快上海商业转型升级提高商业综合竞争力的若干意见

沪府办发〔2014〕35 号

为应对环境新变化、消费新趋势、技术新发展带来的机遇和挑战，根据《上海市推进国际贸易中心建设条例》、《上海市人民政府关于深化流通体制改革加快流通产业发展的实施意见》（沪府发〔2013〕23 号）等精神，现就加快上海商业转型升级、提高商业综合竞争力提出如下若干意见：

一、指导思想、基本原则和发展目标

（一）指导思想

贯彻党的十八大和十八届二中、三中全会精神，紧紧围绕上海国际贸易中心建设和创新驱动发展、经济转型升级，深化商业流通体制改革和扩大对内对外开放，以提高商业综合竞争力和促进消费增长为出发点，发挥市场在资源配置中的决定作用，政府积极引导、企业自主转型，发展新业态、新模式、新技术，推动传统商业转型升级，提高商业在互联网时代的集聚力、辐射力和影响力，进一步发挥商业对全市产业结构调整和经济发展的带动作用，进一步发挥商业对繁荣繁华城市、保障安居乐业的重要作用，打造上海商业经济升级版。

（二）基本原则

——坚持把扩大消费、培育新增长点作为转型升级的根本动力。增强商业发展内生动力，着力适应、引导和扩大消费，优化消费结构，提升消费质量和能级，正确处理规模增长与结构、质量、效益、环境等各方面重大关系，全面提升产业竞争力。

——坚持把促进技术进步和业态模式创新作为转型升级的重要途径。发挥政府支持引导作用，激发企业市场主体活力，鼓励商业企业根据自身条件和外部环境，自主选择转型升级路径和方法，加快技术改造，推动商业向数字化、网络化、智能化、服务化转变，不断探索发展商业新模式新业态。

——坚持把布局集约化、特色化发展作为转型升级的重要抓手。强化规划引导，科学配置资源，推动空间布局向集约高效、区域统筹协调转变，形成分工明确、布局合理、特色突出、集约生态的商业布局体系。

——坚持把扩大开放、深化改革作为转型升级的重要保障。进一步扩大对内对外开放，充分利用"两种资源、两个市场"，提高商业利用外资的质量和水平，提高商业企业境外投资的协同能力，实现内外贸融合发展。进一步深化改革，充分发挥市场配置资源的决定性作用。

（三）发展目标

围绕上海国际贸易中心建设目标，把握商业转型升级提速、竞争能力提升的"双提"要求，通过培育新业态，发展新模式，搭建新平台，拓展新空间，促进国际大都市商业发展。

——形成"万商云集"的贸易汇聚地。汇聚全球商业资源，云集五洲客商，不断集聚国际先进商业理念和技术，不断集聚国内外著名贸易企业总部和高端贸易人才，不断集聚国内外时尚流行和知名品牌。

——形成"商通天下"的流通集散地。现代流通技术得到广泛应用，电子商务、连锁经营、统一配送等成为主要流通方式，商品流通集散和辐射带动功能不断增强，二、三产业加快融合，内外贸一体化有效推进，本市流通市场的价格话语权、国际影响力和辐射力显著提升。

——形成"繁荣繁华"的消费目的地。规划调控和引导作用加强，商业网点配置合理，商业服务功能齐全完善，基本形成多中心、集聚型、超广域、网络状的大都市商业布局体系。消费内涵丰富，消费需求增长，消费能级提升，对国内外消费者的吸引力增强，国际大都市更加繁荣繁华。

——形成"安居乐业"的生态宜居地。商业加快发展，便民利民服务功能健全完善，城市生活便利度和居民生活品质显著提高，安居乐业、宜商宜居的综合优势凸显。

到 2017 年底，本市商品销售总额达到 10 万亿元，社会消费品零售总额达到 1.2 万亿元，电子商务交易额达到 2.5 万亿元，使商业的增加值、税收和就业对全市贡献率继续在各行业中保持领先，涌现一批个性化、差异化经营的特色商圈，一批自主经营能力、竞争能力强的商业企业，一批具有时代特征的新颖经营方式和商业模式。

二、重点任务

顺应上海商业发展新趋势，坚持市场导向、问题导向和需求导向，聚焦商圈、业态、企业三大核心要素，加快推动商业转型升级，充分发挥市场配置资源的决定性作用，激发市场主体活力，更好发挥商业创造需求、满足需求，服务生产和服务生活的积极作用，更快提高上海商业综合竞争力。

（一）加强商业规划引领，推动形成大都市商业新格局

编制发布城市商业网点布局规划，加强商业规划与城市总体规划、区域分类规划、产业专项规划的衔接，组织推动各区县完善区域商业网点布局规划，发挥商业规划指导和调控作用，推动商业与人口、交通、市政、生态环境之间的协调发展。瞄准建设世界级商业城市的目标，统筹考虑实体商业和网络商业布局。构建完善以"市级商业中心、地区级商业中心、社区级商业中心、特色商业街"为核心的"3＋1"的实体商业布局，推动发展以"网络终端＋网上商店＋快递配送"为核心的网络零售商业布局，引导优化"商贸物流园区＋城市公共配送中心＋末端物流配送点"的商贸物流网络布局，形成互联网时代以消费者需求为中心的"多层级实体店＋跨区域网店＋高效率物流配送网络"的新型商业布局体系。突破消费空间和时间限制，最大限度满足消费者体验消费、享受服务的需求，形成多中心、集聚型、超广域、网络状、高能级的国际大都市商业新格局。

（二）推动商圈功能转型，构筑体验式智慧化商圈

根据商业规划和各商圈发展基础和特点，推动商圈依据自身功能定位进行经营、业态、品牌的结构调整。支持南京东路加快改造大型百货商厦，形成都市型购物中心，引进全球精品百货和新型经营管理模式，强化商旅文的联动发展。鼓励淮海路、南京西路按照国际大都市一流商业街区定位，引入买手制精品百货、购物与艺术紧密结合的体验主题购物中心、国际高端品牌旗舰店、潮流主题旗舰概念店等多种与时尚艺术相关的新型商业业态，打造错位发展、互补联动，具有国际影响力的时尚艺术商业街区。推动陆家嘴、中山公园、新虹桥等商圈形态改造，打造规模结构、业态组合、功能配套、环境空间、交通导流等各元素协调配置的生态商圈。选择徐家汇、四

川北路、五角场、曹家渡等一批市级、地区级商圈，扩大商圈无线网络覆盖，引入智能交通引导、移动支付体系、商圈 VIP 移动服务平台等现代信息技术，打造线上线下协同发展的信息化智能型商业街区。引导郊区新城和重点区域新建商圈加强信息化和智能化建设，并注重商圈生态环境的打造，休闲娱乐等体验功能的完善，积极发展建设体验式智能化商圈。

（三）创新发展社区商业，提升社区商业服务品质

推动发展社区商业新模式，完善社区商业综合服务功能，促进扩大社区消费。深入推进社区商业连锁化、品牌化发展，推动更多国内外知名品牌进入社区。加快新建大型居住社区商业配套，明确商业业态设置规范，支持配置具有一定公益性质的必备业态。顺应社区消费群体多元化趋势，鼓励大型综合商业企业发展网上定制服务，针对高端社区消费人群，提供高品质、全方位网上购物、餐饮等个性化定制服务，进一步提高社区居民生活品质水平。鼓励专业型商业企业针对一般社区居民，开展水果、海鲜、时蔬等食品、快速消费品日常定制配送服务。鼓励企业依托物联网、大数据、云计算，搭建发展云服务智慧社区平台，整合小区周边各类商业网点和生活服务网点的相关信息，为居民提供一站式生活服务。顺应线上线下融合发展趋势，探索社区商业"电子商务平台 + 社区智能便利店 + 集成网络终端"的发展模式，推动社区实体店和网络零售商之间的优势互补，加快提升社区商业服务水平和质量。

（四）提高专业特色集聚度，做深特色商业街区

加快特色商业街区建设，进一步发展多元化、个性化特色经营。推动各区县充分挖掘商业街区历史和文化内涵，发挥自身的区位条件、历史传承、文化资源、建筑形态等优势，加强商业街区独特性和差异化塑造，形成一批有国内外影响力的特色商业街区。注重集聚效应、功能互补和宣传推广，进一步做特做深餐饮、服饰、古玩、文化、休闲、国别风情等特色商业街区，提高商业能级，扩大辐射范围。鼓励有实力有影响的商业地产开发商和商业企业采用现代时尚的形象设计、先进的经营方式和信息化手段，参与特色商业街区建设。重点培育一批定位明确、特色鲜明、消费便捷、服务优秀、管理完善的精品特色商业街区，发展夜市消费和假日消费，成为展示上海海派城市文化形象的标志性窗口。

（五）发展新型商业业态，培育新型消费需求

从满足需求向满足需求与创造需求并重转变，推动商业业态创新，培育新型消费需求。引导购物中心进行差异化主题定位，增加体验型、服务型业态，实现商旅文娱体融合发展。引导传统百货店提高自有品牌商品比例，向主题型自主经营百货发展。

引导品牌专卖店通过创意改造，升级为旗舰店、品牌之家、沙龙等高端定制业态，营造体验式环境，增强与顾客互动，增加服务附加值。引导便利店增加服务内容、拓展服务品类、对接电子商务，发挥共同配送终端网点功能。探索发展买手制百货、体验型购物中心、品牌集成店、主题概念店、会员制商店、个人定制商店等具有市场潜力的体验化新型业态。

（六）创新商业发展模式，激发商业发展活力

推动商业技术创新，以技术创新推动商业模式创新。引导传统商业企业发展线上业务，网络零售企业拓展线下功能，实现线上线下业务、品牌、渠道、顾客等多方面资源整合，资源共享、优势互补。推动传统商业企业依托线下网点渠道资源、商品品牌和服务优势，自建线上平台或利用第三方平台发展电子商务。加快互联网支付、物联网信息智能处理等电子商务相关领域新技术创新应用，推动电子商务企业与线下便利店、超市合作，或自建线下服务中心，开展"网订店取"服务，形成区域配送中心 - 中转分拨中心—社区配送服务站的多层级配送网络，提升零售终端最后一公里的物流配送服务能力。引导商业企业拓展移动互联网和家庭物联网领域，实现门店端与 PC 端、手机端、TV 端四大渠道的优势互补，探索全渠道融合发展的新模式，为上海商业发展注入新的活力。

（七）鼓励企业自主经营，打造新型零售经营模式

聚焦主业，回归零售本质，从品牌导向向品牌导向和模式导向并重转变，打造新型零售经营模式。适应多样化消费需求日益增长趋势，引导商业企业根据自身经营条件，不断提高自主经营能力。推动商业企业通过集中采购和买断经营，加强品类管理，提高商品毛利率。引导商业企业建立健全买手培训制度，培育形成高素质的买手队伍，拓展全球采购业务能力，扩大进口商品经营规模，丰富商品市场选择度，实现内外贸融合发展。进一步推动零售企业发展自有品牌，逐步提高自有品牌经营比重，掌握商品定价权，提升企业赢利能力。引导商业企业强化市场需求研究，加强商品设计创意和开发，发展订单制造加工和个性化经营，发挥商业满足消费、创造消费的作用。

（八）培育发展集成服务商，提高商业综合竞争能力

顺应商业流程再造趋势，引导龙头商贸企业逐步由单一贸易功能向集采供、货运、配送、贸易、金融、信息等服务功能拓展，形成一批控股生产基地、制造加工、物流配送、终端销售，集物流、商流、资金流和信息流于一体的商业集成服务商。针对消费者成为市场主导趋势，引导企业加快转变管理理念，逐步从价值链管理向价值链管理与供应链管理并重转变。推广新型价值链管理模式，以消费者需求为起点实现

产品创意设计、原材料采购、质量管理、生产控制、物流配送、分销促销联动、销售售后服务等供应链一体化管理。支持本市大型商业企业利用国内外资本市场加快发展，进行跨地区、跨行业的收购兼并、资产重组，实现资源优化整合，提高上海商业综合竞争力。

（九）创新企业服务营销，探索会商旅文体联动新形式

推动商业企业从静态定位向动态定位转变，适应消费需求不断变化，创新营销模式，加快服务化转型。选择一批重点商业企业推行新型服务营销方式：提供消费需求解决方案的服务营销，研究建立有特点的服务体系，为顾客提供分级差异化服务。运用大数据、云计算、移动通讯等科技手段的精准服务营销，锁定和扩大忠诚客户群体，为顾客提供贵宾服务。不断优化全方位顾客体验的服务营销，打造声光色独特的建筑形态、商场环境和商品陈列，为顾客营造舒适愉悦的购物氛围。开展会商旅文体等产业联动服务营销，融合各类资源，形成叠加效应，带动综合消费不断增长。

（十）持续推进品牌战略，培育高品牌价值企业

引导商业企业实施品牌战略，加快建立品牌促进、评价、推广、保护等公共服务体系，健全完善商业企业品牌成长推进机制。推动商业企业培育品牌文化，制定品牌发展规划，确立品牌定位、品牌模式和品牌形象，提高品牌管理能力和经营水平，实施企业品牌、商品品牌、服务品牌和商业人才品牌等全方位品牌发展战略。发挥上海品牌各类传统优势，重点培育和扶持一批"专、精、特、新"品牌商品和具有高品牌价值的商业企业，扩大"上海品牌"在全国市场的影响力。

（十一）发展新型贸易平台，提高资源配置效率

加快平台经济发展，推动发展新型贸易平台，提高资源配置效率，促进商业贸易倍增，提高上海商业辐射力和影响力。在有色金属、钢铁、化工等大宗商品交易领域，加快发展形成一批整合资源、集成服务、辐射全国、连接国际的大宗商品交易和资源配置平台。推动电子商务、大数据、移动互联网在个人消费领域的应用，形成一批特色鲜明、能级较高的消费品交易类平台和生活服务型平台。聚焦金融、物流、信息服务等贸易服务关键环节，培育一批新型专业服务平台，优化平台经济生态链。搭建跨境电子商务公共服务平台，对跨境贸易中的信息、交易、支付、物流等环节提供技术支持，培育壮大一批跨境电子商务平台企业，优化过境通关、外汇结算、退税等环节，推动跨境贸易规模和能级提升。

（十二）提高对外开放水平，提升商业国际化水平

顺应全球经贸发展新趋势，进一步提升上海商业对外开放水平，引导商业企业拓

展和利用国际国内两个市场、两种资源，开展包括资本合作、品牌共享、技术交流、管理创新、网络互通等灵活多样的国际交流与合作，引进和消化吸收国际商业先进理念、新兴技术、新型业态、管理方式和运作模式，带动商业转型升级。推动有条件的商业企业"走出去"，通过新建、并购、参股、增资等方式建立海外分销中心、展示中心等营销网络和物流服务网络，推进内外贸一体化，培育形成一批拥有自主品牌和开展国际经营的本土跨国商业企业集团。

三、保障措施

加快商业转型升级，是上海"新技术、新产业、新业态、新模式"经济发展的重要内容，关系到商业可持续发展和经济稳定增长，要加大政策支持力度，落实必要保障措施。

（一）深化商业管理体制改革。创新政府管理手段和模式。探索行业发展管理与行政执法相分离，推行综合执法试点。打破条块分治管理体制，加强政府部门间的协调合作，整合资源，信息共享。抓住自贸试验区改革契机，放宽市场准入，逐步引入自贸试验区"负面清单"管理思路开展全社会商业管理，先行先试，有所突破。适应新型商业企业跨地区、跨渠道、跨行业发展，研究完善税收支持政策。推广网店实名制，逐步扩大电子发票、电子合同、电子签名试点范围。

（二）支持重点项目建设。根据国家《促进产业结构调整暂行规定》、《国内贸易发展"十二五"规划》和《产业结构调整指导目录》，依托国家和市级层面的流通业、服务业等综合试点和商贸流通业发展支持资金，把商业结构调整纳入本市产业结构调整的范围，建立完善市、区县两级政府共同支持商业结构调整转型升级的工作机制，建立指导目录，重点支持生态和智慧商圈建设，社区商业模式创新，新型商业业态培育，新型贸易平台发展，现代商品物流配送体系建设等领域的项目建设。

（三）支持商业技术创新和应用。进一步研究和制定以鼓励企业技术创新推动商业转型升级的政策措施，重点关注基于大数据的精准信息服务，基于第三方支付及互联网金融的支付服务，基于物联网、位置服务、智能物流的供应链服务等技术的示范应用。鼓励大型商业流通企业开展技术改造，建设后台技术支撑体系；培育一批创新能力强、服务模式新、发展速度快的科技型中小企业，使其成为未来服务商业转型的一支主力军。对采用先进技术改造，并被认定为先进技术型流通企业的，给予政策支持。贯彻落实《国务院办公厅关于金融支持经济结构调整和转型升级的指导意见》，加大金融支持商业领域实体经济的力度。加强知识产权保护，保障商业企业加快自主创新。

（四）加强中小商贸企业公共服务平台建设。各相关部门协同配合，市、区县联合搭建金融服务、产品营销、创业咨询、信息技术、创新孵化、数据查询等各类公共服务平台，向中小商贸企业提供商圈融资、供应链融资、市场开拓、企业管理、科技应用、品牌建设、商业征信、市场分析等一系列支持服务，优化企业发展环境，提高中小商业企业市场拓展能力。

（五）加强商业人才队伍建设。加快培育一批具有互联网思维的创新型商业领军人物，带动商业转型升级，重点培养本市紧缺的复合型高端商业人才和电子商务、信息服务、网络支付、物流配送等专业人才。完善高等院校、职业院校、社会职业教育、企业培训等多层次的商贸流通人才培训体系，保证商贸人才的稳定输送。营造宽松的人才引进环境，吸引国内外优秀商贸人才集聚发展。

（六）加强商业法制、标准化和诚信体系建设。运用和完善法制手段，完善市场经济制度，提升企业市场主体地位。加强商业行业新业态、新模式的地方标准体系建设，增强商业转型升级软实力。充分利用现代科技手段，加强商业领域诚信体系建设。维护公平竞争秩序，规范商品定价机制。各方协调配合，建设食品安全、质量安全、环境安全的商品流通安全体系。充分发挥行业协会作用，加强行业自律。完善商务举报投诉服务网络平台，严厉打击制假售假、商业欺诈、侵犯知识产权等行为，营造公平、有序、规范的市场环境。

（七）加强统计监测和评价工作。加强市场运行分析和统计监测工作，完善商业地理信息系统，健全全市商业地产开发的动态预警机制，密切关注并着力克服阶段性结构性商业设施供过于求现象。研究编制发布上海商业景气指数，并向社会发布评估信息和指数，引导社会各类市场主体合理把握商业开发节奏，科学配置商业资源，推动市场健康有序发展。探索建立第三方独立评估运作机制，组织开展上海商业转型升级发展第三方评估。

上海市商务委员会

2014 年 7 月 15 日

关于促进本市生活性服务业发展的若干意见

沪府发〔2014〕59号

各区、县人民政府，市政府各委、办、局：

生活性服务业是直接满足人民群众物质文化生活需要的各类服务业的总称。发展生活性服务业，对上海建设"四个中心"和社会主义现代化国际大都市具有重要意义。根据《国务院关于印发服务业发展"十二五"规划的通知》（国发〔2012〕62号）、《国务院关于促进健康服务业发展若干意见》（国发〔2013〕40号）、《国务院关于加快发展养老服务业的若干意见》（国发〔2013〕35号）以及《上海市服务业发展"十二五"规划》，现就促进本市生活性服务业发展提出以下若干意见：

一、总体要求

（一）指导思想

全面贯彻党的十八大精神，按照加快建设"四个中心"和社会主义现代化国际大都市要求，以"保障民生、注重多元、完善功能"为总方针，以新技术应用、新模式引领、新业态发展为重点，不断满足人民群众日益增长的多层次多元化的生活服务需求。

（二）发展目标

聚焦重点领域，推进规范提升，加快培育一批标准化、品牌化、规模化的服务型龙头企业，建立健全生活性服务业产业规划体系、法规政策体系、行业标准体系、社会诚信体系和知识产权保护体系。到2020年，基本建成布局合理、层次清晰、主体发达、功能完善、管理规范、便捷高效优质的生活性服务业体系。

二、重点领域

（一）商贸服务业

提升发展商贸服务业。促进以互联网、信息化为基础的无店铺销售、3D 网上商城、APP 项目、网上订餐、网上菜市场等电子商务应用；重点建设社区商业体系，增强便利化和综合功能，合理配置菜市场、大众餐饮店、维修服务、废品回收等必备业态，合理布局超市、便利店、药店、洗染、美容美发、快递、专业专卖店等选择性业态，拓展精细化定制服务模式、主体集成化 O2O 模式、云网端一体化模式，以及"微生活"、"云社区"等新兴社区服务模式；推进商业体验服务、移动网络销售、提供消费解决方案、自助服务等各类新型业态应用。鼓励适于各年龄段及各类消费人群的个性化、特色化、定制式商品服务应用；提升各级商业中心能级，推进社区商业设施、特色商业街建设，融合会商旅文体等产业发展。

（二）健康服务业

培育发展健康服务业。从"疾病治疗"跨前到"健康管理"，建立居民电子健康档案，重点扶持基于互联网、大数据、移动技术的康复医疗、老年护理、母婴照料、卫生预防、个性化健康检测评估、养生保健、家庭医生、移动医疗、远程医疗、高端医疗等新型业态；促进健康干预、健康评估、健康教育、健康咨询、健康跟踪、健康保险等专业配套服务；积极开发儿童保险、长期护理保险及与健康管理相关的商业健康保险产品，鼓励商业保险公司参与国际医学园区建设；推广中医医疗、养生康复、医疗旅游及其他高端健康服务。

（三）养老服务业

开放发展养老服务业。以居家为基础、社区为依托、机构为支撑，建设涵盖养老服务供给体系、保障体系、政策支撑体系、需求评估体系、行业监管体系"五位一体"的社会养老服务体系。鼓励社会资本参与机构养老和社区居家养老服务发展。加强社区照料服务和机构照料服务，支持社会、市场力量为老年人提供专业服务；建立为老服务综合信息平台，大力促进养老院、老年人日间照料中心、老年活动室、老年人社区助餐服务点等养老设施建设，逐步实现从基本生活照护向精神慰藉、心理支持、健康促进、康复护理、法律服务、紧急救援、临终关怀等方面延伸；鼓励中医医疗养生康复与养老结合；支持开发适合老年人的康复辅具、食品药品、服装服饰、文化娱乐等用品用具和服务产品；鼓励发展各类养老服务业保险产品。

（四）家庭服务业

规范发展家庭服务业。重点发展家政、社区照护等服务，满足家庭基本需求。逐步构建以准员工制企业为主导、从业人员注册制为主体、公共信息服务平台为载体的家政服务体系。鼓励社会力量创办、发展多种形式的家庭服务机构。重点培育一批管理规范、运作良好的家庭服务企业；建设家庭服务网络平台，促进家庭配送、家庭教育等个性化家庭服务，推进复合型、高附加值的管家服务，提供日常生活助理、营养饮食料理、膳食搭配、营养保健、医疗保健咨询、服装搭配建议、衣物家具保养、家庭绿化养护、出行方案设计等综合性家庭服务。

（五）文化服务业

大力发展文化服务业。重点推进公共文化服务云、数字文化、数字电影、移动多媒体、网络广播电视、手机电视、手机游戏、手机动漫等新媒体、新业态发展；推进剧院、剧场、电子票务等演艺基础设施建设，促进影视制作和网络视听发展，增强文化演艺、休闲娱乐、艺术品、广播影视、新闻出版、网络文化产品、艺术培训等各类文化服务能力，鼓励开发、引进优质演艺剧目和娱乐项目，形成一批具有自主知识产权和中华文化特色的服务品牌。促进广场文化、地铁文化、市民文化、剧场文化、商圈文化、集市文化、街头文化、新媒体文化、影院文化和机场文化等多种形式的文化服务业发展。

（六）旅游服务业

加快发展旅游服务业。推进实施《国民旅游休闲纲要（2013—2020年）》，促进互联网、移动技术应用，建设旅游综合自助服务平台，鼓励生态旅游、文化旅游、体育旅游、医疗旅游、养生旅游、邮轮旅游、购物旅游、商务旅游、会展旅游、红色旅游、自驾游等新兴业态；支持各类旅游展会、节庆活动，扩大旅游休闲消费等新模式；规范开展国内旅游、积极开展入境旅游、有序开展出境旅游，促进相关产业联动，加强旅游纪念品研发及标准化建设，优化旅游消费环境。

（七）体育服务业

鼓励发展体育服务业。促进"体育生活化"，鼓励体育场馆、健身会所、体育组织等面向社会提供便民服务，推行30分钟体育生活圈；建设综合性体育服务互动平台，鼓励体育赛事、体育用品、体育中介等行业联动新业态；推进体育、养生、医疗、保健、康复等行业融合新模式；推进开展航空运动、汽车运动、冰雪运动、马术运动、极限运动及网球、游艇、露营等新兴时尚体育项目；推进适应中低收入群体需求的体育服务，合理引导高收入群体体育消费。

三、主要任务

(一) 发挥市场作用,引导合理布局

促进市场主体多元化,支持发展混合所有制经济;扶持龙头企业做大做强,培育一批具有国际竞争力的大型服务企业集团,建设一批具有自主知识产权和国际影响力的知名生活服务、产品品牌及服务体系;鼓励中小企业做专做精,提供个性化、选择性服务。

加快社区生活服务体系建设,因地制宜发展社区生活服务中心,建设多功能社区生活服务平台,提高社区商业与其他综合服务设施的共享度,搞好大型居住社区生活服务网点统筹规划和标准配置;围绕虹桥商务区、世博园区、国际旅游度假区、临港地区、前滩地区、黄浦江两岸六大功能区域,依托现代服务业集聚区、主题公园、旅游度假区、医学园区、产业基地、休闲基地、示范区等载体,完善生活配套服务;依托历史风貌、自然景观、演艺场所、体育场馆、会展设施、文创园区等资源要素,围绕各级商业中心的建设和调整,开展生活性服务业特色街区、示范区创建活动。

(二) 转变政府职能,提升行业规范

借鉴中国(上海)自由贸易试验区(以下简称"自贸试验区")管理模式,强化事中事后监管;研究制定促进本市生活性服务业重点行业规范提升发展的实施意见,以及生活性服务业相关领域地方标准和安全规范;发挥行业组织和社会团体在决策参谋、标准制订、调查研究、企业服务、宣传推介、合作交流等方面的作用,鼓励行业组织在开展行业自律、推广先进技术以及人员培训等方面发挥更大作用;将生活性服务业人才培养逐步纳入正规教育体系,拓展、创新非正规教育模式,加大特定行业人才引进力度,推进职业技能鉴定,鼓励先培训后就业、先持证后上岗;加强市场规模、业态结构、从业人员、行业贡献等方面的统计,建立并完善生活性服务业统计指标体系、信息管理制度。

(三) 优化社会环境,营造发展氛围

引导企业增强知识产权保护意识,鼓励企业加大知识产权保护投入力度,支持中介机构拓展知识产权服务,组织开展知识产权纠纷人民调解试点;健全知识产权评估制度和知识产权维权援助机制,严密防范、严厉打击各种侵权、假冒等违法犯罪行为。加强信用管理,完善行业监管信息平台,建立健全企业和从业人员信用信息记录、披露和使用制度,防范信用风险,促进信用消费。

(四) 鼓励创新引领,加快新技术应用

围绕移动生活服务、数字休闲、娱乐、旅游、空间位置综合信息服务等数字生活领域，大力发展以网络消费、线上线下融合消费为核心的电子商务服务模式。推动移动互联网、大数据、云计算、物联网、高级机器人、3D 打印等新技术在生活性服务业领域的推广和应用，扩大服务规模、提升服务品质。围绕家庭服务、健康服务、养老服务、社区服务等领域，大力发展以网络技术为基础的各类生活性服务业公共服务平台，提升服务质量和生活便利化水平。

（五）扩大对外开放，增强国际竞争力

抓住自贸试验区建设的机遇，推进教育、文化、医疗、旅游等服务领域有序开放，放开育幼养老、商贸物流、电子商务等服务业外资准入限制。鼓励社会资本参与健康服务、家庭服务、体育场馆运营管理、养老服务设施的建设和运营；积极扩大养老服务、医疗保健等服务贸易进口，推动旅游、文化、体育、专业服务等服务贸易出口。在 CEPA 等框架下，加强与港澳台地区进一步合作。借助上海旅游节、购物节、国际艺术节、国际电影节和 F1 中国大奖赛、网球大师赛、国际马拉松赛、国际田联钻石联赛等重点节庆赛事活动，强化上海生活性服务业的对外辐射和引领作用。

四、保障措施

（一）加强组织保障

建立相关部门联合、市与区县两级联手的工作机制，研究生活性服务业发展趋势及难点、热点问题及相关政策措施，提出一批重点领域推进建设项目，明确任务、落实分工、统筹协调、积极推进。各有关部门要加强绩效考核，确保责任到位、任务落实；切实履行管理职能，加强规划编制、行业规范、标准制订、业务指导、统计分析、信息发布等；统筹规划空间布局，落实税收政策，建立生活性服务业统计指标体系。各区县政府要进一步发挥区域优势，建立市、区县、街镇联动的工作机制，组织落实本区域生活性服务业发展的各项措施。

（二）深化体制改革

抓住上海各类服务业试点契机，积极探索行政审批、政务服务等方面的改革。进一步深化投资体制改革，打破行业和部门垄断，鼓励和引导各类社会资本参与生活性服务业投资和发展；建立公开透明的市场准入标准，对起步阶段的行业合理设置准入门槛，规范发展；推进社会团体管理体制改革，对与生活性服务业相关的行业组织、商会等社会团体探索开展直接登记试点，完善社会团体监管机制。

（三）优化土地利用规划和政策

各级政府和部门要将发展生活性服务业纳入国民经济和社会发展规划，市、区县两级政府要在土地利用总体规划和城乡规划中统筹考虑生活性服务业发展需要，作为城市发展规划的重要内容和社区服务的必备项目，优先保障生活服务设施；加强规划引导，强化生活性服务业在相关规划中的布局。加强土地政策倾斜，对生活服务业重点项目和重点区域用地指标予以支持，部分"195 区域"用地，可依规划逐步转型发展生活性服务业。

（四）落实财税扶持政策

市、区县两级政府要加大安排财政性资金支持生活性服务业涉及民生、基础设施、公共服务资源、公共服务平台及服务体系的建设力度；市服务业发展引导资金要向生活性服务业予以倾斜、支持。要研究探索有利于生活性服务业发展的税收政策，落实国家支持小微企业税收政策，减轻小微企业税收负担；积极争取基本生活服务业用水、用电等扶持政策；充分利用现有创业扶持政策引导创业，支持符合条件的生活服务企业发展成为"专精特新"中小企业；积极发挥本市全覆盖中小企业服务体系作用，为生活服务企业提供政策、信息、技术、市场、融资及维权等相关服务。

（五）完善投融资政策体系

要鼓励社会资本加大对生活性服务业重点领域建设的投入力度，鼓励各类金融机构加快金融产品和服务创新，拓宽信贷抵押担保物范围，支持生活性服务业的信贷需求；发挥财政政策效应，通过融资担保、小微企业信贷风险补偿等政策，鼓励金融机构加大对中小生活服务业企业的信贷支持力度；以培育上市、集合融资、担保扶持等方式，拓宽生活服务企业的融资渠道；鼓励和支持保险资金投资生活服务业重点领域，鼓励开发面向生活服务业企业和从业人员的保险产品。

上海市人民政府

2014 年 9 月 19 日

本市生活性服务业重点领域服务质量提升
三年行动计划（2017—2019年）

沪商服务〔2017〕109号

近年来，随着本市经济社会发展，生活性服务业在扩大消费、保障就业、服务民生等方面正发挥着重要作用。服务质量的好坏，直接影响生活性服务业的发展水平。在市场需求大、消费关注度高，对保障和改善民生具有重要意义的商贸、餐饮、家政、家电维修、婚庆、美容美发等生活性服务业重点领域先行启动服务质量提升行动，有利于带动其他生活性服务业领域的服务质量提升，引领生活性服务业整体服务质量发展。根据《国务院办公厅关于加快发展生活性服务业促进消费结构升级的指导意见》（国办发〔2015〕85号）《上海市质量发展规划（2011—2020年）》以及《上海市服务业发展"十三五"规划》等文件精神，特制定本行动计划。

一、发展现状

随着本市人民生活水平的提高，居民消费正从生存型实物消费向发展型、享受型服务消费升级，本市生活性服务业总体呈现产业能级和比重不断提升、业态布局加快发展、新模式不断涌现、消费水平明显提高等特点。尤其商贸、餐饮、家政、家电维修、婚庆、美容美发等生活性服务业重点领域的发展速度不断加快、规模不断扩大、新兴业态不断涌现，呈现健康发展态势。商贸业、餐饮业组织化、规模化程度大幅提升，涌现了一批市场占有率和知名度较高的领军企业；美容美发业、婚庆业向产品开发、制造、销售等产业链上下游不断延伸，产业化发展的厚度逐步加深；家政业、家电维修业从小、散、乱逐步走向规范化发展。

与此同时，生活性服务业重点领域的服务质量与上海建设国际消费城市的要求相比，还存在一定差距。在服务的标准化、规范化、专业化、便利化、精细化、诚信化、品牌化等方面，还不适应不断涌现的服务新消费发展。

二、工作目标

以问题为导向，全面提升服务的标准化、规范化、专业化、便利化、精细化、诚信化和品牌化水平，构建标准体系完善、制度配套完备、培训教育到位、服务品牌涌现、发展环境优良，适应人民群众大众化、多元化、优质化消费需求的服务质量发展体系，推动服务从"有没有"向"好不好"方向转变，增强全社会对服务质量的获得感。

到 2019 年，制（修）订 50 个团体标准、地方标准，在商贸、餐饮、美容美发、婚庆、家政、家电维修等行业培育 30 家重点企业，鼓励企业争创各级政府质量奖，推出一批服务质量标杆企业和个人。

三、主要任务

（一）以标准建设为引领，提升服务的标准化水平

1. 完善服务质量标准。梳理重点领域服务质量标准，研究制定生活性服务业重点领域服务质量地方标准。支持行业组织、企业根据行业服务质量状况，制定高于国家标准、行业标准、地方标准的服务质量团体标准、企业标准。鼓励本市龙头企业主导服务质量国家标准、行业标准制修订。构建国家标准、行业标准、地方标准与企业标准相互配套、相互补充的服务质量标准体系。

2. 推进标准宣贯实施。建立政府引导、行业自律、企业主导的标准实施机制。采取全员培训、业务讲座、专题辅导等形式，开展标准宣贯。组织开展达标专项行动。推进组建标准化技术委员会，为标准制（修）订和宣传贯彻实施提供支撑。建立以行业自律为主要形式的团体标准监督机制、企业服务标准自我声明公开的监督机制。发挥新闻媒体、社会组织和消费者对标准实施情况的监督作用，调动社会公众积极性，共同监督标准实施。

3. 提升企业质量管理水平。推动企业健全质量管理制度，在规模较大、管理基础

较好的商贸、餐饮等行业导入卓越绩效管理模式，在美容美发、婚庆、家政、家电维修等行业企业宣贯中小企业质量管理指南及《小企业卓越绩效评价准则》，培育一批品牌突出、服务优质的优秀企业，鼓励企业争创各级政府质量奖。

（二）以制度建设为基础，推进服务的规范化发展

4. 建立服务质量责任制度。增强企业管理者和从业人员的服务质量主体责任意识，建立服务质量风险管理制度、投诉处理制度、工作考核制度、监督检查制度、责任追溯制度等规章制度，形成完善的服务质量责任管理体系。推动本市重点商场开展质量责任首负承诺，提升商贸业质量责任意识，优化消费环境。

5. 建立服务规范管理制度。引导企业围绕服务功能、岗位职责、业务流程、岗位礼仪、环境优化等建立系统、实用、操作性强的服务规范管理制度，规范日常管理行为、优化服务流程，把服务管理的各个环节纳入规范化、制度化、程序化轨道。

6. 建立服务质量评价监测制度。引导行业协会、企业与第三方平台合作，开展社会公众满意度测评。开展服务质量专项检查、不定期抽查，委托第三方调查机构对服务质量进行明察暗访，提出整改意见，跟踪整改情况。建立监测评价结果和改进建议的通报机制，以问题为导向，强化重点行业的服务质量建设与改进，规范服务质量管理。

（三）以培训教育为手段，提升服务的专业化水平

7. 夯实培训基础建设。建立稳定的培训师资队伍，鼓励高校教师、企业技术能手担任培训师资。拓展国际交流合作，采用"引进来""走出去"方式，加强师资能力建设。探索在家政、餐饮等领域引进国外培训机构，引入高水平服务培训体系。鼓励行业协会、企业自建或与高等院校合作共建培训基地。支持本市家政企业在外省市设立培训基地，为本市输送源头信息可追溯、服务质量有保障的家政服务人员。

8. 大力开展分类培训。完善政府、行业协会、企业多方参与的多层次培训体系。开展生活性服务业质量专题培训，广泛宣传、推广服务质量管理方法，提高服务质量意识和服务质量水平。政府部门根据行业发展特点设置和完善岗位培训目录，对纳入培训目录的岗位实施培训。行业或企业组织开展全方位、针对性、分层次的培训。对一线服务人员侧重岗位职责、服务技巧、仪容礼节、服务态度。对技术人员侧重新技术运用、解决实际问题的能力等，对管理人员侧重管理技能、沟通技巧、领导能力、团队建设等。加强职业道德培训，增强从业人员的成就感、归属感、责任感、使命感，提高爱岗敬业的职业素质，由"要我做"变为"我要做"。全面提高从业人员综合素质，提升服务的专业化水平。

9. 实施高技能人才计划。通过校企联合、脱产培训、定向培养、岗位练兵、技术比武等方式培养高技能职业人才。建立与业绩、成果、贡献相联系的高技能职业人才奖励制度。推进传统服务技能传承工作。在餐饮、商贸百货等老字号集中的行业，培育精益求精的工匠精神，培养特殊技艺的传承人，做好传统服务技能的传帮带，以老带新、拜师学徒、传承经典，确保经典服务项目不断档、不失传。

（四）以技术创新为驱动，提升服务的便利化水平

10. 创新管理模式。推动企业在从业人员管理、信息数据管理、员工培训、对外宣传、风险管控、售后处理等方面加强互联网技术运用，创新企业管理模式，提高运营效率，为提升服务的便利化水平提供基础支撑。

11. 创新服务模式。推动企业运用互联网技术搭建面向消费者的服务平台，提供行业动态、服务信息、诚信记录、消费者投诉处理等功能，利用微博、微信公众号、APP 等形式搭建线上线下相融合的服务体系，提供免费在线信息服务和优质的线下服务。

12. 集聚社区服务功能。以互联网为手段，助推传统社区生活服务转型升级，形成线上线下融合、服务功能集聚的新模式。线上推动打造集聚服务提供商的社区便民综合服务平台，线下推动整合社区服务网点资源和便民服务设施，打造集家政、餐饮、维修、理发、生鲜、寄存、快递等服务功能为一体的社区综合便民服务网点，提升社区服务的便利化程度。

（五）以消费引领为核心，提升服务的精细化水平

13. 加强服务消费需求研究。联合第三方专业机构、行业协会开展服务消费需求的研究、统计、分析，把握服务需求新变化，建立专业化、市场化的服务消费需求信息发布渠道。在家政行业重点关注需求多元化、服务快餐化、消费年轻化的新变化，在餐饮行业重点关注大众化需求旺盛、文化体验式需求兴起、网络订餐蓬勃发展的新趋势，在商贸行业重点关注体验式、融合式服务消费新需求，在婚庆行业重点关注一站式婚礼服务新需求，在美容美发行业重点关注个性化专业服务新需求，在家电维修行业重点关注快捷高效的新需求。

14. 增加精细化服务供给。引导企业以消费者为中心，以增加个性化、差异化、定制化、人性化、细节化服务为重点，细分消费市场，细化服务内容，关注企业与消费者之间的沟通交流，使消费者获得愉悦的消费体验。支持家政行业拓展平台型服务模式、垂直细分服务模式、定制化服务模式，鼓励餐饮行业树立将餐饮视为文化的服务理念，引导商贸行业发展商旅文联动模式，支持婚庆行业建设一站式婚礼服务平

台，支持家电维修、美容美发行业开展上门取送、到家服务。

（六）以信用管理为抓手，提升服务的诚信化水平

15. 倡导企业诚信经营。引导企业建立诚信服务制度和档案，把服务质量监督与反馈情况、服务承诺履行情况、顾客满意度作为诚信服务的重要内容，通过签订诚信服务承诺书的形式，向社会公开诚信承诺内容，倡导公平公正、竞争有序、诚信经营的市场氛围。支持建立行业诚信服务机构联盟。

16. 推进商务诚信建设。加快归集、整合重点领域各类平台型企业的信用信息，依托市商务诚信平台，实施政府与市场信用信息交互共享，建立商务信用征信、评信和用信机制，以应用为导向，形成全流程商务信用监管机制。重点在餐饮、家政等行业培育一批市场信用子平台。

17. 建立联合惩罚激励机制。建立红、黑名单制度，将恪守诚信者列入红名单、严重失信者列入黑名单，以良币驱逐劣币。探索利用多领域信用信息进行信用分类监管，建立跨部门联合奖惩机制，实施信用联动奖惩。

（七）以行业评优为推手，带动服务的品牌化建设

18. 打造一批服务明星。发挥服务明星效应，引领行业增强服务品牌意识、提升服务品牌价值。通过技术比武、技能大赛等形式，在商贸领域重点行业推出一批服务明星、中华老字号优秀掌门人、明星服务员。在餐饮行业推出一批绿色餐厅、名菜名点名师、上海名牌（餐饮）。在家政行业推出一批金牌阿姨、最美月嫂。在婚庆行业推出一批"上海服务"婚庆示范单位、"生意好、信誉好、服务好"三好单位。在美容美发行业推出一批美发美容大师名师。在家电维修行业推出一批最佳维修服务人员。

19. 培育一批服务品牌。在打造一批服务明星，形成服务明星社会影响力的基础上，开展服务品牌创建，塑造服务品牌形象，发掘、培育一批具有时代特征、行业特色、示范性强、群众满意度高、具有丰富品牌内涵和良好社会形象的服务品牌。用好上海购物节、上海国际餐饮博览会、上海国际美容美发节、上海国际婚礼时尚周、上海家政节等现有节庆、展会活动平台，展示品牌形象，打造各具特色的行业名片。支持优秀服务品牌参加国际国内展览，扩大品牌影响力。

20. 提升老字号影响力。挖掘老字号的传统文化特色，提升老字号的国际国内影响力。在餐饮、商贸百货等老字号集中的行业，传承和弘扬"诚信为本、公道守规、货真价实、服务优质"的服务理念，使老字号成为广大市民和国内外游客领略海派文化的重要载体。支持老字号依托服务特色走出国门，开拓海外市场。

四、保障措施

（一）建立完善工作机制

商务、质监发挥牵头组织、统筹协调作用，制定工作方案，明确工作进度，会同各有关部门、各区，按照责任分工，分解工作目标，切实履行职责，形成发展合力。充分发挥行业协会熟悉行业、贴近企业的优势，在政策研究、标准制修订、人才培训、宣传推广等方面发挥积极作用。

（二）加大政策支持力度

用好用足现有服务业政策，研究制订服务质量提升的扶持政策，在服务质量提升、标准制（修）订、人员培训、人才培育、服务品牌展览展示、宣传推广、国内外市场开拓、诚信建设、投融资创新、提质增效等方面加大政策支持力度。

（三）加大宣传引导力度

充分利用各类媒体，加强对服务质量发展动态和成果、先进典型和经验等方面的积极宣传，发挥先进典型的示范引领作用，形成广泛的社会影响力。

（四）营造良好发展环境

推进简政放权、放管结合、优化服务，为市场主体营造创新创业、公平竞争、规范有序的环境。建立健全生活性服务业重点领域法规体系，为生活性服务业重点领域服务质量提升提供法律支撑。

上海市商务委员会

上海市质量技术监督局

2017 年 4 月 25 日

关于促进本市跨境电子商务发展的若干意见

沪府办发〔2015〕32号

为贯彻《国务院办公厅关于促进跨境电子商务健康快速发展的指导意见》(国办发〔2015〕46号),进一步做好跨境电子商务服务试点工作,创新跨境电子商务(以下简称"跨境电商")发展的体制机制,结合本市实际,现提出促进本市跨境电子商务发展若干意见如下:

一、指导思想

紧紧围绕国家创新驱动发展战略、上海"四个中心"和科技创新中心建设目标,承接国家"一带一路"和长江经济带发展战略,充分发挥中国(上海)自由贸易试验区(以下简称"自贸试验区")的创新改革优势和上海口岸优势,按照"先行先试、突出重点、逐步完善"的原则,坚持"开放就有活力,放开就是支持",大力推进跨境电商制度创新、管理创新和服务创新,引导本市跨境电商产业向规模化、标准化、集群化、规范化方向发展。

二、总体目标

着力培育跨境电商完整产业链,形成第三方平台和自营平台同步推进,境内外电商共同参与,进出口并重、多种模式并存、线上线下有序结合的跨境电商发展格局。

积极推进跨境电商政策体系和监管体系创新，构建高效、便捷、安全的跨境电商管理模式。加快完善跨境电商业务支撑体系，有效引导社会资源，形成有利于跨境电商发展的生态环境。到 2020 年，本市跨境电商交易额占全市进出口总量的比重稳步提高，跨境电商发展水平居全国前列。

三、主要任务

（一）集聚跨境电商经营主体

引进和培育一批国内外有影响力的跨境电商示范企业。支持国内企业更好地利用电子商务开展对外贸易，鼓励传统制造和商贸流通企业利用跨境电商平台开拓国际市场，培育一批拥有自主品牌的跨境电商企业。支持跨境电商零售出口企业通过规范的"海外仓"、体验店和配送网点等模式，融入境外零售体系。鼓励外贸综合服务企业和第三方专业服务企业为跨境电商提供通关、物流、仓储、融资等服务。鼓励现有电商平台和企业拓展跨境电商业务功能，鼓励国内企业与境外电子商务企业强强联合。

（二）完善跨境电商公共服务平台

依托本市电子口岸，把跨境电商公共服务平台建设成为"单一窗口"平台，为进出口电商和支付、物流、仓储等企业提供数据交换服务，为海关、检验检疫、税务、外管等部门提供信息共享平台，实现"一次申报、一次查验、一次放行"，提高口岸监管便利化程度。简化企业申报办理流程，建立公平、开放、透明、高效的对接服务机制。

（三）发展跨境电商物流体系

支持国内外物流、快递企业提供跨境电商物流服务。加强航空、海运、铁路等多种运输方式对跨境电商业务的运能保障。支持企业建立全球物流供应链和境外物流服务体系。

依托自贸试验区、海关特殊监管区域等，完善跨境电商仓储物流中心和集中监管场所布局，由海关、检验检疫等部门共同研究制定集中监管场所的认定标准和操作模式，引导和鼓励有条件的企业进驻相关区域开展业务。

（四）设立跨境电商示范园区

优化跨境电商产业布局，依托自贸试验区、海关特殊监管区域、国家级高新区和电商产业园区等，创建各具特色的跨境电商示范园区。支持园区出台有关企业入驻、人才集聚、融资便利等方面的扶持政策，建设区域线下服务平台，鼓励园区建设贸易、仓储、配送、售后等综合服务体系，吸引跨境电商企业入驻，形成集聚和示范效应。

（五）鼓励跨境电商业态创新

促进传统商贸流通企业转型，支持保税商品展示叠加保税进口等跨境电商与传统零售相结合的业态创新。鼓励有条件的企业开设跨境电商线下体验店，形成线上线下跨境购物渠道的相互补充。支持通过邮路、快递实现的跨境零售业务，提升信息化水平，完善信息共享机制，积极创造条件，解决其通关、支付、结汇、仓储和售后服务等问题。鼓励服务业企业通过互联网平台提供跨境专业服务，率先开展服务贸易跨境电商试点。

（六）优化配套的海关监管措施

完善现有直邮进口和保税进口监管办法，探索建立"集货模式"监管制度。实现进口环节行邮税电子计征，实施海关行邮税担保实时验放模式，提升跨境电商涉税订单通关效率。创新商品备案自动审核模式，实现低风险商品7×24小时实时备案，进一步提升跨境电商业务信息化水平。

完善跨境电商出口监管办法，对出口商品采取"清单核放、汇总申报"方式办理通关手续，并简化商品归类方式。贯彻落实海关总署关于"实现全年无休日，24小时内办结海关手续"的通关时限要求。

推动邮路逐步纳入跨境电商服务试点，研究制定邮路进出口监管试点方案。

（七）完善检验检疫监管政策措施

对本市跨境电商进口检验检疫实施负面清单管理制度，强化事中事后监管。简化企业和商品备案要求。对进口商品实行"集中申报、核查放行"。对通过国际快递和邮路进境的商品，统一按照快件和邮寄物相关检验检疫监管办法管理。对保税进口商品，实施以风险分析为基础的质量安全监管，依据相应产品国家标准的安全卫生项目进行监测。

对出境商品以检疫监管为主，一般工业制成品出口不再进行法检。建立基于风险分析的质量安全监督抽查机制。加大第三方采信力度，监督有资质的第三方检测机构实施检验检测，进行产品质量安全的合格评定。

（八）提升跨境支付与收结汇服务

支持银行和跨境第三方支付机构为跨境电商业务提供高效便捷的支付服务，支持企业办理跨境贸易人民币结算或正常收结汇。推动银行、支付机构加快产品创新，改进跨境支付服务，提高跨境支付效率。支持符合条件的支付机构开设境外人民币及外币备用金账户。对邮路渠道直接寄送出口商品的中小经营主体，可通过有资质的第三方支付机构办理收结汇。对通过海关集中监管、清单核放、汇总申报的经营主体，凭海关电子报关信息办理货物出口收结汇业务。进一步扩大支付机构跨境外汇支付业务的范围与交易金额，在确保交易真实性的前提下，逐步将试点扩展至所有货物贸易与服务贸易。

（九）创新支持跨境电商税收机制

落实跨境电商零售出口货物退免税政策。适用跨境电商退（免）税、免税政策的电子商务出口企业，可依据海关电子报关信息和相关凭证，按规定申请办理退（免）税和免税。探索实施跨境电商出口退税无纸化管理。在简化商品归类方式的基础上，研究跨境电商出口商品实行综合退税率政策。创新研究有利跨境电商持续健康发展的税收机制。

（十）加大财税金融支持力度

利用本市战略性新兴产业、外贸发展、对外投资合作、服务业引导等专项资金，支持跨境公共服务平台建设、跨境电商专业人才培训、开拓国际市场、建设国际营销网络、建设海外仓等项目。重点支持跨境电商示范企业发展和跨境电商示范园区建设。从事跨境电商业务的企业，经认定为高新技术企业的，依法享受高新技术企业相关优惠政策，小微企业依法享受税收优惠政策。

建立适应跨境电商发展的多元化、多渠道投融资机制，支持和引导银行业金融机构对跨境电商企业开展供应链金融、商业保理服务，在风险可控的前提下，加强与电商平台业务合作，根据跨境电商业务特点和要求，开展线上融资方式及担保方式创新，鼓励基于诚信的无抵押贷款方式推广。为跨境电商提供适合的信用保险服务。引导和推动各类创业创投资金支持跨境电商初创企业，鼓励支持有条件的跨境电商企业上市。

（十一）加强创新研究和人才建设

深入研究符合跨境电子商务发展的法规政策体系和国际通用规则。鼓励相关企业、机构、院校合作成立跨境电商研究机构，为本市跨境电商工作创新提供理论研究和智力支持。促进跨境电商行业协会等社会中介组织建设，加强宣传和推广，通过建立行业诚信认证制度，规范市场主体行为，实现行业自律管理。通过扶持引导、业务对接、制定标准、评级评优等方式，提升行业创新水平，并推动国际间跨境电子商务行业合作。

培育和集聚跨境电商人才。鼓励企业、社会组织及教育机构合作办学。鼓励高等院校开设跨境电商专业课程，各类培训机构增加跨境电商技能培训项目。支持符合条件的跨境电商创业人才落户上海，支持院校和社会培训机构开展创业培训，使跨境电商成为创新驱动发展的重要引擎和大众创业、万众创新的重要渠道。

（十二）优化市场环境和统计监测

加强诚信体系建设，完善信用评估机制。加强产品质量监管，推进以机构代码和商品编码为基础的产品质量追溯体系建设。探索建立风险监测、网上抽查、源头追溯的产品质量监督机制，实现部门间、区域间信息共享和协同监管。

引导跨境电商主体规范经营行为，承担质量安全主体责任，营造公平竞争的市场环境。发挥消费者权益保护组织作用，指导企业建立完善售后服务体系，加强国际间解决消费纠纷的双边和多边合作。加大执法监管，加大知识产权保护力度，坚决打击跨境电子商务中出现的各种违法侵权行为。

完善外贸统计方式，通过公共服务平台，对接各监管部门系统，将跨境电商经营主体、贸易量、商品信息、结汇、退税等纳入统计，单列跨境电商贸易统计专项。

四、工作要求

各部门要以创新精神和务实态度，围绕解决影响跨境电商发展的瓶颈难题和制约因素，抓紧制定可操作管用、能落实落地的实施细则和配套政策。

市跨境电商工作领导小组要积极发挥跨部门统筹协调作用，坚持问题导向，制定工作要点；积极推进落实，及时总结评估；不断优化体制机制和法制环境，促进本市跨境电商健康快速发展。

关于上海加快推动平台经济发展的指导意见

沪商市场〔2014〕316 号

平台经济是基于互联网、云计算等现代信息技术，以多元化需求为核心，全面整合产业链、融合价值链、提高市场配置资源效率的一种新型经济形态。大力发展平台经济，是上海建设国际贸易中心的重要内容，完善现代市场体系的重要举措，也是发展服务经济的重要载体。根据《上海建设国际贸易中心"十二五"规划》，结合本市平台经济发展实际，现提出如下意见：

一、充分认识发展平台经济的重要意义

"十二五"以来，本市抓住财政部和商务部开展现代服务业综合试点契机，培育了一批资源配置型平台企业，充分体现了市场的影响力、带动力以及创造更大价值的作用；推动了物流、金融、信息等配套服务体系建设，促进了商品、要素和服务市场融合发展。实践表明，平台经济具有高端化、服务化、融合化等特征，是产业融合发展和市场功能创新的新型经济形态。

（一）发展平台经济是上海加快对外开放的迫切需要。当前世界经济已进入全球化发展新时期，上海应紧紧围绕中国（上海）自由贸易试验区建设（以下简称"自贸试验区"），坚持先试先行，大力发展平台经济，推动国际贸易中心建设，进一步增强城市核心竞争力，为更好地参与丝绸之路经济带和海上丝绸之路建设奠定基础。

（二）发展平台经济是上海完善现代市场体系的内在要求。随着互联网、云计

算、物联网等技术广泛应用，推动发展平台经济，能够促进传统市场从有形市场转为有形与无形相结合的市场，从单一功能拓展转为综合服务功能，从市域市场转为区域市场乃至全国市场，市场能级不断提升，为上海"四个中心"联动发展创造条件。

（三）发展平台经济是上海主动服务长三角、长江经济带和服务全国的重要举措。依托上海市场优势，加快发展平台经济，加快实现跨区域、跨行业资源整合，为长三角地区、长江经济带乃至全国提供高效、便捷的综合服务，推进区域经济发展一体化，为促进形成统一开放、竞争有序的现代市场体系提供保障。

二、指导思想、基本原则和发展目标

（一）指导思想

以全面促进上海国际贸易中心建设和服务经济发展为目标，抓住自贸试验区建设契机，把握大数据时代机遇，充分发挥本市区位优势、市场优势，加快发展平台经济，推动大平台、大市场、大流通建设，增强统筹国际国内两个市场、两种资源的能力，努力建成与上海国际贸易中心战略定位相匹配的开放式、综合型、强辐射以及内外贸一体化的现代市场体系。

（二）基本原则

1. 坚持市场创新和管理改革相结合。发挥企业的平台建设主体作用，增强市场创新意识，提高企业自主创新能力；加快市场管理方式改革，探索突破制约平台经济发展的体制机制瓶颈。

2. 坚持重点突破和整体推进相结合。率先推进一批平台经济示范引领项目，加强政策聚焦，培育品牌，树立典型，力求重点突破；通过以点带面，推动各类市场创新发展，增强综合竞争力，提升市场话语权。

3. 坚持产业融合和内外连接相结合。充分发挥平台综合优势，连通国内外两个市场，有效配置全球资源，不断满足市场需求，进一步促进产业联动发展、融合发展、科学发展。

（三）发展目标

力争到"十二五"末，以大宗商品贸易、个人消费服务、农产品流通等市场转型为突破口，打造一批具有国际或区域影响力的平台型交易中心和市场，逐步形成"万商云集、万亿能级"的现代市场新格局，实现贸易倍增，提高上海国际贸易中心竞争力。

三、主要任务

（一）抓住自贸试验区契机，打造大宗商品现货国际交易平台。在自贸试验区内，聚焦国内进出口量大的能源产品、基本工业原料和大宗农产品等领域，探索搭建大宗商品现货国际交易平台，通过开展净价交易、保税交割，努力打造大宗商品现货市场"国际版"。

（二）聚焦重点领域，建设消费服务和农产品流通平台。聚焦汽车、黄金珠宝、服装服饰、家居建材、糖酒茶叶等消费品领域，大力发展线上线下结合的新型商业模式，打造集创意设计、科技研发、采购交易、展览展示、时尚消费、品牌发布等功能于一体的消费服务平台；聚焦农产品领域，建设高效率、低损耗，辐射全国、面向国际的农产品集散中心。

（三）强化产业融合，构建物流、金融、资讯专业服务平台。立足产业融合发展，在强化各类平台有效配置资源、满足社会需求的基础上，建设物流资源交易平台，健全物流服务功能，提供运输、仓储、加工、配送等服务，降低物流成本；建设金融服务平台，创新金融服务模式，提供供应链融资、贸易融资、仓单质押等服务，提高流通效率；建设资讯服务平台，强化大数据采集、开发、分析、利用，编制商品价格指数、物流指数等，开展信息咨询服务，增强平台的辐射力和影响力。

（四）加快职能转变，搭建商务领域公共服务平台。推进商务诚信平台建设，建立商务诚信档案，健全平台诚信征信和信用评价制度；启动中小商贸企业公共服务平台建设，增强人才、融资、法律服务功能；加快贸易便利化平台建设，提高口岸综合服务效率，营造公开、公正、公平的平台发展环境。

（五）加强示范引领，培育社会化、专业化平台企业。扶持有优势、有潜力的平台企业做大做强，支持其跨地区、跨行业、跨所有制整合资源；鼓励贸易商、制造企业内部贸易平台、资讯服务商等转型升级，拓展服务领域，成为具有总集成服务能力的平台；加快培育一批在国内外有一定影响力和示范性的平台企业。

四、保障措施

（一）建立平台经济联合推进机制。市商务主管部门会同有关部门，建立联合推进机制，加强部门协同，以制度创新为核心，制定促进本市平台经济发展若干措施。指导区县商务主管部门建立相应的工作机制，制定平台经济发展方案，加大引导和工作推进力度，推动平台经济健康有序发展。

（二）健全各类平台运营的规则和标准。深入开展平台经济调查研究，逐步完善平台企业市场准入、管理制度和服务标准；加强事中、事后监管，依托平台建立市场信用监管体系，规范平台日常运营，探索形成适应平台经济发展的管理模式，努力营造法治化营商环境。

（三）认定一批平台示范和培育项目。制定《上海平台经济示范企业（园区）认定标准》，建立市区两级平台经济项目滚动库，每年择优认定一批平台经济示范和培育项目，充分发挥导向作用，推动本市平台经济发展的理念创新、技术创新和业态创新。

（四）加强平台统计监测和行业组织建设。会同市统计局建立平台经济统计制度，动态监测平台运行情况，定期编制和发布本市平台经济发展报告，为政府决策提供参考，为行业发展提供服务。推动成立平台经济的相关行业组织，制订行规行约，加强行业自律，加大人才培养力度，为平台经济发展提供良好保障。

（五）加大平台经济发展政策扶持力度。用好国家及本市各项扶持政策，充分发挥自贸试验区和浦东综合配套改革试点优势，加大政策协调力度，推动平台整合产业链，延伸服务链，为各类平台做大做强创造条件。

上海市鼓励企业设立服务全国面向世界的
贸易型总部若干意见

沪商综〔2015〕48号

第一条 为进一步扩大对内对外开放，构筑开放型经济新优势，鼓励具有国际国内资源配置能力的企业在沪设立贸易型总部，提高贸易集聚度和辐射力，促进长江流域贸易投资一体化发展，推动贸易型总部服务全国、走向世界，根据《上海市推进国际贸易中心建设条例》，制订本意见。

第二条 紧紧围绕"一带一路"和长江经济带建设等国家战略，按照创新驱动发展、经济转型升级的要求，以中国（上海）自由贸易试验区和上海国际贸易中心建设为契机，着力营造更加便利化的贸易投资环境，引导贸易型总部发展新技术、新产业、新模式、新业态，提升国际化发展水平和资源统筹配置能力。进一步发挥贸易对全市产业结构调整和经济发展的促进作用。

按照"公开、公平、公正"的原则。鼓励企业设立贸易型总部。实行自愿申报、政府审核、社会公示、动态评估制度。

第三条 本意见所称贸易型总部，是指境内外企业在上海设立的。具有采购、分拨、营销、结算、物流等单一或综合贸易功能的总部机构。

贸易型总部既包含传统贸易企业，也包含基于互联网等信息技术从事撮合交易或提供配套服务的平台型贸易企业。

第四条　市商务委负责贸易型总部认定工作，并协调有关部门共同开展促进贸易型总部发展的相关工作。

市发展改革委、市政府合作交流办、市财政局、市工商局、市金融办、上海银监局、中国人民银行上海分行、国家外汇管理局上海分局、市公安局出入境管理局、市人力资源社会保障局、上海海关、上海出入境检验检疫局、市政府外办等部门及各区县人民政府在各自职责范围内，做好对贸易型总部的服务促进工作。

第五条　贸易型总部应注册在上海，具有独立的法人资格，除本市外，拥有 2 个或 2 个以上分支机构、并有一定比例的业务覆盖，实行统一管理，且符合以下条件之一：

（一）以国内批发零售为主营业务，该业务收入占总营业收入的比例占 50% 以上，且上年度营业收入（销售收入）超过 100 亿元人民币；

（二）以国际货物贸易为主营业务，该业务收入占总营业收入的比例占 50% 以上，且上年度营业收入（销售收入）超过 60 亿元人民币；

（三）以物流仓储或国际服务贸易为主营业务，该业务收入占总营业收入的比例占 50% 以上，且上年度营业收入（销售收入）超过 40 亿元人民币；

（四）以平台交易为主营业务，注册会员或入驻商家超过 5000 家且有超过 30% 的比例为非本市企业。其中，面向消费者的平台企业年交易额超过 50 亿元人民币；面向企业（提供企业间交易）的平台企业年交易额超过 150 亿元人民币。

第六条　申请认定贸易型总部，应当提交下列材料：

法人营业执照复印件；

组织机构和财务报表等经营情况报告；

主管税务机关出具的年度纳税证明；

投资、被授权运营管理或业务覆盖的企业名单。

第七条　贸易型总部的认定，按下列程序进行：

（一）企业按照要求向所在地的区县贸易主管部门提出申请，并填写《上海市贸易型总部认定申请表》。递交相关材料；

（二）区县贸易主管部门在 5 个工作日内完成初审后转报市商务委；

（三）市商务委在 5 个工作日内完成复审，如有需要，将征求有关部门意见；

（四）审核通过的，由市商务委统一颁发认定证书，并予以授牌。

第八条　进一步优化财政资金投入机制，完善出口退税分担机制，聚焦贸易型总部发展，加大支持力度。

对于符合外贸专项资金、服务贸易发展专项资金、战略性新兴产业专项资金、服务业引导资金、高新技术成果转化资金等政策条件的贸易型总部，市有关部门在资金申报评定中应予以优先支持。

各区县人民政府结合实际情况积极营造企业发展环境，对新认定的贸易型总部给予相关政策扶持。

第九条 鼓励金融机构与贸易型总部开展战略性合作，通过统一授信、资产重组、发行债券、引进股权投资等多种方式拓宽融资渠道，利用信用保险金融工具等拓展国内外市场。支持贸易型总部探索开展供应链金融，为中小贸易企业提供全流程、专业化配套服务。支持贸易型总部优先参与利率市场化改革的相关产品和制度试点活动。

对内部资金有统一管理需求且符合相关条件的贸易型总部，支持其所在企业集团或外商投资性公司按照有关规定申报设立财务公司，为其在中国境内的投资企业提供集中财务管理服务。

鼓励贸易型总部根据自身经营和管理需要，开展各类跨境人民币业务。贸易型总部可通过跨境人民币双向资金池和经常项下跨境人民币集中收付等通道完成集团的资金集中运营管理，提高资金使用效率。

第十条 对涉及外汇资金运作且符合相关条件的贸易型总部，可以按照有关规定开展包括经常项目集中收付汇和轧差净额结算、境内外汇资金集中管理、境外外汇资金境内归集、外债和对外放款额度集中调配、境内外资金互通、集中结售汇等在内的跨国公司外汇资金集中运营管理等业务。

第十一条 支持贸易型总部引进国内优秀人才。符合条件的，可按规定办理本市户籍。

支持贸易型总部充分利用本市教育资源，共建贸易人才实训基地，为贸易从业人员提供职业教育和培训。

贸易型总部所在区县对贸易型总部引进的外省市人才申请人才公寓提供便利。

第十二条 贸易型总部符合条件的中国籍人员可以申办亚太经合组织商务旅行卡，对因商务需要赴香港、澳门、台湾地区或者国外的，由有关部门提供出境便利。

贸易型总部需要多次临时入境的外籍人员，可以申请办理入境有效期不超过 1 年，停留期不超过 180 日的多次签证；对在本市常驻工作的贸易型总部外籍法定代表、总经理、副经理、财务总监，可根据任期和合同意向申请办理 3 至 5 年有效的外国人居留许可；贸易型总部的外籍高级管理人员可以按照《外国人在中国永久居留审批管理办法》，优先推荐申办《外国人永久居留证》。

第十三条　海关、外汇、出入境检验检疫等部门根据贸易型总部运作模式的最新发展和需求，积极探索监管模式的改革创新，支持符合条件的贸易型总部参与各类便利化促进措施试点工作。

第十四条　市商务委会同有关部门对已认定的贸易型总部实行动态评估，结合企业经营年度报告制度，对不再满足认定条件的，或因违法行为受到行政或刑事处罚的企业，取消其总部资格并予以公告，停止享受相关扶持政策。

第十五条　本意见自颁布之日起施行，有效期五年。

关于鼓励跨国公司设立地区总部规定
实施意见的补充规定

沪商外资〔2014〕348 号

为了进一步完善总部经济发展环境，鼓励跨国公司在本市设立总部型机构，集聚实体业务，拓展功能，现就 2012 年 7 月 28 日上海市人民政府办公厅发布的《关于〈上海市鼓励跨国公司设立地区总部的规定〉的实施意见》（沪府办发〔2012〕51 号，以下简称实施意见）作如下补充规定：

一、跨国公司总部型机构

本补充规定所指的跨国公司总部型机构（以下简称"总部型机构"）是指虽未达到跨国公司总部标准，但实际承担跨国公司在一个国家以上区域内的管理决策、资金管理、采购、销售、物流、结算、研发、培训等支持服务中多项职能，且同时满足下列条件的外商独资企业（含分支机构）：

1. 跨国公司的资产总额不低于 2 亿美元，并在中国境内已投资设立不少于 3 家外商投资企业，其中至少 1 家注册在上海；

2. 跨国公司区域业务总负责人及负责相应职能的高级管理人员长驻上海工作；

3. 总部型机构经营场地面积达 500 平方米以上，且履行总部运营管理职能的员工达 50 名以上。

二、总部型机构的认定与管理

（一）管理部门

市商务委负责总部型机构的认定工作，并协调有关部门开展对总部型机构的管理和服务。

（二）申报材料

申请认定总部型机构，应当向市商务委提交下列材料：

1. 公司法定代表人签署的申请书；

2. 母公司法定代表人签署的总部型机构基本职能的授权文件；

3. 公司的批准证书、营业执照及验资报告（均为复印件）。总部型机构为分支机构的，还需提供上海分公司营业执照（复印件）；

4. 母公司近一年度审计报告；

5. 母公司在中国境内所投资企业的批准证书及营业执照（均为复印件）；

6. 母公司法定代表人签署的区域业务总负责人及主管运营的高管的任命书、简历及相应的身份证明和就业证明文件（身份证明为复印件）；

7. 公司经营场地取得证明，自有房产需要提供房地产权证（复印件）。以租赁方式取得的，需提供租赁合同和出租方房地产权证（复印件）；

8. 公司从事运营管理职能的员工名单；

9. 法律、法规和规章要求提供的其他材料。

前款规定未列明提供复印件的，应当提供文件的正本。

（三）审核

市商务委将审核通过的公司列入"跨国公司总部型机构名单"，并定期反馈至市人力资源和社会保障局、市公安局出入境管理局、上海出入境检验检疫局。

市商务委负责对总部型机构进行复审，复审办法另行制定。

三、鼓励政策

（一）出入境

1. 临时入境

设在本市的总部型机构需要多次临时入境的外籍员工，可申请入境有效期不超过1年，停留期不超过180日的多次签证。

2. 长期居留

（1）总部型机构法定代表人（负责人）、总经理、副总经理、财务总监可办理有效期 5 年的外国人居留许可；部门经理可办理有效期 4 年的外国人居留许可；一般外籍员工可办理有效期 3 年的外国人居留许可。

总部型机构所属注册资本达到 300 万美元以上企业的法定代表人、总经理、副总经理、财务总监可办理有效期 5 年的外国人居留许可；部门经理可办理有效期 3 年的外国人居留许可。

（2）上述外籍人员的外籍配偶、父母及不满 18 周岁的子女，可申请与上述人员相同期限的外国人居留许可。

3. 永久居留

总部型机构的法定代表人等高级管理人员，可按《外国人在中国永久居留审批管理办法》，优先推荐申办《外国人永久居留证》。

4. 海外人才居住证

被总部型机构聘用的具有本科及以上学历（学位）或者特殊才能的，在上海工作的入外籍的留学人员，持中国护照、拥有国外永久（长期）居留权且无中国户籍的留学人员和其他专业人才，香港、澳门特别行政区专业人才，台湾地区专业人才，外国专家及其他外国高层次专业人才及其配偶和未满 18 周岁或高中在读的子女等偕行人员，可优先申办《上海市海外人才居住证》。

5. 紧急情况下来沪

对总部型机构，可直接给予口岸签证商务备案单位资格。其邀请的临时来沪外籍人员如因紧急事由未及时在我驻外使领馆申办签证的，可按规定向市公安局出入境管理局口岸签证部门申请口岸签证。

6. 办理健康证明

出入境检验检疫部门为总部型机构法定代表人以及与总部职能相关的高级管理人员办理健康证明提供绿色通道。

7. 赴香港、澳门

总部型机构的中国籍员工因商务需要赴香港、澳门的，经企业港澳商务备案，可申办《往来港澳通行证》及多次出入境有效的商务签注。

8. 赴台湾

总部型机构的中国籍员工因商务需要赴台湾的，如提供国务院台湾事务办公室签发的"赴台批件"或市政府台湾事务办公室签发的"立项批复"并提供有效的入台旅行证件，可按规定办理《大陆居民往来台湾通行证》及相关签注，并享受绿色通道服务。

9. 出国

总部型机构的中国籍员工因商务需要出国的，可按规定在本市申办护照，并享受绿色通道服务。

（二）外籍人员就业许可

总部型机构的外籍人员在本市就业的，可按有关规定向市人力资源社会保障局申办有效期 2 年至 5 年的《外国人就业证》，其中，外籍高级管理人员和高级技术人员可向市人力资源社会保障局（市外国专家局）申办《外国专家证》。

（三）国内优秀人才引进

人力资源主管部门和公安部门对总部型机构引进的外省市员工办理《上海市居住证》提供便利。

总部型机构引进的符合条件的外省市优秀人才，可按《上海市引进人才申办本市常住户口试行办法》，办理本市户籍。

四、本补充规定自印发之日起施行，有效期至 2017 年 6 月 30 日。

关于促进本市老字号改革创新发展的实施意见

沪商市场〔2017〕291 号

为了加快推进本市老字号改革创新发展，不断增强其竞争力、辐射力和影响力，根据《商务部等 16 部门关于促进老字号改革创新发展的指导意见》（商流通发〔2017〕13 号），结合上海实际，现提出如下实施意见：

一、充分认识老字号改革创新发展重要意义

老字号拥有世代传承的独特产品、精湛技艺和服务理念，承载着中华民族工匠精神和优秀传统文化，具有广泛的群众基础和巨大的品牌价值、经济价值和文化价值。上海是我国拥有老字号最多的省市，形成了一批具有较高知名度、良好形象、经营发展能力强的龙头型企业。老字号已经成为展示企业形象，传播商业文化，适应、创造和满足消费需求的重要力量。但目前还存在部分老字号经营发展欠佳、品牌价值埋没、创新动力不足、企业机制僵化、支持和保护力度不够等问题。老字号迫切需要顺应市场变化和技术发展新趋势，持续推进改革创新，这是实现老字号保护、传承、创新和发展，充分发挥其稳增长、促消费、惠民生积极作用的重要保证。

二、正确把握老字号改革创新发展总体要求

全面贯彻党的十八大和十八届三中、四中、五中、六中全会精神，围绕深入推进

供给侧结构性改革的战略部署，坚持传承与创新相结合、经济与文化相结合、市场竞争与政府引导相结合，以创新为核心要素，提升企业市场竞争力，以改革为根本动力，增强企业自主发展能力，以保护为基本保障，打造良好营商环境。通过创新、改革、保护多措并举，努力营造有利于老字号转型升级的管理体制、市场环境和社会氛围，更好培育和形成老字号持续健康发展格局，将老字号保护传承和创新发展提高到新水平。

三、支持老字号创新经营方式

鼓励老字号创新经营方式，发展现代商业模式，积极拥抱互联网，拓展直营连锁和特许加盟经营。支持老字号探索发展新业态，对"前店后厂"升级改造，加强供应链建设，发展形象店、体验店、集成店、快闪店。促进老字号集聚发展，鼓励有条件的地区打造老字号特色商业街区。支持老字号进入机场、火车站、旅游度假区开店经营，并成为离境退税商店。支持老字号在购物中心、百货商场、大型超市开设品牌店、设立专柜、形成老字号专区。支持老字号参与"上海优品行"，对接文化创意、买手平台和品牌营销等服务企业，开发拳头产品。鼓励老字号跨界合作，推出联名系列、伴手礼系列，培育一批品质优良、设计创新、文化传承的"上海优选伴手礼"。组织推动老字号参与上海时装周、上海购物节、上海旅游节、中华老字号博览会等全市会商旅文体联动活动。（牵头部门：市商务委，配合部门：市经济信息化委、市旅游局、相关区政府）

四、加快推进"老字号＋互联网"发展

推动老字号广泛应用现代信息技术，加快技术创新、管理创新和经营创新。鼓励老字号加大研发投入，积极创建高新技术企业、技术中心、设计中心、科技小巨人。推动老字号与各大电商平台对接，依托电商平台设立"中华老字号上海旗舰店"，集中宣传，联合推广。鼓励电子商务专业服务企业与老字号对接，提供网站建设、前台应用、后台管理、仓储配送、全渠道运营等技术服务，促进老字号线上线下联动发展。（牵头部门：市商务委、市科委、市经济信息化委）

五、深入推进国资老字号改革

加快推进国资老字号产权改革，积极引进各类社会资本，盘活存量资产、激活无形资产。支持经营业务相近或具有产业关联关系的老字号整合重组，打造老字号企业

集团，培育成为行业龙头企业。在控股、收购、兼并老字号等市场活动中，鼓励企业以老字号品牌为龙头整合内部资产，充分挖掘和开发老字号品牌价值。引导老字号建立健全科学管理制度，深入开展"掌门人"职业经理制试点，着力培养和引进与国际接轨，具有国际视野，熟悉现代企业运作模式的职业经理人（团队）。（牵头部门：市国资委、市商务委，配合部门：市金融办）

六、推动老字号提升产品质量

引导老字号强化质量意识，运用先进适用技术创新传统工艺，促进纯手工制作和标准化生产的协同发展，提高产品质量和工艺技术水平。发挥市和区两级质量奖励制度作用，推动老字号积极申报政府质量奖，参与"上海品质"建设试点。推动消费品工业老字号落实"增品种、提品质、创品牌"行动计划，鼓励老字号参与"三品"专项行动，开展质量信誉承诺，争创"质量标杆"。（牵头部门：市质量技监局、市经济信息化委，配合部门：相关区政府）

七、发扬老字号诚信经营优良传统

总结提炼老字号诚信经营、诚信服务的优秀传统文化，组织学习、宣传推广活动。加强老字号商务信用建设，推动企业对接"上海市商务诚信公众服务平台"。鼓励老字号实施服务质量提升计划，广泛开展"服务明星"评选活动，提高老字号从业人员质量意识、业务素质和服务技能，增强消费者对老字号服务质量的获得感。引导老字号开展服务标准化建设，支持老字号及相关协会制订并完善服务质量标准。鼓励老字号餐饮企业创建"绿色餐厅"，以"食品安全、低碳环保、诚信经营"为标准，提高绿色安全保障水平，鼓励符合条件的地区打造老字号绿色餐厅示范街。（牵头部门：市商务委，配合部门：市质量技监局、相关区政府）

八、大力弘扬老字号工匠精神

打通老字号与学校的人才共育、资源共享渠道。鼓励老字号技艺传承人到学校兼职任教、授徒传艺，支持高校和职业学校毕业生到老字号就业。组织老字号与学校结对，建立社会实践基地、开设拓展性课程、参与校园采购，组织开展"老字号进校门进课堂"活动。鼓励老字号通过建立博物馆等方式实现活态保护与文物保护。继续支持符合条件的老字号纳入各级非物质文化遗产代表性项目名录。（牵头部门：市教委、

市文广影视局，配合部门：市人力资源社会保障局、相关区政府）

九、支持挖掘老字号品牌价值

引导老字号企业加强品牌管理，制订和实施品牌战略。积极推动老字号参与市级品牌培育试点示范工作，导入品牌培育管理体系。推动老字号将品牌建设纳入经营业绩考核。支持成立市场化、专业化的品牌评估机构，建立老字号品牌价值动态评估体系。鼓励金融机构运用品牌价值评估，协助老字号开展品牌质押融资、融资担保等业务。探索设立"老商标池"，鼓励各类国资企业通过专业机构推介、评估，以商标转让、许可、入股等方式，盘活一批低效的商标资源，激活老品牌、老字号。（牵头部门：市国资委、市经济信息化委，配合部门：市商务委、市金融办、上海银监局）

十、鼓励老字号实施国际化战略

支持老字号申请马德里商标国际注册，向境外申请专利和依据国际通行标准申请产品认证。开展老字号贸易便利化服务，支持其参与"自主品牌出口增长计划"，推动有条件的老字号"走出去"。支持有条件的老字号跨国并购、境外上市，扩大老字号品牌国际影响力。协助老字号对接境内外媒体，讲好自身和上海发展的故事，树立良好形象，开拓国际市场。（牵头部门：市商务委、市工商局、市知识产权局、市质量技监局、市国资委、市政府外办）

十一、注重保护老字号原址风貌

鼓励符合条件的老字号申报文物保护单位、优秀历史建筑，进行原址保护。对符合条件的老字号比较集中的地区，纳入历史文化风貌区、风貌保护街坊，编制保护规划，确定保护原则，明确保护措施。在城市改造建设中，高度重视老字号保护，尽量保留原有商业环境，以利老字号传承发展。（牵头部门：市文广影视局、市住房城乡建设管理委、市规划国土资源局，配合部门：相关区政府）

十二、加强保护老字号知识产权

充分发挥市打击侵权假冒工作领导协调机制作用，加强老字号知识产权保护，尤其是互联网领域的知识产权保护，严厉打击侵权假冒行为。加强行政执法与刑事司法衔接，开展多部门联合执法及专项行动。推动设立老字号知识产权快速维权通道，加强老字号保护，集中查处一批侵权严重、社会影响大的案件。鼓励和引导老字号采用防伪溯源新技术、新手段、新方法，提升防伪技术水平。（牵头部门：市双打办、市工商局，配合部门：市知识产权局、市检察院、市高级法院、市公安局）

十三、加大老字号宣传推广力度

整合运用各类推广渠道，借助新兴营销手段，传播老字号品牌历史和商业文化。将老字号作为"一带一路"宣传推广工作的重要内容，在外事接待、援外项目、纪念品采购中优先选择老字号产品和服务。依托华交会、广交会和各类海外展等优质会展资源，组织老字号组团广泛参与。积极推广老字号旅游产品，推动老字号与旅游企业在景点建设、线路开发、宣传推广方面加强合作。进一步打造"品味上海"主题活动，线上线下联动，推进老字号深入楼宇、园区和企业。推动老字号深入社区，参与社区便民生活服务示范点建设，开展"惠民服务周周送"等深受居民欢迎的活动。（牵头部门：市商务委、市政府外办、市政府合作交流办、市旅游局、市总工会，配合部门：相关区政府）

十四、完善老字号发展扶持体系

充分发挥品牌建设专项资金对老字号发展的引导和支持作用，并研究完善各级财政资金支持政策。鼓励上海品牌发展基金等社会资本，对品牌价值高、发展潜力大的老字号加大投入，提高核心竞争力。鼓励各类金融机构加大金融创新力度，为老字号提供更好的金融服务。积极推进老字号核心优质资产证券化，利用多层次资本市场做大做强老字号，支持符合条件的老字号上市或到全国中小企业股份转让系统、上海股权托管交易中心挂牌交易。（牵头部门：市经济信息化委、市财政局、市金融办、上海银监局、上海证监局，配合部门：市商务委）

十五、建立健全老字号改革创新发展推进机制

各部门、各地区要高度重视老字号改革创新发展工作，加强部门协同、市区联手、各方配合。建立健全工作推进机制，明确任务和职责，聚焦重点，分头推进落实。促进行业规范自律，充分发挥老字号、工艺美术、餐饮、纺织、轻工等相关协会作用，加强企业间合作交流。广泛吸纳有关研究机构、高校、职业学校等方面参与，充分发挥专家学者的作用。引导支持公共服务机构为老字号提供经营管理咨询、教育

培训、营销推广、信息技术、品牌维权等方面支持。进一步加强老字号发展动态研究和基础信息工作，把握老字号历史、现状和发展趋势。继续推进上海老字号认定工作，鼓励符合条件的企业争优创牌，将老字号发展提高到新水平。（牵头部门：市商务委，配合部门：市发展改革委、市经济信息化委、市教委、市科委、市人力资源社会保障局、市住房城乡建设管理委、市规划国土资源局、市文广影视局、市国资委、市工商局、市质量技监局、市旅游局、市知识产权局、市金融办、上海银监局、上海证监局、相关区政府）

上海市食用农产品批发和零售市场发展规划
（2013—2020 年）

为加快推进本市食用农产品流通体系建设，引导和促进食用农产品批发和零售市场健康发展，保障食用农产品市场供应，方便人民群众生产和生活，依据《国内贸易发展"十二五"规划》、《上海市城市总体规划（1999—2020 年）》、《上海市国民经济和社会发展第十二个五年规划纲要》、《上海建设国际贸易中心"十二五"规划》、《上海商业"十二五"发展规划》和《上海市菜市场布局规划纲要（2006—2020 年）》，编制本规划。

一、发展现状

（一）国内外食用农产品流通的发展现状

国外食用农产品流通经过上百年的演变，已基本建立一整套健全的运行和管理体系。根据各个国家和地区农业生产条件和商品流通业发展形态发展水平等差异，大致形成了三种模式：一种是北美模式，以美国、加拿大为代表，实现生产与零售的直接对接，流通环节少、渠道短、效率高，但我国食用农产品小生产和大市场的矛盾还比较突出，不具备这样的发展条件。另一种是欧洲模式，以法国、荷兰为代表，批发市场与超市直销同步发展、错位经营，最突出的特点是联合拍卖，前提是进入批发市场交易的食用农产品实行标准化、规格化和包装化。再一种是东亚模式，以日本、韩国和中国台湾为代表，批发市场为农产品流通的主渠道，交易和管理规范化、法制化、组织化、现代化程度较高，比较符合我国食用农产品生产与流通的现状。

我国的食用农产品生产与流通规模化和组织化程度还比较低，食用农产品批发市场在农产品流通体系中发挥重要作用。改革开放以来，随着工业化、城镇化的快速发展，国内食用农产品批发市场大型化、规模化的趋势明显，市场集中度逐步提高，出现了一批具有全国性、跨区域的大型批发市场，但总体市场体系规划和建设水平较低。北京、深圳、天津等地近年来十分重视食用农产品市场体系建设，取得了明显效果。如北京市9个大型农产品批发市场，不仅保障了首都市场供应，还辐射和带动了整个华北地区农产品流通，同时规划到2020年，形成全市覆盖、连锁经营、组织化程度较高的农产品市场体系。深圳市食用农产品市场体系建设依托国资控股的深圳市农产品股份有限公司，不仅主导本地市场，而且在全国21个城市投资经营管理32个大型农产品批发市场，形成了全国性农产品流通网络。天津也正在规划建设总面积达6000亩，以食用农产品批发及其配套设施为主体的农产品物流园。

（二）本市食用农产品批发和零售市场的发展现状

本市食用农产品批发和零售市场体系以各级批发市场和菜市场为主导，以农超对接和直销配送等新型模式为补充，在服务农业生产、促进农产品流通、满足居民消费、保障食品安全等方面起到了重要作用，总体发展居于全国前列。

一是批发市场交易规模稳步发展。本市已初步形成了以中心批发市场为核心、区域性批发市场为骨干、专业性批发市场为补充的网络体系。截至2012年底，全市工商注册登记的批发市场51个，总面积250万平方米，年交易量1000万吨，约占全市食用农产品消费总量的70%。江桥、上农批、江杨等3个批发市场年交易额均达到100亿元左右，承载了本市约90%的外省市进沪食用农产品批发环节交易量，在稳定保障市场供应中发挥了重要作用。40个区域批发市场实现了集中购销、区域分拨、品种组合等功能。8个专业批发市场发挥了行业集聚和专业服务的优势。

二是零售市场消费业态多样。截至2012年底，本市已建成标准化菜市场880家，约占本市菜市场总量的90%，年销售食用农产品650万吨，成为食用农产品零售的主渠道。连锁超市网点2768家，其中标准超市2574家，大型超市194家。大型超市卖场和约55%的标准超市经营食用农产品。同时，本市微型菜市场、生鲜超市、社区菜店、网上菜市场、限时菜市场、周末蔬菜直供点等多种经营方式也快速发展。

三是市场管理水平明显提升。本市食用农产品批发市场加快冷链物流、食品安全可追溯、安全监控、废弃物处理、检测设备等方面的建设和改造，提高市场交易、储存、安全、服务的现代化水平，对增加农民收入、带动经济发展、保证"菜篮子"供应发挥了积极作用。标准化菜市场在设施改造、管理规范、环境整洁、满足需求等方面不断提升，其他零售业态协调发展，互为补充。本市食品安全追溯系统的逐步建立，提高了市民对食品安全的信心。

本市食用农产品批发和零售市场也存在着不足和差距。一是批发市场设施规模和管理水平较低，与发达国家和城市相比有差距。二是菜市场布局规划落后于本市城镇化发展速度，菜市场规划用地和设施随意改变现象时有发生。三是经营从业者组织化程度较低，部分从业者缺乏诚信经营理念和长远经营战略。

(三) 本市食用农产品批发和零售市场发展面临的挑战

近年来，国务院出台《关于深化流通体制改革加快流通产业发展的意见》等文件，对统筹规划农产品市场流通网络布局、加强农产品批发市场建设、完善农产品零售市场布局等提出了明确要求，为推动本市食用农产品批发和零售市场转型发展提供了政策保障。随着上海国际贸易中心建设加快推进和本市枢纽型、功能性、网络化城市交通基础设施的逐步完善，也为食用农产品批发和零售市场的资源整合和规划新建创造了条件。但与此同时，也面临着以下五个方面的挑战：

一是生产供应自给率低。本市食用农产品消费需求随人口呈刚性增长，本地生产供应量占比较低，70% 以上的货源是由外省市提供，建立与之相适应的大市场、大流通体系和应急机制任务繁重。

二是消费需求多样化明显。呈现出供应对象层次多、不同群体消费水平差异大的特点，保障各方消费需求的压力逐渐加大。

三是稳定均衡供应难度加大。食用农产品特别是蔬菜的产量和运输受灾害性天气、季节变化、节日需求上升等因素影响，容易出现阶段性货源短缺，市场调控难度增加。

四是价格受市场因素影响大。国内外食用农产品价格波动对本市食用农产品市场的影响逐渐加大，增加了保障本市食用农产品市场货源充足和价格基本稳定的复杂性。

五是食品安全存在隐患。食用农产品生产源头和流通环节规模化、规范化、管理化水平不高，仍存在安全隐患。

二、指导思想、基本原则和发展目标

(一) 指导思想

坚持创新驱动、转型发展，以民生需求为导向，确保本市食用农产品供应充足、安全和价格基本稳定。立足于构建大市场、大流通、公益性的食用农产品市场体系，按照"政府主导、统筹规划、合理布局、扶优劣汰"的要求，突出以国有经济为主导，确立食用农产品批发和零售市场城市基础性公共设施地位，纳入城市总体发展规划。构筑与上海国际化大都市发展相适应的食用农产品的市场体系，逐步形成布局合理、流通效率高、方便市民生活、食品质量安全有保障的市场格局。

（二）基本原则

1. 坚持总体规划与分步实施相结合。推进本市食用农产品流通体系建设，是一个长期、逐步的过程。要尊重市场规律，科学规划和选址，引导各级市场合理布局。统一规划，稳步实施，有序推进，实现平稳过渡和转型发展相统一。既高标准、高起点，又尊重事实、循序渐进，对食用农产品在长期流通过程中形成的货源、客源流向进行科学引导，确保平稳过渡。

2. 坚持政府主导与市场调控相结合。通过国有企业主导食用农产品批发和零售市场建设。市政府重点抓好规划以及中心批发市场的建设，区县政府重点落实区域批发市场和标准化菜市场的规划和建设。坚持市场配置资源的基础性作用，鼓励国内外行业领军企业参与市场经营，营造公平、公正、公开的市场环境。坚持建设标准，加大工作力度，持之以恒地推进标准化菜市场建设。

3. 坚持存量调整与规划新建相结合。根据布局规划，加快健全覆盖全市、布局合理、流转顺畅、竞争有序的食用农产品流通网络。对存量食用农产品批发和零售市场进行整合提升，并规划新建与上海城市发展和满足市民消费需求相适应的批发和零售市场。

4. 坚持稳定自给与市外供应相结合。在巩固本市地产食用农产品自给率的基础上，鼓励农产品产销对接、订单农业发展，支持本市食用农产品批发市场在全国农产品主产区建立生产基地，形成稳定的供应关系。引导食用农产品批发市场向农产品生产加工、物流配送和零售网点一体化经营方向发展。

5. 坚持规范经营与适度竞争相结合。优化经营主体，鼓励规模化、专业化、公司化经营，鼓励农超对接、直接配送，不断提升批发和零售市场经营管理水平和服务市民的能力。进一步规范市场经营，提高行业集中化和组织化程度，加强市场经营者诚信体系建设。同时，加强监管，引导差异化经营，适度竞争。

（三）发展目标

构建广覆盖、低成本、高效率的中心批发市场、区域批发市场、专业批发市场等食用农产品批发市场体系，发展标准化菜市场、生鲜超市、社区菜店、网上菜市场、限时菜市场、周末蔬菜直供点等多样化的零售市场体系。用5—7年时间，全市规划建设 15 个食用农产品批发市场，其中包括 2 个中心批发市场、1 个粮食专业批发市场、2 个水产专业批发市场、10 个区域批发市场，1500 个标准化菜市场。

三、具体布局

(一) 中心批发市场

中心批发市场在食用农产品体系中发挥核心作用。本市重点建设"一主一副"两个中心批发市场，即重点建设本市"西郊国际农产品中心批发市场"，作为主中心批发市场，发挥其在本市粮食、蔬菜、肉类、水果、水产品等食用农产品商品流通、货物集散、信息发布、价格形成等方面的主导作用。

规划建设"新上海农产品中心批发市场"(暂定)，作为本市副中心批发市场，替代目前的上海农产品中心批发市场功能，发挥其毗邻海港、空港、外高桥 (19.600，−0.11，−0.56%) 保税区的区位优势，保障本市食用农产品的均衡供给。

(二) 区域批发市场

区域批发市场是连结中心批发市场和零售市场的重要环节，同时承担着本地蔬菜的集中购销任务。建设好上下端功能衔接的区域批发市场，对食用农产品合理流向、减少流通环节和流通成本、平稳物价至关重要。通过减少数量和提升能级，将本市现有约 40 个食用农产品区域批发市场逐步调整到 10 个左右。

中心城区不设置区域批发市场。非中心城区根据市场发展基础和城市需求，综合考虑人口规模、交通便利和有利平抑物价等因素，在 10 公里半径内不重复设置。具体是：宝山、嘉定、奉贤、松江、青浦等区各设置 1 个，闵行区设置 2 个，浦东新区设置 2—3 个，金山区、崇明县根据实际需求设置。在具体布局上，各区 (县) 结合各自城镇发展规划，在稳定现有农产品批发市场的基础上，逐步实施农产品批发市场调整和提升。

区域批发市场单个规划用地 100 亩左右，采用专业化市场经营团队，形成完善的市场管理制度。逐步建设信息化管理系统、食用农产品安全追溯系统和电子化结算系统，持续提升市场交易食用农产品的品质、品牌、品种，达到区域分隔清晰、冷链设施齐备、垃圾无害化处理等目标，保持市场的良好经营秩序。

(三) 专业批发市场

1. 粮食批发市场。在外高桥粮食物流园区内，建设国家级上海粮食批发市场。目前，外高桥粮食园区已形成港口接驳、粮食仓储、食用油加工、面粉加工、内河转运等完整功能，并正在疏通内河航道，争取铁路直达，具备建设国家级粮食市场的必要条件。重点发挥良友集团粮食收购、加工、储存、分销网络优势，鼓励其上控粮源、中控物流、下控渠道，在流通中稳定上海市场，发展长三角客户群，建成国家级上海粮食中心批发市场。

2. 水产批发市场。在东方国际水产城和江阳水产市场建设两个专业水产品批发市场，分别以经营冰鲜和活鲜水产为主。东方国际水产城已形成地理位置、硬件设备、市场交易空间的综合优势。江阳水产市场通过完善布局，引导货源流向，满足市民对水产品的需求。同时，利用正规划建设的长兴横沙渔港、临港地区渔港的渔业资源，发展水产贸易。

3. 活禽批发市场。本市不设置活禽专业批发市场，在本市原有的浦西（沪淮）、浦东（上农批）两个批发市场内，从既严格落实城市公共卫生安全和动物防疫要求，又适当考虑市民实际消费习惯的角度出发，有条件开放活禽交易，暂时保留 2 个批发市场活禽交易功能。通过提高门槛、加强管理、季节限制、引导调整等措施，逐步取消活禽的市场销售和宰杀，逐步减少活禽批发市场。

（四）标准化菜市场

按照本市 2700 万食用农产品消费人口、平均每个营业面积 1500 平方米标准化菜市场覆盖 2 万人计算，全市约需 1350 个标准化菜市场，目前仅 880 个。不足部分，由区县按照人口比例配置，并随人口增长相应增加布点数量。预计到 2020 年，本市食用农产品消费人口将接近 3000 万人，标准化菜市场建设实现与人口增长同步，达到 1500 个。

四、重点任务

根据规划，在市政府的领导下，各区县、各有关部门按照各自职责，协同配合，分级实施。市有关部门抓紧完善相关政策法规和标准。各区县政府结合本规划和区域城镇建设规划，制订本区域范围内的实施计划，并切实加强组织领导。

（一）整合本市食用农产品批发市场资源

发挥市场配置资源的基础性作用，推进食用农产品批发市场的重组，提升规模化、组织化、规范化水平，切实保障农产品稳定、均衡、安全供给，提高政府对农产品市场的调控能力。重点建设两个食用农产品中心批发市场，承担本市农产品的商品集散、供需平衡、价格形成、信息发布等功能。加快推进西郊国际的后续项目建设，提高其在本市食用农产品批发环节交易量的比重。基本建成新上农批市场，并投入使用。

（二）加强食用农产品批发市场配套设施建设

支持批发市场用地需求以及必要的配套设施用地。建立综合性农产品现代流通服务信息平台，加快建设食用农产品安全追溯系统、电子化结算系统和市场管理系统。以品牌化、规格化、包装化为基础，规范食用农产品交易方式。应用冷链储藏运输、进出货分离、区域分段管理、无害化处理等技术，保持市场的良好经营秩序。完善市场的消防安全和环保制度，确保相应设施正常运行。采用专业化市场经营团队，形成完善的市场管理规则。

（三）提高食用农产品批发市场管理水平

充分发挥具有丰富行业资源和优秀管理团队的专业农产品经营公司作用，依托其专业化经营优势，形成经营管理的标杆和引导力。通过收购兼并、人才培训、连锁经营等多种途径，进一步做大做强国有专业经营公司，通过专业化培训，加快培育和储备专业人才，形成若干在国内外有竞争力的品牌企业，运用控股、参股、管理输出等多形式，发挥在经营管理中的骨干作用。经过几年努力，逐步实现食用农产品流通从传统市场向现代市场的转变。

（四）推进标准化菜市场建设和管理

全面实施《上海市标准化菜市场管理办法》，围绕卫生、安全等关键环节，从严制订标准，从严执法监管，建立健全食品安全追溯体系，切实发挥以标准管理扶优劣汰、规范市场的作用。在本市旧区改造和新建大型居民社区，加大标准化菜市场配套建设力度。相关区县政府增加投入，强化规划布点执行力，完善蔬菜应急保障供应实施细则，推进标准化菜市场二次改造和公益性建设，持续有计划地进行改造提升，加快引进专业合作社和专业经营团队，提高具有法人资质经营者比重，加快食品安全追溯系统建设，明确菜市场经营者和摊位从业者的食品安全责任，形成政府与企业之间的良性互动和工作合力。支持生鲜超市等食用农产品零售市场建设，满足市民不同消费需求。

（五）提升食用农产品的流通服务能级

加快完善食用农产品市场的信息、结算和价格形成机制。加快农产品电子商务发展，满足市民网络购物需求。推动食用农产品城市共同配送体系建设。继续推动农批对接、农超对接、农标对接、农校对接、农餐对接等新型业态。重点推进批发市场和菜市场环境改善，加强市场环境管理，建立专门的废弃物回收处理站和垃圾分类站，提高垃圾、污水有效处理和合理利用。

（六）推进以国有经济为主的多元化市场投资和经营

支持食用农产品批发和零售市场的市场所有权和经营权分离。市场投资主体以地方国有经济为主导，市场经营主体可以多元化。国有经济可以采用政府投资、国有企业投资、公益机构投资等多种形式，加强政府对市场的控制力和市场经营决策的话语权。加快完善对市场经营的绩效考核和奖励机制，增加市场经营活力。

五、保障措施

（一）加强相关法规制度建设

借鉴发达国家和城市的经验，按照法定程序，加快出台保障本市食用农产品批发和零售市场健康发展的地方性法规及政策，明确食用农产品批发和零售市场体系定位，将食用农产品市场的建设管理纳入法制化、规范化的轨道。规范市场设置标准，明确政府职责、市场管理者和场内经营者职责。充分发挥行业协会的作用，促进行业自律管理。

（二）加快完善促进政策措施

市、区（县）政府加大政策支持与财政支持力度。进一步落实食用农产品降低流通费用提高流通效率的政策。对食用农产品批发市场的市场交易服务费、摊位租赁服务费等收费，列入政府定价目录，实行政府指导价管理。对纳入规划的批发市场用地供应予以保障，鼓励利用旧厂房、闲置仓库等存量建设用地建设符合规划的食用农产品批发市场，所在区域有工业用地成交价格的，可在参照市场地价水平、所在区域基准地价和工业用地最低标准等基础上，综合确定出让地价。可采取土地出让、土地租赁等方式供地，同时明确土地供应后，不得擅自改变用途从事商业房地产开发。按照规定对食用农产品批发市场免征房产税、城镇土地使用税，实行用电用气与工业同价。探索建立政府投融资平台对食用农产品批发市场进行投资控股。

（三）建立规划落实联动机制

加强本市食用农产品批发和零售市场发展规划与各项其他规划的衔接，加强市、区（县）食用农产品批发和零售市场规划的衔接。推动各区（县）根据市级规划的基本框架，结合实际，制订和落实本区域内的批发和零售市场规划。规范和引导区域批发市场和菜市场建设，避免重复和过度建设，加强信息沟通，做好食用农产品市场的信息收集、分析和研判工作。

（四）加快食用农产品流通人才培养

依靠人员培训、人才引进、人才结构调整等手段，加快食用农产品流通人才队伍建设。通过培训和市场机制，加快提高食用农产品批发和零售从业者的职业道德和经营水平。指导商业职业学校设置相关专业，借助本市专业经营公司的行业经验，加快培育和储备食用农产品流通专业人才。

上海市食品安全信息追溯管理办法

2015 年 7 月 27 日上海市人民政府令第 33 号公布

第一条（目的和依据）

为了加强本市食品安全信息追溯管理，落实生产经营者主体责任，提高食品安全监管效能，保障公众身体健康和消费知情权，根据有关法律、法规的规定，结合本市实际，制定本办法。

第二条（追溯类别与品种）

本市对下列类别的食品和食用农产品，在本市行政区域内生产（含种植、养殖、加工）、流通（含销售、贮存、运输）以及餐饮服务环节实施信息追溯管理：

（一）粮食及其制品；

（二）畜产品及其制品；

（三）禽及其产品、制品；

（四）蔬菜；

（五）水果；

（六）水产品；

（七）豆制品；

（八）乳品；

（九）食用油；

（十）经市人民政府批准的其他类别的食品和食用农产品。

市食品药品监管部门应当会同市农业、商务、卫生计生等部门确定前款规定的实施信息追溯管理的食品和食用农产品类别的具体品种（以下称追溯食品和食用农产品）及其实施信息追溯管理的时间，报市食品安全委员会批准后，向社会公布。

第三条（生产经营者责任）

追溯食品和食用农产品的生产经营者应当按照本办法的规定，利用信息化技术手段，履行相应的信息追溯义务，接受社会监督，承担社会责任。

本办法所称的追溯食品和食用农产品的生产经营者，包括从事追溯食品和食用农产品生产经营的生产企业、农民专业合作经济组织、屠宰厂（场）、批发经营企业、批发市场、兼营批发业务的储运配送企业、标准化菜市场、连锁超市、中型以上食品店、集体用餐配送单位、中央厨房、学校食堂、中型以上饭店及连锁餐饮企业等。

鼓励追溯食品和食用农产品的其他生产经营者参照本办法规定，履行相应的信息追溯义务。

第四条（政府职责）

市和区（县）人民政府领导本行政区域内的食品安全信息追溯工作，将食品安全信息追溯工作所需经费纳入同级财政预算，并对相关部门开展食品安全信息追溯工作情况进行评议、考核。

第五条（市食品药品监管部门的职责）

市食品药品监管部门负责本市食品安全信息追溯工作的组织推进、综合协调，具体承担下列职责：

（一）在整合有关食品和食用农产品信息追溯系统的基础上，建设全市统一的食品安全信息追溯平台（以下简称食品安全信息追溯平台）；

（二）负责食品生产、餐饮服务环节信息追溯系统的建设与运行、维护；

（三）会同相关部门拟订本办法的具体实施方案、相关技术标准；

（四）对食品生产、流通、餐饮服务环节和食用农产品流通环节的信息追溯，实施监督管理与行政执法。

第六条（市农业行政主管部门的职责）

市农业行政主管部门承担下列职责：

（一）负责食用农产品种植、养殖、初级加工环节信息追溯系统的建设与运行、维护；

（二）对食用农产品种植、养殖、初级加工环节和畜禽屠宰环节的信息追溯，实施监督管理与行政执法。

第七条（市商务主管部门的职责）

市商务主管部门承担下列职责：

（一）负责食品和食用农产品流通环节、畜禽屠宰环节信息追溯系统的建设与运行、维护；

（二）对食品和食用农产品流通环节的生产经营者履行信息追溯义务，进行指导、督促。

第八条（区县相关部门的职责）

区（县）市场监管、农业、商务等部门按照各自职责，负责本辖区内食品和食用农产品信息追溯的监督管理与行政执法，以及有关信息追溯系统的运行、维护等具体工作。

第九条（其他相关部门的职责）

出入境检验检疫部门应当根据食品安全信息追溯管理需要，配合提供进口追溯食品和食用农产品的相关信息。

发展改革、财政、经济信息化、卫生计生等部门按照各自职责，共同做好食品安全信息追溯工作。

第十条（系统与平台的对接）

市食品药品监管、农业、商务部门负责建设的信息追溯系统应当与食品安全信息追溯平台进行对接。

鼓励有条件的生产经营者、行业协会、第三方机构建立食品和食用农产品信息追溯系统，并与食品安全信息追溯平台进行对接。

市食品药品监管部门应当会同市农业、商务等部门制定政府部门、生产经营者、行业协会、第三方机构信息追溯系统与食品安全信息追溯平台对接的技术标准。

第十一条（行业引导）

食品和食用农产品生产、流通以及餐饮服务等行业协会应当加强行业自律，推动行业信息追溯系统和信用体系建设，开展相关宣传、培训工作，引导生产经营者自觉履行信息追溯义务。

第十二条（生产经营者电子档案）

追溯食品和食用农产品的生产经营者应当将其名称、法定代表人或者负责人姓名、地址、联系方式、生产经营许可等资质证明材料上传至食品安全信息追溯平台，形成生产经营者电子档案。

前款规定信息发生变动的，追溯食品和食用农产品的生产经营者应当自变动之日起2日内，更新电子档案的相关内容。

第十三条（追溯食品生产企业的信息上传义务）

追溯食品的生产企业应当将下列信息上传至食品安全信息追溯平台：

（一）采购的追溯食品的原料、食品添加剂、食品相关产品的名称、规格、数量、生产日期或者生产批号、保质期、进货日期以及供货者名称、地址、联系方式等；

（二）出厂销售的追溯食品的名称、规格、数量、生产日期或者生产批号、保质期、检验合格证号、销售日期以及购货者名称、地址、联系方式等。

第十四条（追溯食用农产品生产企业等的信息上传义务）

追溯食用农产品的生产企业、农民专业合作经济组织、屠宰厂（场）应当将下列信息上传至食品安全信息追溯平台：

（一）使用农业投入品的名称、来源、用法、用量和使用、停用的日期；

（二）动物疫情、植物病虫草害的发生和防治情况；

（三）收获、屠宰或者捕捞的日期；

（四）上市销售的追溯食用农产品的名称、数量、销售日期以及购货者名称、地址、联系方式等；

（五）上市销售的追溯食用农产品的产地证明、质量安全检测、动物检疫等信息。

第十五条（批发经营者的信息上传义务）

追溯食品和食用农产品的批发经营企业、批发市场的经营管理者以及兼营追溯食品和食用农产品批发业务的储运配送企业应当将下列信息上传至食品安全信息追溯平台：

（一）追溯食品和食用农产品的名称、数量、进货日期、销售日期，以及供货者和购货者的名称、地址、联系方式等；

（二）追溯食品的生产企业名称、生产日期或者生产批号、保质期；

（三）追溯食用农产品的产地证明、质量安全检测、动物检疫等信息。

第十六条（零售经营者的信息上传义务）

标准化菜市场的经营管理者、连锁超市、中型以上食品店应当将下列信息上传至食品安全信息追溯平台：

（一）经营的追溯食品和食用农产品的名称、数量、进货日期、销售日期，以及供货者的名称、地址、联系方式等；

（二）经营的追溯食品的生产企业名称、生产日期或者生产批号、保质期；

（三）经营的追溯食用农产品的产地证明、质量安全检测、动物检疫等信息。

第十七条（餐饮服务提供者的信息上传义务）

集体用餐配送单位、中央厨房、学校食堂、中型以上饭店及连锁餐饮企业应当将下列信息上传至食品安全信息追溯平台：

（一）采购的追溯食品和食用农产品的名称、数量、进货日期、配送日期，以及供货者的名称、地址、联系方式等；

（二）采购的追溯食品的生产企业名称、生产日期或者生产批号、保质期；

（三）直接从食用农产品生产企业或者农民专业合作经济组织采购的追溯食用农产品的产地证明、质量安全检测、动物检疫等信息。

集体用餐配送单位、中央厨房还应当将收货者或者配送门店的名称、地址、联系方式等信息上传至食品安全信息追溯平台。

第十八条（信息上传要求与方式）

追溯食品和食用农产品的生产经营者应当在追溯食品和食用农产品生产、交付后的 24 小时内，按照本办法规定，将相关信息上传至食品安全信息追溯平台。

追溯食品和食用农产品的生产经营者应当对上传信息的真实性负责。

追溯食品和食用农产品的生产经营者可以通过与食品安全信息追溯平台对接的信息追溯系统上传信息，或者直接向食品安全信息追溯平台上传信息。

第十九条（信息传递）

批发经营企业、批发市场和标准化菜市场的经营管理者、兼营批发业务的储运配送企业、连锁超市等已经纳入本市食用农产品流通安全信息追溯系统的生产经营者，应当利用物联网等信息技术手段，进行信息传递。

前款规定以外的追溯食品和食用农产品的生产经营者需要实施信息传递的，由市食品药品监管部门会同市农业、商务等部门制定具体方案，报市食品安全委员会批准后，向社会公布。

第二十条（其他规定）

批发市场、标准化菜市场的场内经营者应当配合市场的经营管理者履行相应的信息追溯义务。

实行统一配送经营方式的追溯食品和食用农产品的生产经营企业，可以由企业总部统一实施进货查验，并将相关信息上传至食品安全信息追溯平台。

第二十一条（消费者知情权保护）

消费者有权通过食品安全信息追溯平台、专用查询设备等，查询追溯食品和食用农产品的来源信息。

追溯食品和食用农产品的生产经营者应当根据消费者的要求，向其提供追溯食品和食用农产品的来源信息。

鼓励生产经营者在生产经营场所或者企业网站上主动向消费者公示追溯食品与食用农产品的供货者名称与资质证明材料、检验检测结果等信息，接受消费者监督。

消费者发现追溯食品和食用农产品的生产经营者有违反本办法规定行为的，可以通过食品安全信息追溯平台或者食品安全投诉电话，进行投诉举报。食品药品监管、市场监管、农业等部门应当按照各自职责，及时核实处理，并将结果告知投诉举报人。

第二十二条（政府服务）

食品药品监管、市场监管、农业、商务等部门应当自行或者委托相关行业协会、第三方机构，为追溯食品和食用农产品的生产经营者上传信息、信息传递以及追溯系统与食品安全信息追溯平台的对接等，提供指导、培训等服务。

第二十三条（监督管理）

食品药品监管、市场监管、农业等部门应当将食品安全信息追溯管理纳入年度监督管理计划，通过定期核查、监督抽查等方式，加强对生产经营者履行食品安全信息追溯义务的监督检查，并将有关情况纳入其信用档案。

第二十四条（追溯食品和食用农产品的生产经营者违反有关规定的法律责任）

违反本办法第十二条至第十七条、第十八条第一款规定，追溯食品和食用农产品的生产经营者有下列行为之一的，由食品药品监管、市场监管、农业等部门按照各自职责，责令改正；拒不改正的，处以2000元以上5000元以下罚款：

（一）未按照规定上传其名称、法定代表人或者负责人姓名、地址、联系方式、生产经营许可等资质证明材料，或者在信息发生变动后未及时更新电子档案相关内容的；

（二）未按照规定及时向食品安全信息追溯平台上传相关信息的。

违反本办法第十八条第二款规定，追溯食品和食用农产品的生产经营者故意上传虚假信息的，由食品药品监管、市场监管、农业等部门按照各自职责，处以5000元以上2万元以下罚款。

违反本办法第二十一条第二款规定，追溯食品和食用农产品的生产经营者拒绝向消费者提供追溯食品和食用农产品来源信息的，由食品药品监管、市场监管、农业等部门按照各自职责，责令改正，给予警告。

第二十五条（行政责任）

违反本办法规定，食品药品监管、市场监管、农业、商务等部门及其工作人员有

下列行为之一，造成不良后果或者影响的，由所在单位或者上级主管部门依法对直接
负责的主管人员和其他直接责任人员给予警告或者记过处分；情节较重的，给予记大
过或者降级处分；情节严重的，给予撤职处分：

（一）未履行有关食品安全信息追溯系统、平台建设或者运行、维护职责；

（二）未履行食品安全信息追溯管理职责；

（三）未核实处理投诉举报，或者未将结果告知投诉举报人。

第二十六条（有关用语含义）

本办法所称的中型以上食品店，是指经营场所使用面积在 200 平方米以上的食品
商店。

本办法所称的中型以上饭店，是指经营场所使用面积在 150 平方米以上，或者就
餐座位数在 75 座以上的饭店。

本办法所称的标准化菜市场，是指符合本市有关菜市场设置和管理规范，专业从
事食品和食用农产品零售经营为主的固定场所。

第二十七条（施行日期）

本办法自 2015 年 10 月 1 日起施行。

上海市商务信用信息管理试行办法

沪商秩序〔2018〕15 号

第一条（目的依据）

为规范商务信用信息管理，健全本市商务诚信体系，推动建立以商务信用为核心的商务领域行业事中事后监管模式，营造"稳定、公平、透明、可预期"的法治化、国际化、便利化营商环境，根据《上海市社会信用条例》《关于全面加强电子商务领域诚信建设的指导意见》《商务部关于加快推进商务诚信建设工作的实施意见》等规定，特制定本办法。

第二条（适用范围）

本办法所称的商务信用信息包括本市商务领域企业的行政许可、资质认定、行政处罚、法院判决裁定等公共信用信息，市场化平台生成的基于交易主体评价和社会综合评价的市场信用信息，以及第三方专业机构生成的以市场履约记录评价为核心的市场信用信息。

上述市场信用信息的采集、与公共信用信息的交互共享和应用，以及上海市商务诚信公众服务平台（以下简称"商务诚信平台"）建设、运维等相关活动适用本办法。公共信用信息归集和使用按照《上海市公共信用信息归集和使用管理办法》执行。

第三条（部门职责）

上海市商务委员会（以下简称"市商务委"）按照全市社会信用体系建设的统一部署，推进本市商务信用信息管理工作，负责制定本市商务信用信息管理制度和标准规范，指导、监督和支持本市商务信用信息采集、共享、查询、评价与使用等工作。

各区商务主管部门应积极推进本辖区商务诚信体系建设，在行业管理过程中率先使用商务信用信息和信用产品，培育和发展市场信用子平台，营造"守信激励、失信惩戒"的社会诚信氛围。

第四条（商务诚信平台建设）

本市建立统一的商务诚信平台，由其整合共享本办法第二条所称市场信用信息，并与上海市公共信用信息服务平台互联互通，形成信用信息来源涵盖政府部门、市场化平台和第三方专业机构，市场主体覆盖线上、线下的综合性商务信用管理体系。

上海市公共信用信息服务中心（以下简称"市信用中心"）负责本市商务诚信平台建设、运维，商务信用信息的数据归集、查询应用、统计分析、监测预警以及共享发布等工作。

第五条（市场信用子平台）

鼓励信用良好的平台类企业、第三方专业机构、行业协会等主体按照相关管理规定，建设商务诚信平台市场信用子平台（以下简称"子平台"），依法采集、共享、评价和使用入驻商户、会员企业（以下统称"信息主体"）的市场信用信息。

子平台建设标准和管理规范由市商务委统一制定。

第六条（信息共享机制）

建立本市市场与公共信用信息的交互共享机制，实现市场信用信息与公共信用信息的交互共享。子平台与市信用中心应通过签订合作协议等方式，明确双方权利与义务。

鼓励子平台之间依托商务诚信平台建立市场信用信息交互共享机制，完善市场主体信用记录，推动信用信息评价互认和共享应用。

第七条（市场信用信息来源）

商务诚信平台通过以下途径归集市场信用信息：

（一）由子平台将自身业务活动中产生的商务信用信息（包括但不限于基本信息、信用信息统计结果、信用评价结果）按照相关管理规范和数据标准，提供至商务诚信平台。

（二）鼓励信息主体以自我声明、自主申报、社会承诺等方式，向子平台申报市场信用信息，并通过子平台向商务诚信平台推送。

（三）其他合法途径。

第八条（数据质量管理）

子平台向商务诚信平台共享市场信用信息的，应对所提供的市场信用信息真实性、合法性负责，并应取得信息主体有效授权。子平台存在以下情形的，市信用中心应当停止接受其提供的相关数据，已经获取的信用信息不再对外提供查询：

（一）没有取得信息主体有效授权。

（二）不符合商务诚信平台标准规范。

（三）其他严重影响商务诚信平台数据质量的情形。

第九条（商务信用评价）

鼓励和引导第三方信用服务机构依托商务诚信平台，综合运用商务信用信息开展信用评价，为社会提供商务信用公共服务。

鼓励子平台在各自行业或专业领域依托商务诚信平台，综合运用商务信用信息，对信息主体开展信用评价，为行业自律、企业自治和创新发展提供支撑。

鼓励市信用中心会同子平台及第三方信用服务机构分行业、分领域、分区域开展商务信用研究，提供相关信用产品和服务。

第十条（信息查询）

商务诚信平台应当拓宽查询渠道，通过服务大厅、网站、移动终端、微信公众号等方式提供商务信用信息查询服务。

查询他人非公开信息的，应当取得信息主体有效授权。

第十一条（政府管理应用）

市、区商务主管部门应在依法履职和开展行业管理过程中，主动查询商务信用信息，并根据查询结果开展信用分类监管，将信用状况作为行业管理、市场监管、公共服务等重要参考，形成事前信用核查、事中分类管理、事后联合奖惩的行业监管模式。商务领域的行业监管平台应主动对接商务诚信平台，实现数据互联互通、交互共享。

支持相关部门在行政许可、日常监管、政府采购、投标招标、资金支持、表彰评优、资质认定等工作中查询商务信用信息，为其实施相关行政管理和服务提供信息支撑。

第十二条（市场联合激励）

鼓励子平台对信用状况良好的信息主体在搜索排序、资金支持、运营管理、信贷融资、项目参与以及营销宣传等方面给予一定便利，强化正面激励引导。

鼓励子平台间建立市场联合激励机制，定期发布"守信红名单"和"联合激励措施清单"，并为市场交易和消费提供信息参考。

第十三条（市场联合惩戒）

鼓励子平台对信用状况较差的信息主体采取提高交易门槛、取消资金优惠、减少交易便利、增加检查频次以及强制退出等措施，增加失信主体市场交易成本。

鼓励子平台间建立市场联合惩戒机制，根据需要建立"失信黑名单"机制，明确并公开名单的告知、列入、移除条件和相应标准等，定期发布"失信黑名单"和"联合惩戒措施清单"，降低市场交易和消费风险。

子平台应按照《关于对电子商务及分享经济领域炒信行为相关失信主体实施联合惩戒的行动计划》及本市的有关文件要求，开展电子商务领域失信问题治理，对"炒信"主体根据行为严重程度，实施限制新设立账户、限制发布商品及服务、降低信用等级等惩戒措施。

第十四条（诚信宣传）

市商务委应当加强本市商务诚信建设的教育宣传工作。利用传统媒体、移动终端、微信公众号等多种渠道，结合"商务诚信月"等主题，开展多种形式的商务诚信宣传活动，营造社会诚信氛围。

第十五条（异议申请）

信息主体发现商务诚信平台提供的信息存在错误、遗漏或者侵犯其商业秘密、个人隐私等情形的，可向市信用中心或子平台提起异议申请。子平台应当建立相应的异议受理渠道和管理制度，保障信息主体合法权益。

异议申请涉及公共信用信息的，市信用中心应按照《上海市社会信用条例》相关规定执行。

第十六条（信息安全保障）

市商务委、市信用中心以及查询和使用商务诚信平台的单位，应当严格履行信息安全管理职责，建立信息安全管理机制，明确本单位信息查询制度规范，确定本单位工作人员的查询权限和查询程序，并建立信用信息管理保密审查制度。

第十七条（施行日期）

本办法自 2018 年 2 月 1 日起施行。

中国（上海）自由贸易试验区大宗商品现货市场交易管理规定

沪商市场〔2014〕595 号

第一条　为推动中国（上海）自由贸易试验区（以下简称"自贸试验区"）面向国际的大宗商品现货市场建设，规范交易活动，保护交易各方的合法权益，加快推进现代流通方式，促进大宗商品现货市场健康发展，根据《中国（上海）自由贸易试验区总体方案》（国发〔2013〕38 号）以及《商品现货市场交易特别规定（试行）》（商务部、中国人民银行、证券监督管理委员会令 2013 第 3 号），制订本规定。

第二条　本规定所称大宗商品现货市场，是指由买卖双方进行公开的、经常性的或定期性的大宗商品现货交易活动，具有信息、物流等配套服务功能的场所或互联网交易平台。

本规定所称大宗商品现货市场经营者（以下简称"市场经营者"），是指依法设立大宗商品现货市场，制定市场相关业务规则和规章制度，并为大宗商品现货交易活动提供场所及相关配套服务的法人。

第三条　上海市商务委员会（以下简称"市商务委"）负责大宗商品现货市场行业管理，指导自贸试验区大宗商品现货市场规划布局，加强物流仓储标准化制度建设与管理，促进市场建立健全交易、交收、仓储、信息发布、风险控制等业务规则与制度，加强行业监管，推动市场健康发展。

上海市金融服务办公室（以下简称"市金融办"）负责加强与国家金融管理部门沟通协调，指导做好大宗商品现货市场资金存管、清算和结算等相关工作，规范市场交易品种和交易方式，防范系统性金融风险，推动现货市场与期货市场联动发展。

中国（上海）自由贸易试验区管委会（以下简称"自贸试验区管委会"）负责制定自贸试验区大宗商品现货市场规划布局，加强市场设立及运行中的政策协调，建立健全自贸试验区大宗商品现货市场信息和统计监测机制，加强市场规范监管。

第四条 申请在自贸试验区设立的大宗商品现货市场应符合下列要求：

（一）市场发起人具有大宗商品领域行业背景，过往三年经营无违法记录。

（二）交易品种为进出口依存度高的大宗商品；交易价格不含进口关税和进口环节增值税；交易对象为大宗保税实物商品、以大宗保税实物商品为标的物的仓单和可转让提单等提货凭证。

（三）市场经营管理制度符合自贸试验区大宗商品现货市场相关交易管理规则。

自贸试验区管委会会同市商务委和市金融办等部门，与业内专家、行业代表等组成自贸试验区大宗商品现货市场评审委员会。评审委员会对市场发起人提交的项目方案开展综合评估，评审结果应书面告知市场发起人。

第五条 自贸试验区市场经营者开展经营活动应当遵照《商品现货市场交易特别规定（试行）》（商务部、中国人民银行、证券监督管理委员会令2013第3号），并遵守下列规则：

（一）市场经营者应当建立健全交易、资金托管、清算、仓储、信息发布、风险控制、市场管理等业务规则与各项规章制度，做到"交易、托管、清算、仓储"分开，严格防范和妥善处置各类风险。

（二）市场经营者应当确保交易各方的交易资金存储在第三方的资金存管机构开设的专用资金账户，不得侵占、挪用账户资金，由主办银行或独立第三方清算机构对交易资金进行清算，确保交易资金安全。

（三）市场经营者应当建立完善的仓单管理及交收机制，由独立第三方仓单公示系统对仓单进行登记公示，确保仓单真实性和交收安全。指定交收仓库应为自贸试验区内的保税仓库或其他符合海关监管要求的保税仓库。

（四）市场经营者及其工作人员不得以任何方式参与市场交易。

第六条 自贸试验区大宗商品现货市场相关交易管理规则由自贸试验区管委会、市商务委、市金融办联合制定。

本规定自发布之日起施行，有效期两年，由市商务委会同市金融办、自贸试验区管委会负责解释。市商务委、市金融办、自贸试验区管委会发布的《中国（上海）自由贸易试验区大宗商品现货市场交易管理暂行规定》（沪商市场〔2014〕186号）同时废止。

中国（上海）自由贸易试验区大宗商品现货市场交易管理规则（试行）

中（沪）自贸管〔2014〕266 号

第一章　总则

第一条　依据国家有关法律法规及《中国（上海）自由贸易试验区总体方案》（国发〔2013〕38 号）、《中国（上海）自由贸易试验区条例》（上海市人民代表大会常务委员会公告第 14 号）等，制定本规则。

第二条　按照"总量控制、审慎审批、合理布局"的原则，以制度创新为核心，探索规范自贸试验区内大宗商品现货市场的交易规则和事中事后监管模式创新，合理控制和处置风险。

第三条　自贸试验区内大宗商品现货市场经营者制定各项交易规则和专项管理办法，交易相关主体从事大宗商品现货市场交易活动，均适用本规则。

第二章　交易市场与交易业务

第四条　市场发起人应在所从事的大宗商品现货市场业务领域处于优势地位；市场经营者注册资本和投资规模应与交易商品所处行业经济规模相适应；营业场所、相关设施及服务可满足大宗商品现货交易活动和市场业务经营需要；市场经营者应建立完善的风险控制管理办法及风险处置机制。

第五条　市场的交易品种由市场经营者根据业务发展需要推出。在市场内进行现货交易的商品为跨境特征突出、进出口依存度高的大宗商品。

第六条　市场的交易对象可为：

（一）大宗保税实物商品；

（二）以大宗保税实物商品为标的物的仓单；

（三）以大宗保税实物商品为标的物的可转让提单等提货凭证；

（四）国家及本市人民政府依法规定的其他交易对象。

第七条　市场采用的交易方式可为：

（一）协议交易；

（二）单向竞价交易；

（三）国家及本市人民政府依法规定的其他交易方式。

第八条　市场的交易价格应为不含进口关税和进口环节增值税的"净价"。市场的所有交易应采用人民币报价、人民币结算，计价单位为元。美元或其他可兑换货币可用于交纳现货交易的履约担保。

第九条　在市场进行交易的交易商可选择以全额付款或交纳履约担保的形式订立交易合同。

第十条　市场经营者及其工作人员不得以任何方式参与市场交易。

第十一条　除本章前述要求外，市场经营者还应就交易商品名称、商品代码、计量单位、品牌和规格、交易时间、挂牌方式、最短连续交易间隔、交易履约担保及交纳时间、成交规则、成交签约流程、交易手续费等作出规定。

第三章　交易资金管理

第十二条　市场经营者应指定第三方资金清算机构负责市场现货交易的统一清算、资金管理和清算风险控制。市场经营者可选择专业清算机构或主办银行作为第三方资金清算机构。清算模式可选择净额轧差或全额兑付。

市场经营者应会同第三方资金清算机构制定具体的清算细则并签订协议，明确相关业务流程及各方的权利、义务和责任。

第十三条　市场经营者选择专业清算机构作为第三方资金清算机构的，专业清算机构应通过其清算会员管理交易商的交易资金，完成资金结算。专业清算机构应制定清算规则与业务指南，并与其清算会员签订协议，明确相关业务流程及双方的权利、义务和责任。

第十四条　市场经营者选择主办银行作为第三方资金清算机构的，应委托第三方资金存管银行负责交易商交易资金的存管及协助主办银行对交易商资金进行划拨。

市场经营者应会同第三方资金存管银行制定具体的资金存管规则并签订书面协议，明确相关业务流程及双方的权利、义务和责任。

第十五条　除本章前述要求外，市场经营者还应会同第三方资金清算机构及第三方资金存管银行就资金账户开立、资金清结算流程、相关费用的收取等作出规定。

第四章　商品交收管理

第十六条　市场实行每日交收制度。买方交易商在办妥全部现货交易手续、完成商品所有权单据转移后，方可卖出交收商品。

第十七条　除本章前述要求外，市场经营者还应就交收流程、物流服务、品质检验、交收违约及索赔等与交收有关的事项作出规定。市场经营者还可根据交收商品的具体特性，在各商品交收细则中对交易交收时间段、最小交收单位、溢短量、质量检验标准等事项作出规定。

第五章　指定交收仓库及仓单管理

第十八条　市场经营者对指定交收仓库的认定标准包括但不限于：

（一）属于经海关核准登记的自贸试验区内的保税仓库或其他符合海关监管要求的保税仓库；

（二）符合第三方仓单公示机构对信息对接、抽查抽验的要求。

第十九条　市场经营者应与指定交收仓库签订合作协议，明确相关业务流程及双方的权利、义务和责任。指定交收仓库应对交易相关主体及第三方仓单公示机构发现有疑义的仓单进行查核，并及时反馈查核结果。

第二十条　市场经营者应在第三方仓单公示机构登记仓单，并委托其对仓单、可转让提单等提货凭证的信息变更、转让过户及注销、以及仓单所对应商品的质检等情况进行公示。第三方仓单公示机构应建立健全信息比对系统，将"商品、交易、资金"信息逐笔实时比对，并与海关信息定期总量比对，实现商品、交易、资金信息一致，协助指定交收仓库确保仓单的真实性、唯一性以及商品的交收安全。

第二十一条　市场经营者、指定交收仓库、第三方资金清算机构应实时向第三方仓单公示机构推送交易相关数据，协助信息比对。第三方仓单公示机构应根据信息比对结果，协助市场经营者对其指定交收仓库的安全存管状态实行分类分级管理。

第三方仓单公示机构应会同市场经营者、指定交收仓库制定具体的仓单公示规则并签订合作协议，明确相关业务流程及各方的权利、义务和责任。

第二十二条　第三方仓单公示机构应按照不同类型的公示对象对仓单信息实行分级公示。分级公示行为不得违反法律法规规定，不得泄露国家秘密或他人的商业秘密。

第三方仓单公示机构应依据本规则制定仓单公示管理办法，明确确保市场有效运行及风险防控的各项必要内容。

第二十三条 除本章前述要求外，市场经营者还应根据指定交收仓库、第三方仓单公示机构的业务模式，就指定交收仓库认定流程、商品出入库流程、仓单注册、转让、注销及公示流程、日常监管、风险处置、仓库重大事项报告、仓库退出管理及其他有关事项作出规定。

第六章 交易商管理

第二十四条 经市场经营者认可的、符合如下条件的境内外企业法人可以成为市场的交易商：

（一）从事与市场交易商品相关的贸易、生产、加工等经营活动的企业法人；

（二）可经营大宗保税商品并具备经营该商品所需的资质。

鼓励境外投资者参与市场交易。

市场经营者应建立交易商管理制度并与交易商签订入市协议，明确双方的权利、义务和责任。

第二十五条 除本章前述要求外，市场经营者还应就交易商代码/密码管理，交易商信用管理、交易商权利义务、违约处罚、争议解决、交易商退出等与交易商管理有关的各项内容作出规定。

第七章 风险控制制度

第二十六条 市场经营者应委托第三方资金清算机构负责资金清算；由专业清算机构的清算会员或委托第三方资金存管银行负责资金托管；指定交收仓库负责商品仓储；委托第三方仓单公示机构负责信息汇总、公示；加强社会化监管服务，做到"交易、托管、清算、仓储"分开。

第二十七条 市场经营者应在与指定交收仓库、交易商、第三方仓单公示机构、第三方资金清算机构、第三方资金存管银行订立的书面协议中明确风险发生时各自应当承担的责任范围。

前款风险范围包括但不限于禁止性交易行为、交易系统安全性漏洞、仓单真实性风险、仓单权利瑕疵、仓单公示信息错误、清算系统安全性漏洞、资金管理系统安全性漏洞。

第二十八条 市场经营者应建立市场风险准备金或其他有效的市场风险处置机制，应对市场风险及弥补相关损失。

市场风险准备金提取的方式与金额应与市场交易规模和风险水平相适应，由市场经营者在第三方资金存管银行开立专户存储、单独核算、专款专用。

市场经营者应制定风险准备金管理办法，明确风险准备金的计提比例、管理规则、使用规则、使用流程等。

第二十九条　市场经营者指定的交收仓库应履行商品保管的职责并确保仓单的真实性和唯一性。市场应建立仓库风险保证金或其他有效的仓库履约保证机制，应对仓储风险及弥补相关损失，确保指定交收仓库履行义务。

仓库风险保证金或其他履约保证的方式与金额由指定交收仓库和市场经营者在双方的合作协议中明确，应确保与仓库规模和风险水平相适应。仓库风险保证金在第三方资金存管银行开立专户存储、单独核算、专款专用。第三方仓单公示机构对风险保证金或其他履约保证的方式与金额有异议的，由三方协商予以调整。

市场经营者应制定指定交收仓库风险防控管理办法，明确仓库风险保证金或其他履约保证的交纳方式、管理规则、使用规则、使用流程等。

第三十条　市场经营者应对市场运营过程中可能发生的风险进行全面评估，并制定相应的风险控制管理办法。风险控制管理办法应包括但不限于市场风险准备金制度、交易履约担保制度、资金监管制度、指定交收仓库和仓单监管制度、仓库风险防控制度、交易商监督管理制度、异常情况处理制度、重大事项报告制度、工作人员职业道德教育制度、交易风险管理制度、交易规则制定及修改规定、数据安全管理制度、各项风险的处置流程和各方风险承担制度。

第三十一条　鼓励建立市场化的风险处置机制，鼓励市场经营者建立行业自律组织，探索设立大宗商品交易风险平准基金或引入保险机制。

第八章　信息公布及保密

第三十二条　市场经营者应在市场交易网站、市场营业场所内通过合理显著方式发布信息。市场经营者应对所发布信息的真实性、准确性负责。

第三十三条　市场经营者发布的交易行情信息包括交易品种、最新价、涨跌、最高价、最低价、平均价等需要公布的信息。

第三十四条　市场经营者应就交易规则及专项管理办法的制定和修改公开征求意见，并应采取合理措施确保受交易规则约束的利害关系方能够及时、充分知晓并表达其意见。

第三十五条　市场经营者制定、修改交易规则及专项管理办法内容的，应至少在实施前三十日进行公布。

市场经营者修改的交易规则及专项管理办法对交易商有重大影响的，应制定合理过渡措施。

第三十六条 市场经营者应制定风险警示公告方案，出现影响或可能影响市场稳定运行的情形时，市场经营者应发出市场风险警示公告，向全体交易商警示风险。

第三十七条 市场经营者应建立严格的数据安全保护和数据备份制度，采取必要的技术手段和管理措施，保证网络交易平台的正常运行。市场经营者应当保证原始数据的真实性，并提供必要、可靠的交易环境和交易服务，确保交易数据及其他信息资料的安全与完整性。市场的业务数据、财务数据等重要数据均应存放在中国境内。

第三十八条 市场经营者收集、使用交易商相关信息时，应遵循合法、正当、必要的原则，不得违反法律、法规的规定。市场经营者及其工作人员应对收集的相关信息严格保密。

第三十九条 除本章前述要求外，市场经营者还应公布市场参与者评级信息、指定交收仓库安全分级信息和疑义仓单风险警示信息，并就信息发布流程等与信息公布及保密有关的各项内容作出规定。

第九章 信息报送与公示

第四十条 市场经营者应履行以下信息报送义务：

（一）报备交易规则及专项管理办法；

（二）报送常规信息；

（三）报告重大事项；

（四）报告退出事项；

（五）其他依法需要报送的信息。

第四十一条 市场经营者应在其交易规则及专项管理办法发布之日起十五日内报送备案。市场经营者应依据已备案的交易规则及专项管理办法开展业务。

第四十二条 市场经营者应履行以下常规信息报送义务：

（一）每一月度结束后二十日内、每一年度结束后九十日内，提交月度、年度报告，报告有关经营情况和法律、行政法规、规章、政策的执行情况；

（二）作出上市、增加、变更交易品种决定之日起十五日内，报送交易品种的变化，并确保交易品种仍符合本规则规定的各项要求。

第四十三条 在发生下列重大事项时，市场经营者应在二十四小时内报告：

（一）市场工作人员存在或者可能存在严重违反国家有关法律、行政法规、规章、政策行为的；

（二）发生合并、分立、解散、申请破产、进入破产程序或其他涉及市场经营者主体变更情形的；

（三）涉及占市场经营者净资产百分之十以上或者对市场经营风险有较大影响诉讼的；

（四）市场经营者出现重大财务支出、投资事项，或可能带来重大财务风险或者经营风险的财务决策的；

（五）市场经营者宣布进入异常情况并采取紧急措施的；

（六）市场发生风险，需要动用风险准备金的。

第四十四条 市场经营者拟终止提供交易平台服务的，应至少提前三个月提交报告并制定处置方案。市场经营者应将退出公告及处置方案通知交易商及其他相关主体，并以合理显著方式公示，采取有效措施、妥善处置风险，如结清账目、清理债权债务等，确保交易商资金安全及其他相关主体的合法权益，维持社会稳定。

第四十五条 本规则所涉信息报送内容由中国（上海）自由贸易试验区管理委员会受理。

第四十六条 市场经营者应按照相关规定通过企业信用信息公示系统向社会公示相关信息。依据本规则及相关规定报送的信息内容，如纳入信用信息公示系统的，按照信息公示系统相关要求执行。

第四十七条 市场经营者、指定交收仓库、第三方资金清算机构、第三方资金存管银行、第三方仓单公示机构应妥善保管所有交易资料和相关交易凭证，保管期限不得少于五年。国家或本市对交易资料和交易凭证保管期限有规定的，从其规定。上述市场交易相关主体应配备信息接口，配合信息报送、第三方信息比对及事中事后监管工作。

第十章 违法违规处理

第四十八条 市场经营者制定或实施的交易规则及专项管理制度违反本规则或市场经营出现重大风险的，各相关监管部门可通过警示谈话、书面警示、责令整改等方式要求市场经营者对相关情况予以说明，并在限定期限内予以纠正。市场经营者或其他相关主体违反法律法规经营的，由各相关监管部门依法予以处罚。涉嫌犯罪的，依法移送司法机关处理。

第十一章 附则

第四十九条 本规则的以下术语，除法律法规另有规定外，具有以下含义：

（一）大宗商品现货市场（简称"市场"）：是指依法在自贸试验区内设立，买卖双方进行公开的、经常性的或定期性的大宗保税商品现货交易活动，具有信息、物流等配套服务功能的场所或互联网交易平台。

（二）大宗商品现货市场经营者（简称"市场经营者"）：是指依法设立大宗商品现货市场，制定市场相关业务规则和规章制度，并为大宗商品现货交易活动提供场所及相关配套服务的法人。

（三）大宗商品现货市场发起人（简称"市场发起人"）：是指参加订立发起人协议，提出设立市场经营者申请，认缴市场经营者出资或者认购其股份并对市场经营者设立承担责任的公司、企业或其他经济组织。

（四）入市协议：是指由大宗商品现货市场经营者对申请大宗商品现货市场交易商资格的企业的运营能力及相关制度设置进行考察后与之签订的明确双方权利、义务和责任的法律文件。

（五）异常情况：是指现货交易中出现的因地震、火灾等不可抗力或计算机系统故障等突发事件导致交易无法正常进行，或因交易商结算、交收危机或交易商违反交易规则及专项管理办法导致的交易商品价格异常波动，而对市场正在产生或即将产生重大影响，市场经营者可因此采取紧急措施化解风险的状况。

（六）协议交易：是指买卖双方以实物商品交收为目的，采用协商等方式达成一致，约定立即交收或者在一定期限内交收的交易方式。

（七）单向竞价交易：是指一个买方（卖方）向市场提出申请，市场经营者预先公告交易对象，多个卖方（买方）按照规定加价或者减价，在约定交易时间内达成一致并成交的活动。

（八）保税交收：是指交易合同载明的、处于保税监管状态的商品作为交收标的物进行商品交收的过程。

（九）指定交收仓库：是指经市场经营者核准、委托，具有保税功能、负责大宗商品保税储存、交收的自贸试验区内的保税仓库或其他符合海关监管要求的仓库。

（十）保税仓单：是指交易商将符合交易要求的保税交收商品储存在指定交收仓库后，经市场经营者审核认定，并由指定交收仓库开具的用于提取该批保税交收商品的物权凭证。

（十一）专业清算机构：是指由国家金融管理部门批准建立的，接受市场经营者委托，依据市场经营者发送的现货交易成交数据，指令清算会员对交易资金进行清算、结算的第三方资金清算机构。

（十二）清算会员：是指符合专业清算机构要求的、为市场提供资金清算、结算、存管服务的商业银行等金融机构。

（十三）主办银行：是指受市场经营者委托，依据市场经营者发送的现货交易成交数据对交易资金进行清算、结算的商业银行。

（十四）第三方资金存管银行：是指接受市场经营者委托，负责市场各项资金存管，并协助主办银行对交易资金进行划拨的商业银行。

（十五）第三方仓单公示机构：是指对市场交易对象进行登记、核对校验、实物抽查及信息比对，并将交易对象状态信息进行公示的独立于市场经营者、市场发起人、指定交收仓库等其他市场参与者的第三方机构。

第五十条　本规则自发布之日起 30 日后施行，有效期两年。

上海市政府部门公示企业信息管理办法

沪府办发〔2015〕17号

第一条（目的依据）

为规范本市政府部门企业信息公示和管理，改进和加强事中事后监管，营造守法诚信、公平竞争的市场环境，依据国务院发布的《企业信息公示暂行条例》和《上海市人民政府关于本市贯彻国务院发布的〈企业信息公示暂行条例〉的实施意见》，制定本办法。

第二条（适用范围）

本市政府部门按照《企业信息公示暂行条例》的规定，公示和管理企业信息，适用本办法。

本办法所称的企业，是指依法在本市各级工商行政管理部门或市场监督管理部门注册登记的企业法人、非法人企业及其分支机构。

第三条（公示方式）

政府部门公示企业信息，应当统一通过上海市企业信用信息公示系统（以下称"企业信息公示系统"）向社会公示，并可同时在本部门的政府网站等系统公示。

第四条（公示内容）

政府部门应当按照"谁产生，谁公示，谁负责"的原则，全面梳理、制订本部门应公示企业信息的数据目录。数据目录包括下列内容：

（一）政府部门公示企业的行政许可准予、变更、延续、注销信息，主要内容包括许可文件编号、许可文件名称、许可有效期的起始和终止日期、许可内容、许可机关名称、许可证状态等数据指标。

（二）政府部门公示企业的行政处罚信息，主要是指适用一般程序作出的行政处罚决定相关信息，包括行政主体名称、行政处罚决定书文号、违法行为类型（违法行为名称）、行政处罚内容（处罚措施）、行政处罚决定作出日期等。行政处罚信息的公示期为 5 年，公示期届满后不再向社会进行公示。

（三）政府部门公示其他依法应当公示的企业信息，应当按照相关法律、法规和规章的规定，确定信息公示的具体内容，并符合企业信息公示系统的技术规范。

（四）对行政许可、行政处罚决定出现因行政复议、行政诉讼或者其他原因被变更、撤销或者确认违法等被改变情形的，相关政府部门应当及时制作标注信息。标注内容包括变更、撤销或者确认违法等决定的作出机关、内容、作出日期等相关信息，并在企业信息公示系统中以醒目方式公示。

第五条（公示流程）

市级政府部门应当在企业信息产生之日起 20 个工作日内，按照以下流程公示：

（一）按照"一数一源"的原则，市级政府部门应向上海市法人信息共享和应用系统实时上传和更新应公示的企业信息，并保证企业信息的真实性、及时性和完整性。

（二）对市级政府部门自 2014 年 10 月 1 日起产生并上传至上海市法人信息共享和应用系统的企业信息，由市工商局统一从上海市法人信息共享和应用系统导出，并通过企业信息公示系统向社会公示。

（三）对需要特别处理的企业信息公示数据项，由相关政府部门重新调整、加以标记后，向上海市法人信息共享和应用系统另行提供，并告知市工商局从中导出符合要求的企业信息，由其通过企业信息公示系统向社会公示。

（四）对已在本部门政府网站等系统公示的企业信息，由相关政府部门再次通过企业信息公示系统向社会公示。

第六条（汇集公示）

区县政府部门产生的企业信息，应当在信息产生之日起 20 个工作日内向其市级主管部门统一汇集。

市级主管部门应当督促区县政府部门及时归集其产生的企业信息，并在企业信息汇集至本部门之日起 10 个工作日内，按照第五条规定的流程公示。

对汇集公示企业信息的真实性、及时性和完整性，由产生该企业信息的区县政府部门负责。

第七条（开放查询）

企业信息公示系统应当向全社会开放查询服务，任何公民、法人或者其他组织均可在企业信息公示系统查询政府部门或企业公示的企业信息。

通过企业信息公示系统查询企业信息，不得收取任何费用。

第八条（信息纠错）

政府部门产生的企业信息不准确、不完整的，按照以下方式更正：

（一）政府部门发现其公示的企业信息不准确，或者公民、法人、其他组织有证据证明政府部门公示的企业信息不准确的，产生该企业信息的政府部门应当及时更正，并重新向上海市法人信息共享和应用系统提供准确的企业信息，由市工商局导出后，通过企业信息公示系统向社会公示。

（二）政府部门提供的企业信息不符合上海市法人信息共享和应用系统入库要求的，产生该企业信息的政府部门应当按照《上海市法人信息共享与应用系统管理办法》等规定，及时比对和更正企业信息数据。

（三）因系统数据交换造成的企业信息错误，市工商局应当在核实后，及时从上海市法人信息共享和应用系统导出准确的企业信息，重新通过企业信息公示系统向社会公示。

第九条（疑问处理）

公民、法人或者其他组织对政府部门或企业公示的企业信息有疑问的，可向产生该企业信息的政府部门申请查询。收到查询申请的政府部门应当自收到申请之日起20个工作日内，书面答复申请人。

第十条（协同监管）

工商部门或市场监督管理部门对企业公示的信息依法开展抽查或者根据举报进行核查，涉及其他政府部门职责的，有关政府部门应当支持配合，在收到工商部门或市场监督管理部门书面函件起10个工作日内进行核查，并将核查结果书面告知工商部门或市场监督管理部门，由其在10个工作日内通过企业信息公示系统，向社会公布抽查结果或者统一将举报处理情况书面告知举报人。

第十一条（信用监管）

政府部门应当在履行公共管理和公共服务职责过程中，查询使用企业信息，运用信息公示、信息共享、信息监管和信用约束等管理手段，完善监管信用机制。

鼓励政府部门建立健全事前告知承诺、事中评估分类、事后联动奖惩的信用管理模式，完善企业守信激励和失信惩戒机制，推行对违法失信企业的管理约束制度，根据企业信用状况，实行分类分级、动态监管。

政府部门应当依法规范信用服务市场，鼓励和支持信用服务机构查询使用企业信息，为政府工作、市场交易、个人生活和工作提供信用服务。

第十二条（参照执行）

法律、法规授权的具有管理公共事务职能的组织公示企业信息，适用本办法的规定。

本市政府部门公示和管理个体工商户和农民专业合作社的信息，参照本办法规定执行。

第十三条（施行日期）

本办法自 2015 年 4 月 1 日起施行，有效期至 2019 年 12 月 31 日。

中国（上海）自由贸易试验区经营者集中反垄断审查工作办法

沪商公贸〔2014〕505 号

第一章　总则

第一条（目的依据）

为配合国务院有关部门在中国（上海）自由贸易试验区（以下简称"自贸试验区"）内实施经营者集中反垄断审查，预防和制止垄断行为，保护市场公平竞争，根据《中华人民共和国反垄断法》等法律、法规、规章及《中国（上海）自由贸易试验区总体方案》、《商务部关于委托省级商务部门做好反垄断相关工作的通知》的规定和要求，制定本办法。

第二条（适用范围）

本办法适用于根据商务部委托在自贸试验区开展的经营者集中反垄断审查工作。

本办法所称经营者集中及相应申报、执法标准均依照《中华人民共和国反垄断法》及相关法规规章执行。

第三条（部门职责）

商务部为自贸试验区内经营者集中反垄断审查的职能部门，上海市商务委员会（以下简称"市商务委"）与自贸试验区管理委员会（以下简称"自贸试验区管委会"）共同配合商务部开展自贸试验区经营者集中反垄断审查相关工作。

自贸试验区管委会根据商务部委托，在市商务委指导下，承担自贸试验区内经营者集中反垄断审查案件的发现识别、调查取证、后续监管、效能评估及培训宣传等具体职责。

市商务委与自贸试验区管委会建立双向抄告机制，即时将自贸试验区反垄断案件线索、调查进展、案件结果及履行检查等信息进行共享，并就相关工作进行会商。

第二章　经营者集中申报

第四条（申报识别）

自贸试验区管委会通过对自贸试验区内企业信息收集，或根据行业协会、同业企业、上下游企业的建议，对符合经营者集中申报主体条件的经营者，应及时告知并督促其进行申报。

第五条（申报材料）

依法应当进行经营者集中申报的企业向自贸试验区管委会提交申报材料的，自贸试验区管委会应协助其向商务部进行申报。企业有疑问的，可以建议企业向商务部提出事前商谈申请。

第六条（提请审查）

对自贸试验区内经营者集中未达到法定申报标准，但按照法定程序收集的事实和证据表明该经营者集中具有或者可能具有排除、限制竞争效果的，自贸试验区管委会应向商务部提请依法进行调查。

第七条（对未依法申报的举报）

对于达到经营者集中反垄断审查申报标准，经营者未事先申报而实施的集中，任何单位和个人有权进行举报。

举报人向自贸试验区管委会举报的，自贸试验区管委会可以根据举报人的要求，协助其向商务部提交有关举报材料，并为举报人保密。

第八条（对未依法申报的监督）

自贸试验区管委会对自贸试验区内发现的应申报而未申报的经营者集中，应向商务部报告。

第三章　经营者集中审查

第九条（协助调查）

在经营者集中反垄断审查立案后，商务部需征求地方意见的，自贸试验区管委会应根据商务部的要求，在对案件情况进行初步了解的基础上及时向商务部反馈有关意见。

第十条（听取意见）

案件审查过程中，商务部需在自贸试验区内召开听证会、开展调查取证、听取有关各方意见的，自贸试验区管委会应根据商务部的要求，协助做好组织协调工作。

第十一条（陈述申辩）

案件审查过程中，参与集中的经营者向商务部就有关申报事项进行书面陈述、申辩的，自贸试验区管委会可以根据企业的需求，协助其向商务部提交有关陈述、申辩材料。

第四章　后续监管及其他

第十二条（信息反馈）

自贸试验区管委会应及时跟踪案件进展，及时向参与集中的经营者反馈情况，并按照商务部要求在自贸试验区门户网站向社会公示案件审查决定及后续监督情况。

第十三条（对审查决定的监督）

对商务部做出禁止性决定的经营者集中，自贸试验区管委会应根据商务部要求监督其不得实施。发现有违法实施的经营者集中，应向商务部报告。

对商务部做出附加限制性条件的经营者集中，自贸试验区管委会应根据商务部要求对参与集中的经营者履行限制性条件的行为进行监督检查，并及时将检查情况报商务部。

第十四条（信息报告）

自贸试验区管委会应协助商务部做好反垄断立法工作，定期报告与竞争相关的地方性政策、法规等。

第十五条（竞争状况评估）

自贸试验区管委会应协助商务部做好市场竞争状况评估工作，定期整理区内企业并购重组情况、产业特点、竞争优势、市场集中度情况、主要产业的整合历史和发展趋势、自然垄断行业管制和引入竞争等情况。

第十六条（宣传培训）

市商务委支持自贸试验区管委会开展对区内企业反垄断政策和法律知识的宣传、培训，提高企业依法经营和公平竞争的意识。

第十七条（效能评估）

自贸试验区管委会应加强对反垄断工作的效能评估，及时总结可复制、可推广的制度经验。

第十八条（保密义务）

市商务委、自贸试验区管委会对在反垄断审查工作中知悉的商业秘密和其他需要保密的信息承担保密义务。

第五章　附则

第十九条（解释权）

本办法由市商务委负责解释。

第二十条（实施日期）

本办法自 2014 年 10 月 15 日起施行。

中国（上海）自由贸易试验区反垄断工作
联席会议制度方案

沪商公贸〔2014〕504 号

根据《中国（上海）自由贸易试验区总体方案》及在中国（上海）自由贸易试验区（以下简称"自贸试验区"）加强事中事后监管的要求，本市建立自贸试验区反垄断工作联席会议制度，并制定本方案。

一、指导思想与总体目标

以制度创新为核心，立足国家战略，坚持先行先试，结合自贸试验区工作实际，进一步解放思想，转变政府职能，探索形成可复制、可推广的事中事后监管模式。重点探索建立本市反垄断执法机构在自贸试验区内的会商协调机制。

二、组织架构

1. 联席会议。由上海市商务委员会牵头，与上海市发展和改革委员会、上海市工商行政管理局、自贸试验区管理委员会及相关部门共同建立中国（上海）自由贸易试验区反垄断工作联席会议（以下简称"联席会议"）。

联席会议负责指导自贸试验区管理委员会做好反垄断工作，推动各成员单位出台相应的自贸试验区反垄断工作办法并监督其执行，并在国家有关部门支持下提出自贸试验区反垄断工作的建议。联席会议主要通过召开相关会议的方式履行职责，不替代成员单位和有关部门依法行政。

2. 联席会议办公室。联席会议下设自贸试验区反垄断工作联席会议办公室（以下简称"联席会议办公室"），办公室设在上海市商务委员会，承担联席会议日常工作。

三、工作内容

1. 加强信息互通

联席会议成员单位间建立有关自贸试验区反垄断案件的信息抄告机制，及时将自贸试验区反垄断案件线索、案件结果及监督检查等信息进行共享。

2. 加强会商协调

联席会议成员单位就自贸试验区反垄断工作的推进开展定期会商，按照国家相关部门要求协调推进自贸试验区反垄断审查及执法。对跨部门、跨地区的重大案件，由联席会议召集本市反垄断执法机构、自贸试验区管理委员会及相关政府部门，配合国家有关部门共同研究。

3. 推行专家咨询

联席会议指导自贸试验区设立反垄断审查及执法专家咨询小组，专家咨询小组由反垄断法律、经济、行业等方面的专家组成，对区内反垄断审查及执法可能遇到的重大问题提供决策咨询服务。

4. 组织效能评估

联席会议根据工作实际进展对自贸试验区反垄断审查及执法工作进行效能评估，及时总结相关制度经验，并在工作机制完善等方面提出建议。

四、工作方式

1. 工作会。联席会议每年定期召开工作会议，统一研究自贸试验区反垄断审查及执法工作，总结形成反垄断工作可复制、可推广的经验，研究机制创新、制度突破方面重大问题。

2. 协调会。联席会议办公室可根据实际工作需要，召集成员单位及相关部门召开自贸试验区反垄断工作协调会，对反垄断审查及执法工作的开展情况进行评估，研究、协调执法过程中遇到的具体问题，落实联席会议确定的工作任务。

关于《上海市酒类商品产销管理条例》
行政处罚裁量基准的适用规则

沪商公贸〔2014〕584号

第一条 为规范本市各级酒类流通管理部门行政处罚行为，提高依法行政水平，科学合理细化、量化行政裁量权，完善适用规则，根据《中华人民共和国行政处罚法》、《上海市酒类商品产销管理条例》（以下简称《条例》）、《上海市人民政府关于本市建立行政处罚裁量基准制度的指导意见》等有关规定，结合本市酒类管理实际，制定本规则。

第二条 上海市酒类专卖管理局（以下简称市酒专局）在上海市商务委员会的领导下，区县酒类专卖管理局（以下简称区县酒专局）在区县商务主管部门的领导和市酒专局的指导下，依据《条例》实施行政处罚时适用本规则。

第三条 本规则所称行政处罚裁量基准，是结合酒类流通管理部门行政执法实践，对《条例》中行政处罚裁量的适用条件、适用情形等予以细化、量化而形成的具体标准。

上海市商务委员会从法定依据、违法情节轻重、处罚种类、处罚幅度等方面考虑，制定《条例》的行政处罚裁量基准。

第四条 本规则所称当事人，是指违反《条例》规定从事酒类商品经营的行政相对人。

第五条　当事人有下列情形之一的，应当从轻或者减轻行政处罚：

（一）主动消除或者减轻违法行为危害后果的；

（二）受他人胁迫有违法行为的；

（三）配合市、区县酒专局查处违法行为有立功表现的；

（四）其他依法从轻或者减轻行政处罚的。

有从轻行政处罚情节的，应当在《条例》法定行政处罚幅度内选择较低限额确定处罚标准，但不得低于行政处罚幅度所设定的最低处罚标准。

有减轻行政处罚情节的，应当在《条例》法定行政处罚幅度以下确定处罚标准。

第六条　当事人有下列情形之一的，应当从重行政处罚：

（一）违法情节恶劣，造成严重后果的；

（二）经市、区县酒专局责令改正后，继续实施违法行为的；

（三）隐匿、销毁违法行为证据的；

（四）共同违法行为中起主要作用或者教唆、胁迫、诱骗他人实施违法行为的；

（五）多次实施违法行为的；

（六）对举报人、证人打击报复的；

（七）妨碍执法人员查处违法行为的；

（八）其他依法从重行政处罚的。

有从重处罚情节的，应当在《条例》法定处罚幅度内选择较高限额确定处罚标准，但不得高于处罚幅度所设定的最高处罚标准。

第七条　市、区县酒专局建立和完善集体讨论制度，对下列情形的重大、疑难和复杂案件，应当经集体讨论后做出处理决定：

（一）造成严重后果或者产生重大社会影响的；

（二）需要两个以上区县酒专局共同执法的；

（三）可能处以五万元以上罚款、吊销许可证处罚的；

（四）其他需要通过集体讨论的重大、疑难和复杂案件。

第八条　市、区县酒专局建立和完善说明理由制度，行政执法人员在行政处罚的案卷中，应当对选择行政处罚裁量基准的理由进行必要的说明。

第九条　市、区县酒专局建立和完善行政执法评议考核制度，将行政处罚裁量基准的执行情况，作为行政执法评议考核内容。

第十条　本规则由上海市商务委员会负责解释。

第十一条　本规则自 2014 年 12 月 15 日起实施。

附件：《上海市酒类商品产销管理条例》行政处罚裁量基准表

序号	违法行为	法律规定	处罚依据	违法情节	处罚基准
1	无批发许可证批发酒类商品	《条例》第六条：本市酒类商品的生产、批发和零售，实行许可证制度。	《条例》第二十二条第一款第（二）项：对无批发许可证批发酒类商品的，责令其改正，没收违法所得，并处以二万元以下罚款。	违法行为被发现，具有《规则》第五条所列情形之一的	没收违法所得
				违法行为被发现，能积极配合调查或主动如实提供相关凭证的	没收违法所得，并处以5000元以下罚款
				违法行为被发现	没收违法所得，并处以5000元以上15000元以下罚款
				违法行为被发现，具有《规则》第六条所列情形之一的	没收违法所得，并处以15000元以上20000元以下罚款
2	无零售许可证零售酒类商品	《条例》第六条：本市酒类商品的生产、批发和零售，实行许可证制度。	《条例》第二十二条第一款第（三）项：对无零售许可证零售酒类商品的，责令其改正，没收违法所得，并可处以五千元以下罚款。	违法行为被发现，具有《规则》第五条所列情形之一的	没收违法所得
				违法行为被发现，能积极配合调查或主动如实提供相关凭证的	没收违法所得，并处以1500元以下罚款
				违法行为被发现	没收违法所得，并处以1500元以上3500元以下罚款
				违法行为被发现，具有《规则》第六条所列情形之一的	没收违法所得，并处以3500元以上5000元以下罚款

（续表）

序号	违法行为	法律规定	处罚依据	违法情节	处罚基准
3	名称、地址变更或者合并、撤销的，未依法变更、注销	《条例》第十二条：持有本市酒类商品生产、批发或者零售许可证的企业以及持有本市酒类商品零售许可证的个体工商户，因名称、地址变更，商户、因名称、地址变更，商户，因名称、地址变更或者合并、撤销的，应当向发证单位办理许可证变更、注销手续。	《条例》第二十二条第一款第（四）项：对未按规定办理酒类商品生产、批发或者零售许可证变更、注销手续的，责令其改正，并可以处以五千元以下罚款。	违法行为被发现，具有《规则》第五条所列情形之一的	处以500元以下罚款
				违法行为被发现，能积极配合调查或主动如实提供相关凭证证的	处以500元以上2000元以下罚款
				违法行为被发现	处以2000元以上4000元以下罚款
				违法行为被发现，具有《规则》第六条所列情形之一的	处以4000元以上5000元以下罚款
4	涂改、伪造、转借、买卖酒类商品的批发、零售许可证	《条例》第十三条：禁止涂改、伪造、转借、买卖酒类商品的生产、批发和零售许可证。	《条例》第二十二条第一款第（五）项：对涂改、伪造、转借、买卖酒类商品生产、批发和零售许可证的，没收违法所得，并可处以二万元以下罚款。	违法行为被发现，具有《规则》第五条所列情形之一的	没收违法所得
				违法行为被发现，能积极配合调查或主动如实提供相关凭证证的	没收违法所得，并处5000元以下罚款
				违法行为被发现	没收违法所得，并处5000元以上15000元以下罚款
				违法行为被发现，具有《规则》第六条所列情形之一的	没收违法所得，并处以15000元以上20000元以下罚款

（续表）

序号	违法行为	法律规定	处罚依据	违法情节	处罚基准
5	采购进口酒类商品未索取并查验进口和质量的证明文件	《条例》第十六条：酒类商品批发、零售商和个体工商户采购进口酒类商品，应当依照国家有关规定取得有关证明文件，索取并查验进口和质量的证明文件。	《条例》第二十二条第一款第（六）项：采购进口酒类商品，未按国家有关规定取得有关证明文件，责令其改正，拒不改正的，处以一万元以下罚款。	违法行为被发现，经责令改正后拒不改正，但具有《规则》第五条所列情形之一的	处以2000元以下罚款
				违法行为被发现，经责令改正后拒不改正，但没有新的违法行为的	处以2000元以上5000元以下罚款
				违法行为被发现，经责令改正后拒不改正，又被发现实施新的违法行为的	处以5000元以上8000元以下罚款
				违法行为被发现，经责令改正后拒不改正，并具有《规则》第六条所列其他情形从重情形之一的	处以8000元以上10000元以下罚款
6	批发、零售假冒伪劣酒类商品	《条例》第十七条：酒类商品生产、批发、零售企业和个体工商户不得生产、批发和零售假冒伪劣或者标识不符合国家规定的酒类商品。	《条例》第二十二条第一款第（七）项：对生产、批发和零售假冒伪劣酒类商品的，责令其改正，没收违法生产、批发和零售的酒类商品和违法所得，并可处以下罚款，违法所得一倍以上五倍以下罚款；情节严重的，并可吊销酒类商品生产、批发或者零售许可证，批发或者零售许可证；构成犯罪的，依法追究刑事责任。	违法行为被发现，酒类商品经鉴定，检验为假冒伪劣，并具有《规则》第五条所列情形之一的	没收假冒伪劣酒类商品和违法所得
				违法行为被发现，酒类商品经鉴定，检验为假冒伪劣的	没收假冒伪劣酒类商品和违法所得，并处以违法所得1倍以上3倍以下罚款
				违法行为被发现，酒类商品经鉴定，检验为假冒伪劣，并具有《规则》第六条所列情形之一的	没收假冒伪劣酒类商品和违法所得，并处以违法所得3倍以上5倍以下罚款，并吊销酒类商品批发或者零售许可证
				违法行为被发现，且未不符合假冒伪劣，假冒伪劣，且符合危害人体健康的规定的	没收假冒伪劣酒类商品和违法所得，并以违法所得5倍罚款
				违法行为被发现，酒类商品经鉴定，检验为假冒伪劣，且符合危害人体健康物质量限量规定，并具有《规则》第六条所列情形之一的	没收假冒伪劣酒类商品和违法所得，处以违法所得5倍罚款，并吊销酒类商品批发或者零售许可证

（续表）

序号	违法行为	法律规定	处罚依据	违法情节	处罚基准
7	批发、零售标识不符合国家规定的酒类商品	《条例》第十七条：酒类商品生产、批发、零售企业和个体工商户不得生产、批发和零售标识不符合国家规定的酒类商品。	《条例》第二十二条第一款第（八）项：对生产、批发和零售标识不符合国家规定的酒类商品的，责令其改正，情节严重的，并可处以违法所得百分之十五至百分之二十罚款。	违法行为被发现，经责令改正后继续批发、零售同一品名（包括规格型号）且同一批次的标识不符合国家规定的酒类商品，并具有《规则》第五条所列情形之一的	处以违法所得15%罚款
				违法行为被发现，经责令改正后继续批发、零售同一品名（包括规格型号）且同一批次的标识不符合国家规定的酒类商品的	处以违法所得15%以上18%以下罚款
				违法行为被发现，经责令改正后又被发现批发、零售不同品名、规格型号、批次被不符合国家规定的酒类商品的	处以违法所得15%以上18%以下罚款
				违法行为被发现，经责令改正后继续批发、零售同一品名（包括规格型号）且同一批次的酒类商品，并又被发现批发、零售不同品名、规格型号、批次的标识不符合国家规定的酒类商品的	处以违法所得18%以上20%以下罚款

本市托盘标准化及社会化循环共用
推广专项行动计划

沪商市场〔2017〕78 号

为贯彻落实国务院办公厅转发国家发展改革委《物流业降本增效专项行动方案
（2016—2018 年）》（国办发〔2016〕69 号）、商务部等 5 部门印发的《商贸物流发展
"十三五"专项规划》（商流通发〔2017〕29 号），深化上海市内贸流通供给侧结构性
改革，降低流通成本，提升流通信息化、标准化、集约化水平，加快建设国家食品安
全城市和智慧供应链示范城市，特制定本计划。

一、总体思路和目标

贯彻落实国家对食品安全工作的新要求，聚焦快速消费品、农产品等重点领域，
抓住关键环节，依托托盘运营服务、托盘生产、商贸、物流等龙头企业，全面普及
标准托盘（1200×1000 mm）应用，并以点带面，推广从生产、物流到销售的全链条
"带板（筐）运输"模式，带动标准托盘（周转筐）的动态循环。

快速消费品领域，力争龙头企业年末率先实现标准托盘的普及率达到 70% 以上，
租赁标准托盘增长 1 倍，装卸货效率提高 3 倍，综合物流成本平均降低 10%。

农产品领域，推广试点以标准周转筐为载体的、从生产到销售的全程带筐运输
模式。

二、主要任务

（一）抓两端，推动供应链全程"不倒盘、不倒筐、不倒箱"。

从供应链的两端发力，促进上下游带板运输的有效衔接。快速消费品领域，推动品牌供应商与连锁商业、电商平台对接，推广从生产端到销售端的整托下单、带板运输、信任交接，鼓励消费品生产商从源头推动产品包装与标准托盘匹配，减少流通过程的二次包装。农产品领域，推动农产品生产基地与销地对接，构建农产品全流程物流包装标准化体系，推广从田头到清洗包装车间、从清洗包装车间到装车、从装车到运输至门店"三次不倒筐"模式，提高农产品流通供应链效率和安全性。物流配送中心，推动与标准托盘相配套的设施设备更新和改造，开展货架、叉车、笼车、周转箱、运输车辆、管理信息系统等标准化更新。

（二）抓平台，鼓励发展跨区域的托盘循环共用。

依托各类物流服务平台、第三方物流企业，加大现有国家、行业以及地方物流标准的实施和应用，带动中小微物流企业提升标准化服务水平。进一步培育壮大托盘运营服务商，鼓励企业发展社会化的、开放式的托盘综合运营服务，健全运营网络体系，提高供应链服务能力。积极吸引在国内具有影响力的开放式托盘循环共用平台入驻上海，鼓励运用共享经济思维，开展租赁、交换、转让、售后回购等各种形式的共享共用，促进托盘互换和循环共用。

（三）抓培训，普及托盘循环共用操作规范。

依托上海市物流标准化创新联盟，分批组织企业培训，加强引导，提高行业组织、企业等对统一托盘规格、推进托盘标准化、促进物流业降本增效的思想认识。对供应链上下协同的流程进行规范与创新，加快制定出台托盘循环共用的操作规范与指引。大力推广实施《托盘标准转移模式商业规则》等团体标准，重点培训"标准托盘循环共用的标准作业流程（SOP）"，引导企业掌握并运用带板运输的各项操作规则。

（四）抓认证，进一步扩大标准托盘池规模。

依托第三方机构，参照国家标准《联运通用平托盘主要尺寸及公差》（GB/T2934-2007）符合 1200×1000 mm 规格的系列标准，推动建立托盘质量认证体系，开展第三方质量检测和认证，引导市场采用经过认证的通用标准托盘，统一质量规格，从而增加全社会可流通的标准托盘量。

（五）抓宣传，推进物流标准跨区域共享互认。

依托长三角现代物流发展合作机制和长江经济带标准化托盘循环共用联盟，推动跨区域的标准共同制定、联合发布等，鼓励供应链上各类企业加强合作，创新物流标准化应用模式。依托"5·6"物流日，发挥物流行业组织的作用，加强宣传引导，提高社会各方思想认识，带动全行业物流标准化发展。着眼国内、面向国际，依托亚太示范电子口岸网络，探索面向亚太地区的物流标准化建设与合作。

三、保障措施

（一）深化政企学协联动的工作推进机制。

市商务委、市质量技术监督局与上海商业发展研究院、上海市质量和标准化研究院等单位深入推进合作，统筹物流标准化推进工作中的重大事项。推动建立与交通、食品药品监督管理等部门的联动工作机制，共同做好顶层设计，研究出台鼓励、引导、扶持政策措施，形成有效的制约和倒逼机制。发挥好"上海市物流标准化创新联盟"的作用，成立上海市物流标准化技术委员会，推动开展标准研制、实施应用、推广培训等工作，为本市物流标准化提供全面支撑。

（二）继续争取国家及本市财政政策支持。

积极争取国家财政政策支持，用好本市标准化等相关专项资金，支持标准托盘的社会化循环共用，引导广大企业积极参与物流标准化推进工作。

（三）加强龙头企业的示范引领。

在快速消费品、农产品等领域，选择一批有市场影响力的品牌供应商、连锁商业、电商平台，以及托盘运营服务商、物流服务平台和第三方物流企业等开展示范试点，在托盘社会化循环共用方面率先探索创新模式，总结推广先进案例。

上海市跨境电子商务示范园区认定办法

沪商贸发〔2016〕90 号

第一章　总则

第一条　为引导上海跨境电子商务产业向规模化、标准化、集群化、规范化方向发展，协调推进认定上海市跨境电子商务示范园区，优化跨境电子商务产业布局，发挥示范园区引领作用，提高产业发展水平，根据《关于促进本市跨境电子商务发展的若干意见》要求，制定本办法。

第二条　根据园区功能不同，上海市跨境电子商务示范园区分为两种类型：一是特殊监管区，是指经海关和检验检疫部门批准开展跨境电子商务的海关特殊监管区；二是产业功能区，是指各种类型跨境电子商务企业集聚，具有集群效应的区域。

第二章　申报和认定

第三条　符合条件的运营主体、所在区（县）商务主管部门或所在特殊监管区域的管委会，可以作为上海市跨境电子示范园区申报主体。

第四条　申请上海市跨境电子商务示范园区须满足下列条件：

（一）规划科学合理。园区有中长期发展规划，功能定位准确、建设主体明确、业务方向合理。

（二）基础设施先进。具备与跨境电商业务相配套的基础设施。

（三）服务政策明确。具有明确的、促进跨境电商园区建设和入驻企业发展的扶持政策，设立"一门式"服务窗口，受理相关业务审批或接受各类咨询。

（四）监管单位完善。属于特殊监管区类型的园区应具备必要的监管条件，能够提供相应的公共服务，具有较强的物流、仓储、通关服务能力。

（五）产业集群明显。属于产业功能区类型的园区应当以促进跨境电子商务发展为主要目标，能集结龙头企业和上下游产业链，扶持其发展壮大。

第五条　申报主体须提交以下书面材料：

（一）园区中长期发展规划；

（二）园区发展跨境电子商务产业的情况报告（包括基本情况、运作机制、软硬件设施说明及入住企业情况等）；

（三）属于特殊监管区类型的园区还应提交海关、检验检疫等部门批准开展跨境电子商务业务的相关文件。

第六条　上海市跨境电子商务认定经以下流程：

（一）申报主体向市商务委和市发展改革委递交申请；

（二）市商务委会同市发展改革委研究讨论后联合批复。

第三章　管理

第七条　经认定的上海市跨境电子商务示范园区，符合《上海市外经贸发展专项资金管理办法》支持条件的，可享受相应支持。

市商务委、市发展改革委将会同有关部门对示范园区工作给予指导和监督，并适时推广示范园区工作经验。

第八条　市商务委和市发展改革委定期向市跨境电商工作领导小组报送示范园区相关工作情况。

第四章　附则

第九条　本办法发布之日起 30 日后施行，有效期 2 年。

电子商务服务平台入驻商户管理规范

1 范围

本标准规定了电子商务服务平台运营企业对入驻商户的资质管理要求、交易管理要求、培训要求和评估要求。

本标准适用于平台运营企业对入驻商户法人组织的规范管理，对入驻的非法人组织的管理可参照执行。

2 术语和定义

下列术语和定义适用于本文件。

2.1 电子商务服务平台 electronic commerce service platform

在电子商务活动中为交易各方提供交易规则、交易撮合及相关服务的信息网络系统总和。

2.2 电子商务服务平台运营企业 electronic commerce service platform operation enterprise

从事电子商务服务平台运营并为平台上的交易各方提供服务的企业。

2.3 入驻商户 merchant

在电子商务服务平台上独立经营的、从事商品或服务销售的法人组织。

3 基本要求

3.1 电子商务服务平台运营企业（以下简称"平台运营企业"）应与入驻商户签

订入驻协议，约定双方的权利和义务。

3.2　应依据法律法规加强对入驻商户的管理，建立并明示招商流程和入驻商户管理制度，提升平台服务质量，保护消费者权益。

3.3　应要求入驻商户遵守法律法规和平台隐私保护相关政策，保护消费者个人信息。

3.4　因入驻商户违反法律、法规和平台规定而给消费者造成损失的，平台运营企业应当监督和配合有关管理部门要求入驻商户给予消费者赔偿，必要时根据法律法规或平台政策由平台运营企业先行赔付。

3.5　有特殊管理规定的商品应遵守相关领域法律法规的要求。

4　资质管理要求

4.1　应对入驻商户的经营资质进行形式审查，要求入驻商户提供真实有效的资质证明，包括但不限于营业执照、组织机构代码证、税务登记证，并存档备查。入驻商户所经营的商品或服务按法律法规要求需要其他经营许可证明的，平台运营企业还应对相应的资质证明进行审查。

4.2　应要求入驻商户在相关资质证明更新时及时告知平台运营企业，并提交更新后的证明文件。

4.3　应要求入驻商户保证在平台上销售的商品渠道正当。品牌授权专卖店应提供商标注册证明、品牌销售授权证明等文件。

4.4　应要求入驻商户确保在平台上销售的商品质量符合国家法律法规和相关标准的规定。在商品入驻时应形式审查相关质量证明文件，如产品质检合格证、产品质量检测证书（检测报告）等。

4.5　商品销售期间，平台运营企业应定期或不定期复查商户资质文件和商品质量证明文件，复查的内容和形式按4.1、4.3、4.4的规定执行，以确保相关文件的有效性。对于进口商品，应要求入驻商户对每批商品均提供报关证明和检验检疫证明。

4.6　发现入驻商户销售的商品存在下列问题时，平台运营企业应监督入驻商户做限期整改或做下架处理，必要时采取召回措施：

——质量证明文件不符合国家要求；

——质量证明文件与商品不符；

——执法部门检验不合格。

5 交易管理要求

5.1 信息描述管理

5.1.1 应通过信息技术等手段对入驻商户发布的信息进行审核，包括商品、服务和商户的描述信息。对于已发现的不符合法律法规要求的信息描述应有相应的处理措施。

5.1.2 应要求入驻商户确保其发布的信息真实、准确、合法，不侵犯任何第三方的合法权益。发现有虚假信息或误导消费者的描述，应责令商户限期整改。

5.1.3 应要求入驻商户对商品属性或服务属性进行说明，商品属性可包括规格型号、尺寸、成分、含量、质量、包装、保修、保质期、产地、功能、用途等；服务属性可包括服务内容、服务时限、服务质量要求等。

5.2 促销管理

5.2.1 应要求入驻商户在发布促销活动广告和其他宣传时，其内容应当真实、合法、清晰、易懂，不应使用含糊、易引起误解的语言、文字、图片或影像。

5.2.2 应要求入驻商户在促销中明确告知促销方式、促销期限、促销商品和服务的范围、附加性条件等促销规则。

5.2.3 应要求入驻商户开展促销活动后在明示期限内不得做出不利于消费者的促销变更。

5.2.4 应要求入驻商户开展促销活动时，不降低促销商品、服务、奖品和赠品的质量和售后服务质量，不将质量不合格的物品作为奖品、赠品。

5.3 发票管理

5.3.1 应要求入驻商户提供的发票符合法律要求，不得在提供发票时向消费者额外收取费用。

5.3.2 应要求入驻商户按照消费者实际支付金额和商品项目开具发票。

5.3.3 应要求入驻商户提供的发票单位名称与在电子商务服务平台上注册的单位名称一致。

5.3.4 入驻商户提供的发票可包括纸质发票和电子发票。

5.4 物流管理

5.4.1 平台运营企业宜提供物流信息系统接口供入驻商户使用，满足消费者对商品物流过程查询的需求。

5.4.2 应要求入驻商户按照承诺的服务时间发货，并完成或配合物流企业完成商品运输和配送。

5.4.3　对于入驻商户提供消费者自提服务的，应要求入驻商户明示相关费用的承担人。

5.5　退换货管理

5.5.1　应监督入驻商户按国家法律法规规定履行退换货义务。

5.5.2　对于入驻商户销售的商品质量违反国家法律法规规定的，平台运营企业应要求入驻商户在规定的时限完成退换货处理并承担相应的物流费用，经消费者在购买时确认不宜退货的商品，平台运营企业可协助入驻商户与消费者协调并达成一致的处理方案。

5.5.3　对于入驻商户销售的商品在物流过程中发生破损、缺件或商品描述与网站不符等问题的，平台运营企业应要求入驻商户在规定的时限内完成退换货处理并承担相应的物流费用，经消费者在购买时确认不宜退货的商品，平台运营企业可协助入驻商户与消费者协调并达成一致的处理方案。

5.5.4　对由于消费者个人原因导致的退换货，且退货商品完好的，平台运营企业应要求入驻商户根据商品性质按相关法律法规执行。

5.6　投诉管理

5.6.1　平台运营企业应建立消费者纠纷和解制度、消费者维权制度等消费者权益保障机制，建立并明示投诉处理渠道，明示各类投诉的处理时限和处理方案，要求入驻商户按平台的规定执行。

5.6.2　消费者对入驻商户关于商品质量、物流、售后服务等方面的投诉宜由平台运营企业集中受理，受理后转交至入驻商户处理。对于消费者直接面向入驻商户的投诉，平台运营企业应有管理机制对投诉处理情况进行跟踪和监管。

5.6.3　对于存在争议的投诉处理，平台运营企业应负责协调消费者和入驻商户，尽快形成或明确处理方案，保障消费者和入驻商户双方的合法权益。

5.6.4　对于无法协调的投诉纠纷处理，平台运营企业应明确告知交易各方进一步处理纠纷的途径，并配合向相关管理部门举证。

6　培训要求

6.1　宜对入驻商户开展培训，培训形式可采用在线培训或线下培训。

6.2　对入驻商户的培训内容可包括但不限于：

——法律法规的培训：包括国家、行业、地方有关电子商务经营管理的法律法规、规章制度和相关标准，电子商务平台自身的管理制度；

　　——经营管理的培训：商品描述方式、企业宣传方式、销售技巧、店铺布局规划等提升入驻商户经营管理水平的理论和实践经验；

　　——客服人员的培训：客服人员的沟通技巧、工作技巧、对客户需求的认知能力等客服人员的基本技能。

7　评估要求

　　7.1　应建立入驻商户评估制度并对入驻商户开展定期评估。

　　7.2　对入驻商户的评估应包括商品质量、服务质量和管理质量三方面：

　　——商品质量：包括执法部门抽检情况、消费者质量投诉等方面的评估；

　　——服务质量：包括售后服务、投诉处理、物流配送等方面的评估；

　　——管理质量：包括店铺管理、商品描述、客服管理等方面的评估。

　　7.3　评估工作可由平台运营企业开展，也可委托第三方评估机构开展。

　　7.4　对于评估不符合要求的入驻商户应有相应的处理措施。

电子商务服务平台售后服务规范

1 范围

本标准规定了电子商务服务平台售后服务的基本要求，以及售后咨询服务、售后技术服务、退换货服务、退款服务、服务持续改进等要求。

本标准适用于在上海注册的电子商务服务平台的售后服务活动。

2 规范性引用文件

下列文件对于本文件的应用是必不可少的。凡是注日期的引用文件，仅注日期的版本适用于本文件。凡是不注日期的引用文件，其最新版本（包括所有的修改单）适用于本文件。

GB/T 16784 工业产品售后服务 总则

DB31/T 824-2014 电子商务服务平台 入驻商户管理规范

3 术语和定义

下列术语和定义适用于本文件。

3.1 电子商务服务平台 E-business service platform

在电子商务活动中为交易方提供交易撮合及相关服务的信息网络系统总和。

[DB31/T 824-2014，定义2.1]

3.2　电子商务售后服务 E-business after-sales service

商品或服务出售后，为满足顾客的需要，电子商务平台、平台入驻商户和顾客之间的接触活动。注：改写 GB/T 16784-2008，定义 2.1。

3.3　售后技术服务 after-sales technical service

商品出售后，为保证商品正常使用而为顾客提供的必要服务。

注：售后技术服务可包括安装、调试、维修、维护保养、定期检查、有关技术咨询等内容。

4　基本要求

4.1　电子商务服务平台（以下简称"平台"）应加强对入驻商户的管理，要求入驻商户提供的售后服务符合平台规定的要求，平台对入驻商户的管理应符合 DB31/T 824-2014 的规定。

4.2　平台应建立并明示售后服务制度，明确平台、入驻商户及顾客三方各自的责任、权利和义务。

4.3　平台应建立多种售后服务受理渠道，包括但不限于电话受理、在线受理、电子邮件等。

4.4　平台应有工作人员处理售后咨询、售后技术服务、退换货、退款等售后服务问题。

4.5　平台应建立售后服务反馈机制，应在收到顾客售后服务需求后的 24 小时内将解决方案反馈给顾客。

4.6　对于入驻商户销售的商品或服务，平台应协调买卖双方就售后问题达成一致。对于不能达成一致处理意见的售后服务问题，平台应给出明确的后续纠纷解决途径，如仲裁等。对于需要通过第三方机构调解、仲裁或司法途径解决的售后服务纠纷，平台应将证据提供给相关部门。

4.7　平台或入驻商户在提供售后服务时，可要求顾客提供相应的票据，包括但不限于发票、保修卡等。

4.8　法律法规中明确规定不适用退换货的商品，平台应从其规定。

5　售后咨询服务

5.1　平台应为顾客提供售后咨询服务，解答顾客在购买商品或服务后对于物流、售后技术服务、退换货、退款等方面的疑问。

5.2　对于能够直接给予答复的售后咨询，平台工作人员应直接告知顾客咨询结果。

5.3　对于需要进一步处理的售后咨询，如售后技术服务、退换货及退款等，平台工作人员应及时处理或转交至平台相关部门，并对处理结果进行跟踪，必要时向顾客反馈。

6　售后技术服务

6.1　平台应为销售的商品提供售后技术服务，若平台不能提供，应明确此项服务的具体提供方。

6.2　平台上销售商品的售后技术服务应符合 GB/T 16784 的规定。

6.3　平台上销售商品的售后技术服务应不低于线下销售商品的售后技术服务，包括但不限于三包、联保服务等。

6.4　平台应明示各类商品的售后技术服务时限。

6.5　平台应协助顾客解决商品售后技术服务过程中遇到的问题。

7　退换货服务

7.1　实物类商品

7.1.1　商品质量问题

7.1.1.1　平台上销售的商品存在质量问题的，平台应允许顾客自收到商品之日起 7 天内（含 7 天）退货、15 天内（含 15 天）换货，并要求入驻商户承担运费。如果商品质量问题需要授权的检测机构认定，经认定商品质量问题不是由顾客造成的，则平台应允许顾客自收到检测机构报告之日起 7 天内（含 7 天）退货、15 天内（含 15 天）换货，并要求入驻商户承担运费。

7.1.1.2　平台销售的鲜活易腐商品自顾客签收后 48 小时内发现质量问题、经确认不是顾客原因造成的，平台应允许顾客退换货，并由入驻商户承担运费。

7.1.1.3　经平台、入驻商户和顾客确认不宜退换货的商品，包括但不限于大宗商品，出现质量问题时，平台应明示售后处理方式，并与顾客达成一致。

7.1.2　非商品质量问题

7.1.2.1　商品在运输过程中造成的商品损坏、漏液、破碎、性能故障等问题并经核查情况属实，平台应允许顾客自收到商品之日起 7 天内（含 7 天）退货、15 天内（含 15 天）换货，并由入驻商户承担运费。顾客自提商品在运输过程中造成的商品损坏、漏液、破碎、性能故障等问题，由顾客自行承担。

7.1.2.2 顾客收到的商品存在原装配件缺失问题并经售后人员核查情况属实平台应要求入驻商户补发配件并承担运费。

7.1.2.3 顾客收到的商品性能与网站描述不符并经核查情况属实，平台应允许顾客自收到商品之日起7天内（含7天）退货、15天内（含15天）换货，并由入驻商户承担运费。

7.1.2.4 发生商品错发、漏发等问题时，平台应要求入驻商户为顾客免费提供商品调换、补发服务。

7.1.3 无理由退货

7.1.3.1 平台应明示不适用无理由退货的商品类别，明示的商品类别应符合法律法规的规定。根据商品性质并经顾客在购买时确认不宜退货的商品，平台可不提供无理由退货服务。

7.1.3.2 对于适用无理由退货的商品，平台应要求入驻商户为顾客提供7天无理由退货服务，退货运费由顾客承担。

7.2 非实物类商品

7.2.1 平台应明示订单取消规则、订单取消收费标准等要求。

7.2.2 当入驻商户提供的服务低于服务承诺时，平台应要求入驻商户根据顾客的实际损失对顾客给予补偿，具体补偿金额由顾客和入驻商户双方协商确定。

7.2.3 平台应协助解决入驻商户和顾客之间的售后问题，包括但不限于服务水平认定、补偿金额确定、补偿款催发等。

8 退款服务

8.1 退款方式

8.1.1 平台退款应按照原支付路径退还给顾客，若不能按原支付路径退回，平台应明示退款方式。

8.1.2 平台退款方式可参见附录A。

8.1.3 非实物类商品的补偿款发放途径由买卖双方协商确定。

8.2 退款时限

8.2.1 无退货的退款，平台应在退款协定达成后1个工作日内处理退款；有退货的退款，应在收到退货后1个工作日内处理退款。促销活动期间，退款处理时限可适当顺延，但应明示具体退款时限。

8.2.2 非实物类商品的补偿款发放时限由买卖双方协商确定。

9 服务持续改进

9.1 平台应建立售后服务持续改进制度，不断提升顾客满意度。

9.2 平台应依据顾客反馈、平台检查结果和政府管理部门检查结果，定期或不定期对入驻商户的售后服务进行考核。对于达不到平台考核要求的入驻商户，应有相应的惩罚措施。

9.3 平台应定期或不定期对售后服务情况进行统计分析，作为平台加强自身管理、提升服务水平的依据。

附录 A（资料性附录） 电子商务服务平台退款方式

表 A.1 给出了平台退款方式。

表 A.1　电子商务服务平台退款方式

支付方式			退款方式
在线支付	银行卡（储蓄卡或信用卡）		退回原支付卡
	银行卡 + 电子券 / 积分		银行卡支付款项退回原支付卡
			电子券 / 积分返还至平台账户
	第三方支付	账户余额	退回原支付账户
		银行卡	退回原支付卡
货到付款 / 自提支付	POS 刷卡		退回原支付卡
	支票支付		退回原支付账户
	现金支付		退回个人储蓄卡或返还现金
	预付卡支付		原预付卡账户或新预付卡
分期付款	在线分期		原支付卡（1. 按银行期数，一次性返还；2. 分期手续费返还由发卡行决定）
	公司转账		原支付公司账户
	邮局汇款		个人储蓄卡

上海"两网协同"回收网点设置与管理规范

1 范围

本标准规定了"两网协同"再生资源回收网点的术语和定义、基本设置要求和服务管理等。

本标准适用于本市"两网协同"再生资源回收与管理过程。

2 规范性引用文件

下列文件对于本文件的应用是必不可少的。凡是注日期的引用文件,仅所注日期的版本适用于本文件,凡是不注日期的引用文件,其最新版本适用于本文件。

GB 12801 生产过程安全卫生标准要求总则

GB 18597 危险废物贮存污染控制标准

GB 50016 建筑设计防火规范

GB/T 20861 废弃产品回收利用术语

3 术语和定义

GB/T 20861 所界定的以及下列术语和定义适用于本文件

3.1 两网协同

再生资源回收体系与生活垃圾清运体系的协同。

3.2 再生资源

在社会生产和生活消费过程中产生的，已经失去原有全部或部分使用价值，经过回收、加工处理，能够使其重新获得使用价值的各种废弃物。包括废旧金属、报废电子产品、报废机电设备及其零部件、废造纸原料（如废纸、废棉等）、废轻化工原料（如橡胶、塑料、农药包装物、动物杂骨、毛发等）、废玻璃等。

3.3 "两网协同"回收企业

直接参与"两网协同"工作，形成从分拣、回收、运输到资源化再生利用体系的再生资源回收企业。

3.4 回收网点

在工矿企业、机关团体、高等院校、居民集中区专门设立的进行再生资源回收的场所。

3.5 回收中转站

对再生资源进行集中回收、挑选、存储、打包等的回收场所。

4 设置要求

4.1 "两网协同"回收企业

（1）依法办理工商登记。

（2）在取得营业执照之日起 15 日内，向市商务部门备案。

（3）回收生产性废旧金属的，在取得市商务部门备案证明之日起 15 日内，向市公安部门备案。

（4）应接受上海市再生资源回收利用行业协会的业务指导。

4.2 回收中转站

每个街道（乡、镇）至少设立一个回收中转站，营业面积应不少于 500 m^2。中转站应配备称量、检测、分拣、起重、运输等设施设备。

4.3 回收网点

（1）改建后的垃圾厢房必须设有生活垃圾和再生资源两个窗口。

（2）改建的垃圾厢房面积不得低于 10 m^2，再生资源堆放窗口面积不低于 7 m^2，宽度不低于 1.4 m。

（3）改建前须经环卫、物业、业委会等方面的同意。

（4）改建后不得影响社区正常生活垃圾的投放、废品交投以及居民的日常生活等。

5 服务管理

5.1 环境要求

回收网点应根据 GB12801 的要求，做到：

(1) 所收废品必须及时整理干净，分类放置于周转箱中。

(2) 所收废品应在当日集中投至回收中转站，做到日清日洁。

(3) 地面垃圾要及时清扫，渗滤污水及时清洗干净。

5.2 安全要求

回收网点应根据 GB18597、GB50016，符合消防安全和环保要求。

1. 禁止收购下列物品：

(1) 公安部门通报寻查的赃物或者有赃物嫌疑的物品。

(2) 不能证明合法来源的市政公用废旧金属物资。

(3) 剧毒、放射性物品及其容器。

(4) 法律、法规、规章禁止回收的其他物品。

2. 严禁焊工（氧割）等明火作业。

3. 严禁私自乱拉电线，必须装有电表和电路保护开关。

4. 严禁使用液化气等带有明火易引发火害事故的大容量电热容器具。

5. 严禁生活、住宿、作业区域三者合一。

5.3 工作要求

从业人员应接受职业道德教育和岗位知识、技能培训，培训合格后方可上岗。并通过登记、挂牌等措施，运用 IC 卡方式对再生资源回收人员、生活垃圾分拣人员、社区保洁人员统一管理，协同开展工作。

(1) 回收人员工作时，应规范作业，佩戴统一胸卡，胸卡上须标明姓名、工号、服务区域等。

(2) 回收服务做到"五个公开"：回收人员信息公开、回收价格公开、回收种类公开、投诉电话公开、便民热线公开。

(3) 对生活垃圾中挑拣出来的低附加值废品应做到详细分类、应收尽收。

(4) 每天将从生活垃圾中挑拣出来的废旧物资分类称重，并根据要求认真填报，填写必须字迹清晰，数据真实准确，不得随意估算，胡乱填写。

(5) 实现"七统一、一规范"：统一规划、统一标识、统一车辆、统一服装、统一计量、统一价格、统一管理和服务规范。

5.4　设施要求

（1）按照消防安全管理规定要求，配置相应的灭火器等消防器材。

（2）配备统一的检验鉴定合格的电子秤。电子秤分为二种进行配对，在有电源插座的回收网点使用插座式样电子秤，对无电源的使用电池充电式电子秤，承重不得小于 100 kg。

（3）配备一定数量的分类周转箱。分类周转箱必须根据分类标示牌整齐摆放，所收废品和挑拣出的低附加值废品必须分门别类的放置于周转箱内。

（4）按照"便于交售、及时清运"原则，配备 2 吨或 2 吨以下封闭式货车。

附录二

加快完善上海现代市场体系研究报告

《中共中央关于全面深化改革若干重大问题的决定》中提出"紧紧围绕使市场在资源配置中起决定性作用深化经济体制改革","建设统一开放、竞争有序的市场体系"。上海的市场体系建设一直走在全国前列，已逐步形成一个门类丰富、配套完善、特色鲜明、互为依托、共同发展的现代市场体系。尽管如此，按照党的十八届三中全会精神，对照现代化和国际化要求，上海市场体系建设还存在着市场主体培育有待加强、市场准入制度需要改革、市场运行机制不够健全、市场秩序需要进一步规范等问题，尤其是在信息化和互联网时代中现代市场体系发展还面临新的要求和挑战，亟须加速完善现代市场体系的步伐。为此，上海市商务委会同上海市政府发展研究中心开展了加快完善上海现代市场体系的研究，探索市场创新，完善市场环境与制度，做大做强做活市场，努力将上海建设成为具有全球资源配置能力的市场网络枢纽，将上海现代市场体系向更成熟、更国际化的目标推进。

一、现代市场体系的特征和基本构件

现代市场体系是各种形态不同、功能各异的市场，根据市场经济的内在要求，相互联系、相互依存、相互制约，并按一定方式构成的有机整体，具备统一、开放、竞争、有序的基本特征。更为重要的是，当前现代市场体系是在"信息时代"和"互联网社会"这个大环境下发展的，建设现代市场体系必须要基于其时代特征和相应要求。

（一）现代市场体系的基本特征

1. 统一性

现代市场体系是统一的，由各种相互作用、相互联系在一起的子市场与经济主体的统一有机结合体。市场的统一性是现代市场体系的核心与灵魂,主要表现为市场规则的一致性、市场的自由流动性、同一市场价格的均衡性以及不同市场价格之间的关联性等。

2. 开放性

现代市场体系是开放的,市场主体能够自由地进入市场参与竞争,商品和要素能够在不同行业、部门、地区、国内外自由流动。同时,现代市场体系对外开放是渐进的、全方位的,充分利用国际、国内两个市场、两种资源,形成跨行业、跨部门、跨地区、跨国界的商品、要素和服务的自由流动的现代市场体系。

3. 竞争性

现代市场体系是竞争性的,各类市场充分竞争促进了国际分工,扩大了产品的市场空间,推动了市场一体化。在现代市场体系中,商品流通和要素流动必须在一个公平公正的环境下进行,才能形成公平、公正、公开的竞争机制,排斥市场垄断、贸易障碍和交易歧视,充分发挥价格信号作用,有效提高资源配置的效率。

4. 有序性

现代市场体系是有序的,有序的市场体系才有效率。市场运行的有序性主要表现为市场经济行为的规范化、合理化、公平化,诚信经济融会贯通到整个现代市场体系发展过程中,渗透至每个生产、交换、分配环节,重塑市场规则和秩序,保障公平竞争,实现全部市场活动和市场体系的有序发展。

(二)信息化与互联网时代下现代市场体系发展的新特征

1. 市场资源基础和运行方式呈现明显的信息化特征

在网络时代中,各种物质资料在经济生活中仍然发挥着重要作用,但市场经济的资源基础以及经济运行方式已经发生了明显变化:一是市场体系资源基础逐步向信息与物质并重转变。传统经济主要以物质性资源作为生产对象,而互联网经济下的生产活动则以信息资源为主，打破了信息在时间和空间上的限制，将市场规模、市场效率、市场秩序带到更高境界，信息的生产、分配、流通和消费越来越成为市场系统的重要内容。二是市场经济运行方式逐步向信息流为主导、信息技术为核心转变。物质流、能量流、资金流、人员流、技术和知识流等共同形成信息流，在经济运行中的主导作用逐步显现。现代市场主体统一于网络信息技术平台，通过运用现代信息技术，将其整合到商品市场、要素市场、专业服务市场中。

2. 市场形态呈现新的虚拟性和竞争性特征

信息网络在各市场交易主体间形成了"节点"，从而形成虚拟市场，形成线上线下融合的业务形态，也催生了平台经济、网络经济、互联网金融、电子医疗服务、就业及教育培训服务等新型市场模式，传统商业模式面临改变甚至颠覆。网络经济使传统意义上的市场发生多方面的突破和改变，也一定程度上促使形成新型竞争性垄断市场。企业和外部上下游打通构成价值网络，形成了平台层面的自然垄断与应用层面的完全竞争。

（万亿元）

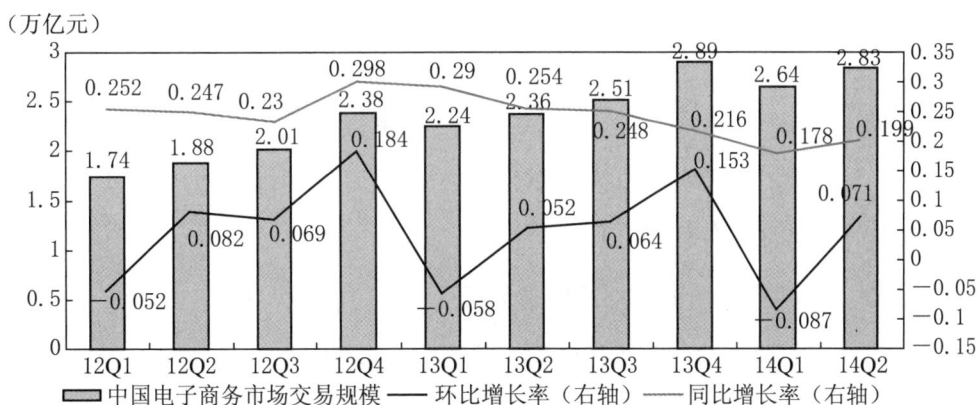

图1　2012—2014年第二季度中国电子商务交易市场发展情况

3. 市场结构呈现融合化、水平化特征

随着信息技术发展，三大产业不仅迅速更新提升且不断趋于融合，推动原先纵向一体化的市场结构转向横向、水平的新型市场结构，各市场构成及所占

比重发生了明显变化。不同市场和产业之间的边界逐步趋于模糊化，全新的融合型产业体系逐渐形成。信息经济和互联网拓宽了市场发展空间，促使市场结构动态高度化与合理化，进而推进市场功能优化和升级。

4. 市场主体呈现开放、平等的时代特征

相对于以大规模生产、大规模销售和大规模传播为特征的工业化思维而言，互联网思维将通过对市场、用户、产品、企业价值链乃至整个商业生态的审视和重构，彻底改变消费者与产品、服务提供者之间的信息不对称性，消费者成为信息和内容的生产者和传播者，市场主体间更为开放和平等。

5. 市场治理呈现网络化、透明化特征

信息的传播与流通在互联网时代更加自由便捷，政府部门可以更加准确、快速地了解到公民所需信息和关注焦点，实现市场治理透明化和现代化。同时，高度的网络化和信息化可以解决不对称或闭塞的信息鸿沟造成的市场交易成本问题，实现信息的公开和可获得，疏通市场体系运行通道，使每个市场主体、客体之间的交易行为更加顺畅，制度建设更加稳固和有效。

（三）现代市场体系的基本构件

在当前信息化和互联网经济条件下，现代市场体系的构件由商流、物流、资金流、信息流和市场环境五大要素构成，五者之间的有效互动构成了一个完整的现代市场体系构件模型。

1. 商流是现代市场体系中的交易目标

商流仅反映商品的所有权的转移，是市场交易的目标，在现代市场体系中具有三大特征：一是商流与资金流的进一步分离。基于互联网交易条件下，线上所见只是产品的虚拟情况，这种交易模式下资金支付安全性要求商流与资金流进一步分离。二是交易合同依赖于网络交易媒介。经济契约的缔结主要是依赖于网络媒介，对于信息流的流动、储存、安全等提出了更高的要求。三是大数据的使用改变了商流的生成方式。商流的生成方式逐渐由"供给生成"转为

"需求生成"，即企业在生产之前能够根据网络数据和信息进行市场细分和选择，然后再进行生产，商流的起源从生产者转向消费者。

2. 物流是现代市场体系的实现渠道

现代市场体系需要高效的物流配送体系、及时准确的物流服务、简洁快速的配送流程、尽可能低的成本费用和良好的顾客服务水平。现代市场体系中的物流平台可分为两部分：物流实体网络和物流信息网络。同时，物流的市场化还要求物流和资金流进行整合，要求传统的物流企业向现代物流企业转型，进行服务创新，从物流服务向物流金融服务延伸。

3. 信息流是现代市场体系的关键核心

信息及信息网络是现代市场体系的神经系统，可以增加社会生产力、支援决策、降低成本。现代市场体系中各主客体与信息技术实现有机统一，促进顺畅透明的信息流动大幅降低市场体系运行的交易成本，并形成供需双方的互动回应机制。

4. 资金流是现代市场体系正常运转的实现手段

随着互联网经济和大数据时代的来临，以第三方支付、网络信贷、众筹融资以及其他网络金融服务平台等为代表的互联网金融业态是现代市场体系中资金流的主要集散地。浅层次的互联网金融是指将传统金融服务搬到线上，延展服务渠道。较深层次的互联网金融则是指互联网新技术与金融深度融合产生的新金融业态，包括网络支付、网络存款理财和网络融资，实现现代市场体系所需要的资金流形态。

5. 市场环境是构建现代市场体系的制度保障

一是健全完备的市场结构。现代市场体系要构建起商品、要素、专业服务三大市场框架[①]，并要促进三大市场融合，实现三大市场之间的统一、有序发

---

① "商品市场"以消费品市场和大宗商品市场为主；"要素市场体系"以金融市场、人力资源市场、土地市场、技术市场、产权市场为主；"专业服务市场体系"以文化市场、租赁市场、教育培训市场、物流市场、航运市场为主。

展。同时，要实现实体经济和虚拟经济在现代市场体系中相互促进。二是独立平等的市场主体。市场主体是具有相对独立经济利益的理性主体，地位平等、机会平等、权利平等，并具有自我组织、自我调节、自我约束、自我发展的功能。三是公平透明的市场规则。主要包括以负面清单为基础的市场准入规则和优胜劣汰的退出规则，公平的市场交易规则和市场竞争规则，公开透明的市场仲裁规则。四是完备贯通的全社会信用体系。诚信体系的规模要大，诚信体系内部结构要紧密，诚信体系中的主体是优质的，能够增加守信者价值，能够实现自我优化循环，能够加速扩大现代市场体系规模，最终塑造"商业伦理"。五是有效的政府治理。做到政府行政利益与经济利益脱钩，政府"有形之手"和市场"无形之手"各司其职，让市场真正发挥配置资源的作用。六是完善稳定的宏观调控机制。实现宏观规划的指导性，国民经济核算体系发挥重要作用，实行动态调整。

二、上海推动完善现代市场体系建设的背景形势

（一）世界经济进入深度调整阶段，全球市场竞争进一步加剧

金融危机以来，全球经济发展的固有格局难以为继，经济全球化的驱动力、世界经贸格局、国际产业竞争与合作的态势都在发生重大变化，带来一系列新的机遇和挑战：一方面，提升市场竞争能力要求紧迫。随着经济全球化趋势加深，国际竞争国内化和国内市场国际化趋势明显加强，全球投资贸易规则将发生重大变化，市场竞争态势进一步加剧。上海作为中国参与全球竞争的代表，尤其要适应全球经济发展新趋势，依托自贸试验区建设，进一步对接国际惯例、先行先试，不断提高资源配置效率和公平性，成为世界市场的有机组成部分。另一方面，提升国际资源配置能力恰逢其时。随着全球经济中心缓慢东移，中国将加速崛起为全球第一大经济体，在全球经济贸易中的地位日趋重

要。在全球化背景下，资金、技术、劳动和产品等都已逐步实现跨国界流动，大市场、大贸易、大流通已在全球范围内展开。上海应抓住这一契机，着力提升市场对国际资源的配置能力和在国际市场上的话语权。进一步提升市场开放程度。

（二）全国经济进入"新常态"，深化改革、建设现代市场体系步伐进一步加快

目前，中国宏观经济已进入"新常态"，经济结构不断优化升级，要素驱动、投资驱动转向创新驱动，需要在更高层次推进改革、加快依法治国，充分释放制度红利、实现持续发展：一是全国统一市场建设步伐加快。近年来，我国建设全国统一市场方面取得了长足进展，但各类市场封锁和地方保护仍然存在。党的十八届三中全会后，商务部、国务院法制办会同国家发展改革委、财政部、税务总局联合下发《关于集中清理在市场经济活动中实行地区封锁规定的通知》，清理和废除妨碍全国统一市场和公平竞争的各种规定和做法，反对地方保护和不正当竞争。上海需要贯彻落实中央文件，融入全国统一市场建设进程，并积极顺应商品和要素跨区域流动的趋势，推动市场建设。二是深化改革、发挥市场对资源配置的决定性作用任务艰巨。目前，我国市场在资源配置中的作用发挥得尚不充分，现代流通体系尚未形成，要素市场、服务市场等发育尚不成熟，仍然存在政府对微观经济活动干预过多的问题。为适应经济新常态，必须进一步深化改革，加快现代市场体系建设，降低市场交易成本，提升经济运行质量、效率和效益，推动经济运行方式转变。上海作为全国改革开放排头兵，需要进一步加快改革、深化改革、狠抓落实来释放新的发展红利，推动上海成为全国现代市场体系发展的龙头。三是加强法治市场经济建设要求迫切。市场经济本质上是法治经济，世界上成熟的市场经济体均以良好的法治著称。党的十八届四中全会开启了全面推进依法治国的新征程，打造中国经济"升级版"，亟须加快形成以法治为基础的现代市场经济体

系。上海必须尊重市场经济发展规律，以法治为纲，提升市场经济的法治化现代治理水平，让市场既保持强大的活力和动力，又更加有秩序、有责任、可持续。

（三）上海进入创新驱动发展关键期，提升现代市场体系能级进一步加速

上海已进入基本建成"四个中心"和社会主义现代化国际大都市，进一步加快创新驱动发展，推动经济、社会、城市功能全面转型的关键时期，现代市场体系建设面临新的形势：一是区域一体化市场发展加速。近年来，长三角区域合作与发展步伐日益加快，逐步打破行政、省区的界限。2014 年12 月，江苏、浙江、安徽和上海商务主管部门签署合作协议，共建长三角区域一体化大市场，进一步激发区域市场活力和经济增长动力。上海需要充分发挥长三角区域龙头城市的带动作用，加快区域市场合作机制建设，推动区域市场融合发展，促进市场能级提升。二是市场创新发展加快。随着上海创新驱动发展步伐加快，平台经济发展迅猛，信息和实物之间、线上和线下之间联系变得更加愈加紧密，推动了大平台、大市场、大交易、大服务快速发展。同时，上海自贸试验区的建设，正在加速激活各类市场的创新力，如大宗商品市场、金融市场的开放创新等。在此形势下，上海需要进一步抓住机遇，加快改革开放创新，推动各类市场升级转型发展。三是融合型市场发展加速。随着市场体系纵深发展，商品市场、要素市场和专业市场的边界也逐步模糊化，联系更为紧密，服务、要素等不断向商品市场的延伸和渗透，金融、法律、人力资源培训、科技研发、客户服务、技术创新、咨询等在商品市场中的比重和作用日趋加大，融合统一的市场体系正在形成。上海建设现代市场体系，需要充分顺应市场融合发展的新趋势，促进市场间的互补和延伸，赋予原有市场新的附加功能和更强的竞争力，形成融合性的新型市场体系。

三、上海市场体系发展现状及问题

（一）上海现代市场体系建设的基本情况

1. 商品市场结构不断升级，形态与功能建设日趋完善

第一，商品市场结构不断优化。生产资料市场占据主导，2013年全市76个生产资料市场实现交易额8397亿元，占全市总额的82.3%（详见表1）。专业性市场、批发市场占据主导，全市562家专业市场实现交易额9632亿元，占全市总额的94.4%。全市以批发经营为主的交易市场共185个，比上年增加8个，实现交易额9524亿元，占全市总额的93.4%。市场集中度明显提升，全市亿元以上交易市场194个，交易额占全市总额的98.3%，其中50亿元和100亿元以上市场交易额分别占全市总额的88.4%和79.3%。第二，商品市场线上、线下协同发展已成为商品市场体系建设的主要方向。传统的有形市场逐步朝着"一站式服务"和"品牌化经营"方向升级，消费品市场多元化、高端化、定制化趋势显现，农产品市场安全追溯体系日益完善。而现代科技进步则促进了无形市场资源的整合，连锁经营、电子商务等现代流通方式降低了流通成本，提高资源配置效率。商品市场功能不断完善，资源加速整合，管理能力有序提升。第三，市场辐射力向区域市场、全国市场和国际市场转变。目前，上海商品市场正从域内市场向区域市场推进，加速参与"长三角经济带""长江经济带""丝绸之路经济带"建设，积极与周边区域展开经济合作。另外，商品市场的话语权和影响力不断提升。例如，通过自贸试验区率先推动若干个进口量大、刚性需求大的大宗商品市场入驻。钢铁、有色金属、汽车等生产资料市场优势明显。钢材交易价格已成为国内钢铁行业的市场风向标，并引起国际市场关注；有色金属现货交易规模在全国处于领先；白银现货交易价格已成为国内相关行业的定价基准。第四，商品市场正从传统市场向功能拓展、服务

深化的现代市场功能建设转型。目前，上海商品销售总额不断攀升，其中大宗商品交易市场的电子化、平台化特点显著，价值链不断延伸，市场的价格发现、规则制定、增值服务、配置国内外市场资源等方面的功能逐步增强。第五，商品市场发展从非规范化向规范化、制度化方向转变。上海围绕加快建设"四个中心"、加速实现"四个率先"的战略，不断强化商品市场体系建设的规划、规范和服务工作，相继制定了相关规划及法律法规。

表 1　2013 年上海各类商品交易市场占比情况

	市场数量占比（%）	交易额占比（%）
生产资料市场	7.4	82.3
农产品市场	63.2	9.3
消费品市场	29.4	8.4

2. 要素市场日益发展壮大，功能进一步强化

金融市场发展迅猛，规模明显提升，形成了规模大、品种全、能级高的全国性市场（见图 2）。金融市场运行机制改革成效显著，上海作为人民币汇率基准、利率基准生成地的地位进一步巩固。金融市场产品和工具不断丰富，成功推出了一批有重要影响的金融产品和工具，提升了上海金融市场交易、定价功能。金融市场规模快速增长[①]，产品创新日趋活跃。上海金融机构集聚效应进一步显现，在商业银行、证券公司、保险公司、基金管理公司、期货公司等金融机构加快集聚的同时，小额贷款公司、融资性担保公司、股权投资企业等功能性金融机构和新型金融机构也在快速发展。金融发展的法治环境建设不断优化，配套服务功能明显改善，信用体系和支付体系建设取得重要进展，支付清算基础设施不断完善。土地市场注重制度建设、成效显著，探索形成了符合特大型城市特点的"差别化供地、精细化管理、系统化建设"的发展模式。不断提高市场对土地资源的配置作用，以"制度＋科技"为依托不断规范市场

---

① 2013 年上海金融市场交易总额达到 639 万亿元，证券、期货、黄金等市场交易规模位居世界前列。

秩序，不管完善市场竞争机制，推进企业充分、理性竞争，实现了全市土地的集中交易，促进了土地交易的信息集聚，推进了土地交易的服务集成，建立了交易前、中、后一体化的监管机制。

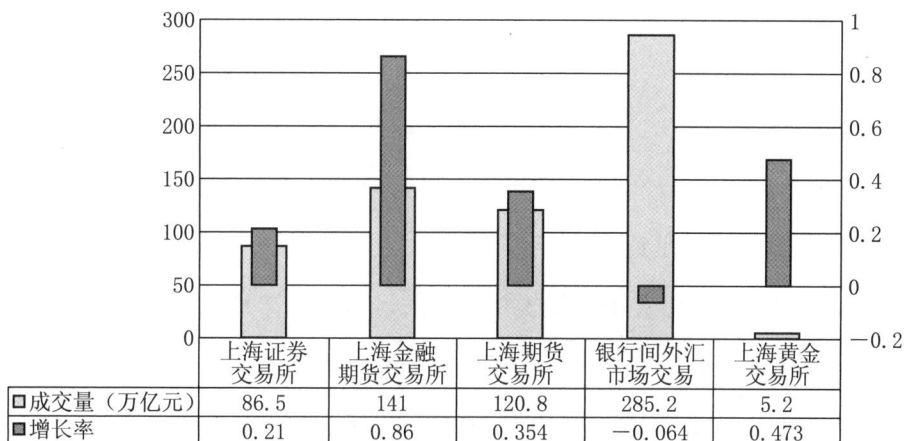

	上海证券交易所	上海金融期货交易所	上海期货交易所	银行间外汇市场交易	上海黄金交易所
□成交量（万亿元）	86.5	141	120.8	285.2	5.2
■增长率	0.21	0.86	0.354	−0.064	0.473

图2　2013年上海金融市场交易规模

技术交易市场总体运行平稳，市场化程度逐年提高。上海经认定登记的技术合同数量级成交额逐年增长，2013年上海技术市场交易额占全国比重接近10%。上海技术交易市场的运行机构主要由政府、大学、科研院所和社会中介等组成，各机构积极探索技术交易的各种模式，包括创新驿站、小联盟合作、难题招标计划、高转认定项目展示展销、国际合作通道、行业专业服务以及第三方全过程服务管理等。中国（上海）国际技术进出口交易会正成为国内外技术贸易的国家级平台，促进科技成果产业化。人力资源市场由多种所有制（民企、外企、国企）共同发展的格局基本形成，人力资源服务业产业规模快速增长，全产业链的人力资源服务业态基本齐备（见表2）。多层次、专业化、服务化的发展趋势日益明显，包括了人事代理、人才培训、人才测评、猎头、人力资源服务外包、薪酬福利管理、派遣、人力资源绩效管理、职业发展生涯规划、电子人力资源管理等多项业务服务。代表行业最高水平的各类人力资源机构，如全球五大猎头公司、全球四大人力资源咨询公司等集聚上海，国有大型人力资源服务企业已落户上海，大批民营企业快速壮大。基本形成统一规范的人力资源市场管理制度框架，加强机构管理，建立、完善并规范从业人员职业资格制度。

表 2　2013 年上海持有人力资源服务许可证企业状况

企业类型	数量（家）	占比（%）
民营企业	928	83.68
外资企业	84	7.58
国有企事业单位	97	8.74

3. 专业市场发展迅速

一是文化产品和服务市场规模持续扩大，市场主体日益多元，文化消费不断增长，市场管理更趋完善。初步形成以公有制为主体、多种所有制主体共同发展的格局，并呈现"大、中、小"各种所有制企业齐头并进态势，一批具有核心竞争力的国有或国有控股大型文化企业（集团）通过转型升级成为推动产业发展和市场繁荣的主导力量，民营文化企业发展迅猛，一大批中、小、微型文化企业成为富有活力的创新生力军。市场规模逐步扩大，文化产业从业人员人均创造增加值等主要指标均走在全国各省市前列，以文化创意和设计服务业为代表的新兴业态在规模和速度上持续领航，文化产业已成为引领和支撑上海城市新一轮发展的重要增长点。二是专业服务市场快速发展。形成了涵盖公证、仲裁、律师、会计、审计、税务、咨询、认证认可、信用评估、经纪代理、会展等众多行业的专业服务市场体系。借助电子商务等新兴技术，整合社会资源，集成各类服务，搭建行业性、基础性、公共性平台，提升市场资源配置效率，带动了上海服务业向高端化发展。三是中介市场日益完善。采取整顿措施，中介服务市场秩序得到规范，中介服务水平不断向高端化发展。

4. 全市社会信用体系建设布局及市场诚信建设稳步开展

一是推进社会信用制度建设，近年来，上海编制发布了行政和司法部门企业信用信息公开目录、政府部门示范使用信用报告指南、上海市公共信用信息目录（2014 版）等，在政务、金融、公用事业、商业等领域，初步形成了涉及面广的信用信息记录、共享和使用机制，信用奖惩不断强化，目前已经形成了一批与信用相关的制度性安排。二是重点加强信用信息公开和信息服务平台建设。2013 年上海将建设公共信用信息服务平台列为年度市政府重点工作着力加以推动，截至 2014 年 8 月，全市 73 家行政机关、司法机关、公用事业单位、社会组织等确认向市信用平台提供 1267 个信息事项，涉及法人 138 万、自然人 2400 余万，可提供查询的数据近 3 亿条。三是信用服务市场发展情况良好。目前，上海是国内信用服务机构集聚度最高的地区，全市有备案信用服务机构 88 家，业务覆盖企业征信、个人征信、信用评级、企业信用管理等领域。四是市场信用体系建设进展良好。构建商品消费和服务消费市场信用体系；构建货物贸易市场信用体系；构建服务贸易市场信用体系；构建电子商务市场信用体系；构建与贸易相关专业服务业市场信用体系。

（二）存在的主要问题

1. 现代市场体系发育仍不够充分

一是市场主体结构需要优化。民营企业数量虽然较多，但形成规模和具有较高影响力的企业数量却较少。国资布局调整的步伐不快，混合所有制构建力度不够大。二是市场主体的质量有待提升。市场主体的现代化公司治理水平亟须提升，现代企业制度仍未真正建立，企业主体责任意识不够强。市场主体的质量仍需提升，如商品市场主体的市场化、专业化、国际化程度还不够高，国家级、区域级市场的数量仍不多，品种也相对单一。三是各类市场的市场化程度仍不够充分。例如，石油、化工、汽车等与经济发展密切相关的市场发育相对滞后。绝大多数实物产品基本做到市场定价，但存在竞争不充分问题。土地、人力资源市场存在城乡"二元"分割现象。部分要素市场尚未形成，例如频谱资源仍然无偿使用。四是市场竞争程度仍不够充分。在政策设计上存在民营企业与国有、外资等其他所有制企业差别化待遇问题。例如，在招投标过程中偏重国企和外企；部分信息公开对民营企业与其他企业程度不同等。五是区域合作及市场一体化程度有待于进一步提高。在政府采购、政策扶持等方面的市场壁垒时有存在。目前服务业扩展市场空间的重视不够，需要尽快制定和落实长三角整体市场的区域性政策。

2. 现代市场规则体系有待进一步完善

一是相关法律法规体系有待完善。部分重点领域存在法制空白，部分法律法规缺乏配套细化措施，部分法律标准已不适应现代市场发展要求。例如，全国统一和专门的人力资源市场管理法规体系尚未形成，对一些新兴业务法规缺乏规定；缺乏针对土地二级市场（包括土地转让、出租、抵押）的法律法规。二是市场准入制度有待进一步健全。政府对一些微观经济活动的行政干预仍然存在，市场准入没有完全放开，影响市场活力。例如，一些部门以防止恶性竞争为由，通过规定企业相互之间距离等方式干预企业设立；一些部门以加强监管为由，核定市场主体承接任务量、建立平台强制市场主体运用抽取方式承接业务等。不同所有制企业准入仍存在一定的门槛歧视，对个别企业的政策倾斜和行业或地方保护现象依然存在，民间投资在垄断行业、重大项目，以及一些新兴行业、新兴业态领域往往遭遇"弹簧门"和"玻璃门"的状况。三是部分市场的基础制度建设有待加强。例如，上海人力资源行业缺乏专业全面的统计体系和统计标准，难以实现行业各业态统计数据的全面、实时覆盖，是行业趋势判断、企业规划发展的重要瓶颈；文化交易缺乏定价基础，缺乏评估体系和评级体系等。四是市场监管体系需要进一步健全和完善。部分市场领域责任主体不明，监管资源分散、监管效率不高、信息共享不畅、市场监管部门与行业主管部门之间协同不足等问题亟待解决。监管理念有待进一步转变，事中事后监管制度亟须建立健全，一些部门在市场监管方面办法并不多，经验也不足，批后监管往往人手不够、手段单一。政府有限监管的理念尚未有效建立，各类行业组织、社会组织作用没有充分发挥。

3. 市场运行机制不够健全

一是市场决定价格的机制尚未完全建立。全市 95% 以上的消费品市场实行了供需决定价格，市场化程度比较高，但仍然存在一些问题。例如，商品市场中多数服务型产品价格市场化程度偏低，天然气、水等资源型产品价格形成机制尚未改革到位，期货市场与现货市场联动发展不充分，部分资本市场和其他要素市场的价格形成机制还不够完善。二是大宗商品市场运行机制尚不成熟。主要体现在缺乏统一的市场运行规则，如会员资格认证、交易流程管理、交易结算手段、资金存管模式等。近期出台的《上海自贸区大宗商品现货市场交易管理规则（试行）》需要加快落实和推广。三是要素市场运行机制总体相对滞后。产权、技术等市场处于培育发展阶段，有效交易信息匮乏。土地市场、人力资源市场运行机制尚不健全。例如，土地交易主要采取挂牌方式，不利于土地综合利用效益的提高。四是专业服务市场运行机制亟须规范。例如，各类中介市场发育不足，中介组织和机构执业无序，行业管理的效能无法充分发挥。

4. 重点市场需要进一步加强建设

一是金融市场的市场功能、市场结构和开放程度有待进一步强化。金融市场机制不够健全，很多功能不能充分发挥。金融产品和工具不够丰富，金融市场配置资源的功能有待进一步增强。市场结构不够合理，例如，股票市场以散户为主，机构投资者不发达；国际投资者占比很少，以国内投资者为主。与国际金融城市目标相比，金融市场开放度还不够，政府管制较多，金融机构的国际人民币跨境贸易结算和使用数量有限，竞争力和影响力需进一步提升。二是技术市场发展面临一些瓶颈。技术市场每年的技术交易额呈上升趋势，但技术成果转化率仍然偏低，技术成果以论文为主，缺乏市场转化。创新资源的重心在高校和科研院所，存在一定的制度约束，利益分配不到位。产学研联动不足，大量科研成果闲置，无法与市场需求匹配。资源与投入的协同度不够，企业前期高投入创新研发出成果时往往因为资金的不足，成果不能够有效转化。三是人力资源市场能级亟须提升。上海人力资源服务市场发展在全国处于领先地位，但和国际先进水平相比，在机构规模、服务能级方面仍有较大差距。大部分本土的人力资源服务机构还处在人才招聘、人事代理等基础的人力资源服务阶段，盈利模式比较单一，在管理、咨询、教育培训和外包等中高端服务上，与外资企业相比仍有一定差距。四是文化市场体系还不够完善。目前，上海文化市场以国有企业为主导，对外资、民资限制比较多，市场主体单一化特征明显。文化市场参与主体竞争力整体实力较弱，诚信度低，大规模文化企业数量较少，市场占有率相对较小，高端人才严重匮乏，文化产业链不够完善，流通不畅。文化市场发展的配套服务培养缓慢，尽管存在一定数量的中介机构和经纪人队伍，但在影视、演出等文化领域其作用难以发挥。文化市场管理创新不够。对一些新兴文化样式和消费领域，缺乏科学有效的管理机制和手段。五是专业服务市场发展仍需加速。缺少规划和专业化的核心企业和龙头企业，重点企业对行业的集聚和带动作用不明显。资源配置的市场化程度较低，部分服务产品价格尚未放开，市场竞争不够充分。

5. 市场信用体系建设面临一些问题

一是市场主体信用意识不强，市场失信现象较严重。例如，假冒伪劣商品、无照经营、商业欺诈、企业三角债、虚假财务报告、知识产权盗窃、信用卡诈骗、偷逃漏税等都表明市场诚信缺失的问题，已经成为阻碍经济发展、影响社会和谐的突出内容。二是法律法规支撑体系有待加强。目前，与信用发达国家相比，我国有关信用的基本法律尚不完善。上海尽管在信用制度建设方面进行了不少有益的探索，但其中大多数层级较低，约束力不强。三是市场信用相关信息记录和共享薄弱。市场主体的信用信息大量分散在政府部门、金融机构、行业协会、中介机构、公用事业单位、企业及个人手中，跨部门、跨领域的信息共享仍缺乏渠道和手段，信息条块分割的局面比较突出；各部门各领域在信息搜集和共享方面还存在法律法规依据不足、制度流程不健全、记录不规范等问题；信用信息的准确性和更新的及时性问题未能解决。四是联动奖惩机制亟待建立和强化。上海建立了一系列失信行为的公告、失信主体黑名单和行政惩戒措施，但在运作上缺乏统一的规范，也存在着奖惩措施法律依据不足的问题。五是现代市场领域信用产品使用较少。目前上海市场的建设和管理中，除金融市场中有关于债券、贷款证资信评级的局部安排外，普遍缺乏使用信用产品的制度性安排。

四、上海加快完善现代市场体系建设的基本思路

（一）总体目标

深入贯彻落实党的十八大和十八届三中全会、四中全会精神，围绕上海全面转型、创新驱动发展整体战略，顺应信息化和互联网时代的发展趋势，立足于充分发挥市场在配置资源中的决定性作用，坚持市场化和法治化改革取向，以"两大抓手、三大市场、五大环节"为主线，加快平台经济和诚信经济建设，着重培育完备的市场结构和独立的市场主体，建立完善的市场准入制度和市场运行机制，构建公平透明的市场规则和市场环境，推动商品市场、要素市场和专业服务三大市场统筹、有序发展，聚焦新兴交易、促进实体市场和虚拟市场融合统一发展，逐步建立更成熟、更国际化，统一开放、竞争有序的现代市场体系，将上海建设成为具有全球资源配置能力的市场网络枢纽。

（二）具体要求

1. 构建与上海国际贸易中心地位相匹配的、内外贸一体化的商品市场体系

建设"升级版"商品交易市场。借助现代信息技术，全面整合产业链，推动传统商品市场向金融、物流和资讯相配套，商品、要素和服务更为融合的"升级版"市场转型。建设"国际版"商品交易市场。加快探索搭建大宗商品现货国际交易平台，促进内外贸一体化发展。

2. 培育要素自由流动、高效配置的要素市场体系

建设多层次、多功能金融市场体系。进一步提升现有金融市场功能、拓展

市场广度、强化市场深度、提升市场开放度。建立公开公正、城乡统一的土地市场。稳妥推进农村土地市场化改革，完善土地交易机制，建立公开公平、城乡统一的土地市场。建立网络化、国际化的技术交易市场。整合技术交易资源，拓展技术交易的广度和深度，构建覆盖各领域各行业、功能完备、信息共享的技术交易网络，逐步实现全球性市场功能。建设业态齐备、服务创新的人力资源市场。推动人力资源服务领域的技术创新、产品创新，提升行业国际化水平，形成有效率、有活力、有竞争力的运行机制。培育资源自由流通的文化要素市场。努力破除阻碍文化要素自由流通的障碍，构建文化要素流通平台，扩大文化市场的资源配置能力，促进文化要素的自由流通。

3. 发展功能完备、竞争有序的专业市场体系

建设开放、竞争的文化产品和服务市场。充分发挥市场配置文化资源的作用，进一步壮大市场主体，提升文化服务市场的开放程度和创新能力。建设专业化、规模化的专业服务市场。加快发展律师、会计、审计、咨询、知识产权服务等，形成与城市功能相适应的规模大、层次高、专业化的市场。建设规范、高效的中介市场。按照国际惯例和通行法则，完善中介服务业行业相关制度体系，培育中介服务机构社会公信力，促进中介服务法制化和规范化发展。

4. 夯实市场体系建设五大环节

培育独立优质、结构优化的市场主体。按照市场发挥资源配置决定性作用的内在要求，确立和强化企业的市场主体地位，优化市场主体结构，提高市场主体质量。形成统一、完善的市场准入制度。深化以负面清单制度管理为重点的行政审批制度改革，充分释放市场活力，适应供应链管理、网络经济、新媒体变革等跨界新型业态的要求。建立促进资源高效配置的市场机制。尊重市场经济的价值规律、供求规律和竞争规律，有效发挥市场价格发现和价格决定作用，健全市场运作规范，加快 PPP 等市场机制运用。构建诚信自律、规范守法的市场秩序。以建设诚信经济为核心，加强市场领域法制建设和社会信用体

系建设，建立行政执法、行业自律、社会参与相结合的市场监管体系。促进公平公正、透明有序的市场竞争。加快打破地区封锁和行业垄断，促进市场充分竞争、公平竞争。

（三）基本思路

1. 以平台经济为抓手，加快推动新兴市场发展

顺应互联网、云计算、物联网等技术的广泛应用，以大宗商品现货交易平台为重点，大力推动发展平台经济，探索突破制约平台经济发展的体制机制瓶颈，打造一批具有国际或区域影响力的平台型交易中心和市场，促进产业联动发展、科学发展，推动传统市场从有形市场向有形与无形相结合的市场转变，从单一功能向综合服务功能拓展，从市域市场向区域、全国乃至全球市场转变，不断提升市场能级，促进上海"四个中心"联动发展。

2. 以金融市场为突破，加快推动各类市场融合发展

进一步加快金融开放创新步伐，抓住互联网金融发展机遇，积极探索金融新产品、新业态，加快完善、提升金融市场的功能和作用，充分发挥资本的撬动作用，发挥金融市场在要素市场中的中枢和核心作用，提升要素市场资源配置、价格发现功能，提升要素资本化水平，增强要素市场的辐射力和影响力，发挥要素市场服务实体经济的作用，成为商品市场和专业服务市场发展的助推器和结合剂，加快推动各类市场融合发展。

3. 以诚信经济为基础，夯实现代市场体系建设基础

以信用作为社会主义市场经济的基础和核心竞争力，普及经济诚信理念，建设现代诚信经济，统筹构建包括企业信用在内的现代诚信体系，使诚信理念渗透在经济建设的各个环节和各个方面，推动政府由主要依靠行政审批管企业，转向更多依靠建立透明诚信的市场秩序规范企业，创新事中事后监管，推动简政放权，放管结合，营造公平竞争的市场环境，让信用成为现代市场经济体系的基石，促进经济健康持续发展。

4. 以自贸试验区为依托，加快现代市场体系建设试点与突破

抓住自贸试验区建设的战略机遇，用好国家及上海的各项扶持政策，加快先行先试，在自贸试验区内打造大宗商品现货国际交易平台、支持自贸试验区各种国际化金融平台拓展业务、协调推进更多的金融市场通过自贸区加快双向开放步伐、建设自贸试验区人力资源平台、专业服务平台等，在更高的层次、更深的内涵和更广的视角推动各类市场发展，为现代市场体系建设创造条件。

5. 以法制建设为保障，深化现代市场体系改革进程

充分强化法治思维和法治方法，建立健全科学规范、透明高效的现代市场法律制度保障体系和运行规则体系，以法律形式将市场主体的合法地位和权益定型化，将市场竞争规则定型化，将市场运行秩序定型化，对于一切违法行为依法给予惩处。强化法治建设和深化改革联动，坚持重大改革于法有据，加强对相关法治工作的协调，确保在法治的道路上加快推进现代市场体系改革步伐。

五、上海加快完善现代市场体系建设的对策建议

（一）加强法律法规体系建设

1. 加快现代市场体系法律法规空白领域建设

加快推动目前部分市场的法制空白领域补缺，如适时启动人力资源市场条例地方立法程序。建立健全部分市场的反不正当竞争法律法规，建立健全针对部分新兴业务的法律法规。对于部分已出台但缺乏配套实施细则的情况，如部分金融市场法律法规的相关实施细则不够完善，需要进一步强化法律法规的后续落实工作。

2. 进一步调整完善相关法律法规

对于现行的市场建设运行法律法规，加快梳理和调整的步伐，完善一些已

不适应现代市场发展要求的法律、法规、规章、相关标准等。如尽快修订《上海市商品市场交易管理条例》等。

（二）强化市场主体的现代企业制度建设

1. 加快部分市场主体所有制改革步伐

加快推进商品、金融、文化、技术创新、人力资源等领域企业产权制度改革，大力发展混合所有制经济，实现投资主体和产权多元化。加大部分测绘、规划、评估等专业服务机构与相关政府机构脱钩的改革力度，推动企业自主进行市场活动、自主经营、公平竞争，促进资源有效配置。

2. 提升市场主体现代化治理水平

根据现代企业发展要求，推动各类交易所、企业等市场主体加快建立健全责权利相统一、遵循市场规律、协调运转、有效制衡的现代化公司治理框架和体系，规范经营决策、资产保值增值、公平参与竞争、提高企业效率、增强企业活力、承担社会责任，形成适应社会主义市场经济运行的独立市场竞争主体。

（三）放宽和完善市场准入

1. 进一步改革市场准入制度

进一步完善和推广市场准入负面清单，促使各类市场主体可以依法平等进入没有禁止和限制投资经营的行业、领域和业务等。进一步改革工商登记制度，减少工商登记前置审批事项，实行统一的登记注册及监督。建立适应市场创新要求的准入制度，制定和调整相应的技术规范和标准体系。淡化行政审批中经济业绩、企业人数、注册资本等经济性标准，强化资源节约、环境友好、安全保障等标准。进一步取消和调整行政审批事项。清理行业准入限制，取消机构名称、从业人员劳动合同等方面的限制条件，完善行业准入门槛。

2. 进一步完善市场退出机制

对于依法需要许可或者强制认证的市场主体，强化准入审查，不符合法定条件和要求的不予发证或通过审查。对于违反法律法规禁止性规定的市场主体，对于达不到节能环保、安全生产、食品药品质量等强制性标准的市场主体，依法予以取缔。

（四）完善主要由市场决定价格的机制

1. 进一步放开价格管理权限

凡是能由市场形成价格的都交给市场，推进水、电力、交通等领域价格改革，放开竞争性环节价格，政府定价范围主要限定在重要公用事业、公益性服务、网络型自然垄断环节，提高透明度，接受社会监督。逐步放开会计、税务、审计、委托性质量产品监督检验、专利代理等经营服务性收费管理，促进专业服务市场发展。

2. 健全市场化的价格形成机制

加速要素价格市场化改革进程，建立规范的与国际市场接轨的要素市场价格形成机制，形成商品市场与要素市场间的价格联动性，由以往行政手段配置社会资源转为由市场配置社会资源。加快建立资源环境成本规制、成本公开等制度，涉及居民的处理好基本与非基本需求的关系，完善阶梯价格制度，非居民价格按照市场化方向，加大差别化价格政策力度，切实发挥价格杠杆作用。对于服务领域价格改革，合理界定基本和非基本服务，推进非基本服务价格形成市场化进程。

（五）加快推进市场运行机制建设

1. 建立健全各类市场运行管理规则体系

完善和推广《上海自贸区大宗商品现货市场交易管理规则（试行）》，建立统一的全市大宗商品现货交易市场规则体系，包括会员资格认证、交易流程管理、交易结算规范等。完善金融、土地、技术等市场运行管理规则，加快人力资源、文化服务、第三方专业服务、中介服务等市场运行管理规则建设。完善各类市场基本制度建设，如文化、人力资源等产业分类统计、运行监测和分析发布等。

2. 加快各类市场运行机制创新和完善

创新重点领域投融资机制，推广运用政府和社会资本合作（PPP）模式，促进混合所有制发展，完善符合现代市场需求的产权制度。进一步完善货币、股票、债券、外汇、商品期货、金融期货和黄金等市场运行机制，进一步提升现有金融市场功能。创建制度化、规范化的土地交易条件设立机制，建立土地利用全程要素信息公开发布机制，更好地通过市场化机制进行土地资源配置。充分发挥政府、大学、科研机构、中介机构和企业等作用，探索完善技术转移体系和运行机制。进一步拓宽投融资渠道，尽快形成文化市场多元化投资新机制。

3. 进一步完善长三角区域市场一体化发展合作机制

落实"推进长三角区域市场一体化发展合作协议"，围绕规则体系共建、创新模式共推、市场监管共治、流通设施互联、市场信息互通、信用体系互认六大领域，加强区域合作，着力打破地区封锁和行业垄断，建设长三角区域一体化大市场。

（六）加快推动平台经济发展

1. 打造一批具有国际或区域影响力的交易平台

积极支持在自贸试验区内探索搭建大宗商品现货国际交易平台，开展能源产品、基本工业原料和大宗农产品的国际贸易，包括净价交易、保税交割等。聚焦汽车、黄金珠宝、服装服饰、家居建材、糖酒茶叶等消费品领域，大力发展线上线下结合的新型商业模式，打造功能多元化的消费服务平台。聚焦农产品领域，建设高效率、低损耗，辐射全国、面向国际的农产品集散中心。进一步提升金融市场开放度，支持各国际化的金融交易平台拓展业务。探索建立服务高新园区、高新技术企业股权交易、技术并购及股权融资等技术产权交易平台。构建国际化文化产品展示交易平台，推动重点项目与海内外优质资本有效对接，实现上海文化产品生产服务与国际文化市场接轨。

2. 加快建设一批功能多元化的服务平台

建立"中国（上海）自由贸易试验区人力资源服务平台"。构建上海人力资源服务平台，在自贸试验区内先行先试，完善公共与市场化人力资源服务体系。建立区域创新能力大数据服务平台，进一步加快和完善技术交易中心信息服务平台建设，强化技术资源整合和价格信息发现等技术交易支撑功能，如资产评估、产权登记、法律咨询等。建设资讯服务平台，强化大数据采集、开发、分析、利用，开展信息咨询服务，增强平台的辐射力和影响力。立足产业融合发展，建设物流资源交易平台，健全物流服务功能。

（七）加快推动产业创新、升级发展

1. 鼓励新模式、新业态发展，促进传统商贸模式升级转型

抓住互联网经济发展新机遇，聚焦大数据应用、移动互联网、互联网金融等新业态、新模式，推出一批模式新、潜力大的创新企业，引导传统商贸企业向供应链管理转型；对主要传统商圈开展整体规划设计改造，提升消费综合配套功能，打造智慧休闲商圈，激发新型消费，引导传统商业转型升级。

2. 鼓励产品创新、服务创新，促进相关产业升级发展

筹建及吸引新的金融市场形态落户上海，积极推动在沪各金融市场进一步加强产品创新，提升服务实体经济能力，如推动战略新兴产业板建设及信贷资产证券化试点工作等。推动人力资源市场服务创新、技术创新、产品创新，积极开发具有自主知识产权的服务产品、项目和管理系统，构建多元发展、多层并举的完整的人力资源服务产业链。依托科技型园区发展文化新兴产业和培育创新企业，深化文化与相关产业融合发展，推动跨界合作、协同创新，发展新兴文化产业，创新文化生产方式，丰富各类文化产品。

（八）加强上海现代市场信用体系建设

1. 加快推进现代市场信用体系制度建设

以地方性法规为突破，以政府规章为支撑，以规范性文件为补充，并辅以相关的标准和规范，形成一整套支撑有力、覆盖广泛、针对性强、便于操作的有关现代市场建设的信用制度安排。开展《上海市社会信用体系建设条例》立法研究，为本市信用体系建设提供更高层级的法律支撑。在相关法规修订过程中主动嵌入信用信息记录、共享、查询，信用信息和信用产品使用，以及激励守信、惩戒失信等方面的内容。贯彻落实各项法律、法规、规章中对信用建设的相关要求，对商品、要素、专业服务三大类市场的信用信息归集与使用作出相应的制度性安排。

2. 深化公共信用信息服务平台建设

不断完善市信用平台服务功能，优化服务模式，推动自然人、法人信用信息的跨领域、跨部门共享和应用。按照《上海市公共信用信息归集和使用管理试行办法》要求，进一步深化信用信息的记录和归集工作，拓展数据归集范围，增强信息归集的有效性和指向性。围绕商品、要素、专业服务三大类市场，推进大宗商品、钢贸、电子商务、农产品、金融、土地、技术、产权、人力资源、文化、教育培训等行业性信息共享平台建设和完善，不断拓展各类交易平台中有关市场主体登记类、监管类、判决类、执行类、违约类信息记录的广度和深度，并逐步实现与市信用平台的信息共享与交换。

3. 推进信用手段在重点领域的应用

在商品市场体系，开展对大宗商品交易市场的市场主体的信用核查，积极推动第三方支付、移动支付、大宗商品网络交易平台、供应链管理等领域的信用手段创新。在要素市场体系，针对金融市场、人力资源市场、土地市场、技术市场、产权市场的关键环节推广使用信用产品，并形成配套的信用奖惩制度，如在中国（上海）国际技术进出口交易会对参展企业开展信用评分，人才招录试点使用个人信用报告等等。在专业服务市场体系,着力推进从业人员的信用监管,已有从业人员信息平台的如公证、律师行业,深化平台记录信息的广度和深度,并推动平台信息与市信用平台的互联互通。

4. 加强诚信道德文化建设

积极弘扬社会主义市场诚信文化,形成"知诚信、守诚信、用诚信"的市场氛围。广泛开展各类商业诚信创建活动,充分发挥新闻媒体的作用,加强宣传教育,褒扬诚信典型,鞭挞失信行为,推动诚信为本的理念深入人心。组织开展诚信宣传及研讨活动,集中举办系列诚信主题宣传活动,推广现代市场领域诚信体系建设优秀成果。

(九)加强市场监管体系建设

1. 进一步深化行政审批制度改革

全面实施行政审批标准化管理,加强行政审批业务手册和办事指南编制和实施。强化行政审批目录管理制度,严格控制新设行政审批。建立健全行政权力清单制度,对现有行政权力进行全面清理,规范行政裁量权行使,实施行政权力标准化管理,切实推进政府管理方式转变。

2. 强化市场监督管理

建立健全监管基本制度,制定和实施相关发展战略、规划和政策等,加大惩处力度,强化市场活动监管。强化事中事后监管,深化标准监管,实施风险管理,巩固分类监管,优化技术监管。开展监管效能建设,科学配置部分监管资源,优化部门监管要素,完善部门监管方式,改进部门监管工作作风。推进监管效能评估,建立效能持续改进的长效机制。加强监管协同执法,解决多头执法,消除多层重复执法现象。

3. 推进社会共治共管

强化生产经营者主体责任,细化各个生产经营环节的主体责任体系、管理制度等。发挥行业协会商会自律作用,鼓励行业协会商会制定行规行约、提出或参与制定相关国家标准、行业标准等，监督会员遵守行业自律规范、公约和职业道德准则。推动形成社会性约束和惩戒，对于监管执法信息依法公开曝光，制定行政处罚案件信息公开实施办法及有关细则。支持媒体积极开展舆论监督，鼓励社会各方力量参与市场监管。

（十）促进市场公平竞争和充分竞争

1. 打破地区封锁和行业垄断

贯彻《国务院关于禁止在市场经济活动中实行地区封锁的规定》，严格实行地方性法规、规章、规范性文件的制定和审核，全面清理市场经济活动中含有地区封锁和行业垄断内容的现行规定。对公用事业和重要公共基础设施领域实行特许经营等方式，引入竞争机制，放开自然垄断行业竞争性业务。

2. 进一步营造各种所有制经济公平竞争环境

聚焦立项审批、投资核准、项目招投标、政府采购、获取要素资源等重点环节，营造公平竞争的市场环境。进一步完善促进民营企业发展的相关政策和办法，确保民营企业在投融资、财税、土地使用和对外贸易等方面与其他所有制企业享有同等待遇。依法依规支持民营企业参与区域重大工程项目建设和政府采购项目等。进一步清理市场准入壁垒，适度放开个别市场上国有企业垄断的局面，鼓励有资质、有诚信、有社会责任感、有市场进取心的民营资本、外资资本及区域外资本进入市场。

（报告撰写：上海市人民政府发展研究中心）

图书在版编目(CIP)数据

新变革　新动能：上海国内贸易流通体制改革发展综合
试点报告/上海国内贸易流通体制改革发展综合试
点领导小组编著.—上海：格致出版社：上海人民出
版社,2018.4
ISBN 978-7-5432-2839-9

Ⅰ.①新…　Ⅱ.①上…　Ⅲ.①国内贸易-商品流通-
流通体制改革-研究报告-上海　Ⅳ.①F724

中国版本图书馆 CIP 数据核字(2018)第 019009 号

责任编辑　忻雁翔
美术编辑　路　静

新变革　新动能
——上海国内贸易流通体制改革发展综合试点报告

上海国内贸易流通体制改革发展综合试点领导小组　编著

出　　版　格致出版社
　　　　　上海人&出版社
　　　　　(200001　上海福建中路 193 号)
发　　行　上海人民出版社发行中心
印　　刷　上海商务联西印刷有限公司
开　　本　787×1092　1/16
印　　张　27.75
插　　页　5
字　　数　350,000
版　　次　2018 年 4 月第 1 版
印　　次　2018 年 4 月第 1 次印刷
ISBN 978-7-5432-2839-9/F·1095
定　　价　108.00 元